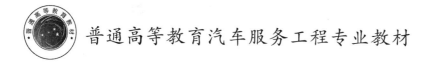

普通高等教育汽车服务工程专业教材

汽车发动机原理与汽车理论

（第 2 版）

陈 燕　　陈 晖　　主　编
郭广沛　　王承国　　副主编
　　　　　戴汝泉　　主　审

人民交通出版社股份有限公司

北京

内 容 提 要

本书是普通高等教育汽车服务工程专业教材,主要讲述汽车发动机工作过程的基本理论、分析汽车运动过程的受力、研究汽车的主要性能。全书共两篇十六章。第一篇为发动机原理,主要讲述发动机原理的基础知识、发动机的性能指标、发动机的换气过程、发动机的混合气形成与燃烧过程、发动机特性、发动机试验等;第二篇为汽车理论,主要讲述汽车运动过程的受力分析以及汽车的动力性、燃油经济性、制动性、操纵稳定性、舒适性、通过性和汽车的性能试验等。

本书可作为高等院校汽车服务工程、交通运输等专业的本科教材,还可作为高职、高专等院校相应专业课程的教学参考书,同时亦可供工厂、研究单位从事汽车设计、使用、试验、维修的工程技术人员参考。

图书在版编目(CIP)数据

汽车发动机原理与汽车理论/陈燕,陈晖主编. —2版. —北京:人民交通出版社股份有限公司, 2020.8

ISBN 978-7-114-16508-5

Ⅰ.①汽… Ⅱ.①陈… ②陈… Ⅲ.①汽车—发动机—理论②汽车—理论 Ⅳ.①U46

中国版本图书馆CIP数据核字(2020)第070103号

书　　名:	汽车发动机原理与汽车理论(第2版)
著　作　者:	陈　燕　陈　晖
责任编辑:	钟　伟
责任校对:	孙国靖　龙　雪
责任印制:	张　凯
出版发行:	人民交通出版社股份有限公司
地　　址:	(100011)北京市朝阳区安定门外外馆斜街3号
网　　址:	http://www.ccpcl.com.cn
销售电话:	(010)59757973
总 经 销:	人民交通出版社股份有限公司发行部
经　　销:	各地新华书店
印　　刷:	北京市密东印刷有限公司
开　　本:	787×1092　1/16
印　　张:	18
字　　数:	411千
版　　次:	2010年8月　第1版 2020年8月　第2版
印　　次:	2024年1月　第2版　第2次印刷　总第6次印刷
书　　号:	ISBN 978-7-114-16508-5
定　　价:	48.00元

(有印刷、装订质量问题的图书,由本公司负责调换)

PREFACE 第2版前言

汽车的诞生和发展是人类智慧的结晶、工业文明的产物、社会进步的标志。

伴随着汽车工业的迅速发展,汽车和发动机在设计、制造与维修方面的高级专业技术人才需求量不断增加。作为培养这方面人才的高等院校的相关设计、制造与维修专业亦得到迅速发展。因此,教材建设已成为各高等院校教学管理工作的一个重要组成部分,也是提高人才培养质量的一个重要环节和手段。根据30余年在教学实践中积累的教学经验,并参阅了大量的资料和专著,作者本着加强基础理论,突出汽车发展的新技术、新成果、新动向,落脚于应用的原则,有针对性地编写了本教材。本教材旨在夯实学生的理论基础,提高学生分析问题和解决问题的能力,培养学生利用发动机原理等基础理论解决工程实际问题的能力,以满足社会对汽车专业人才技术技能的要求。

本教材共两篇十六章。第一篇为发动机原理,包括发动机热力循环及性能指标、发动机的换气过程、汽油机的燃料与燃烧过程、柴油机的燃料与燃烧过程、发动机特性、发动机性能试验。第二篇为汽车理论,包括作用于汽车的各种外力、汽车的动力性、汽车的燃油经济性、汽车动力装置参数的确定、汽车的制动性、汽车的操纵稳定性、汽车的舒适性、汽车的通过性、汽车性能试验、新能源汽车的动力性能。

本教材按照86学时的授课时数编写,其中发动机原理部分授课学时为38学时,实验教学为2学时;汽车理论部分授课学时为42学时,实验教学为4学时。教师在具体授课过程中可根据专业特点适当增、减学时和教学内容。另外,借助本次教材修订的机会,对书中部分知识点配置了二维码链接动画资源,有助于学生更形象地理解相关内容。

本教材由鲁东大学陈燕、烟台职业学院陈晖任主编,由青岛市道路运输管理局郭广沛、中国农业大学烟台研究院王承国任副主编,由山东交通学院戴汝泉教授主审。

本教材的编写分工如下:鲁东大学王保卫编写第一章、第二章、第三章,中国农业大学烟台研究院王承国编写第四章、第五章、第七章,鲁东大学马永矗编写第六章、第九章、第十章、第十四章,青岛市道路运输管理局郭广沛编写第八章、

第十三章、第十六章,鲁东大学陈燕编写第十一章、第十二章、第十五章,烟台职业学院陈晖参与了全书所有章节的数学建模及数学参数的理论设计。

  在编写过程中,山东交通学院戴汝泉教授给予了大力支持并主审本教材,在此深表感谢。同时我们对所引用的众多参考文献的作者表示深深的谢意;对支持本教材出版的人民交通出版社股份有限公司、鲁东大学交通学院表示衷心的感谢。

  受编者水平所限,书中难免有错误和疏漏之处,敬请使用本教材的师生和读者批评指正。

编 者
2020 年 4 月

CONTENTS 目　　录

第一篇　发动机原理

第一章　发动机热力循环及性能指标 … 1
- 第一节　发动机的理论循环 … 1
- 第二节　发动机的实际循环 … 7
- 第三节　发动机的指示性能指标 … 12
- 第四节　发动机的有效性能指标 … 16
- 第五节　发动机的机械损失 … 19
- 第六节　发动机的热平衡 … 24

第二章　发动机的换气过程 … 26
- 第一节　四冲程发动机的换气过程 … 26
- 第二节　影响发动机换气过程的因素 … 31
- 第三节　换气过程对发动机性能的影响 … 34
- 第四节　改善发动机换气过程的措施 … 36
- 第五节　车用发动机的进气增压技术简介 … 39

第三章　汽油机的燃料与燃烧过程 … 45
- 第一节　汽油的使用性能 … 45
- 第二节　汽油机混合气的形成 … 48
- 第三节　汽油机的正常燃烧过程 … 51
- 第四节　汽油机的不正常燃烧过程 … 55
- 第五节　影响汽油机燃烧过程的主要因素 … 59

第四章　柴油机的燃料与燃烧过程 … 64
- 第一节　柴油的使用性能 … 64
- 第二节　柴油机混合气的形成 … 66
- 第三节　柴油机的燃烧过程 … 70
- 第四节　影响柴油机燃烧过程的主要因素 … 72

第五章　发动机特性 … 81
- 第一节　发动机工况 … 81
- 第二节　发动机负荷特性 … 83
- 第三节　发动机速度特性 … 86
- 第四节　发动机调整特性 … 93

第五节　柴油机调速特性 ………………………………………………… 95
　　第六节　发动机万有特性 ………………………………………………… 97
第六章　发动机性能试验 …………………………………………………… 100
　　第一节　发动机试验的分类与试验项目及标准 ………………………… 100
　　第二节　发动机试验设备 ………………………………………………… 103
　　第三节　功率与燃油消耗率的测量 ……………………………………… 113
　　第四节　发动机台架试验 ………………………………………………… 118

第二篇　汽车理论

第七章　作用于汽车的各种外力 …………………………………………… 121
　　第一节　汽车的驱动力 …………………………………………………… 121
　　第二节　汽车的行驶阻力 ………………………………………………… 124
　　第三节　汽车的动力方程 ………………………………………………… 130
　　第四节　汽车行驶的驱动—附着条件 …………………………………… 135
第八章　汽车的动力性 ……………………………………………………… 141
　　第一节　汽车动力性的评价指标 ………………………………………… 141
　　第二节　汽车的驱动力-行驶阻力平衡图 ……………………………… 141
　　第三节　汽车的动力特性 ………………………………………………… 146
　　第四节　汽车的功率平衡 ………………………………………………… 148
　　第五节　装有液力变矩器汽车的动力性 ………………………………… 152
　　第六节　影响汽车动力性的主要因素 …………………………………… 159
第九章　汽车的燃油经济性 ………………………………………………… 163
　　第一节　汽车燃油经济性的评价指标 …………………………………… 163
　　第二节　汽车燃油经济性的计算 ………………………………………… 166
　　第三节　影响汽车燃油经济性的因素 …………………………………… 170
第十章　汽车动力装置参数的确定 ………………………………………… 175
　　第一节　发动机功率的选择 ……………………………………………… 175
　　第二节　传动比的选择 …………………………………………………… 176
　　第三节　利用燃油经济性-加速时间曲线确定动力装置参数 ………… 181
第十一章　汽车的制动性 …………………………………………………… 184
　　第一节　制动性的评价指标 ……………………………………………… 184
　　第二节　汽车制动时车轮的受力分析 …………………………………… 185
　　第三节　汽车的制动效能及其恒定性 …………………………………… 191
　　第四节　制动时汽车的方向稳定性 ……………………………………… 196
　　第五节　理想的前、后轮制动器制动力的比例关系 …………………… 201
　　第六节　具有固定比值的前、后轮制动器制动力及同步附着系数 …… 205
　　第七节　影响汽车制动性的主要因素 …………………………………… 207
第十二章　汽车的操纵稳定性 ……………………………………………… 211
　　第一节　汽车操纵稳定性的概述 ………………………………………… 211

第二节　汽车的极限稳定性 ·· 216
　　第三节　轮胎的侧偏特性 ·· 221
　　第四节　弹性车轮的侧向偏离对汽车转向运动的影响 ·············· 226
　　第五节　线性二自由度汽车模型及其运动微分方程 ················· 235
第十三章　汽车的舒适性 ·· 238
　　第一节　汽车行驶的平顺性 ·· 238
　　第二节　影响汽车行驶平顺性的主要因素 ··························· 241
　　第三节　汽车的噪声 ·· 243
　　第四节　汽车的内部环境 ·· 247
第十四章　汽车的通过性 ·· 250
　　第一节　间隙失效与汽车通过性的几何参数 ··························· 250
　　第二节　汽车通过性的支承与牵引参数 ······························· 252
　　第三节　影响汽车通过性的主要因素 ··································· 253
第十五章　汽车性能试验 ·· 256
　　第一节　汽车动力性试验 ·· 256
　　第二节　汽车燃油经济性试验 ·· 259
　　第三节　汽车制动性试验 ·· 262
第十六章　新能源汽车的动力性能 ·· 267
　　第一节　新能源汽车的能量传递与能量损耗 ························· 267
　　第二节　新能源汽车的动力性能计算 ································· 271
参考文献 ·· 277

第一篇 发动机原理

本篇主要研究发动机的各个工作过程,以发动机的性能指标为主线,分析影响发动机各个工作过程的因素,最终得到提高发动机性能的途径。

第一章 发动机热力循环及性能指标

发动机热力循环中每个过程的进行情况直接影响发动机的性能。研究发动机的热力循环,目的在于分析影响发动机性能的各种因素,进而找出改善发动机循环、提高发动机性能的一般规律。

本章重点介绍发动机的理论循环和实际循环,以及评价发动机性能的指标体系。

第一节 发动机的理论循环

发动机的工作过程十分复杂,为了便于分析和研究,根据发动机实际工作过程所表现的特征,将发动机实际工作循环加以抽象和简化,形成由几个基本热力过程所组成的理论循环。用理论循环代替复杂的实际循环进行理论分析和计算,可以通过较简单的公式说明影响发动机性能的重要因素,从而指明提高发动机动力性和经济性的方向。

一、发动机理论循环的假想条件与评定指标

1. 发动机理论循环的假想条件

将发动机的实际工作过程加以简化后得到其理论循环,以便做定量分析。简化条件为:

(1)假设工质为理想气体,工质吸热或放热时的比热容为固定值。

(2)假设整个循环在闭口系统中进行,即过程中工质的质量不变,不考虑进、排气过程及其流动损失,并忽略漏气的影响。

(3)假设工质的压缩与膨胀过程均为绝热过程,不考虑缸壁的传热、漏气等热损失和补燃损失。

(4)假设工质的燃烧过程为对工质进行的定容或定压加热过程,排出的废气带走热量用定容放热过程代替。

(5)假设循环过程为可逆过程,不考虑实际循环中存在的摩擦等能量损失。

简化条件必须使发动机的理论循环尽可能符合实际循环的特点,特别是要符合加热过程的特点。

2. 发动机理论循环的评定指标

发动机的性能主要取决于以下两方面：

(1) 燃烧一定量的燃料得到尽可能多的功；

(2) 一定的汽缸工作容积得到尽可能多的功。

发动机的理论循环由循环热效率和循环平均压力来衡量和评定。理论循环热力分析的重点是研究循环热效率。

1) 循环热效率 η_t

工质所做循环净功 W 与循环加热量 Q_1 之比为循环热效率 η_t，通过对每循环工质对热量的利用程度的说明，来评定循环的经济性。

$$\eta_t = \frac{W}{Q_1} = \frac{Q_1 - Q_2}{Q_1} = 1 - \frac{Q_2}{Q_1} \tag{1-1}$$

式中：W——一个循环中工质的循环净功，kJ；

Q_1——工质在该循环中吸收的热量，kJ；

Q_2——工质在该循环中放出的热量，kJ。

2) 循环平均压力 p_t

循环平均压力 p_t 是单位汽缸工作容积所做的循环功，用以评定发动机的循环做功能力。

$$p_t = \frac{W}{V_h}, \text{kPa} \tag{1-2}$$

式中：W——循环所做的功，J；

V_h——汽缸工作容积，L。

二、发动机的三种理论循环

1. 混合加热循环

将工质的燃烧过程假想为由定容加热过程和定压加热过程组成，如图 1-1 所示。

混合加热循环由五个过程组成：1—2 为绝热压缩过程；2—3 为定容加热过程，加热量为 Q_{1V}；3—4 为定压加热过程，加热量为 Q_{1P}；4—5 为绝热膨胀过程；5—1 为定容放热过程，放热量为 Q_{2V}。

$m(\text{kg})$ 工质吸收的热量为 $Q_1(Q_1 = Q_{1V} + Q_{1p})$，放出的热量为 $Q_2(Q_2 = Q_{2V})$，循环的净功为 $W(W = Q_1 - Q_2)$。

1) 循环热效率 η_t

$$\eta_t = \frac{W}{Q} = \frac{Q_1 - Q_2}{Q_1} = 1 - \frac{Q_2}{Q_1} \tag{1-3}$$

以 c_p、c_V 分别表示比定压热容、比定容热容，并设 $k = \frac{c_p}{c_V}$，将图 1-1 中各点的温度、压力、容积用该点的数字作为下角标，则对 $m(\text{kg})$ 工质来说，循环总吸热量为：

$$Q_1 = Q_{1V} + Q_{1p} = mc_V(T_3 - T_2) + mc_p(T_4 - T_3) \tag{1-4}$$

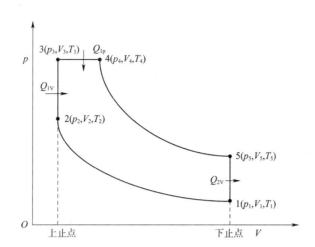

图 1-1　混合加热循环

总放热量为：

$$Q_2 = mc_V(T_5 - T_1) \tag{1-5}$$

引入运算必需的概念：

压缩比：

$$\varepsilon = \frac{V_1}{V_2} \tag{1-6}$$

压力升高比：

$$\lambda = \frac{p_3}{p_2} \tag{1-7}$$

预胀比：

$$\rho = \frac{V_4}{V_3} \tag{1-8}$$

绝热指数：

$$k = \frac{c_P}{c_V} \tag{1-9}$$

对于 1—2 的绝热压缩过程，根据理想气体状态方程：

$$\frac{p_1 V_1}{T_1} = \frac{p_2 V_2}{T_2} \tag{1-10}$$

及过程方程式：

$$p_1 V_1^k = p_2 V_2^k \tag{1-11}$$

可得：

$$\frac{T_2}{T_1} = \left(\frac{V_1}{V_2}\right)^{k-1} \tag{1-12}$$

$$T_2 = \varepsilon^{k-1} T_1 \tag{1-13}$$

同理，对于 2—3 定容加热过程，3—4 定压加热过程，4—5 绝热膨胀过程；5—1 定容放热过程，根据理想气体状态方程及其过程方程式，用循环始点的温度 T_1 表示其他各点的温度，则有：

$$\frac{T_3}{T_2} = \frac{p_3}{p_2}; \quad T_3 = \lambda T_2 = \lambda \varepsilon^{k-1} T_1 \tag{1-14}$$

$$\frac{T_4}{T_3} = \frac{V_4}{V_3}; \quad T_4 = \rho T_3 = \rho \lambda \varepsilon^{k-1} T_1 \tag{1-15}$$

$$\frac{T_5}{T_4} = \left(\frac{V_4}{V_1}\right)^{k-1}; \quad T_5 = \lambda \rho^k T_1 \tag{1-16}$$

将以上求出的各点温度 T_2、T_3、T_4、T_5 代入 Q_1、Q_2 的计算公式,则:

$$\begin{aligned} Q_1 &= Q_{1V} + Q_{1p} \\ &= mc_v(T_3 - T_2) + mc_p(T_4 - T_3) \\ &= mc_v \varepsilon^{k-1} T_1 [\lambda - 1 + k\lambda(\rho - 1)] \\ Q_2 &= mc_v(T_5 - T_1) \\ &= mc_v T_1 (\lambda \rho^k - 1) \end{aligned} \tag{1-17}$$

$$\tag{1-18}$$

故混合加热循环的热效率为:

$$\eta_t = 1 - \frac{Q_2}{Q_1} \tag{1-19}$$

$$= 1 - \frac{1}{\varepsilon^{k-1}} \frac{\lambda \rho^k - 1}{(\lambda - 1) + k\lambda(\rho - 1)}$$

2) 循环平均压力 p_t

根据循环平均压力的定义:

$$p_t = \frac{W}{V_h} = \frac{Q_1 \eta_t}{V_h} \tag{1-20}$$

因为 $V_h = V_1 - V_2 = \frac{\varepsilon - 1}{\varepsilon} V_1$,$c_p - c_V = R$,$k = \frac{c_p}{c_V}$,且 $c_V = \frac{R}{k-1}$,将式(1-17)代入式(1-20)得:

$$p_t = \frac{\varepsilon^k}{\varepsilon - 1} \frac{p_1}{k - 1} [(\lambda - 1) + k\lambda(\rho - 1)] \eta_t \tag{1-21}$$

2. 定容加热循环

将工质的燃烧过程假想为定容加热过程,如图1-2所示。

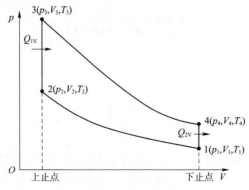

图1-2 定容加热循环

定容加热循环由四个过程组成：1—2 为绝热压缩过程；2—3 为定容加热过程，加热量为 Q_{1V}；3—4 为绝热膨胀过程；4—1 为定容放热过程，放热量为 Q_{2V}。这种循环可以看作混合加热循环在定压加热过程加热量 $Q_{1p}=0$，预胀比 $\rho=1$ 时的特例。

1）循环热效率 η_t

式（1-19）中，当 $\rho=1$ 时，得：

$$\eta_t = 1 - \frac{1}{\varepsilon^{k-1}} \tag{1-22}$$

2）循环平均压力 p_t

式（1-21）中，当 $\rho=1$ 时，得：

$$p_t = \frac{\varepsilon^k}{\varepsilon-1} \frac{P_1}{k-1}(\lambda-1)\eta_t \tag{1-23}$$

3. 定压加热循环

将工质的燃烧过程假想为定压加热过程，如图 1-3 所示。

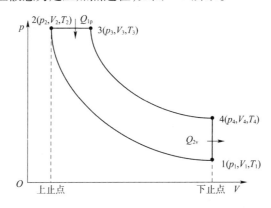

图 1-3 定压加热循环

定压加热循环由四个过程组成：1—2 为绝热压缩过程；2—3 为定压加热过程，加热量为 Q_{1p}；3—4 为绝热膨胀过程；4—1 为定容放热过程，放热量为 Q_{2v}。这种循环可以看作混合加热循环在定容加热过程加热量 $Q_{1V}=0$，压力升高比 $\lambda=1$ 时的特例。

1）循环热效率 η_t

式（1-19）中，当 $\lambda=1$ 时，得：

$$\eta_t = 1 - \frac{1}{\varepsilon^{k-1}} \frac{\rho^k-1}{k(\rho-1)} \tag{1-24}$$

2）循环平均压力 p_t

式（1-21）中，当 $\lambda=1$ 时，得：

$$p_t = \frac{\varepsilon^k}{\varepsilon-1} \frac{p_1}{k-1} k(\rho-1)\eta_t \tag{1-25}$$

三、理论循环的影响因素

由上述分析可见，影响循环热效率和平均压力的因素有：压缩比 ε、压力升高比 λ、预胀

比 ρ、绝热指数 k 和循环始点的压力 p_1。

1. 压缩比 ε

随压缩比 ε 的增大,循环热效率 η_t 和循环平均压力 p_t 提高。这是因为增大压缩比,可以提高压缩终了的温度和压力,在定容加热量一定时,缸内最高压力(图 1-1 和图 1-2 中 3 点)提高,从而使膨胀过程的平均压力提高,膨胀过程做功增加;此外,提高压缩比,也意味着膨胀过程活塞的有效行程增大,有利于高温高压气体的充分膨胀,不仅可获得更多的膨胀功,也可降低膨胀终了的温度,从而减少废气带走的热量损失。

综上所述,在循环加热量和汽缸工作容积一定时,提高压缩比,可增加循环功和减少热量损失,从而使循环热效率和平均压力提高。图 1-4 所示为定容加热循环热效率与压缩比的关系,压缩比较小时,随压缩比提高,热效率迅速增加,但压缩比较大时,再提高压缩比效果就很小了。此外,提高压缩比也受机件材料的耐热性和强度以及不正常燃烧方面的限制。

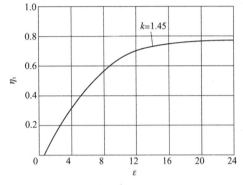

图 1-4 定容加热循环热效率 η_t 与压缩比 ε 的关系

2. 压力升高比 λ 和预胀比 ρ

在定容加热循环中,压力升高比 λ 取决于循环加热量 Q_1;压力升高比 λ 增大,意味着循环加热量增加。当压缩比保持不变时,则工质的膨胀比也不会发生变化,增加循环加热量只能使循环净功 W 和循环放热量 Q_2 均相应增加,$\frac{Q_2}{Q_1}$ 保持不变,从而使循环热效率 η_t 不变,但循环平均压力 p_t 提高。这从式(1-22)和式(1-23)中可以看出,η_t 公式中不含有 λ,p_t 公式中 p_t 与 λ 成正比。

在混合加热循环中,当压缩比和总加热量一定时,提高压力升高比 λ,也就意味着增加定容加热量 Q_{1V},而定压加热量 Q_{1p} 和预胀比 ρ 相应减小,而定容过程加热的工质具有最大的膨胀比,热量利用率高;定压过程的热量是在工质的膨胀比不断下降的条件下加入的,做功的机会相应减少。所以随着压力升高比的增大,在上止点附近有更多燃料燃烧的热量加给工质,可提高热量利用率,使循环热效率 η_t 随之提高。又因为循环热效率的提高,循环功增加,所以循环平均压力 p_t 提高。当压力升高比达到最大值时,预胀比 ρ 减小到 1,此时混合加热循环即变为定容加热循环,循环热效率和平均压力最大。反之,在混合加热循环中,预胀比增加,意味着压力升高比减小,随着预胀比增大,循环热效率和循环平均压力降低。但过大的压力升高比,将使最高压力过高,在实际情况下要受到限制。

3. 绝热指数 k

绝热指数 k 对循环热效率的影响如图 1-5

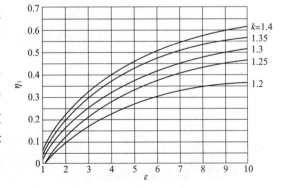

图 1-5 定容加热循环热效率 η_t 与绝热指数 k 的关系

所示,在压缩比一定时,随着绝热指数的增加,循环热效率提高。

绝热指数的大小取决于工质的性质,发动机工作时混合气的浓度是变化的,混合气绝热指数也随混合气浓度的变化而变化。混合气浓度增加时,绝热指数减小,循环热效率降低,而循环加热量增加,所以循环平均压力增大。双原子气体 $k=1.4$,多原子气体 $k=1.33$。

四、三种理论循环的分析比较

三种理论循环的分析比较见表 1-1。

三种理论循环的分析比较　　　　表 1-1

循环名称	循环热效率	循环特点
定容加热循环	$\eta_t = 1 - \dfrac{1}{\varepsilon^{k-1}}$	加热过程在定容条件下迅速完成,循环热效率仅与压缩比有关
定压加热循环	$\eta_t = 1 - \dfrac{1}{\varepsilon^{k-1}} \dfrac{\rho^k - 1}{k(\rho - 1)}$	加热过程在定压条件下缓慢完成,负荷增加使循环热效率下降
混合加热循环	$\eta_t = 1 - \dfrac{1}{\varepsilon^{k-1}} \dfrac{\lambda \rho^k - 1}{(\lambda - 1) + k\lambda(\rho - 1)}$	介于定容加热循环与定压加热循环之间

汽车用各种活塞式发动机基本上都是按照混合加热循环工作的,但其混合气的形成方式、负荷调节方式和着火、燃烧方式是有差异的,各种燃烧参数的范围是有区别的,因此对不同形式的发动机必须采用相应的工作循环,以得到最高的热效率。

对于汽油发动机,压缩比 ε 的最大值用其所用燃料确定,因此应按照压缩比相同的前提条件来分析,比较其各种理论循环的热效率。

由前面的分析可知,在混合加热循环中,当压缩比和总加热量 Q_1 一定时,提高压力升高比 λ,循环热效率 η_t 提高,循环功增加,所以循环平均压力 p_t 升高。当压力升高比达到最大值时,预胀比 ρ 减小到 1,循环热效率达到最大值,此时混合加热循环转变为定容加热循环,因此在压缩比和总加热量相同时,定容加热循环热效率和循环平均压力最高,定压加热循环热效率最低,混合加热循环热效率介于两者之间。汽油机应按照定容加热循环工作。

对于柴油发动机,在工作条件一定时,其压缩比也基本上是确定的。但是柴油机压缩比一般较高,其压缩终了时的压力也较高,这可能造成其工作粗暴,并产生较大的噪声及振动,因此必须控制其最高压力。应按照一定的最高压力为条件来分析比较三种理论循环。

在最高压力相同时,定压加热循环压缩终了的温度最高,混合加热循环次之,定容加热循环最低;在总加热量 Q_1 相同时,定容加热循环放出的热量 Q_2 最高,定压加热循环压缩终了的温度最低,因此在最高压力和总加热量 Q_1 相同时,定压加热循环热效率最高,定容加热循环热效率最低,混合加热循环热效率介于两者之间。高增压柴油机和车用高速柴油机应按照定压加热循环工作。

第二节　发动机的实际循环

发动机的理论循环是研究实际循环的一种理想模型,理论循环不可能完全取代实际循环。由于受到诸多因素的影响,实际循环比理论循环复杂得多,不可能达到理想的程度,其各项性能指标总是低于理论循环,分析实际循环进行的具体情况,可了解实际循环与理论循环的差异,找到改善实际循环,使其更接近理论循环的途径,以达到提高实际循环指示功和热效率的目的。

一、发动机实际循环

曲轴旋转两圈,四冲程发动机完成一个实际工作循环,分为进气、压缩、燃烧、膨胀、排气五个过程。通常将工质在汽缸中的实际工作情况用气体压力 p 随汽缸工作容积 V 变化而变化的图线表示,称为示功图(p-V图)。图1-6为四冲程发动机的示功图。

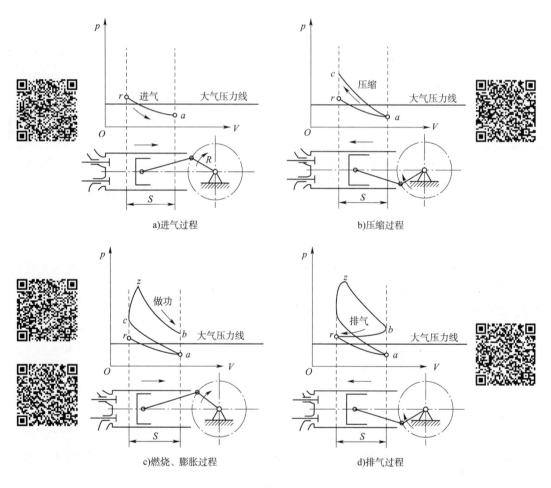

图1-6 四冲程发动机的示功图

1. 进气过程

进气过程如图1-6a)中的 ra 曲线所示。为了使发动机连续运转,必须不断吸入新鲜工质。此时进气门开启,排气门关闭,活塞由上止点向下止点运行,汽缸内形成真空环境,上一循环留在汽缸中的残余废气膨胀,排气终了的压力 p_r 下降到低于大气压力,新鲜工质被吸入汽缸。由于进气系统的阻力,进气终了时汽缸的压力 p_a 一般低于大气压力,约为0.075~0.09MPa。进入汽缸内的工质受到汽缸壁、活塞顶部等发动机高温零件及上一循环残余废气的加热,进气终了的温度总是高于大气温度,约为370~400K。

进气过程中进气终了时的压力 p_a、温度 T_a 的范围见表1-2。

进气终了时的压力 p_a、温度 T_a 的范围　　　　　　　　表1-2

发动机类型	进气终了时的压力 p_a(MPa)	进气终了时的温度 T_a(K)
汽油机	0.080~0.092	340~380
柴油机	0.080~0.095	300~340
增压柴油机	0.090~0.10	320~380

2. 压缩过程

压缩过程如图1-6b)中的 ac 曲线所示。为使吸入汽缸内的工质迅速燃烧,以产生较大压力使发动机做功,必须在做功行程之前将工质压缩,此即为压缩行程。压缩过程中进、排气门均关闭,活塞由下止点向上止点运行,压缩缸内工质,汽缸中温度、压力不断上升,工质受压缩的程度用压缩比 ε 表示。

压缩行程是一个复杂的多变过程,其作用是增大做功过程的温差,获得最大限度的膨胀比,提高热功转换效率,同时也为燃烧过程创造有利的条件。在柴油机中,压缩后的高温气体是保证燃料着火的必要条件。在整个压缩过程中,工质与外界存在着热交换和漏气损失。

压缩过程中压缩终了时的压力 p_c、温度 T_c 的范围见表1-3。

压缩终了时的压力 p_c、温度 T_c 的范围　　　　　　　　表1-3

发动机类型	压缩终了时的压力 p_c(MPa)	进气终了时的温度 T_c(K)
汽油机	0.8~2.0	600~750
柴油机	3.0~5.0	750~1000
增压柴油机	5.0~8.0	900~1100

3. 燃烧过程

燃烧过程如图1-6c)的 cz 曲线所示。这个过程中,活塞位于上止点前后,进、排气门均关闭。燃烧过程的作用是将燃料的化学能转变为热能,使工质的温度和压力升高。燃烧放出的热量越多,放热时越靠近上止点,热效率越高。发动机实际循环的燃烧过程如图1-7所示。

柴油机的燃烧过程接近混合加热循环,喷油器在上止点前喷油[图1-7a)中的 c' 点],喷入汽缸中的柴油微粒迅速蒸发而与空气混合,此时汽缸中被压缩的空气具有很高温度,在其热量作用,柴油微粒发生自燃。燃烧开始时速度很快,而汽缸容积变化很小,所以汽缸内工质的温度、压力急剧上升,接近定容加热,如图1-7a)中的 cz' 曲线;随后,喷油器一边喷油,燃料一边燃烧,燃烧速度逐渐下降,与此同时活塞向下止点运行,汽缸容积增大,燃烧过程在容积不断增大的膨胀过程中进行,量较小而温度继续上升,燃烧过程接近于定压加热,如图1-7a)中的 $z'z$ 曲线。

汽油机的燃烧过程接近于定容加热循环,原因是汽油与空气形成的可燃混合气在压缩过程的后期(活塞到达上止点前)由火花塞点火而燃烧,如图1-7b)中的 c' 点,火焰迅速传播到整个燃烧室,工质的温度、压力急剧上升,整个燃烧过程接近于定容加热,如图1-7b)中的 cz 曲线。

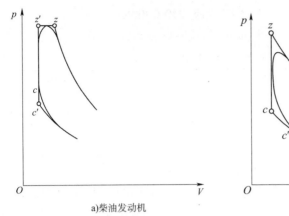
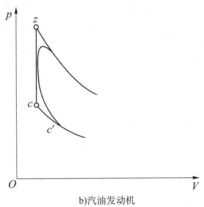

a) 柴油发动机　　　　　　　　b) 汽油发动机

图 1-7　发动机实际循环的燃烧过程

实际上,无论汽油机还是柴油机,燃烧过程都不是瞬时完成的。

燃烧时的最高爆发压力 p_z、最高温度 T_z 的范围见表 1-4。

燃烧时的最高爆发压力 p_z、最高温度 T_z 的范围　　　　表 1-4

发动机类型	燃烧时的最高爆发压力 p_z(MPa)	燃烧时的最高温度 T_z(K)
汽油机	3.0~8.0	2200~2800
柴油机	4.5~9.0	1800~2200
增压柴油机	9.0~14.0	2000~2400

4. 膨胀过程

膨胀过程如图 1-6c)的 zb 曲线所示。该行程中,进、排气门关闭。当活塞接近上止点时,工质燃烧放出大量的热能。高温高压的燃气推动活塞从上止点向下止点运动而发生膨胀做功,通过连杆使曲轴旋转并输出机械能,气体的压力、温度降低。膨胀过程比压缩过程更复杂,除有热交换损失和漏气损失外,工质与外界还有补燃损失。因此,膨胀过程也是一个多变过程。

膨胀过程中膨胀终了时的压力 p_b、温度 T_b 的范围见表 1-5。

膨胀终了时的压力 p_b、温度 T_b 的范围　　　　表 1-5

发动机类型	膨胀终了时的压力 p_b(MPa)	膨胀终了时的温度 T_b(K)
汽油机	0.3~0.6	1200~1500
柴油机	0.2~0.5	1000~1200

5. 排气过程

排气过程如图 1-6d)中的 br 曲线。当膨胀过程接近终了时,排气门打开,由于汽缸中燃烧废气的压力远高于排气道中的压力,因此靠废气的压力进行自由排气;活塞到达下止点后,汽缸中燃烧废气的压力接近于排气道中的压力,此时活塞向上止点运动时,继续将废气强制排入大气中。活塞到达上止点附近时,排气行程结束。由于排气系统的阻力,排气终了时汽缸中残余废气的压力高于外界的大气压力。排气系统的阻力越大,排气终了时汽缸中残余废气的压力就越高,汽缸中的残余废气量越多。

排气过程中排气终了时的压力 p_r、温度 T_r 的范围见表 1-6。

排气终了时的压力 p_r、温度 T_r 的范围   表1-6

发动机类型	排气终了时的压力 p_r(MPa)	排气终了时的温度 T_r(K)
汽油机	0.105~0.125	900~1100
柴油机	0.103~0.108	700~900
增压柴油机	0.075~0.10	700~900

二、发动机实际循环与理论循环的差异

发动机的理论循环只是研究实际循环的一种理想模型,理论循环不可能完全取代实际循环。由于诸多因素的影响,实际循环的进行总不可能达到理想的程度,它的各项性能指标总是低于理论循环,因此,研究实际循环,首先要分析它与理论循环的差异及引起各项损失的原因,以求不断改善实际循环,使其更接近理论循环。图1-8为发动机实际循环与理论循环的示功图。

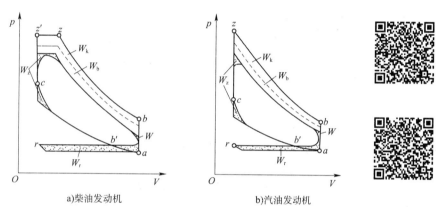

a)柴油发动机　　b)汽油发动机

图1-8　发动机实际循环与理论循环的差异

W_k-由于工质变化引起的损失;W_z-非瞬时燃烧损失和补燃损失;W_r-换气损失;W_b-传热、流动损失;W-排气提前损失

实际循环与理论循环的差异如下:

(1)实际循环存在着工质的成分和数量变化引起的损失。理论循环中假设工质是理想气体,其比热容为定值。而实际循环中的工质并非理想气体,汽油机燃烧前的工质为混合气和残余废气的混合物,燃烧后为废气;柴油机燃烧前为空气和残余废气的混合物,燃烧后为废气。因此工质的比热容随温度的上升而增大,燃烧后生成的 CO_2、H_2O 等多原子气体,比热容大于空气。这就意味着同样的循环加热量在实际循环中所引起的工质温度、压力升高值减小,实际循环的最高压力、温度均低于理论循环。因而循环热效率降低,循环做功减少。而且发动机工作中,混合气的浓度也经常变化,同时漏气等也会使工质的数量发生变化,均会使实际循环的净功低于理论循环,由实际工质变化所引起的损失如图1-8中的 W_k 所示。

(2)实际循环中必须更换工质,因而存在换气损失。理论循环不考虑发动机的进、排气过程,实际发动机工作时,必须在进气过程将新鲜工质吸入汽缸,而在排气过程将汽缸内的废气强制排出,由于工质流动需要克服进、排气系统的阻力消耗部分机械功,称为泵气损失;在实际发动机工作时,为降低进入排气过程后缸内气体的压力,以减少排气消耗的功,排气门在膨胀过程结束之前(活塞到达下止点前)开启,使膨胀过程后期(排气门开启后)所做的

功减少,这就是实际循环存在的提前排气损失。

理论循环中假设的定容放热过程,在实际循环中则是由排出废气带走了燃料燃烧放热量的一部分。泵气损失与提前排气损失之和称为换气损失,如图1-8中的W_r所示。

(3)实际循环中的燃烧过程存在着非瞬时燃烧损失和补燃损失。这是由于燃料燃烧放热速度有限,活塞运动速度较快,无法实现理想循环中的定容定压加热。为充分利用燃料燃烧放热量,燃烧过程必须在上止点前开始,并在上止点后不远处结束。上止点前的燃烧使压缩过程消耗的功增加,而上止点后的燃烧使最高燃烧压力下降,膨胀功减少,这就是实际循环存在的非瞬时燃烧损失。

实际循环中的补燃损失也是由于燃烧时间延迟而产生的。燃烧过程接近z点时,由于氧气浓度下降,燃烧速度降低,使燃烧放热持续到膨胀过程。柴油机补燃量较大,一般好的情况大概到上止点后40°~70°。补燃期间热功转换的效率因膨胀比减小而大幅度下降,这就造成了补燃损失。非瞬时燃烧损失和补燃损失如图1-8中的W_z所示。

(4)实际循环中存在着不完全燃烧和高温热分解引起的损失。由于空气不足或混合气形成不良所引起的不完全燃烧,使燃料的热值未能充分利用而产生的损失,称为不完全燃烧损失。但通常在过量空气系数$\alpha>1$时,未燃烧燃料所占百分比不大(<0.5%)。

在温度超过1000℃左右以后,实际工质的燃烧产物可能出现一定数量的高温分解,而吸取一部分热量。随着膨胀行程的推移而温度下降时,分解的燃气再次结合而放出热量,但热量利用的有效性下降。汽油机中,由于最高温度较高,最高压力较低,高温热分解的倾向较大。但也仅在精确计算时,才需考虑热分解对热效率的影响。

(5)实际循环与理想循环之间的重要差别在于工质与燃烧室壁、汽缸壁等壁面之间始终存在着热交换,大部分时间存在着传热损失。在理论循环中将压缩和膨胀过程看作绝热过程,实际发动机工作时,汽缸内的工质与外界始终存在着热传递,而且大多数时间都由工质向外界放热,所以工质的实际吸热量减少,做功过程的平均压力降低,循环功减少,传热损失在燃烧过程进行时达到最大值,它直接降低有效加热量,从而使发动机的输出功率和热效率降低。传热损失如图1-8中的W_b所示。

(6)实际循环中还存在机械运动的摩擦和不完全燃烧等损失。当混合气过浓或混合气形成不良时,燃料不完全燃烧,燃料的化学能不能通过燃烧完全释放,使实际的循环加热量减少,循环热效率和平均压力下降,这种损失一般称为不完全燃烧损失。

由上述分析可知,由于实际循环存在着各种损失(其中最重要的是传热损失和燃烧损失),其最高压力下降,膨胀压力线和压缩压力线均下移,示功图面积减小,热效率降低。

第三节　发动机的指示性能指标

发动机性能指标是评定发动机性能好坏的各种物理量的总称,主要包括动力性指标(主要指功率、转矩和转速)、经济性指标(主要指燃料、润滑油的消耗)及运转性能指标(主要指冷起动性能、噪声和排气品质)。此外还有工作可靠性、耐久性、结构工艺性、操纵维修方便性等指标。

发动机的各种性能指标是相互制约的,而且不同用途、不同生产条件和不同使用条件对发动机性能要求的着重点不同。所谓高质量的发动机,就是在这些具体条件下将各种要求合理地统一起来的发动机。

本章只介绍动力性能指标和经济性能指标。由于建立的基础不同,性能指标又可分为指示性能指标和有效性能指标。指示性能指标是以工质在汽缸内对活塞做功为基础而建立的指标,它不受动力输出过程中机械摩擦损失和附件消耗等各种外来因素的影响,直接反映由燃烧到热功转换的工作循环进行情况,因而在工作过程的分析研究中得到广泛应用。有效性能指标是以发动机功率输出轴上得到的净功率为基础而建立的指标。它可用来评定整机性能。

一、指示功 W_i 和平均指示压力 p_{mi}

1. 指示功 W_i

指示功是指工质在汽缸内完成一个工作循环的过程中,工质对活塞所做的有用功,称为指示功 W_i。指示功的大小可以用 $p-V$ 图中封闭曲线所包围的面积 F_1-F_2 表示,如图 1-9 所示。图 1-9 为四冲程增压和非增压发动机的示功图。

图 1-9a)中四冲程非增压发动机的指示功面积 F_i 是由压缩、燃烧、膨胀行程中所得到的有用功面积 F_1 和进气、排气行程中消耗的功的面积 F_2(即泵气损失)相减而成,即 $F_i = F_1 - F_2$。图 1-9b)中四冲程增压发动机则由于进气压力高于排气压力,在换气过程中,工质是对外做功的,因此,换气功的面积 F_2 应与面积 F_1 叠加起来,即 $F_i = F_1 + F_2$。

计算 W_i(N·m 或 J)值:

$$W_i = \frac{F_i ab}{10^6} \tag{1-26}$$

式中:F_i——示功图面积,cm^2;
a——示功图纵坐标比例尺,Pa/cm;
b——示功图横坐标比例尺,cm^3/cm。

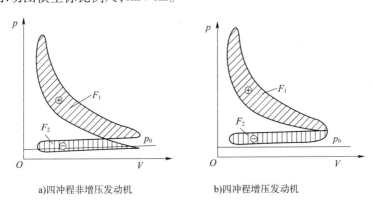

a)四冲程非增压发动机　　b)四冲程增压发动机

图 1-9　四冲程增压和非增压发动机的 $p-V$ 图

指示功 W_i 反映了发动机汽缸在一个工作循环过程中所获得的有用功的数量,它除了与循环过程中热功转换的有效程度有关外,还与汽缸容积的大小有关。为了比较不同大小、不同类型的发动机性能,需要引入平均指示压力的概念。

2. 平均指示压力 p_{mi}

平均指示压力 p_{mi} 是发动机单位汽缸工作容积在一个循环过程中所做的指示功。

$$p_{mi} = \frac{W_i}{V_s}, \text{kPa} \tag{1-27}$$

式中：W_i——发动机工作循环的指示功，J；

V_s——汽缸工作容积，L。

循环指示功 W_i 也可以写成下式：

$$W_i = p_{mi}V_s = p_{mi}As \times 10^{-3} = p_{mi}\frac{\pi D^3 s}{4} \times 10^{-3}, \text{J} \tag{1-28}$$

式中：A——活塞面积，cm^2；

s——活塞行程，cm；

D——汽缸直径，cm。

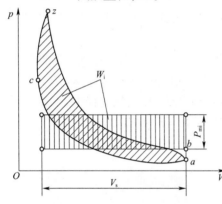

图 1-10 指示功 W_i 和平均指示压力 p_{mi}

平均指示压力可以理解为以一个不变的压力 p_{mi} 作用在活塞顶上，使活塞移动一个行程所做的功等于循环指示功 W_i，如图 1-10 所示，那么 p_{mi} 即为平均指示压力。但是按照定义，平均指示压力的物理概念是单位汽缸工作容积的指示功，它标志汽缸工作容积的利用程度；平均指示压力值越高，则同样大小的汽缸工作容积发出的指示功越多，汽缸工作容积利用程度越佳。平均指示压力从发动机实际循环的角度评价了发动机汽缸工作容积利用率的高低，因此它是衡量发动机循环动力性能的一个重要指标。

表 1-7 所示为 p_{mi} 的一般范围。

表 1-7 平均指示压力 p_{mi} 的一般范围

发动机类型	平均指示压力 p_{mi}(kPa)	发动机类型	平均指示压力 p_{mi}(kPa)
汽油机	700~1300	增压柴油机	900~2500
柴油机	650~1180	汽车用增压柴油机	1100~1600

二、指示功率 P_i

发动机在单位时间内所做的指示功，称为指示功率 P_i。应该注意指示功是对一个汽缸而言，指示功率是对整机而言。

设一台发动机的汽缸数为 i，每缸工作容积为 V_s(L)，转速为 n(r/min)，平均指示压力为 p_{mi}(kPa)。

则每缸、每循环工质所做的指示功为：

$$W_i = p_{mi}V_s, \text{J} \tag{1-29}$$

发动机指示功率（i 个汽缸每秒所做指示功）为：

$$P_i = W_i i \frac{n}{60} \frac{2}{\tau} = \frac{p_{mi} V_s i n}{30\tau} \times 10^{-3}, kW \qquad (1\text{-}30)$$

式中：τ——发动机的冲程数，四冲程发动机 $\tau=4$，二冲程发动机 $\tau=2$。

对四冲程发动机，将 $\tau=4$ 代入式（1-30）得：

$$P_i = W_i i \frac{n}{60} \frac{2}{\tau} = \frac{p_{mi} V_s i n}{120} \times 10^{-3}, kW \qquad (1\text{-}31)$$

对二冲程发动机，将 $\tau=2$ 代入式（1-30）得：

$$P_i = W_i i \frac{n}{60} \frac{2}{\tau} = \frac{p_{mi} V_s i n}{60} \times 10^{-3}, kW \qquad (1\text{-}32)$$

三、指示燃料消耗率 g_i 与指示热效率 η_i

1. 指示燃料消耗率 g_i

指示燃料消耗率 g_i 是指单位指示功的耗油量，也称指示比油耗，通常以每千瓦小时指示功的耗油量表示。

当由实验测得发动机的指示功率为 P_i（kW），每小时耗油量为 G_T（kg/h）时，则指示燃料消耗率为：

$$g_i = \frac{G_T}{P_i} \times 10^3, g/(kW \cdot h) \qquad (1\text{-}33)$$

2. 指示热效率 η_i

指示热效率 η_i 是发动机实际循环的指示功与所消耗燃料的热量之比，即：

$$\eta_i = \frac{W_i}{Q_1} \qquad (1\text{-}34)$$

式中：Q_1——为得到指示功 W_i（kJ）所消耗燃料的热量，kJ。

所消耗燃料的热量 Q_1 按所消耗的燃料量与燃料的热值来计算。燃料的热值是指单位质量的燃料燃烧后所放出的热量，其数值取决于燃料本身的性质，用 H_u 表示，单位为 kJ/kg。

根据指示燃料消耗率 g_i 的定义，g_i 为获得 1kW·h 的指示功所消耗的燃料量，这些燃料所含有的热量为 $\frac{g_i H_u}{1000}$ kJ。

由热功当量可知：$1kW \cdot h = 3.6 \times 10^3 kJ$。

将上述热和功的对应量代入式（1-34）中可得 η_i 与 g_i 之间的关系：

$$\eta_i = \frac{3.6}{g_i H_u} \times 10^6 \qquad (1\text{-}35)$$

指示燃料消耗率 g_i 和指示热效率 η_i 是评定发动机实际工作循环经济性能的重要指标，其数值范围见表1-8。

指示燃料消耗率 g_i 和指示热效率 η_i 的一般范围　　　表1-8

发动机类型	指示燃料消耗率 g_i [g/(kW·h)]	指示热效率 η_i
汽油机	230~340	0.25~0.40
柴油机	170~200	0.43~0.50

第四节 发动机的有效性能指标

有效性能指标是以发动机功率输出轴上得到的净功率为基础而建立的指标,用以评定整台发动机的性能,因此它比指示指标更有实用价值。

一、有效功率 P_e 和机械损失功率 P_m

从发动机功率输出轴上得到的净功率称为有效功率 P_e,它总是小于指示功率 P_i。

发动机的指示功率 P_i 不可能完全对外输出,这是因为发动机的指示功率 P_i 在内部传递过程中不可避免存在很多损失。这些损失包括发动机内部运动件的摩擦损失、驱动附属机构的损失、泵气损失等。上述损失所消耗功率的总和称为机械损失功率 P_m。因此,指示功率 P_i、有效功率 P_e 与机械损失功率 P_m 三者之间的关系为:

$$P_e = P_i - P_m, \text{kW} \tag{1-36}$$

发动机的有效功率 P_e 可利用测功器和转速计进行测量和计算而得。

二、有效转矩 M_e

发动机工作时,由功率输出轴输出的转矩称为有效转矩 M_e,它由测功器测得。根据测得的转矩 $M_e(\text{N}\cdot\text{m})$ 及其对应的转速 $n(\text{r/min})$,利用下式可计算发动机的有效功率 P_e。

$$P_e = M_e \frac{2\pi n}{60} \times 10^{-3} = \frac{M_e n}{9550}, \text{kW} \tag{1-37}$$

三、平均有效压力 p_{me}

平均有效压力 p_{me} 是发动机单位汽缸工作容积输出的有效功。与平均指示压力 p_{mi} 相似,平均有效压力可看作是一个假想的、平均不变的压力作用在活塞顶上,使活塞移动一个冲程所做的功等于每循环所做的有效功。平均有效压力是衡量发动机动力性能的一个很重要的参数,它从发动机实际输出功的角度评定汽缸工作容积的利用率。

类比平均指示压力与指示功率 P_i 的关系,可列出平均有效压力与有效功率 P_e 的关系:

$$P_e = W_e i \frac{n}{60} \frac{2}{\tau} = \frac{p_{me} V_s i n}{30 \tau} \times 10^{-3}, \text{kW} \tag{1-38}$$

对四冲程发动机:

$$P_e = W_e i \frac{n}{60} \frac{2}{\tau} = \frac{p_{me} V_s i n}{120} \times 10^{-3}, \text{kW} \tag{1-39}$$

对二冲程发动机:

$$P_e = W_e i \frac{n}{60} \frac{2}{\tau} = \frac{p_{me} V_s i n}{60} \times 10^{-3}, \text{kW} \tag{1-40}$$

由此可得:

$$p_{me} = \frac{30 P_e \tau}{V_s i n} \times 10^3, \text{kPa} \tag{1-41}$$

将式(1-37)代入式(1-41)得:

$$p_{me} = \frac{30 M_e \tau}{9550 V_s i} = 3.14 \frac{M_e \tau}{V_s i}, kPa \qquad (1-42)$$

式中:M_e——有效转矩,N·m;
τ——发动机冲程数;
i——发动机汽缸数;
V_s——各汽缸工作容积,L。

由此可见,对发动机排量(汽缸工作容积总和为$V_s i$)一定的发动机而言,平均有效压力p_{me}正比于发动机的有效转矩M_e,即平均有效压力也反映出发动机单位汽缸工作容积输出转矩的大小。排量一定的发动机,平均有效压力越高,则其对外输出的功越多,转矩越大,做功能力越强,发动机的动力性能越好。所以平均有效压力是发动机重要的动力性能指标。表1-9所示为平均有效压力的一般取值范围。

平均有效压力p_{me}的一般范围　　　　表1-9

发动机类型	平均有效压力p_{me}(kPa)	发动机类型	平均有效压力p_{me}(kPa)
汽油机	650~1200	汽车用增压柴油机	900~1300
柴油机	600~950		

四、发动机的转速n和活塞的平均移动速度C_m

提高发动机的转速,意味着发动机将经常处于较高的工作转速下运转,这是发动机性能设计上的一种强化措施。转速升高意味着发动机单位时间内做功的次数增多,这样在汽缸尺寸相同的情况下发出的功率增大,或在发出相同功率的情况下发动机体积和质量减小。

发动机的转速n增加,活塞的平均移动速度C_m也增加。转速n(r/min)与C_m(m/s)之间的关系为:

$$C_m = \frac{Sn}{30}, m/s \qquad (1-43)$$

式中:S——活塞行程,m。

活塞的平均移动速度C_m增加,活塞组的热负荷和曲柄连杆机构的惯性力均增大,发动机的磨损加剧,寿命降低。一般汽油机的C_m值不超过15m/s,柴油机的C_m值不超过13m/s。

提高转速又不至于使C_m过高,可以通过减小活塞行程S来实现,即对于高速发动机,在结构上宜采用较小的行程缸径比(S/D)值。$S/D<1$时称为短行程,短行程发动机宜采用四气门机构的布置;采用四气门技术后,发动机的有效功率显著提高。但缸径比减小也会造成燃烧室高度降低,燃烧表面积与容积的比值增大,混合气形成条件变差,不利于燃烧;同时缸径比减小,发动机传热损失将相应增多。

发动机的转速n、活塞的平均移动速度C_m及行程缸径比S/D值的大致范围见表1-10。

发动机的转速 n、活塞的平均移动速度 C_m 及行程缸径比 S/D 值的大致范围　　表 1-10

发动机类型	n(r/min)	C_m(m/s)	S/D
小客车汽油机	5000~8000	12~18	0.7~1.0
载货汽车汽油机	3600~4500	10~15	0.8~1.2
汽车柴油机	2000~5000	9~15	0.75~1.2
增压柴油机	1500~4000	8~12	0.9~1.3

五、升功率 P_L、比质量 m_e 和强化系数 $p_{me} \cdot C_m$

升功率 P_L、比质量 m_e 和强化系数 $p_{me} \cdot C_m$ 是评定发动机结构和强化程度的指标。

1. 升功率 P_L

升功率是指在标定工况下，每升汽缸工作容积所发出的有效功率，用符号 P_L 表示，单位为 kW/L。按定义则有：

$$P_L = \frac{P_e}{V_s i}, \text{kW/L} \tag{1-44}$$

式中：P_e——发动机的标定功率，即在标定工况下的有效功率，kW；

　　　V_s——汽缸工作容积，L；

　　　i——汽缸数。

将平均有效压力与有效功率的关系式代入式(1-44)，并整理得：

$$P_L = \frac{p_{me} n}{30\tau} \times 10^{-3}, \text{kW/L} \tag{1-45}$$

由上式可见，发动机的升功率与平均有效压力和转速成正比，升功率从发动机有效功率出发，对其汽缸工作容积的利用率作总的评价。它标志着发动机汽缸工作容积的利用程度，可反映发动机结构的紧凑性。在发动机有效功率一定时，升功率越高，发动机的强化程度越高，意味着发动机的体积越小。提高平均有效压力和转速可以获得更强化、更轻巧、更紧凑的发动机，因此发动机的升功率是评定一台发动机整机动力性能和强化程度的重要指标之一。

2. 比质量 m_e

比质量是指发动机的净质量与有效功率的比值，用符号 m_e 表示，单位是 kg/kW，即：

$$m_e = \frac{m}{P_e}, \text{kg/kW} \tag{1-46}$$

式中：m——发动机的净质量，kg；

　　　P_e——发动机的有效功率，kW。

比质量标志着发动机质量的利用程度和结构紧凑性，比质量越小，说明在发动机有效功率一定时，其质量越轻。

3. 强化系数 $p_{me} \cdot C_m$

强化系数是平均有效压力 p_{me} 与活塞平均速度 C_m 的乘积，记为 $p_{me} \cdot C_m$。它与活塞单位面积上的有效功率成正比。

强化系数越高，意味着发动机的机械负荷和热负荷越大。随着发动机制造技术的不断进步,各机件承受机械负荷和热负荷的能力增强,强化系数越来越高,这是发动机技术进步的一个显著标志。

升功率 P_L、比质量 m_e 和强化系数 $p_{me} \cdot C_m$ 的一般范围见表1-11。

升功率 P_L、比质量 m_e 和强化系数 $p_{me} \cdot C_m$ 的一般范围 表1-11

发动机类型	升功率 P_L(kW/L)	比质量 m_e(kg/kW)	强化系数 $p_{me} \cdot C_m$
汽油机	22～55	1.5～4.0	8～17
柴油机	18～30	4.0～9.0	9～15

六、有效燃料消耗率 g_e 与有效热效率 η_e

1. 有效燃料消耗率 g_e

有效燃料消耗率 g_e 是指单位有效功的耗油量,也称有效比油耗或有效耗油率。通常以每千瓦小时有效功的耗油量表示。

当由实验测得发动机的有效功率为 P_e(kW),每小时耗油量为 G_T(kg/h)时,则有效燃料消耗率为:

$$g_e = \frac{G_T}{P_e} \times 10^3, \text{g/(kW·h)} \tag{1-47}$$

2. 有效热效率 η_e

有效热效率 η_e 是发动机实际循环的有效功 W_e(kJ)与为得到此有效功所消耗燃料的热量之比,即:

$$\eta_e = \frac{W_e}{Q_1} \tag{1-48}$$

式中:Q_1——为得到有效功 W_e(kJ)所消耗燃料的热量,kJ。

根据前述推导指示热效率 η_i 同样的方法可得 η_e 与 g_e 之间的关系:

$$\eta_e = \frac{3.6}{g_e H_u} \times 10^6 \tag{1-49}$$

有效燃料消耗率 g_e 和有效热效率 η_e 是评定发动机整机经济性能的重要指标,有效燃料消耗率 g_e 在实用中更为具体,其数值范围见表1-12。

有效燃料消耗率 g_e 和有效热效率 η_e 的一般范围 表1-12

发动机类型	有效燃料消耗率 g_e[g/(kW·h)]	有效热效率 η_e
汽油机	270～410	0.25～0.30
柴油机	214～285	0.30～0.40
增压柴油机	190～218	0.40～0.45

第五节 发动机的机械损失

如前所述,发动机在运转过程中,其自身要消耗掉一部分指示功率,使对外输出的有效功率小于指示功率。这部分指示功率的消耗就称为机械损失功率,简称机械损失。机械损失功率占指示功率的10%～30%,是不可忽视的功率损失。因此,降低机械损失,使实际循环发出的指示功尽可能转变为对外输出的有效功,是提高内燃机性能的一个重要途径。

一、机械损失的组成

(1)发动机内部运动件的摩擦损失。摩擦损失约占整个机械损失的60%~75%。在摩擦损失中,活塞和活塞环与汽缸壁间的摩擦所占比例最大。主要原因在于活塞、活塞环与汽缸壁间的摩擦面积大,相对运动速度高,润滑条件差;其次是轴承与轴颈之间的摩擦,气门传动机构的摩擦等。

(2)驱动附属机构的损耗。这部分损失约占全部机械损失的10%~20%,包括驱动配气机构、冷却液泵、风扇、机油泵、喷油泵、调速器、点火装置等的损耗。

(3)泵气损失。在测定发动机的机械损失时,很难将发动机进、排气过程所消耗的功分离出去,所以通常将发动机的泵气损失包含在机械损失中。它约占全部机械损失的10%~20%。

上述损失所消耗功率的总和即为机械损失功率 P_m。

根据上述定义,可得到发动机的指示功率 P_i、有效功率 P_e 及机械损失功率 P_m 三者之间的关系为:

$$P_m = P_i - P_e, \text{kW} \tag{1-50}$$

与平均指示压力 p_{mi}、平均有效压力 p_{me} 类似,发动机单位汽缸工作容积的机械损失功称为平均机械损失压力 p_{mm}。它与机械损失功率 P_m 的关系为:

$$P_m = \frac{p_{mm} V_s i n}{30\tau} \times 10^{-3}, \text{kW} \tag{1-51}$$

平均指示压力 p_{mi}、平均有效压力 p_{me}、平均机械损失压力 p_{mm} 的关系为:

$$p_{mm} = p_{mi} - p_{me}, \text{kPa} \tag{1-52}$$

二、机械效率 η_m

机械效率是有效功率与指示功率之比,用符号 η_m 表示,即:

$$\eta_m = \frac{P_e}{P_i} = 1 - \frac{P_m}{P_i} \tag{1-53}$$

还可写成:

$$\eta_m = \frac{p_{me}}{p_{mi}} = 1 - \frac{p_{mm}}{p_{mi}} \tag{1-54}$$

机械效率 η_m 用于比较各种不同发动机的机械损失大小。机械效率越高,说明发动机的机械损失越小,其性能越好。所以为了提高发动机性能,不论采用何种措施,都必须同时考虑它对机械损失的影响,以免改进效果被机械损失所抵消。

发动机机械效率的一般范围见表1-13。

发动机机械效率 η_m 的一般范围　　　　　表1-13

发动机类型	机械效率 η_m	发动机类型	机械效率 η_m
汽油机	0.70~0.90	柴油机	0.70~0.85

根据机械效率 η_m、有效热效率 η_e、指示热效率 η_i 的定义式,可得三者之间的关系:

$$\eta_e = \frac{W_e}{Q_1} = \frac{W_i \eta_m}{Q_1} = \eta_i \eta_m \qquad (1\text{-}55)$$

即发动机的有效热效率 η_e 等于指示热效率 η_i 与机械效率 η_m 的乘积。

由式(1-49)可得：

$$\eta_e = \frac{3.6}{g_e H_u} \times 10^6 = \eta_i \eta_m \qquad (1\text{-}56)$$

则：

$$g_e = \frac{3.6 \times 10^6}{\eta_i \eta_m H_u} = \frac{K}{\eta_i \eta_m} \qquad (1\text{-}57)$$

式中：K——比例常数。

由上式可见，发动机的有效燃料消耗率 g_e 与指示热效率 η_i 和机械效率 η_m 的乘积成反比。

三、机械损失的测定

导致发动机产生机械损失的原因极为复杂，无法用分析的办法来求出准确的数值，即使有些经验公式可用来计算，也是极为近似而不可靠。为了获得较为可信的结果，可通过实际发动机的试验来测定。常用的测试方法有倒拖法、灭缸法、负荷特性曲线法和示功图法。在此仅介绍我国汽车发动机试验标准中规定应优先采用的倒拖法。

利用倒拖法测定发动机机械损失功率时，首先在试验台架上将发动机与平衡式电力测功器相连，然后按下列步骤测定机械损失功率。

首先使发动机在给定的工况下稳定运转，待其冷却液和机油温度达到正常数值；立即切断对发动机的燃油供应（柴油机）或停止点火（汽油机），与此同时将电力测功器转换为电动机，以原给定转速倒拖发动机空转，并尽可能维持冷却液和机油温度不变；此时电力测功器测得的倒拖功率即为发动机在该工况下的机械损失功率。

这种方法的缺点是必须使用平衡式电力测功器，而且倒拖时，由于缸内熄火，汽缸内的压力与温度均与实际工况不符，倒拖时所消耗的功率要超过发动机在给定工况工作时的实际机械损失功率，低压缩比的发动机测量结果的误差大约为5%，高压缩比的发动机大约为5%~15%，因而用此方法在测定汽油机机械损失时得到广泛的应用。

四、影响机械损失的主要因素

影响发动机机械损失的因素很多，除转速、负荷、润滑油品质和冷却液温度等使用因素外，汽缸内的最高燃烧压力、汽缸尺寸和数目、大气状态等结构设计参数和使用环境因素均会影响机械效率。这里仅介绍使用因素及汽缸内的最高燃烧压力、点火提前角或供油提前角的影响。

1. 发动机转速 n 或活塞平均速度 C_m

发动机转速 n 或活塞平均速度 C_m 升高时，各摩擦表面之间的相对速度加大，摩擦损失增大；与此同时，由于转度升高，曲柄连杆机构等运动件的惯性力增大，致使活塞的侧压力和轴承负荷增大，摩擦损失也增大。值得注意的是：在高速四冲程发动机中，惯性力比燃烧压力对机械损失的影响更明显。这是因为燃烧压力只在一个冲程起作用，而惯性力却会影响每一个冲程。此外，转速提高还会使泵气损失及驱动附属机构的损失增加。所以，随发动机转速提高,机械损失功率增加,机械效率下降。

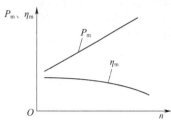

图 1-11 机械损失功率 P_m、机械效率 η_m 与发动机转速 n 之间的关系

由试验统计资料可知,机械损失功率与转速平方近似成正比,所以转速越高,机械效率下降越快,这已成为通过提高转速来强化发动机动力性的障碍之一。机械损失功率 P_m、机械效率 η_m 与发动机转速 n 之间的关系如图 1-11 所示。

应当指出,摩擦损失约占所有机械损失的 60%~75%,而活塞、活塞环与汽缸壁间的摩擦占总摩擦损失的 70%~80%;因此在通过提高转速来强化发动机动力性能时,尽量减小活塞的运动速度,以减少活塞、活塞环与汽缸壁间的摩擦损失,对提高机械效率有着重要意义。前面述及,对汽车上广泛应用的四冲程发动机,发动机的转速 n 与活塞的平均移动速度 C_m 之间的关系为:

$$C_m = \frac{Sn}{30}, \text{m/s} \tag{1-58}$$

由上式可见,要提高发动机转速,又不使活塞运行速度过高,应尽量减小活塞行程;目前,轿车发动机的转速均较高,其活塞行程与缸径的比值也比较小。

2. 发动机负荷

发动机的负荷通常指发动机的外部阻力矩,由于平均有效压力正比于转矩,因此也常用平均有效压力、有效功率或节气门开度来表示。随发动机负荷的增加,节气门开度增大,对柴油机意味着每循环供油量增多,对汽油机意味着每循环供给汽缸的混合气数量增多。

机械损失功率 P_m、指示功率 P_i 和机械效率 η_m 与发动机负荷的关系如图 1-12 所示。

由图 1-12 可见,当发动机转速一定时,随着负荷的减小,发动机的指示功率下降,而机械损失功率略有降低,几乎保持不变。这是由于负荷减小时,汽缸和活塞温度将降低,活塞、活塞环与缸壁的间隙减小,润滑情况有所改善;而且汽缸内平均有效压力也下降,各机件承受的机械负荷减小,导致摩擦损失降低,但这种变化很小。在转速一定的情况下,泵气损失和驱动附属机构的损失变化不大,所以,机械损失功率随发动机负荷的变化不大。

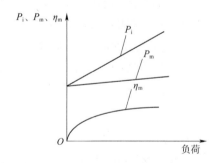

图 1-12 机构损失功率 P_m、指示功率 P_i 和机械效率 η_m 与负荷的关系

根据式(1-53)可知,当发动机转速一定时,随负荷减小,由于机械损失功率缓慢减小,而指示功率迅速降低,所以机械效率逐渐下降,且下降速度较快。直到怠速工况(负荷为 0)时,由于发动机功率输出轴上无有效功率输出,有效功率为 0;发动机的指示功率全部消耗于其内部的机械损失,指示功率等于机械损失功率($P_i = P_m$),故 $\eta_m = 0$。

3. 润滑油品质和冷却液的温度

润滑油的黏度对摩擦损失有重要影响。润滑油的黏度过大,流动性差,尤其是刚刚起动后的一段时间内,润滑油不易到达各摩擦表面,摩擦损失增加;同时随润滑油黏度增大,曲轴旋转时的搅油阻力增加。而润滑油黏度过小,其油膜的承载能力低,尤其在机械负荷较大时,容易因油膜破裂而失去完全润滑作用。因此,润滑油的黏度过大或过小,均会使机械损失增加,机械效率下降。

为减少摩擦损失,提高机械效率,选用润滑油的原则是:在保证润滑可靠的前提下,尽量选用黏度较小的润滑油,并在使用中,定期更换润滑油。

在使用中,冷却液的温度直接影响润滑油的温度,而随润滑油温度的升高,其黏度减小。冷却液的温度过高或过低,会使润滑油的黏度过小或过大,均会导致机械损失增加,机械效率下降。因此,在使用中,应保持发动机正常的工作温度,一般为 80～95℃。

此外,冷却液的温度也直接影响混合气的形成及燃烧过程,冷却液的温度过低,燃料不易蒸发,混合气形成不良,不完全燃烧损失增加,指示功率减小,机械效率下降。而温度过高,则会导致燃烧过程不正常,也会使指示功率减小,机械效率下降。

应注意,即使在正常使用时,发动机起动后也不可能立即达到正常工作温度。发动机起动后逐渐升温到正常工作温度所用的时间,通常称为暖机时间。在目前已应用广泛的电控燃油喷射发动机上,均装有怠速控制系统,而且怠速控制系统一般都具有暖机控制(或称快怠速控制)功能,其目的就是缩短暖机时间,减少机械损失,以改善发动机的动力性和燃料经济性。

机械损失功率 P_m 与润滑油温度和冷却液温度的关系如图 1-13、图 1-14 所示。

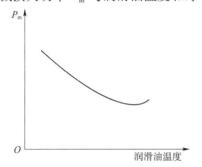

图 1-13 机械损失功率 P_m 与润滑油温度的关系

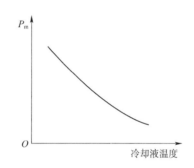

图 1-14 机械损失功率 P_m 与冷却液温度的关系

4. 汽缸内的最高燃烧压力

在发动机中,最高燃烧压力的大小决定了整个燃烧膨胀过程压力水平的高低,随着最高燃烧压力的升高,活塞环的背压按比例增加,活塞裙部的侧压力和轴承负荷加大,因而使摩擦损失增加;另外最高燃烧压力高,要求零件的尺寸和质量相应加大,使得运动件的惯性力加大,这些也导致摩擦损失增加。因此,可以得出结论:凡是导致最高燃烧压力上升的因素都将使发动机的机械摩擦损失增加。

这一结论表明发动机的压缩比不宜过高,同时,汽油机的点火提前角和柴油机的供油提前角以及初始供油速率,均不宜过大。

5. 点火提前角或供油提前角

汽油机的点火提前角和柴油机的供油提前角(以下简称"提前角")直接影响实际循环指示功和缸内最高压力。提前角过大,会使压缩过程后期燃烧的燃料量增多,压缩负功增大,循环指示功减少,同时也会增大缸内最高压力,使得摩擦损失增加,这均导致机械效率降低。提前角过小,则会使后燃损失(上止点后的燃烧损失)增加,循环指示功减少,尽管机械损失也有所减少,但机械损失减少的比例小,所以机械效率仍会下降。

因此,汽油机的点火提前角和柴油机的供油提前角不宜过大或过小,必须根据发动机的转速和负荷等合理选择。

第六节 发动机的热平衡

在发动机的汽缸中,燃料燃烧后所放出的总热量,只有25%～40%转化为有效功,其他部分均以不同方式散失于发动机之外。

燃料燃烧后的总热量在有效功和各种热损失之间的分配利用情况,称为发动机的热平衡。发动机的热平衡通常是由实验测定,研究热平衡对改善发动机的热力过程与设计、使用都具有重要的意义。

若发动机每小时的耗油量为 $G_T(kg/h)$,则燃料完全燃烧每小时所放出的热量为:

$$Q_T = G_T H_u, kJ/h \tag{1-59}$$

式中:H_u——燃料的热值,kJ/kg。

热量 Q_T 大致分配如下:

(1)转化为有效功的燃量 $Q_E(kJ/h)$。

若测得发动机的有效功率 $P_e(kW)$,则因为:

$$1kW \cdot h = 3.6 \times 10^3 kJ$$

所以:

$$Q_E = 3.6 \times 10^3 P_e, kJ/h$$

显然,Q_E 越大,即转化为有效功的燃量越多,发动机的热效率越高。

(2)传递给冷却介质的热量 $Q_S(kJ/h)$。

冷却介质指冷却液或冷却空气以及润滑油等。在这一部分损失的热量中,包括工作循环中的工质向汽缸壁及燃烧室壁的传热损失,废气通过排气道时传给冷却介质的热量,活塞与汽缸壁摩擦产生并传给冷却介质的热量以及润滑油传给冷却介质的热量等。

(3)废气带走的热量 $Q_R(kJ/h)$。

废气排出时,温度很高,所以废气带走的热量相当大。

(4)燃料不完全燃烧热损失 $Q_B(kJ/h)$。

汽油机在大工况时因采用空气不足的浓混合气,柴油机因空气与燃料混合不均匀,均可导致不完全燃烧。

(5)其他热量损失 $Q_L(kJ/h)$。

这部分包括所有未计及的热损失,如辐射热损失等。

热平衡用各项组成部分的每小时热量表示,其热平衡方程为:

$$Q_T = Q_E + Q_S + Q_R + Q_B + Q_L, kJ/h \tag{1-60}$$

热平衡也可用各项组成热量与燃料总热量的百分数表示,即:

$$q_e = \frac{Q_E}{Q_T} \times 100\%, q_s = \frac{Q_S}{Q_T} \times 100\%, q_r = \frac{Q_R}{Q_T} \times 100\%, q_b = \frac{Q_B}{Q_T} \times 100\%, q_l = \frac{Q_L}{Q_T} \times 100\%$$

$$\tag{1-61}$$

则其热平衡方程为:

$$q_e + q_s + q_r + q_b + q_l = 100\% \tag{1-62}$$

发动机的热平衡如图1-15所示,图中Q_i为转变为指示功的热量,设Q_T为燃料在汽缸内完全燃烧每小时放出的热量,此时不计入燃料不完全燃烧热损失Q_B。图中可以清楚地看到发动机中的热量流动情况及各项热损失所占的比重。

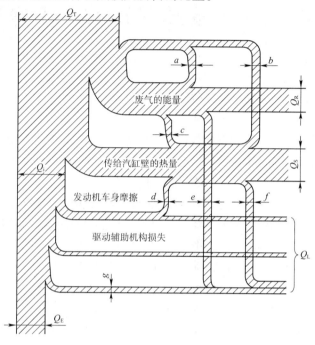

图1-15 发动机的热平衡图

a-从残余废气和排气中回收的热量;b-由汽缸壁传给进气的热量;c-排出废气传给冷却液的热量;d-在摩擦中传给冷却液的部分热量;e-从排气系统辐射的热量;f-从冷却液和水套壁辐射的热量;g-从曲轴箱壁和其他不冷却部分辐射的热量

热平衡大致数值范围见表1-14。

热平衡中各项数值范围(%)   表1-14

发动机类型	q_e	q_s	q_r	q_b	q_l
汽油机	25~30	12~27	30~50	0~45	3~10
柴油机	30~40	15~35	25~45	0~5	2~5
增压柴油机	35~45	10~25	25~40	0~5	2~5

从表1-14可知,燃料的总热量中仅有25%~40%的热量转变为有效功,其余60%~75%的热量都损失掉了,其中主要部分由废气带走,其次传给冷却液,在某些汽油机中由于不完全燃烧所损失的热量所占比重也不小。

冷却液带走热量占整个热量的10%~35%,其中一部分是由排气道中废气传给冷却液的热量,一部分是由摩擦产生的热量,真正由燃烧、膨胀过程散出的热量大约占冷却损失的15%,若将这部分损失收回,指示功率可提高3%~5%。绝热内燃机(即采用高温材料隔绝燃烧室与外界的热交换,使内燃机在接近绝热的状态下工作)就是想回收这部分热量。

废气带走的热量占整个热量的25%~50%,回收这部分热量一直是人们十分关注的问题。学者们曾做过大量工作,其中最成功的回收方法是在内燃机上安装废气涡轮增压器,这种方法可使内燃机的有效热效率提高到一个新水平。

第二章　发动机的换气过程

发动机的排气过程和进气过程统称为换气过程。该过程是在尽可能小的换气损失下，排出缸内的燃烧废气，并吸入新鲜空气或可燃混合气，以达到进气充分，排气彻底的要求。换气过程进行的完善程度对发动机性能有极为重要的影响。

首先，发动机发出的转矩和功率，决定于换气过程进入汽缸充量的多少。这是因为在发动机中，燃料的燃烧需要一定比例的空气，根据计算，1kg 汽油完全燃烧约需 15kg 空气，1kg 柴油完全燃烧约需 14.5kg 空气；汽油机工作时所用混合气中，汽油与空气的体积比约为 1:10000。由此可见，在可燃混合气中燃料所占的比例是很小的，而且燃料是强制供给，通过对燃料供给系统的调整或控制程序的修正可以实现燃料量供给量的增加，而使发动机吸入较多空气却较难实现。如果能使每循环进入汽缸的空气量增多，就可以多供一些燃料，使燃烧放出的热量增加，从而提高发动机的转矩和功率。对汽缸容积一定的发动机而言，提高动力性的关键是提高充气量。

其次，换气过程有功率损失，它使循环指示功减少，热效率降低。

此外，换气过程的优劣对发动机工作的可靠性和运行性能也有一定的影响，如零件的热负荷、排气冒烟、大气污染等。

本章对发动机的换气过程进行较深入的分析讨论，目的是了解换气过程进行情况，分析影响换气过程的各种因素，以寻求提高充气量、减少换气损失的措施。

第一节　四冲程发动机的换气过程

一、换气过程

四冲程发动机换气过程是指从排气门打开到进气门完全关闭的整个过程，约占 380°~490°曲轴转角。根据汽缸中气体流动的特点，换气过程可以分为自由排气、强制排气、进气和燃烧室扫气四个阶段(图 2-1)。

1. 自由排气阶段

从排气门开始开启到汽缸内压力接近于排气管内压力为止的这一时期，称为自由排气阶段。此阶段一般在活塞运行到下止点前开始，在下止点后 10°~30°曲轴转角结束。自由排气阶段历时虽短，但由于排气流速较高，排出废气量可达整个排气过程总排气量的 60% 以上。

由于受结构和惯性力的限制，气门的开闭速度不能过快。气门从开始开启到最大开度，或从开始关闭到完全关闭，均需要一定的时间，所以只能逐渐增大其流通截面，不可能瞬时达到全开或全关。如果活塞到达下止点时，排气门才开始开启,则在排气过程初期排气门开度增加很慢,废气流出不畅,缸内压力下降缓慢。活塞由下止点向上止点运行时,将受到较大的反压力,使排气冲程消耗的功增加,所以排气门总是在下止点前开始开启。从排气门开始开启到活塞运行到下止点这段时间所对应的曲轴转角称为排气提前角,一般排气提前角为30°~80°曲轴转角。

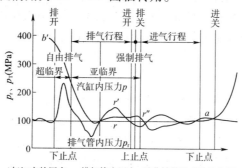

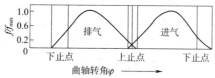

图 2-1 四冲程发动机的换气过程
p-汽缸内的压力;p_r-排气管内的压力;f/f_{max}-气门相对流通截面

由图 2-1a)可知,在自由排气阶段的初期,排气门刚开启的一段时期内,汽缸内的压力 p 远高于排气管内的压力 $p_r\left(\dfrac{p}{p_r}>2\right)$。废气流过排气门最小通过截面处的气体流速等于该处气体状态下的音速,这种排气流动状态称为超临界流动状态。此时排出的废气量与排气门前后的压力差无关,它只取决于缸内气体的状态和气门的开启面积及时间。超临界流动伴有刺耳的震音,故必须在排气管内安装排气消声器。

随着废气大量排出,汽缸内压力迅速下降,当汽缸内压力下降到排气管内压力的1.9倍以下时,排气流动转入亚临界状态,此时排出的废气量取决于汽缸内和排气管内的压力差及排气门的开度。直到某一时刻,汽缸内的压力与排气管的压力基本相等时,自由排气结束(一般到下止点后 10°~30°曲轴转角)。

自由排气阶段废气排量与发动机转速无关。转速升高时,同样的自由排气时间(以 s 计)所占曲轴转角增大,所以在高转速发动机中,为使缸内废气及时排出,有必要加大排气提前角。

2. 强制排气阶段

活塞上行将废气强制排出汽缸的时期,称为强制排气阶段。

在这一阶段,汽缸内的废气被上行的活塞强制推出,由于排气阻力的存在,汽缸内平均压力比排气管内平均压力略高,一般高出 9.8kPa 左右。排气阻力主要由排气门的节流作用产生,其大小取决于排气门的开启截面积和气流速度,流速越高,排气阻力越大,而气流速度又取决于发动机的转速。

在强制排气阶段,若要使排气门在活塞到达上止点时完全关闭,则它就要在上止点前开始关小,以产生较大的节流作用,而此时活塞还在向上运动,这使得缸内压力复升,排气消耗的功和残余废气量都增加;同时,在强制排气阶段接近终了时,在上止点附近,废气还有一定的流动能量,排气门延迟关闭,还可以利用气流的惯性继续排气,所以排气门应在活塞经过上止点后关闭。从上止点到排气门关闭终了这段时间所对应的曲轴转角称为排气迟闭角。一般排气迟闭角为 10°~35°曲轴转角。排气门延迟关闭,不仅可以避免因排气门在上止点前开始关小而增大残余废气量和排气功的消耗,而且可以利用排气流的惯性充分排气,进一步减小残余废气量。

3. 进气过程

进气过程是指从进气门开始开启到进气门完全关闭的这段时期。为尽可能增加进气量,进气门也要提前开启,迟后关闭,整个进气过程约占 220°~290°曲轴转角。

为保证活塞进入进气行程时,进气门有足够的开度以减小进气损失,必须在排气行程活塞到达上止点前开启进气门。从进气门开始开启到活塞到达上止点这段时间所对应的曲轴转角称为进气提前角,一般为 10°~30°。

为避免因进气门在下止点前开始关小而增大进气损失,并充分利用进气流的惯性继续进气,增加进气量及减少吸气功的消耗。进气门都是在活塞到达下止点后关闭。从活塞到达下止点到进气门完全关闭这段时期所对应的曲轴转角称为进气迟闭角,一般 20°~60°曲轴转角。

由图 2-1 可知,在进气过程初期,进气门开始开启的一段时期内,由于汽缸内的压力高于大气压力,进气门开度较小,同时又要克服气流惯性使之加速,新鲜空气或混合气无法进入汽缸。当活塞开始下行进入进气行程时,缸内气体压力迅速下降,直到进气管内压力与汽缸内压力的差值(即进气压差)足以克服进气阻力和气流惯性时,新鲜气体才开始经进气门流入汽缸。随着气门开度的增加,由于不再需要克服气流惯性使之加速,进入汽缸内的气体量增加,并受到高温零件及废气的加热,缸内气体压力逐渐上升。进气过程接近结束时,进气流的动能部分转化为压力能,使缸内的气体压力进一步提高,进气门关闭时,汽缸内的压力接近或略高于大气压力。

4. 燃烧室扫气

由于排气门迟后关闭和进气门提前开启,在排气行程活塞运行到上止点附近存在着进、排气门同时开启的现象,称为气门叠开。气门叠开的角度等于进气提前角与排气迟闭角之和。

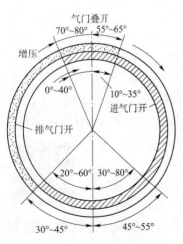

图 2-2 四冲程发动机配气相位图
(外圈表示增压)

一般为 20°~60°曲轴转角,增压柴油机为 80°~160°曲轴转角。气门叠开使进气管、排气管和汽缸连通起来,适当的气门叠开可利用气流的压差和惯性清除残余废气,增加进气量;对增压柴油机,其进气压力高,有一定数量的新鲜充量直接扫过燃烧室,帮助清除废气后进入排气管,扫气效果非常明显。对于汽油机,由于其新鲜充量为可燃混合气,扫气会造成燃料的损失,因此,气门叠开的角度选择以新鲜充量不流入排气管为原则。

图 2-2 所示为四冲程发动机进、排气门开启和关闭的定

时范围。

二、换气损失

在发动机的换气过程中,不仅进行工质的交换,而且存在着功的转换和能量的损失。换气损失由排气损失和进气损失两部分组成,如图2-3所示。

1. 排气损失

排气损失是从排气门开始开启到进气行程开始,缸内气体压力达到进气管内压力之前循环功的损失。它可分为自由排气损失和强制排气损失。

1)自由排气损失(图2-3中面积Ⅰ)

自由排气损失是由于排气门提前开启,排气压力线从 b' 点开始偏离理想循环膨胀线,导致膨胀功减少而引起的损失。

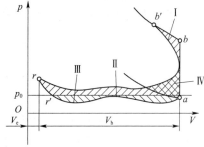

图2-3 发动机的换气损失
Ⅰ-提前排气损失;Ⅱ+Ⅳ-强制排气损失;
Ⅲ-进气损失;Ⅱ+Ⅲ-泵气损失

2)强制排气损失(图2-3中面积Ⅱ+Ⅳ)

强制排气损失是活塞上行强制将废气推出汽缸所消耗的功。

如图2-3所示,随着排气提前角的增大,自由排气损失面积Ⅰ增加,而此时强制排气损失面积Ⅱ+Ⅳ相应减小。因而最佳的排气提前角应使Ⅰ+Ⅱ+Ⅳ面积达到最小值。

2. 进气损失

由于进气系统受阻力影响,进气过程汽缸内的压力低于大气压力,而曲轴箱内的压力稍高于大气压力,因此,进气过程中所损耗的功(图2-3中面积Ⅲ),称为进气损失。与排气损失相比,进气损失较小;进气过程功的消耗对功率和热效率影响不大。进气过程对发动机性能有决定性影响的是充气效率,进气损失可间接地反映充气效率的大小。

排气损失与进气损失之和称为换气损失(图2-3中面积Ⅰ+Ⅱ+Ⅳ+Ⅲ)。实际示功图中将面积Ⅱ+Ⅲ表示的损耗称为泵气损失。

三、换气过程的评定指标

换气过程中进气是否充分、排气是否彻底,通常用残余废气系数和充气效率来评定。

1. 残余废气系数

残余废气系数是指每循环进气过程结束时,汽缸内的残余废气量与实际充气量的比值(质量比或体积比),用符号 r 来表示。实际充气量指每循环实际进入汽缸的新鲜气体数量。

$$r = \frac{m_r}{m} = \frac{V_r}{V} \tag{2-1}$$

式中:m_r——排气终了时缸内残余废气的质量;

V_r——排气终了时缸内残余废气所占的体积;

m——进气终了时实际进入汽缸的新鲜充量的质量;

V——排气终了时实际进入汽缸的新鲜充量所占的体积。

为了方便地定性分析残余废气系数的影响因素,以寻求改善换气过程,需要简化公式推导过程和结果。假设新鲜气体与残余废气的气体常数 R,同时不考虑进、排气门迟后关闭对残余废气量和充气量的影响,排气过程结束后汽缸容积为燃烧室容积 V_c,进气过程结束时汽缸内容积为汽缸总容积 $(V_h + V_c)$,应用理想气体状态方程可得:

残余废气量:

$$m_r = \frac{p_r V_c}{R T_r} \tag{2-2}$$

进气过程结束时缸内气体总量:

$$m_a = \frac{p_a (V_h + V_c)}{R T_a} \tag{2-3}$$

实际充气量:

$$m = m_a - m_r \tag{2-4}$$

残余废气系数:

$$r = \frac{m_r}{m} = \frac{m_r}{m_a - m_r} = \frac{1}{\dfrac{m_a}{m_r} - 1} = \frac{1}{\dfrac{p_a T_r \varepsilon}{p_r T_a} - 1} \tag{2-5}$$

式中:p_a、T_a——进气终了时缸内的压力、温度;

p_r、T_r——排气终了时缸内的压力、温度;

ε——压缩比,$\varepsilon = \dfrac{V_h + V_c}{V_c}$。

残余废气系数主要用于比较不同发动机的残余废气量的多少,以评定发动机换气过程进行的完善程度。残余废气系数越低,说明发动机排气越彻底,进气越充分。

2. 充气效率

在发动机进气过程中,实际进入汽缸的新鲜充量与在进气状态下充满汽缸工作容积的新鲜充量的比值,称为充气效率,用符号 η_v 表示,即:

$$\eta_v = \frac{\Delta G}{\Delta G_0} = \frac{m}{m_0} = \frac{m_a - m_r}{m_0} \tag{2-6}$$

式中:ΔG、m——实际进入汽缸的新鲜充量的质量;

ΔG_0、m_0——进气状态下充满汽缸工作容积的新鲜充量的质量;

m_a——进气过程结束时缸内气体总质量;

m_r——排气终了时缸内残余废气的质量。

所谓进气状态,是指当时、当地的大气状态(非增压机型)和增压器压气机出口处的气体状态(增压机型)。

若大气的压力、温度分别为 p_0、T_0,汽缸工作容积为 V_h,则理论上能进入汽缸的充气量 m_0 为:

$$m_0 = \frac{p_0 V_h}{R T_0} \tag{2-7}$$

式中:R——气体常数。

将式(2-4)与式(2-7)代入式(2-6)可得：

$$\eta_v = \frac{m}{m_0} = \frac{m_a - m_r}{m_0} = \frac{1}{\varepsilon - 1}\frac{T_0}{p_0}\left(\varepsilon\frac{p_a}{T_a} - \frac{p_r}{T_r}\right) \tag{2-8}$$

式中：p_a、T_a——进气终了时缸内的压力、温度；

$\quad\quad p_r$、T_r——排气终了时缸内的压力、温度；

$\quad\quad p_0$、T_0——大气的压力、温度；

$\quad\quad \varepsilon$——压缩比，$\varepsilon = \dfrac{V_h + V_c}{V_c}$。

由式(2-5)可得残余废气质量 m_r 和进气过程结束时缸内气体总质量 m_a 与残余废气系数 r 的关系为：

$$m_r = \frac{r}{r+1}m_a \tag{2-9}$$

将式(2-2)和式(2-7)和式(2-9)代入式(2-8)，整理可得：

$$\eta_v = \frac{m}{m_0} = \frac{m_a - m_r}{m_0} = \frac{1}{\varepsilon - 1}\frac{T_0}{p_0}\left(\varepsilon\frac{p_a}{T_a} - \frac{p_r}{T_r}\right) = \frac{\varepsilon}{\varepsilon - 1}\frac{p_a}{T_a}\frac{T_0}{p_0}\frac{1}{r+1} \tag{2-10}$$

可以看出，充气效率与汽缸容积无关，因而，可用来评定不同排量发动机换气过程的良好程度。充气效率越大，说明每循环实际充气量越多，每循环可燃烧的燃料量随之增加，因而单位汽缸工作容积的有效功及发动机的转矩和功率越大，发动机的动力性越好。因而人们总希望提高发动机的充气效率。

实际上对于非增压发动机，气体高速流入汽缸时，要克服进气系统的阻力，使进气终了汽缸压力 p_a 低于大气压力 p_0，新鲜充量受高温机件及残余废气加热，进气终了的温度 T_a 大于大气温度 T_0，残余废气占有部分汽缸容积，也使实际进入汽缸的气体容积小于汽缸的工作容积。因此，每循环实际充气量小于理论充气量，充气效率总是小于 1 的。

车用发动机残余废气系数 r 及充气效率 η_v 的一般范围见表2-1。

车用发动机残余废气系数 r 及充气效率 η_v 的一般范围　　　　表2-1

发动机类型	残余废气系数 r	充气效率 η_v
汽油机	0.06～0.16	0.75～0.85
柴油机	0.03～0.06	0.75～0.90

第二节　影响发动机换气过程的因素

换气过程进行的好坏用充气效率和残余废气系数来评定，影响充气效率和残余废气系数的因素也就是影响换气过程的因素。

一、影响充气效率的因素

由充气效率的公式可知，影响充气效率的因素包括进气终了的压力 p_a 和温度 T_a、排气终了的压力 p_r 和温度 T_r、大气压力 p_0 和温度 T_0、压缩比 ε。其中影响最大的是进气终了压力，因为如果进气终了压力与排气终了压力变化量相同时，进气终了的压力对充气效率的影响会放大 ε 倍。

1. 进气终了的压力 p_a

由充气效率 η_V 的计算公式可知：随进气终了压力提高，充气效率提高。因为在汽缸容积、进气终了温度和残余废气量一定时，进气终了压力越高，缸内气体的密度越大，意味着实际充气量(质量)越多。

在实际发动机工作中，进气终了压力受进气系统阻力的影响。进气系统的阻力越大，进气终了的压力越低。

设进气系统阻力为 Δp_a，则：

$$p_a = p_0 - \Delta p_a \qquad (2\text{-}11)$$

进气系统阻力 Δp_a 一般可写成：

$$\Delta p_a = \lambda \frac{\rho v^2}{2} \qquad (2\text{-}12)$$

式中：λ——进气系统的管道阻力系数；
ρ——进气状态下的气体密度，$\mathrm{kg/m^3}$；
v——管道内气体的流速，$\mathrm{m/s}$。

由此可见，进气系统的阻力主要取决于进气系统的管道阻力系数和进气流速。

进气系统的管道阻力系数取决于进气系统的结构，等于各段进气通道阻力系数的总和，包括空气滤清器、进气管、进气道及进气门等。流通截面越小，截面变化越突然，转弯越急，表面越粗糙，阻力系数越大。进气门处的流通截面最小，阻力最大，对进气终了的压力影响也最大。在使用中，进气管、进气门等的结构都是不可改变的，但应注意空气滤清器的维护，以保证良好的滤清效果和较小的进气阻力。

发动机的转速对进气终了压力的影响很大，当转速上升时，由于进气系统阻力正比于转速的平方而增长，所以进气终了压力迅速下降(图 2-4)。图 2-5 所示为发动机的转速和负荷对进气终了压力的影响，图中任一条曲线也表明，当节气门开度不变时，进气终了压力随转速增加而降低。

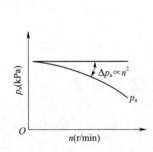
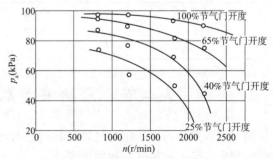

图 2-4　发动机的转速对进气终了压力 p_a 的影响　　图 2-5　发动机的转速和负荷对进气终了压力 p_a 的影响

发动机的负荷变化对进气终了压力的影响取决于负荷的调节方法。柴油机负荷的调节是通过改变喷油量来实现的，即质调节。负荷变化对进入汽缸的空气量基本没有影响，所以进气终了压力和充气效率与负荷无关。汽油机的负荷变化对进气终了压力有显著影响，汽油机负荷的调节是通过改变节气门的开度，控制进入汽缸的混合气数量来实现的，即量调节。在使用中，当汽油机的负荷减小时，节气门开度减小，阻力系数增加，进气阻力增大，进气终了压力降低,充气效率下降,图2-5中的不同曲线就可以看出这一点。而且节气门开度越小,进气终了的压力随转速下降得越快。

不仅进气终了压力对充气效率有重要影响,而且如果整个进气过程的压力都较低,说明进气损失大。该损失的大部分消耗在内摩擦中,最后将转化为热能加热气体本身,引起气体密度减小,指示充气效率降低。

2. 进气终了的温度 T_a

由充气效率 η_v 公式可知,随着进气终了温度的提高,充气效率下降。因为在汽缸容积、进气终了压力和残余废气量一定时,进气终了温度越高,缸内气体的密度越小,意味着实际进气量(质量)越少。

进气终了的温度总是高于大气温度 T_0,这是因为新鲜气体进入汽缸后,在高温机件接触和与残余废气的作用下被加热。此外,在汽油机上,常利用排气管或冷却液对进气进行预热,以改善混合气的形成,这必然会导致进气终了温度升高,充气效率下降。

为提高充气效率,应尽可能降低进气终了的温度。在结构上,使进气流在进气门关闭之前不直接冲刷高温机件,在保证混合气形成质量的前提下,尽量减小进气预热强度,采用进、排气管分置等,均可有效地降低进气终了温度。在实际使用中,主要应注意加强对冷却系统的维护,保证发动机的冷却强度,防止发动机过热,以降低进气终了的温度,提高充气效率。

3. 排气终了的压力 p_r 和温度 T_r

由于排气系统有阻力,排气终了时残余废气的压力总是高于大气压力。随排气终了压力提高,充气效率下降。因为在其他参数一定时,排气终了压力越高,残余废气量越多,能够进入汽缸的新鲜空气减少,所以充气效率降低。

与进气终了压力类似,排气终了压力取决于排气系统的阻力,随阻力增大,排气终了压力升高。排气系统的阻力取决于各段排气通道的阻力系数和发动机转速。

从充气效率公式来看,随排气终了温度升高,充气效率应提高,但实际并非如此。因为排气终了温度直接影响进气终了温度,排气终了温度升高时,进气终了温度也会升高,在二者的综合影响下,充气效率变化不大。

4. 大气压力 p_0 和温度 T_0

从充气效率公式可以得出,随大气压力降低、温度升高,充气效率提高。一般来说,充气效率提高意味着实际充气量增加,发动机性能提高,但实际上随大气压力降低、温度升高,实际充气量会减小,发动机性能会下降。

产生上述矛盾的原因是:大气压力和温度同时影响实际充气量和理论充气量。随大气压力降低、温度升高,主要是理论充气量减少;同时,随大气压力降低、温度升高,进入汽缸的新鲜气体密度降低,进气终了压力降低,实际进气量也减少。只是由于随大气压力降低、温度升高,理论充气量的减少的幅度比实际充气量大,所以充气效率提高。

5. 压缩比 ε

压缩比增加,燃烧室容积减小,残余废气量下降,因此充气效率 η_v 提高。但压缩比对充气效率的影响很小,而且其数值的选择受到燃烧和机件负荷的限制,一般原则是:汽油机在保证正常燃烧的前提下,应尽可能提高压缩比,以提高热效率;柴油机在保证各工况正常着火自燃的前提下,不应过分追求高压缩比,避免机件承受的机械负荷过大。

6. 配气相位

配气相位包括进、排气门的提前开启角和迟后关闭角。在推导充气效率公式时没有考虑配气相位的影响,实际上,配气相位直接影响进、排气的充分程度,即影响实际进气量和残余废气量,从而对充气效率产生影响。

在配气相位中,对充气效率影响最大的是进气门的迟后关闭角,其次是排气门的迟后关闭角。进、排气门迟后关闭可以减小进、排气损失,同时利用气流惯性充分进、排气。进气门的迟后关闭角度过小时,汽缸无法充分进气,过大时会造成已进入汽缸的新鲜空气被压出缸外;排气门迟后关闭角过小时,汽缸无法充分排气,过大时会造成废气倒流,都会使残余废气量增加。这都会使实际充气量减小,充气效率下降。

最佳的进、排气门迟后关闭角应根据进、排气流惯性来确定,而气流惯性取决于发动机的转速。

二、影响残余废气系数的因素

由残余废气系数公式可知,影响残余废气系数的因素有进气终了的压力 p_a 和温度 T_a、排气终了的压力 p_r 和温度 T_r、压缩比 ε。

1. 进气终了的压力 p_a 和温度 T_a

进气终了的压力 p_a 升高和温度 T_a 降低,实际充气量增多,残余废气量减小,残余废气系数减小,因此充气效率提高。

2. 排气终了的压力 p_r 和温度 T_r

排气终了的压力 p_r 提高和温度 T_r 降低,残余废气量增多,残余废气系数增大,因此充气效率下降。

3. 压缩比 ε

压缩比 ε 增大,燃烧室容积减小,残余废气量减少,残余废气系数减小,因此充气效率提高。

4. 配气相位

选择合适的配气相位,有利于减少残余废气量,从而使残余废气系数减小,充气效率提高。

第三节 换气过程对发动机性能的影响

充气效率 η_v 是换气过程的重要评定指标,其与指示热效率 η_i、机械效率 η_m 并称为发动机的三大效率,对发动机性能起着决定性的作用。其中,充气效率 η_v 主要影响发动机的动力性。

一、理论空气量 L_0 和过量空气系数 α

为便于推导充气效率与发动机功率和转矩的关系式,首先引入理论空气量 L_0 和过量空气系数 α 的概念。

理论空气量 L_0 是指 1kg 的燃料完全燃烧时所需的最小空气量。汽油的理论空气量约为 15kg，柴油的理论空气量约为 14.5kg。

发动机实际工作中供给的空气量与理论空气量往往是不等的，燃烧 1kg 燃料实际供给的空气量 L 与理论空气量 L_0 的比值称为过量空气系数，即：

$$\alpha = \frac{L}{L_0} \tag{2-13}$$

过量空气系数 α 表示混合气的浓度，在实际工作中，通常将 $\alpha > 1$ 的混合气称为稀混合气，$\alpha < 1$ 的混合气称为浓混合气，$\alpha = 1$ 的混合气称为标准混合气。

二、充气效率与发动机功率、转矩的关系

下面的计算给出了充气效率与发动机功率、转矩的关系。

由充气效率公式可得发动机每循环的实际充气量为：

$$m = m_0 \eta_v = \frac{p_0 V_h}{R T_0} \eta_v, \text{kg} \tag{2-14}$$

每循环供入汽缸的燃料量为：

$$\Delta q = \frac{p_0 V_h}{R T_0} \eta_v \frac{1}{\alpha L_0}, \text{kg} \tag{2-15}$$

式中：p_0、T_0、R——大气压力、温度和气体常数，Pa、k；

V_h——汽缸工作容积，L；

η_v——充气效率；

α——过量空气系数；

L_0——理论空气量，kg。

每循环供入汽缸的燃料完全燃烧后放出的热量，即循环加热量为：

$$Q_1 = \frac{p_0 V_h}{R T_0} \eta_v \frac{H_u}{\alpha L_0}, \text{kJ} \tag{2-16}$$

式中：H_u——燃料的低热值，kJ/kg。

每循环的指示功：

$$W_i = Q_1 \eta_i = \frac{p_0 V_h}{R T_0} \eta_v \frac{H_u}{\alpha L_0} \eta_i, \text{kJ} \tag{2-17}$$

平均指示压力：

$$p_i = \frac{W_i}{V_h} = \frac{p_0 H_u}{R T_0} \frac{1}{\alpha L_0} \eta_v \eta_i, \text{kPa} \tag{2-18}$$

平均有效压力：

$$p_e = p_i \eta_m = \frac{p_0 H_u}{R T_0} \frac{1}{\alpha L_0} \eta_v \eta_i \eta_m, \text{kPa} \tag{2-19}$$

在一般大气状况下，将 $\frac{p_0}{R T_0} = \rho_0$ 视为常数，H_u、L_0 仅与燃料有关，通常的石油燃料，H_u、L_0 近乎不变。因此：

$$p_e = K \frac{1}{\alpha} \eta_v \eta_i \eta_m, \text{kPa} \tag{2-20}$$

式中：K——比例常数，每种发动机有固定的数值。

发动机的有效功率：

$$P_e = \frac{p_e V_h i n}{30\tau} = \frac{i n}{30\tau} \frac{p_0 V_h H_u}{RT_0 \alpha L_0} \eta_v \eta_i \eta_m, \text{kW} \tag{2-21}$$

在一般情况下，大气压力 p_0、温度 T_0、气体常数 R 均可视为定值，燃料的低热值 H_u、理论空气量 L_0 是与燃料有关的常数；对一定型号发动机而言，汽缸工作容积 V_h、汽缸数 i 和冲程数 τ 都是固定值，令：

$$K_1 = \frac{i}{30\tau} \frac{p_0 V_h H_u}{RT_0 L_0} \tag{2-22}$$

则：

$$P_e = K_1 \frac{n}{\alpha} \eta_v \eta_i \eta_m, \text{kW} \tag{2-23}$$

式中：K_1——对一定型号的发动机为一常数；

n——转速，r/min。

发动机的有效转矩为：

$$M_e = 9550 \frac{P_e}{n} = 9550 K_1 \frac{1}{\alpha} \eta_v \eta_i \eta_m = K_2 \frac{1}{\alpha} \eta_v \eta_i \eta_m \tag{2-24}$$

式中：K_2——对一定型号的发动机为一常数。

上述一系列公式将发动机的重要指标（P_e、M_e、p_e）与工作过程的主要参数联系起来。由此可知，影响发动机动力性指标（P_e、M_e、p_e）的主要参数有过量空气系数 α、充气效率 η_v、指示热效率 η_i 和机械效率 η_m。改善发动机的换气过程，提高充气效率 η_v 是提高发动机动力性的重要措施之一。

第四节 改善发动机换气过程的措施

提高充气效率是提高发动机动力性能的先决条件，由上节分析可知，影响充气效率的因素很多，因此，提高充气效率的措施也是多方面的。

一、减小进气系统的阻力

进气终了的压力是影响充气效率的最主要因素，而进气系统的阻力是影响进气终了压力的基本因素。因此，减小进气系统的阻力，可提高进气终了压力，进而提高充气效率。发动机的进气系统（包括空气滤清器、进气管、进气道、气门与气门座）各段通路阻力的总和称为进气系统的阻力。

1. 减小进气门处的阻力

整个进气系统中，进气门处的通过截面积最小，截面变化大，其流动阻力最大，减小该处的进气阻力一直是人们关注的重点。

（1）增大进气门直径。增大进气门直径可以减小进气门外的阻力，但进气门面积受燃烧室结构的限制。由于进气终了压力的影响大于排气终了压力，故增加进气门的直径，可以通过适当减小排气门的直径来实现。现代发动机单进气门结构中，进气门直径可达活塞直径的

45%~50%，进气门和活塞面积比为0.2~0.25，一般进气门直径比排气门直径大15%~20%。

(2)增加进气门的数目。增加气门数，采用小气门的结构(两进两排的四气门结构、两进一排的三气门结构或三进两排的五气门结构)可增大进气门与活塞的面积比，是增大进气门流通面积、减少进气阻力的有效措施。

(3)适当增加进气门的升程。在惯性力容许的条件下，使气门开闭得尽可能快，以提高进气门处的通过能力。

(4)改善进气门座及进气门头部到杆部的过渡形状。改善过渡形状可利于改善气体的流动。进气门升起后，气门头和缸壁及燃烧室壁的距离称为壁距，为避免增加气体的流动阻力，壁距也不宜过小。

2.减小整个进气系统的流动阻力

(1)空气滤清器。通过安装空气滤清器，可以减轻发动机的磨损，延长其寿命。而空气滤清器自身存在阻力，为提高充气效率η_v，必须避免其阻力过大。空气滤清器的阻力随结构和使用情况的差异而不同，要根据滤清效果的要求和发动机吸气量的大小合理选用。对于小功率发动机，油浴式空气滤清器的原始阻力小于980Pa，而对于中等以上发动机则大于980Pa。随使用时间的增加，油浴式滤清器的阻力可增至2900Pa，其纸质滤芯原始阻力不大于390Pa，但积垢以后阻力可能增至3900~5900Pa。因此，在使用中要注意经常清洗和维护，以免阻力过分增大，尤其是要注意及时更换纸质滤芯。

(2)进气管。要保证进气管道具有足够的流通截面，表明光洁，并减小因气流转折及流通截面突变而产生的阻力。在汽油中还要保证气体有一定的流速，以利混合气的形成和分配，因此流通截面大小要适当。进气管截面的形状一般有三种：圆形、矩形、D字形。在相等截面的情况下，圆形断面流动阻力最小，但沉积油膜厚度不均匀，且蒸发面积最小；矩形断面流动阻力最大，但沉积油膜厚度均匀，蒸发面积最大；D形居于圆形与矩形之间；故汽油机宜选用D形断面；柴油机没有燃料蒸发的问题，多采用圆形断面。

(3)进气道。缸体或缸盖内的进气道形状复杂，因受气门导管凸台的影响，其截面形状急剧变化，对进气阻力有较大的影响。故需要精心设计，反复试验。为改善混合气的形成和燃烧，柴油机的进气道不仅要考虑减小阻力，更主要的是考虑其对进气涡流的影响。此外，各段通道连接处的管口及垫片，在安装时应保证对中，以免增加进气阻力。

二、合理选择配气定时

在配气定时各参数中，进气门迟闭角对充气效率影响最大，其次是气门叠开角。

1.进气门迟闭角

在实际发动机工作中，进气门迟后关闭是为了充分利用进气流惯性进气。气流惯性取决于发动机转速，当发动机转速一定时，最佳的进气门迟闭角被确定，过大或过小均会使充气效率下降。发动机转速一定时，进气门迟闭角对充气效率η_v的影响如图2-6所示，进气门迟闭角为25°~30°时，充气效率有最大值，这说明该发动机在该转速下的最佳进气门迟闭角为25°~30°。

由于气流惯性的不同，会对合适的进气门迟闭角产生差异，因此最佳的进气门迟闭角应随转速变化而变化，发动机转速变化时，进气门迟闭角对充气效率η_v和有效功率P_e的影响如图 2-7 所示。

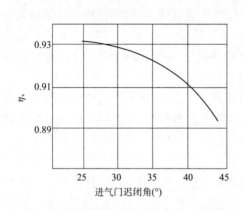

图 2-6 发动机转速一定时进气门迟闭角对充气效率 η_v 的影响

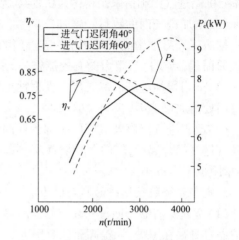

图 2-7 转速变化时进气门迟闭角对充气效率 η_v 和有效功率 P_e 的影响

当发动机转速较低时，进气门迟闭角不能过大，否则，新鲜充量被向上止点运动的活塞推回到进气管，这是因为发动机转速较低，活塞运行到下止点时，缸内的压力与进气管的压力相近。当发动机转速提高后，活塞运行到下止点时，缸内的压力远低于进气管的压力，因此，允许有较大的进气门迟闭角，充分利用进气流的惯性，获得较多的充气量。

分析图 2-7，可得到如下几个结论：

(1) 进气门迟闭角一定时，存在使充气效率和有效功率最高的最佳转速。实际转速高于该转速时，因气流惯性较大，进气门迟闭角度相对较小，不能充分利用气流惯性进气，充气效率和有效功率下降；低于该转速时，因气流惯性较小，进气门迟闭角度相对较大，在压缩过程中，部分新鲜气体被压回进气管，充气效率和有效功率也相应减小。

(2) 发动机转速变化时，在较低的转速范围内，采用较小的进气门迟闭角，可获得较高的充气效率和有效功率；在较高转速范围内，则采用较大的进气门迟闭角，可获得较高的充气效率和有效功率。

(3) 改变进气门迟闭角度，可改变充气效率 η_v 和有效功率 P_e 随转速变化的关系，从而改变发动机的速度特性。增大进气门迟闭角，最大充气效率略有降低，但最大充气效率对应的转速提高，这有利于提高最大功率，但发动机中、低速性能和最大转矩会降低。反之，减小进气门迟闭角，可提高发动机中、低速性能和最大转矩，但最大功率下降。

由上述分析可见，即使同一台发动机，转速变化会导致进气时的气流惯性不同，为使发动机工作时进气更充分，应随转速的提高适当增大进气门迟闭角。

2. 进、排气门叠开角

适当的气门叠开角，可充分利用强烈的燃烧室扫气作用将汽缸余隙容积的残余废气扫除干净、冷却燃烧室热区零件，以减少对新鲜充量的加热，提高充气效率。试验表明，气门叠开角在 40°以下时，基本没有燃烧室扫气作用。

3. 排气提前角

排气提前角对排气损失有重要影响，应在保证自由排气损失和强制排气损失之和最小的前提条件下,尽量晚开排气门,以增加膨胀功,提高热效率。

4. 排气门迟闭角

与进气门迟闭角类似,为使排气更干净,排气门迟闭角应随转速的提高而适当增大。

目前,汽车发动机一般都是根据性能的要求,通过试验来确定某一常用转速下最佳的配气相位。在装配时,对正配气正时进行标记,即可保证已确定的配气相位,且在发动机使用中,已确定的配气相位是不能改变的。通常,发动机性能在某一常用转速下最佳,而在其他转速下工作时,性能相对较差。

为使配气相位适合发动机的工作要求,在部分轿车发动机电控系统中,采用了可变配气相位控制系统,改善了发动机在不同转速范围内的性能。但由于受结构等因素限制,配气相位无法随发动机转速连续变化。此外,可变配气相位控制系统对改善发动机性能的效果也有区别。

三、减小排气阻力

减小排气阻力是降低残余废气系数、减小排气损失的重要措施。主要通过在结构上采取措施,减小排气系统各段的阻力系数,包括排气门、排气管道、排气消声器等,来减小排气阻力,具体要求与减小进气系统阻力基本相同。但应注意:由于进气系统阻力对发动机性能的影响比排气系统阻力大,所以当减小进气阻力与减小排气阻力的要求发生矛盾时,应适当倾向于减小进气阻力的要求,如进、排气门直径和数量的选择。

四、减少对新鲜充量的加热

减少对新鲜充量的加热、降低进气温度,可提高充气效率。新鲜充量的加热与很多因素有关,其中大部分属于运转因素。凡能降低气门、活塞等热区零件的温度和减少接触面积的措施都有利于减少对新鲜充量的加热。降低进气温度的主要措施之一就是在结构布置上,减少进气管受热,如采用进、排气管分置方案,使进气管远离排气管,但在汽油机上,混合气的形成主要是在汽缸外部的进气管内进行,进气温度对混合气的形成有重要影响,所以降低进气温度受到限制。

在使用中,为降低进气温度,提高充气效率,还应注意加强冷却系统的维护,尽量避免发动机长时间的大负荷工作,以防止发动机舱盖内温度过高。

目前,部分轿车发动机上采用的热空气供给装置,主要作用是在发动机起动后处于温度较低的状态时,从排气管附近给发动机提供温度较高的热空气,以保证混合气形成,降低排放污染。发动机温度升高后,通过控制阀改变吸气口位置,不再从排气管附近供给发动机热空气,这对降低进气温度,提高充气效率也起到一定作用。

第五节 车用发动机的进气增压技术简介

一、进气增压的意义及评定

1. 增压的意义

增压就是利用增压器对供往汽缸的空气或可燃混合气进行压缩,提高每循环进入汽缸的新鲜充量密度,使实际进气量增多,以达到提高发动机的动力性和经济性的目的。

提高发动机功率的方法很多,如提高发动机排量、提高发动机转速或减小冲程数、提高发动机的平均有效压力等。显然用增大汽缸直径、增大活塞行程和增加汽缸数的方式来提高发动机排量,必然增加发动机的质量和尺寸。在提高功率的同时,提高发动机转速,也会使运动件的惯性力增大,摩擦损失增加,机械效率下降。采用发动机的进气增压,是在不改变发动机排量、转速和冲程数的前提下,增加进气量,加大循环加热量,提高循环功和功率的有效措施。

进气增压技术主要应用在柴油机上,其优点是:

(1)可降低发动机的质量、体积和制造成本。采用增压技术的发动机,在保持功率不变的情况下,可减小发动机排量,使发动机的体积和质量减小,发动机的升功率提高、比质量减小、制造成本降低。

(2)可提高发动机的热效率,降低燃油消耗率。柴油机采用进气增压后,可提高压缩终了压力,使燃烧过程更接近上止点,压力升高比增大而预胀比减小,从而使热效率提高、油耗率降低;此外,增压后供给的空气更充足,有利于燃料的完全燃烧,可减少不完全燃烧引起的损失,对提高热效率和降低油耗率也非常有利。

(3)可降低排放污染和噪声。增压后的发动机,在各种工况下均可保证混合气有较大的过量空气系数,可减少不完全燃烧产物的排放;增压柴油机的压缩压力提高,可缩短着火延迟期,使发动机工作更柔和,从而降低噪声。

(4)对补偿高原功率损失十分有效。发动机在高原地区使用时,因大气压力降低,会导致进气量减少,功率下降,一般海拔每增加1000m,功率下降约10%,采用增压技术可使高原损失得到有效补偿。

(5)发动机的进气增压,大多采用废气涡轮增压技术,可充分利用废气能量,减小能量损失,对提高整机使用经济性有重要意义。

(6)采用增压技术可改善发动机的特性,使发动机在较宽广的转速和负荷范围内,均保持良好的动力性和燃料经济性,对提高整车性能有利。

2.进气增压的评定指标

评定进气增压的指标主要有两个:增压度和增压比。

1)增压度

增压度用以评定进气增压的效果,说明增压后发动机功率增加的程度,它是指发动机在增压后增长的功率与增压前的功率之比,用符号φ_k来表示,即:

$$\varphi_k = \frac{P_{ek} - P_{e0}}{P_{e0}} \tag{2-25}$$

式中:P_{e0}——增压前发动机的有效功率,kW;

P_{ek}——增压后发动机的有效功率,kW。

目前,四冲程柴油机的增压度可高达3以上,但车用柴油机的增压度并不高,一般仅为0.1~0.6。因为车用柴油机采用增压措施不单纯是为了提高功率,还需兼顾在宽广的转速和负荷范围内获得良好动力性、经济性、排放性等多方面的要求。

2)增压比

增压比可用来说明增压强度的大小,它是指增压后的气体压力与增压前的气体压力之比,用符号 π_k 来表示,即:

$$\pi_k = \frac{p_k}{p_0} \tag{2-26}$$

式中:p_0——增压前的气体压力,一般取大气压力,kPa;

p_k——增压后的气体压力,即增压器出口压力,kPa。

二、进气增压系统的类型

按增压装置结构原理不同,发动机进气增压可分为机械增压、废气涡轮增压、气波增压、谐波进气增压和组合式涡轮增压。目前,车用柴油机应用较多的是废气涡轮增压,汽油机应用较多的是谐波进气增压。

1. 机械增压系统

如图 2-8 所示,在机械增压系统中,由发动机曲轴通过齿轮等机械传动装置直接驱动压气机,经压气机预压后的气体经进气管供入发动机汽缸。

机械增压系统的主要特点如下:

(1)可采用多种形式的压气机,但增压强度较小,压气机出口压力一般不超过 170kPa,主要用于小型发动机。

(2)机械增压系统的结构简单,价格便宜。

(3)驱动压气机会消耗发动机功率,使机械损失和燃油消耗率增加。

(4)驱动压气机需要传动齿轮来提高转速,压气机的转速和增压比受曲轴转速的限制。

由于机械增压系统存在上述两大缺点,所以应用较小。

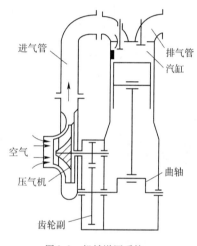

图 2-8 机械增压系统

2. 废气涡轮增压系统

如图 2-9 所示,废气涡轮系统将发动机排出的废气导入涡轮室,利用废气的流动能量冲刷涡轮使其高速旋转,涡轮则驱动压气机工作以实现进气增压。

废气涡轮增压在柴油机上应用广泛,其主要特点是:

(1)利用废气能量进行增压,有利于改善整机的动力性和经济性。

(2)废气涡轮增压器的出口压力一般为 180~200kPa,最高可达 300kPa。

(3)废气涡轮增压系统的结构简单,工作可靠,增压效果好,增压度可达 0.3~0.5,所以应用较广泛。

(4)在非增压发动机上采用废气涡轮增压不需作很大的改装,废气涡轮增压器也适合专业厂家大批量生产,有利于保证较高的质量和较低的成本,对废气涡轮增压的广泛应用也提供了有利条件。

(5)采用废气涡轮增压后,会使发动机的起动性和加速性变差,机械负荷和热负荷增加。

在增压度较高的发动机上,由于缸内平均压力升高,排出的废气流动能量也较大。为进一步减少能量损失,在废气涡轮增压装置外,又增加一套低压动力涡轮,安装此类系统的发动机称为复合式发动机(图2-10)。发动机排出的废气驱动废气涡轮增压器后,利用其多余的能量驱动低压动力涡轮,再将低压动力涡轮输出的功率经齿轮机构等回送给曲轴。

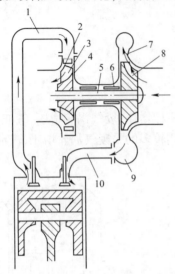

图2-9　废气涡轮增压系统

1-排气管;2-喷嘴环;3-涡轮;4-涡轮壳;5-转子轴;6-轴承;7-扩压器;8-压气机叶轮;9-压气机壳;10-进气管

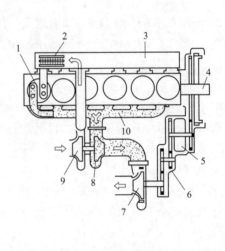

图2-10　复合式发动机

1-汽缸;2-中冷器;3-进气管;4-曲轴;5-液力耦合器;6-传动齿轮;7-低压动力涡轮;8-废气涡轮;9-压气机;10-排气管

3. 气波增压系统

如图2-11所示,发动机曲轴驱动一个特殊的转子旋转,而发动机排出的废气和低压空气分别从两侧进入旋转的转子,在转子中,废气直接与低压空气接触,利用高压废气的脉冲气波压缩和加速低压空气,以实现进气增压。增压后的空气经进气管进入汽缸,而从转子内反射回的低压废气再经管道排入大气。

气波增压和废气涡轮增压都是利用废气能量来实现进气增压,两者的主要区别是:

(1)气波增压需消耗发动机功率来驱动转子,消耗发动机有效功率1.0%~1.5%,废气涡轮增压则无功率消耗。

(2)气波增压的效果好于废气涡轮增压,尤其发动机处于低转速时,输出转矩较大,扩大了工况适应范围。

(3)气波增压系统结构简单,加工方便,对主要件(转子和轴承)的材料和工艺要求都不高。

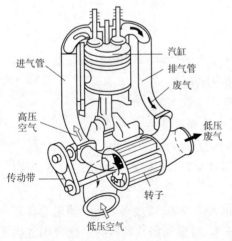

图2-11　气波增压系统

(4)气波增压的转子由曲轴直接驱动,且废气直接与空气接触进行增压,对发动机转速和负荷的响应性好,发动机的加速性也较好。

(5)通过合理设计,可使适量的废气直接随增压后的空气进入汽缸,起到废气再循环的作用,从而减少 NO_x 的排放量。

(6)气波增压系统的尺寸和质量都较大,且需曲轴驱动,在发动机上的安装位置受限制,其应用范围也受到限制。

4. 谐波进气增压系统

谐波进气增压是利用进气管内的动态效应(即压力波动)来实现进气增压。此系统的结构较简单,但增压强度较小。

由于汽油机受不正常燃烧等因素的限制,增压强度较高的其他增压系统与汽油机匹配非常困难,所以增压强度较低的进气管谐波增压系统在汽油机上的应用得到发展,如在丰田皇冠3.0等轿车的发动机上就装用了此系统。

5. 组合式增压系统

为了更好地改善发动机性能,部分发动机上装有两套独立的增压系统,称为组合式增压系统。两套增压系统可在同一台发动机上发挥各自的优点,使发动机在更宽广的转速和负荷范围内,均能获得良好的性能。

三、进气增压对发动机的影响

1. 进气增压对柴油机的影响

由于柴油机压缩比高,其机械负荷和热负荷比汽油高很多。柴油机采用进气增压后,由于进气压力的提高,循环供油量增加,燃烧最高压力和最高温度也提高,机件承受的机械负荷和热负荷增大。此外,柴油机在低速运转时,由于增压效果较差,容易导致混合气过浓冒黑烟现象;发动机加速时,由于惯性作用,压气机供气滞后,也会出现冒烟和加速不良的现象。

为适应增压后功率增长的要求,并尽量降低增压带来的不利影响,增压后的柴油发动机必须采取以下措施:

(1)适当调整和改进燃料供给系统。为使增压后功率提高,必须适当增加供油量,但仍采用非增压时的燃料供给系统,必然要延长喷油时间,这将导致燃烧过程所占的曲轴转角增大,热效率下降,经济性下降。因此,增压后的柴油机需对燃料供给系统进行改进,如加大喷油泵柱塞直径、加大喷油器喷孔直径、提高喷油压力等,以满足增加供油量的需要。

增压后的柴油机,供油量的增加量应低于进气量增加量,使过量空气系数适当增大,以降低热负荷,提高燃料经济性。过量空气系数一般的增大量为0.1~0.3。

此外,柴油机增压后,应适当推迟供(喷)油正时,使供(喷)油提前角减小,以限制燃烧最高压力和温度,降低机械负荷和热负荷。

(2)适当调整配气相位。增压后的柴油机,为降低热负荷,可适当增大气门重叠角,以加强扫气过程的作用,降低燃烧室内高温机件的温度;但气门重叠角不宜过大,因为扫气冷却效果是有限的,而且过大的进气门提前开启角或排气门迟后关闭角,会导致增压空气浪费多、废气倒流、气门与活塞碰撞干涉现象。

(3)适当减小压缩比。增压柴油机适当降低压缩比,可有效降低机械负荷和热负荷,但过小的压缩比会使热效率下降,发动机起动困难。一般压缩比降低1~2个单位。

（4）对增压空气进行冷却。通过增压装置提高空气压力的同时,空气温度也会升高,对增压空气冷却、减小热负荷和进一步提高进气量均有利。增压空气温度每降低10℃,循环平均温度可降低25~30℃,增压比为1.5~2.0时可提高10%~18%的进气量。

（5）强化冷却系统。增压后的柴油机,机械负荷和热负荷增大,强化冷却系统,改善润滑油和发动机的散热条件非常必要。

2. 进气增压对于汽油机的影响

汽油机与柴油的工作特点不同,进气增压对其影响也有差别。汽油机采用增压,是对进入汽缸前的混合气进行增压,而随着进气压力和温度的提高,汽缸内的平均工作压力和温度也提高,汽油机的爆燃倾向增大。无论汽油机是否采用增压,爆燃都会对提高其动力性和经济性产生较大影响。此外,汽油机增压以后,也存在热负荷和机械负荷增加、加速不良等现象。

由于爆燃等技术问题的限制,目前在汽油机上采用进气增压的非常少见,尤其增压强度较大的进气增压系统。

第三章　汽油机的燃料与燃烧过程

发动机的燃烧过程是将燃料的化学能转变为热能的过程。进入汽缸的燃料燃烧程度直接影响到热量产生的多少和排出废气的成分，而燃烧时间或燃烧相当于曲轴转角的位置，又关系到热量的利用程度和汽缸压力的变化，所以燃烧过程是影响发动机经济性、动力性和排气污染的主要过程，对发动机的噪声、振动、起动性能和使用寿命也有很大影响。

第一节　汽油的使用性能

汽车发动机的燃料主要是汽油和柴油。汽油的抗爆性、蒸发性、氧化安定性、清净性等对发动机性能有重要影响。

一、抗爆性

爆燃是汽油机的一种不正常燃烧现象，引起爆燃的因素很多，但是在一定的结构和使用工况下，燃料的抗爆性是最主要的因素。燃料的抗爆性是指燃料对于发动机产生爆燃的抵抗能力。燃料的抗爆性好，有利于提高发动机的压缩比，改善发动机的经济性。

汽油的抗爆性与其化学组成有密切关系。汽油是多种烃的混合物，其中各种烃的比例变化较大，而且各种烃的抗爆性也不同。烷烃抗爆性最差，烯烃次之，环烷烃较好，芳香烃最好；在同一种烃内轻馏分优于重馏分，异构物优于正构物。因此，必须通过试验，采用与标准燃料比较的办法，确定某燃料的抗爆性。

评定汽油抗爆性的指标是辛烷值。汽油辛烷值的测定是在专门设计的可变压缩比的单缸发动机上进行的。单缸发动机上附有专门的感震仪器测定爆燃强度。

标准燃料是由异辛烷和正庚烷按不同容积比例混合配成，两者的密度和沸点相差较小，但抗爆性有较大差异。将异辛烷作为抗爆性优良的标准，其辛烷值定为100；正庚烷为抗爆性差的标准，其辛烷值定为0。将这两种燃料按不同的比例混合，就得到各种不同抗爆等级（即辛烷值由0到100）的标准燃料。标准燃料中异辛烷的百分数即为该标准燃料的辛烷值。

测定某一燃料的辛烷值时，首先，使用待测燃烧使单缸试验机工作，逐渐增加压缩比，直到爆震仪指示出标准的爆燃强度。然后，在同一压缩比下，换用不同辛烷值的标准燃料进行对比试验，直到产生同样强度的爆燃。这时所用标准燃料的辛烷值即为该待定燃料的辛烷值。例如，按国家标准《液化石油气蒸气压和相对密度及辛烷值计算法》（GB/T 12576—1997）规定的RQ93号车用汽油的辛烷值为93，表示该燃料的抗爆性与含有93%的异辛烷、7%的正庚烷的标准燃料抗爆性等效。

因为爆燃是燃料在发动机中的自燃现象，因而它不仅受到燃料本身化学性能的影响，而且也要受到发动机结构和运转情况（如燃烧室设计、压缩比、转速、点火提前角、气门定时等）的影响。因此，应将燃料与发动机联系起来，综合评定燃料—发动机的抗爆性能。而要全面地、客观地评定燃料—发动机的抗爆性能是一个非常复杂的问题。

因为爆燃与燃料和发动机都相关，所以，测定辛烷值的试验方法不同，所得数值也不同。给出辛烷值时应说明它是通过哪种试验得到。我国通常采用马达法和研究法，对应的辛烷值为马达法辛烷值和研究法辛烷值。

一般在汽车加速时易发生爆燃，还可以通过道路辛烷值试验方法评定燃料在汽车发动机使用时的抗爆性能。

我国车用汽油的牌号就是根据辛烷值数字进行编号的。

二、蒸发性

汽油只有从液态蒸发成为汽油蒸气，并与一定比例的空气混合成为可燃混合气后，才能在汽油机中燃烧。在现代汽油机中，可燃混合气形成的时间很短。因此，汽油蒸发性的好坏，对形成的混合气质量有较大影响。

汽油蒸发性越强，就越容易气化，形成的混合气越均匀，均匀混合的可燃混合气燃烧速度快，并且燃烧完全，因而不仅能使发动机易起动，加速及时，各工况间转换灵敏、柔和，而且能减小机件磨损、降低汽油消耗。但蒸发性也不能过强，因为蒸发性过强的汽油在炎热夏季以及大气压力较低的高山地区使用时，容易使发动机的供油系统产生"气阻"，甚至发生供油中断。另外在储存和运输过程中的蒸发损失也会增加。

蒸发性很弱的汽油，难以形成良好的混合气，这样不仅会造成发动机起动困难、加速缓慢，而且未气化的悬浮油粒还会使发动机工作不稳定，油耗上升。如果未燃尽的油粒附着在汽缸壁上，还会破坏润滑油膜，甚至进入曲轴箱，稀释润滑油，从而使发动机润滑遭破坏，使机件磨损增大。

1. 汽油蒸发性的评定指标

汽油的蒸发性用汽油蒸发量为10%、50%、90%和100%时所对应的温度来评定，分别称为10%馏出温度、50%馏出温度、90%馏出温度和干点。通过汽油的蒸馏试验，可以确定上述温度：将一定数量的汽油（通常为100mL）放在蒸发器内加热，使之按一定速度蒸发，然后将蒸发出来的汽油蒸气通过冷凝器凝成液体，并用量筒测量其体积，当量筒中冷凝的汽油量为被试验汽油量的10%时，测出的蒸发器中汽油蒸气的温度便是10%馏出温度，同理，可以得出其他温度。

在10%馏出温度时，从汽油中蒸发出的是低沸点、高饱和蒸气压的轻质成分。10%馏出温度低，表明汽油中所含的轻质部分低温时容易蒸发，从而有较多的汽油蒸气与空气混合形成可燃混合气，使汽油机冷机起动比较容易。因此，用10%馏出温度来评价汽油的起动品质，此温度越低，汽油的起动品质越好。

50%馏出温度的高低表明汽油中中间馏分蒸发性的好坏。此温度低，说明汽油的中间馏分容易蒸发，有利于汽油机的加速和由冷的状态很快转入工作状态。

90%馏出温度可以表明汽油中难以蒸发的重质成分含量。此温度高，表明汽油中不易蒸发的重质含量多。汽油中这些重质成分在混合气形成的过程中很难蒸发，它们附着在进气管和汽缸壁上,将增加燃油消耗,稀释汽缸壁上的润滑油和加大汽缸磨损。

2. 汽油的蒸发性对发动机性能的影响

汽油的蒸发性直接影响它在进气歧管与汽缸内的汽化程度,从而影响发动机性能。就一般汽油机而言,只有在各缸的混合气成分近似相等,点火之前已接近完全汽化的条件下,才能良好运转。因此,固定型号的发动机在一定的运行条件下,对汽油的蒸发性有一定的要求。

汽油的蒸发性对发动机性能的影响,取决于发动机的运行状态。

1) 起动性

混合气中空气与汽油的质量比在 12:1～13:1 时,最易点燃。发动机在冷起动时,不仅转速低,燃烧室壁面温度也低,燃料的汽化条件较差,进入汽缸的汽油中只有 10%～20% 汽化。

因为冷起动时,只有汽油中的轻馏分汽化,10% 馏出温度可以看成是起动性能指标。该温度越低,发动机越起动容易,为保证起动所必需的发动机温度也越低。

2) 气阻

气阻是指汽油在输送管路中过快蒸发形成气泡,堵塞燃油供给管路,使发动机出现运转不稳定或停止运转现象的故障。根据 10% 馏出温度的高低,可以判断产生气阻的倾向性。为了保证发动机的正常运转,应避免 10% 馏出温度过低的情况。

3) 暖车和加速性

发动机起动后,空转使其温度逐步上升到正常运转温度,这段时间称为暖车时间。汽油的 50% 馏出温度标志着汽油中间馏分的蒸发性。该温度较低,说明汽油的平均蒸发性较好,即在较低温度下有较多的汽油挥发,容易保证必要的混合气浓度,缩短暖车时间。实际上,燃料的相对暖车性能应取决于所有的馏出温度,馏出温度在整个温度范围内越低则暖车时间越短。这是因为在暖车过程中,发动机温度逐步上升到正常运转温度,在此温度下,汽缸内的燃料在点火前大体上已完全汽化。汽油的 50% 馏出温度也标志着汽车加速性能的好坏,该温度较低,则当发动机由较小负荷向较大负荷过渡时,能够及时供给所需浓度的混合气,使发动机加速性能良好。

4) 燃烧完全性与机油稀释

燃料本身导致燃烧不完全和机油稀释的相对倾向,都与 90% 馏出温度有关。90% 馏出温度标志着燃料中含有难以挥发的重质成分的数量。90% 馏出温度低,表明燃料中重质成分少,蒸发性好,有利于完全燃烧。90% 馏出温度过高,表明燃料中重质成分较多,汽油易发生汽化不良现象,使燃烧不完全,造成排气冒烟和积炭情况,同时,凝结在汽缸壁上的汽油油滴还会流入曲轴箱,稀释润滑油,破坏发动机零部件的润滑,加速磨损,这种情况在低温起动和暖车期间显得特别严重。由此可见,90% 馏出温度也是一个重要指标。

综上所述,汽油蒸发性对发动机性能的影响可小结如下:

汽油机的最低起动温度、气阻和蒸发损耗等方面的相对性能和汽油轻馏分的蒸发性有关,可根据 10% 馏出温度来预测,并应由给定的气候和使用条件来加以控制。暖车时间可根据汽油的 50% 馏出温度评估,实际上取决于整个馏程曲线。90% 馏出温度相对地表明燃料对机油稀释和燃烧冒烟的影响程度。

对于处在正常工作温度下的发动机,为使其性能良好而要求的进气温度主要取决于重馏分的蒸发性。任何一种型式发动机的设计,对燃料终馏区的蒸发性均规定了最低限度。

三、氧化安定性

汽油抵抗大气或氧气的作用而保持性质不发生长久性变化的能力称为氧化安定性。它直接影响汽油的储存、运输和在发动机上的应用。氧化安定性差的汽油,易发生氧化、缩合和聚合反应,生成酸性物质和胶状物质,将导致燃料供应系统堵塞,气门关闭不严,汽缸散热不良现象的产生,增大爆燃倾向。

汽油的化学组成对其氧化安定性影响很大,其中烷烃、环烷烃和芳香烃在常温液态条件下,都不易与空气中的氧发生氧化反应,所以其氧化安定性好。而烯烃(不饱和烃)在常温液态条件下,不仅容易和空气中氧气发生氧化反应,而且彼此之间还会发生缩合和聚合反应,所以氧化安定性差。

对汽油氧化安定性的评定项目有两个:实际胶质和诱导期。实际胶质是在规定的条件下测得的发动机燃料的蒸发残留物。残留物越多,汽油的质量越差。诱导期是在规定的加速氧化条件下,油品处于稳定状况所经历的时间。一般诱导期越长,汽油氧化安定性越好。为了提高汽油的氧化安定性,近代石油炼制工业除了采用催化重整和加氢精制等先进工艺外,还普遍向汽油中添加抗氧防胶剂和金属钝化剂。

四、清净性

汽油喷射式汽车最常发生的问题是在进气系统和喷油器上产生沉淀,其主要原因是汽油中存在不稳定的化合物,如不饱和烯烃和二烯烃,以及添加剂带入的低分子量化合物等。为了保持进气系统的清洁,充分发挥汽油喷射的优点,可向汽油中加入汽油清净剂。汽油清净剂是一种具有清净、分散、抗氧、破乳和防锈性能的多功能复合添加剂,一般为聚烯胺和聚醚胺类化合物,通过抗氧化和表面活性作用,可以清除喷嘴、进气门上的积炭。

作为机内净化的手段汽油清净剂,在发达国家早已普遍采用。20 世纪 50 年代研究的第 1 代汽油清净剂,主要解决了汽车化油器的积炭问题;80 年代初研制的第 2 代清净剂主要解决了喷嘴堵塞问题;80 年代末研制的第 3 代汽油清净剂,不但对化油器、喷嘴积炭有清洗作用,而且对进气门也有清洗作用。目前正在开发清洗汽缸积炭的第 4 代清净剂。当前,北美添加清净剂汽油占汽油总量的 90% 以上,西欧占 70%~90%,估计目前世界汽油清净剂年消耗量为 30 万 t 左右。

第二节　汽油机混合气的形成

汽油机混合气的形成方式主要有化油器式和汽油喷射式两种。近年来,由于日益严格的排放法规和油耗要求,传统的化油器式混合气形成方式已难以满足性能要求。汽油喷射的燃烧系统在汽车上的应用有 30 多年的历史,但由于成本高而未得到推广。近年来,由于电子技术的发展,其成本已大为降低,加上汽油喷射的燃烧系统便于电子控制,性能优越,在汽油机混合气的形成方式上,汽油喷射已经取代化油器。

一、电控汽油喷射式发动机混合气的形成

汽油喷射是利用喷油器将一定压力和数量的汽油喷入进气道或汽缸内,是汽油机混合气形成的一种有效方法。随着汽车技术的发展,汽油喷射供给系统的发动机已经取代传统的化油器式发动机。主要原因在于日趋严格的汽车排放法规和石油短缺的危机,为了达到排放和节油的综合优化效果,传统的化油器已难于实现。

电控汽油喷射一般由进气系统、燃料供给系统和电子控制系统三部分组成。

1. 进气系统

进气系统的作用是为发动机可燃混合气的形成提供必需的空气。空气经空气滤清器、空气流量传感器、节气门、进气总管、进气歧管进入汽缸,如图3-1所示。

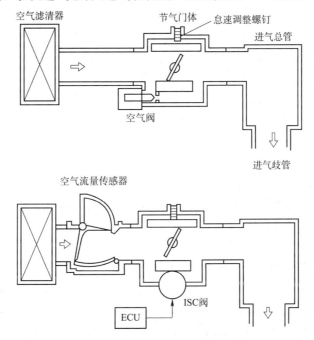

图3-1　电控汽油喷射式发动机进气系统

汽车行驶时,空气流量由通道中的节气门来控制。怠速时,节气门关闭,空气由旁通道通过。怠速转速的控制是由怠速调整螺钉和怠速空气调整器(ISC阀)或辅助空气阀调整流经旁通道的空气量来实现。在冷却液温度较低时,为加快发动机暖机过程,怠速空气调整器(ISC阀)或辅助空气阀的通路打开,以供暖机时必需的空气量给进气歧管。此时,发动机转速较正常怠速高,称为快怠速。随着发动机冷却液温度的提高,ISC阀或辅助空气阀使旁通道开度逐渐减小,旁通空气量亦逐渐减小,发动机转速逐渐降至正常怠速。怠速空气调整器(ISC阀)一般由电脑控制。而辅助空气阀是直接感应发动机温度,并相应改变通道截面积。

2. 燃料供给系统

燃料供给系统由电动燃油泵、燃油滤清器、油压调节器、喷油器、冷起动喷油器等组成,如图3-2所示,其作用是向汽缸内供给燃烧所需的汽油。燃油泵抽吸油箱内的燃油,经滤清

器过滤,由压力调节器调压,通过输油管配送给各个喷油器和冷起动喷油器,喷油器根据 ECU 发出的指令开启喷油阀,将适量的汽油喷入各进气歧管或进气总管。待进气行程时,再将可燃混合气吸入汽缸中。

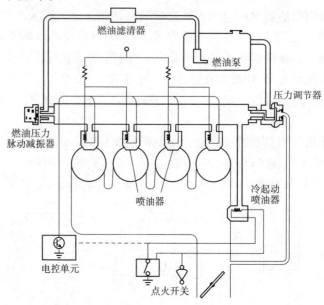

图 3-2 电控汽油喷射式发动机燃料供给系统

3. 电子控制系统

电子控制系统主要由传感器、电子控制单元(ECU)和执行元件组成。其作用是根据发动机的运转状况和车辆运行状况确定汽油机的最佳喷油量,使发动机既可获得较大的动力,又可具备良好的经济性,同时满足对排放的要求。

二、汽油喷射式发动机供油系统的优势

与传统的化油器供给系统相比,电子控制汽油喷射系统以燃油喷射装置取代化油器,通过微电子技术对系统实行多参数控制,可使发动机的功率提高 10%;在耗油量相同的情况下,转矩可增大 20%,从 0km/h 加速到 100km/h 的时间减少 7%;油耗降低 10%;废气排放量可降低 34%~50%;系统采用闭环控制并加装三元催化转换器,排放量可下降 73%。

概括起来,与化油器相比,汽油喷射具有下列优点:

(1)对混合气空燃比进行精确控制,使发动机在任何工况下都处于最佳工作状态,特别是对过渡工况的动态控制,更是传统化油器式发动机无法做到的。

(2)由于进气系统不需要喉管,减少了进气阻力,同时不需要对进气管加热来促进燃油的蒸发,充气效率高。

(3)由于进气温度低,使爆燃燃烧得到了有效控制,从而有可能采取较高的压缩比,这对发动机热效率的改善是显著的。

(4)保证各缸混合比的均匀性问题比较容易解决,并且发动机可以使用辛烷值低的燃料。

(5)发动机冷起动性能和加速性能良好,过渡圆滑。

第三节　汽油机的正常燃烧过程

汽油机的燃烧过程有正常燃烧与非正常燃烧两种。

汽油机的正常燃烧过程是指由火花塞跳火,将可燃混合气点燃并形成火焰中心,火焰前锋以此为中心呈球形,以一定的速度连续地传播到整个燃烧室。在此期间火焰的传播速度及火焰前锋的形状均没有急剧的变化。

一、汽油机的正常燃烧过程

高速汽油机的燃烧过程持续时间很短,通常借助于展开示功图进行分析。展开示功图的横坐标为曲轴转角 φ,纵坐标为缸内气体压力 p,也称为 p-φ 图。

为研究方便,根据展开示功图上压力变化的特征,将汽油机的燃烧过程划分为三个时期,如图3-3所示。

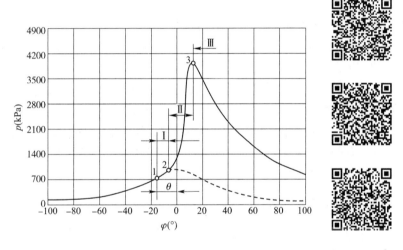

图 3-3　汽油机的燃烧过程

1-开始着火点;2-形成火焰中心;3-最高压力点;θ-点火提前角;Ⅰ-着火延迟期;Ⅱ-明显燃烧期;Ⅲ-补燃期

1. 着火延迟期

从火花塞跳火到火焰中心形成的阶段为着火延迟期,如图3-3中的1-2阶段。火花塞在1点跳火,火焰中心出现在2点稍前,汽缸压力线在2点开始偏离压缩压力线并急剧上升,这一阶段约占整个燃烧时间15%左右。

混合气在着火延迟期内进行着火准备。压缩过程中,燃料与空气的均匀混合气受到压缩,燃料与空气中的氧已经开始进行化学反应,并且随着混合气温度、压力升高,反应逐渐加速。在火花塞跳火以后,电火花的高能量,使火花塞间隙处的混合气温度急剧升高,极大地加速了燃料的氧化反应,焰前反应加速,经过一段时间以后,形成了明显燃烧的火焰核心。

在着火延迟期中,仅在混合气的局部有热量放出和积累(火花塞电极附近的较小范围内),对整个汽缸的压力影响很小。因此,汽缸压力较压缩压力无明显变化。

着火延迟期的长短与下列因素有关:

(1) 燃料本身的物理化学性能。

(2) 可燃混合气的成分。试验表明：汽油与空气形成的可燃混合气在过量空气系数 α = 0.8~0.9 时，着火延迟期最短；残余废气相对数量减少时，着火延迟期缩短。因此，为使着火容易，应保证在火花塞附近有较浓的新鲜混合气，尽量减少残余废气。

(3) 点火时汽缸内混合气的温度、压力、点火能量。点火时汽缸内混合气的温度、压力升高，点火能量增大，均使着火延迟期缩短。点火时汽缸内的气体温度和压力与压缩比有关，故压缩比增大，着火延迟期缩短。

由于火焰中心形成的时刻（2 点）可用改变点火提前角的办法来调整，故着火延迟期的长短对汽油机的工作影响不大。改变点火提前角，对着火延迟期的长短影响很小，它主要改变着火延迟期在 p-φ 图中的位置，因而影响火焰中心形成的时刻，也就决定了最高燃烧压力出现的时刻。

2. 急燃期

急燃期是指从火焰中心形成开始到汽缸内出现最高爆发压力为止的阶段，如图 3-3 中的 2—3 阶段。

在此期间，从火焰中心向周围进行火焰传播，形成火焰前峰。火焰前峰有一定的厚度，在火焰前峰内，可燃混合气进行急剧的化学反应，温度迅速升高，可燃混合气迅速转变为燃烧产物。火焰前峰以某一火焰传播速度在未燃混合气中推进。在火焰前峰通过以后，大部分的反应结束。在这个阶段，火焰传播到整个燃烧室，故也称火焰传播时期。

由于混合气的主要部分在急燃期内燃烧，燃料绝大部分的热能在急燃期间放出，汽缸的温度、压力迅速升高。因此，急燃期是燃烧过程的主要阶段，其放热量和放热规律直接影响发动机的动力性、经济性和工作的粗暴程度。所以常用压力升高率和火焰传播速度评定急燃期特性。

压力升高率是指单位曲轴转角的汽缸压力升高量，用 $\Delta p/\Delta \varphi$ 表示。压力升高率表征了汽缸内压力变化的急剧程度。计算公式如下：

$$\frac{\Delta p}{\Delta \varphi} = \frac{p_3 - p_2}{\varphi_3 - \varphi_2}, \text{kPa}/(°) \tag{3-1}$$

式中：p_2，p_3——急燃期始点和终点的气体压力，kPa；

φ_2，φ_3——急燃期始点和终点相对于上止点的曲轴转角，°。

为了保证汽油机工作柔和，动力性良好，应使燃烧过程满足以下几点要求：

(1) 急燃期越短，越接近上止点，汽油机经济性、动力性越好，一般急燃期约占 20°~30° 曲轴转角。

(2) 压力升高率在 175~250kPa/(°) 之间为宜。压力升高率过大，汽油机工作粗暴；过小，则汽油机功率、热效率下降。

(3) 图 3-3 中火焰中心形成的 2 点在上止点前 12°~15° 曲轴转角，最高燃烧压力 3 点在上止点后 12°~15° 曲轴转角出现，即 2 点和 3 点到上止点的曲轴转角大致相等。2 点的位置由点火提前角的调整来保证，3 点的位置靠燃烧速度来保证。

燃烧速度是指火焰前锋表面积在单位时间内所燃烧的新鲜混合气质量，可以表达为：

$$\frac{dm}{dt} = \rho_T u_T A_T \tag{3-2}$$

式中：ρ_T——未燃混合气密度；

u_T——火焰传播速度；

A_T——火焰前锋面积。

正常燃烧下，火焰传播机理随混合气的流动状态而异，在静止或层流情况下称为层流焰，在这种火焰传播中，热传导或分子扩散起主要作用，层流火焰传播速率较低，约在每秒几十厘米到几米之间。故在发动机中必须应用具有高火焰传播速率的紊流燃烧。在紊流情况下，火焰传播速率受紊流强度的支配。紊流火焰传播速率比层流时高得多，可达每秒数千米。因此，汽油机均利用紊流燃烧。

紊流是指无数小气团的一种无规则运动，气团的大小、流动速度及方向各不相同，但其宏观流动方向则是一致的。紊流使火焰前峰面扭曲，变得凹凸不平，从而使反应面积增加，有助于向未燃气体的热传导和热扩散，因此，使紊流火焰传播速率增加。

汽油机中可组织进气紊流和挤压紊流。进气紊流可利用气门上的导气屏或一定形状的进气道形成。进气紊流不可避免地使进气流动阻力增加，充气系数 η_v 下降。压缩挤流是在压缩行程中形成的，当活塞接近上止点时，活塞顶上部的环形空间中的气体被挤入活塞头部的燃烧室内，这种流动称为挤压紊流，简称挤流。汽油机的大部分燃烧室都是组织挤压紊流的，它既不降低充气系数 η_v，并在低速低负荷下仍能维持良好的紊流强度，是一种有效的方法。

影响火焰传播速度的使用因素有：

(1) 发动机转速。发动机转速提高，汽缸内气体紊流强度增大，火焰传播速率随发动机转速的增加几乎成正比增加。

(2) 混合气浓度。混合气浓度不同，火焰传播速度也明显不同。过量空气系数 $\alpha = 0.85 \sim 0.95$ 时，火焰传播速度 u_T 最大，功率也最大，此混合比为功率混合比。过量空气系数 $\alpha = 1.05 \sim 1.15$ 时，火焰传播速度较大，氧气量充足，燃烧充分，汽油机经济性好，故此混合比为经济混合比。过量空气系数 $\alpha = 1.3 \sim 1.4$ 时，火焰前锋传播速度迅速降低，甚至不能传播，此混合比为火焰传播下限。过量空气系数 $\alpha = 0.4 \sim 0.5$ 时，混合气过浓，氧气较少，火焰不能传播，此混合比为火焰传播上限。

(3) 残余废气。残余废气增多时，火焰传播速度下降。

(4) 进气压力。进气压力增加，紊流火焰传播速率增加。

(5) 进气温度。由于汽缸内的紊流对火焰传播起很大作用，如进气温度升高，则因空气密度减小而使紊流的衰减程度增加，所以火焰传播速度略有降低。

3. 补燃期

这是指从最高压力出现到燃油基本上完全燃烧为止的阶段，它从图 3-3 中的 3 点开始，终点很难判断。在此阶段参加燃烧的燃料有火焰前锋过后未来得及燃烧的燃料再燃烧、贴附在缸壁上未燃混合气层的部分燃烧、不完全燃烧的中间产物及高温分解的燃烧产物（CO、H_2）的重新氧化。

由于补燃期混合气的燃烧速率下降，活塞向下止点的加速运行，汽缸内压力从 3 点开始下降。补燃期已远离上止点，处在膨胀行程中，燃烧条件差，燃烧放热量得不到充分利用，排气温度高。因此，为了提高发动机的热效率，应尽量缩短补燃期。

二、不规则燃烧

不规则燃烧是指汽油机在稳定正常运转的情况下,各循环之间的燃烧变动和各缸之间的燃烧差异。前者称为循环变动,后者称为各缸工作不均匀。

1. 循环变动

燃烧循环变动是点燃式发动机燃烧过程的特征之一,是指发动机在某工况稳定运行时,这一循环和下一循环燃烧过程的进行情况不断变化,具体表现在压力曲线、火焰传播情况及发动机功率输出的差异。图3-4 所示为不同循环的汽缸压力变化情况。

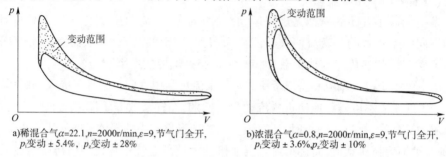

a)稀混合气$\alpha=22.1$,$n=2000$r/min,$\varepsilon=9$,节气门全开,p_z变动$\pm 5.4\%$,p_z变动$\pm 28\%$
b)浓混合气$\alpha=0.8$,$n=2000$r/min,$\varepsilon=9$,节气门全开,p_z变动$\pm 3.6\%$,p_z变动$\pm 10\%$

图3-4 汽油机典型的汽缸压力循环变化情况

由于存在循环变动,对于每一循环,点火提前角和过量空气系数等参数都不可能调整到最佳值,因而使发动机油耗上升,功率下降,性能指标得不到充分优化。随着循环变动的加剧,燃烧不正常甚至失火的循环数逐渐增多,碳氢化合物等不完全燃烧产物增多,发动机动力性、经济性下降。同时,由于燃烧过程不稳定,也使发动机振动及噪声增大,零部件寿命下降。当采用稀薄燃烧时,这种循环的变动会加剧。所以循环变动也是汽油机实施稀薄燃烧的难点所在。

导致点燃式发动机燃烧循环变动的原因很多,目前,火花塞附近混合气成分波动和气体运动状态波动这两个因素被认为是最重要的:

(1)混合气成分波动。尽管汽油机的燃烧方式被称为预制均匀混合气燃烧,但这只是相对于柴油机燃烧来说,其宏观是均匀的,实际上,汽缸内燃料、空气及残余废气不可能在短时间内完全混合均匀,所以混合气成分微观上并不均匀,火花塞附近的混合气成分随时间不断变化,这会导致着火落后期的长短和火焰中心的形成过程随循环产生变动。

(2)气体运动状态波动。燃烧室内气体的紊流分布是极不均匀的,火花塞附近微元气体的运动速度和方向,影响火花点火后形成的火焰中心的轨迹以及火焰的初始生长速率,其后的火焰向整个燃烧室传播的进程,如火焰与壁面的关系、火焰前锋表面积的变化以及燃烧速率等,也受燃烧室内微元气体的运动速度和方向的影响。气体运动状态波动加剧了循环变动。

一般$\alpha=0.8\sim1.0$时循环变动最小,过浓或过稀都会使循环变动加剧,可见过量空气系数α对循环变动的影响很大。适当提高气流运动速度和紊流程度可改善混合气的均匀性,进而改善循环波动。发动机在低负荷时,残余废气系数会增大,残余废气系数过大,则循环变动加剧。而在低转速时,紊流程度会降低,循环变动加剧。多点点火、提高点火能量、优化放电方式、采用大的火花塞间隙,有助于减小循环波动。

2. 各缸工作不均匀

各缸工作不均匀是针对多缸发动机而言的,各缸间燃烧差异称为各缸工作不均匀。产生各缸工作不均匀的主要原因是各缸进气充量的不均匀、混合气成分不均匀等。由于汽油机的可燃混合气是在汽缸外部混合,在汽油机进气管内存在空气、燃料蒸气、各种浓度的混合气、大小不一的油粒以及沉积在进气管壁上厚薄不均的油膜,即进气管内的油气分布是多相和极不均匀的,要想让它们均匀分配到各个汽缸是很困难的。另外,由于进气系统设计不理想、进气管动态效应以及各缸进气重叠干涉等原因,使得各缸的实际充气系数不均匀,而汽油机进的是油气混合气,因而进入各缸的燃料绝对量不同。这些原因造成进入各缸的混合气质和量都不同,由此产生各缸工作不均匀。

各缸工作不均匀性的存在,使得难以找到对各缸都是最佳的点火提前角和过量空气系数,发动机动力性、经济性、排放性等整机指标难以优化,振动及噪声也会增加。

第四节　汽油机的不正常燃烧过程

在汽油机中,若燃烧不是由火花塞跳火点燃或火焰传播速率不正常的燃烧称为不正常燃烧。常见的不正常燃烧有爆燃和表面点火。

一、爆燃

1. 爆燃的现象

在汽油机中,如提高压缩比或过早点火,会在汽缸内产生急剧燃烧,火焰的传播速率和火焰前锋的表面形状都会发生急剧的变化,发出金属敲击声,称为爆震燃烧,简称爆燃。

汽油机爆燃时常见的外部特征:

(1)发出金属敲击声(敲缸),强烈爆燃时会引起发动机振动。

(2)发生轻微爆燃时,发动机功率略有增加;发生强烈爆震时,发动机功率下降、油耗增加、运转不稳、转速下降、发动机有较大振动。

(3)发动机过热。汽缸盖、冷却液、润滑油温度均上升。

(4)在爆燃加剧时,排气管冒黑烟并带有火星。

2. 产生爆燃的原因

火花塞点火后,火焰前锋面呈球面波形状以正常传播速度(30~70m/s)向周围传播,汽缸内的压力和温度都急剧升高。混合气燃烧产生的压力波迅速向周围传播,在火焰前锋前先到达燃烧室边缘区域,该区域的可燃混合气(即末端混合气)在压缩终点温度的基础上进一步受到压缩和热辐射,加速其先期反应,并放出部分热量,使自身压力和温度不断升高,燃前化学反应加速。一般来说,这些都是正常现象,但如果这一反应过于迅速,超过燃油的自燃温度,以至在火焰前锋到达之前末端混合气即以低温多阶段方式开始自燃,并由此开始高速的火焰传播,则引发爆燃。因此,爆燃现象的燃烧本质就是终燃混合气的自燃。

局部的终燃混合气自燃造成局部的温度、压力急剧上升,在汽缸内产生瞬间的显著的压力不平衡。由此形成冲击性的压力波,以极高的速度向周围传播,使相邻混合气受到冲击触发,相继进行自燃。于是终燃混合气迅速燃烧完毕,汽缸压力急剧上升,而且,如果终燃混合气数量较多,爆燃强度也往往较大。爆燃时火焰是以压力波的形式进行传播的，火焰传播速率极高，强烈爆燃时可达 800～1000m/s，甚至 3000m/s，轻微爆燃时也有 100～300m/s，这是爆燃的特点之一。

爆燃着火方式类似于柴油机，同时在较大面积上多点着火，所以放热速率极快，局部区域的温度压力急剧增加。这种类似阶跃的压力变化，形成燃烧室内往复传播的激波，以高达 3000～5000Hz 的频率在汽缸内反复反射，猛烈撞击燃烧室壁面，迫使汽缸壁等零件产生振动，发出高频振音，从而产生高频噪声。

发动机爆燃时的示功图如图 3-5 所示。从图中可以看出，在急燃期末和膨胀过程开始时，缸内压力曲线出现高频大波动（锯齿波），由此可证明压力波的存在。

3. 爆燃的危害

1）发动机过热

正常情况下，在燃烧室壁、活塞顶及汽缸壁等壁面上形成气体附面层（一种稳定的气体层流边界层），其导热性较差，因此，虽然燃烧气体温度可达 2000～2500℃，而燃烧室及汽缸壁等表面的温度只有 200～300℃。但是爆燃时，受强烈的压力波冲击，气体附面层被破坏，因而高温气体向这些零件的传热量大幅度增

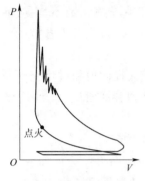

图 3-5 汽油机爆燃时的示功图

加，发动机过热，传给冷却系的热损失增加，润滑油温度升高，运动件的润滑变差，导致机件加速磨损。在正常燃烧和轻度爆燃时，磨耗率为 3.6mg/h，而严重爆燃时磨耗率为 98mg/h，即为正常燃烧时磨耗率的 27 倍。如果强烈的爆燃持续时间过长，往往会由于局部过热，使轻合金的汽缸盖和活塞的局部金属变软或熔化，从而容易被高压气体侵蚀而破坏。

2）高温下燃烧产物分解

强烈爆燃时，燃烧室内局部温度很高，可达 4000℃ 以上。在这种情况下，燃烧产物将分解为 CO、H_2、O_2、NO 及游离碳等。游离碳在汽缸内很难再燃烧，这就是爆燃时排出黑烟的原因。CO、H_2 等在膨胀中重新燃烧而使发动机的补燃量增大，同时由于爆燃时的散热损失增加，发动机的热效率下降。

3）易引起早燃

在一定条件下，强烈的爆燃还能在燃烧室内产生许多炽热点。这些炽热点可能在电火花点火之前，点燃可燃混合气引起早燃，严重的早燃会造成更大的危害。

4）促使积炭增加

爆燃时的不正常燃烧及高温促使积炭的形成量增加。这些积炭将可能破坏活塞、活塞环、火花塞和气门的正常工作。

由于上述原因，对于火花点火式发动机来说，爆燃就成为限制发动机功率提高和经济性改善的一个重要问题。因此，在设计和使用中应采取各种措施以防止爆燃的产生。如果没有爆燃，汽油机就可以采用较高的压缩比以提高功率和改善经济性。因此，改进汽油炼制方法以增加抗爆性，改进燃烧系统和进气系统以减少爆燃倾向，就成为提高汽油机性能的重要方面。

但是，短时间的轻微爆燃是允许的。因为爆燃接近定容燃烧，轻微爆燃时热效率有所提高。当汽车低速上坡时，轻微爆燃使汽油机功率略有提高，可认为是发动机调整的最好

状态。

4. 产生爆燃的条件和防止爆燃的原则

对产生爆燃的条件可作如下的简化理解：火焰在火焰中心形成以后开始传播，同时终燃混合气进行焰前反应，作着火准备。设火焰传播时间为 t_1，t_1 为从火焰中心形成开始到正常火焰传播到终燃混合气为止所需的时间；自燃准备时间为 t_2，t_2 为从火焰中心形成到终燃混合气自燃的时间。当 $t_1 < t_2$ 时，不发生爆燃，当 $t_1 > t_2$ 时，则发生爆燃。

防止爆燃的原则是使 t_1 尽量缩短，使 t_2 尽量增加。为此，应考虑以下各项：

(1) 使用抗爆性高的燃料或混合气。

(2) 降低终燃混合气的温度、压力。

(3) 缩短火焰传播距离，提高火焰传播速率。

利用运转条件减轻爆燃的方法如下：

(1) 降低冷却液温度以降低终燃混合气温度。

(2) 降低进气温度以降低终燃混合气温度，不过其敏感性随燃料而异。

(3) 使用过浓或过稀的混合气，增加终燃混合气的抗爆性。

(4) 延迟点火时间。因为点火越早，气体温度、压力越高，越容易引起爆燃。而且爆燃发生得越早，参与爆震燃烧的终燃混合气也就越多，爆燃强度也越大。

(5) 对进气节流，终燃混合气的压力下降，尽管火焰传播速率下降，但减轻了爆燃。相反，增压时容易引起爆燃。

(6) 提高转速，使火焰传播时间缩短，终燃混合气存在时间缩短，就可减轻爆燃。

利用机械设计减轻爆燃的方法如下：

(1) 燃烧室形状合理，火花塞布置得当，可缩短火焰传播距离。

(2) 加强对终燃混合气和排气门的冷却。排气门应靠近火花塞位置，而不是在终燃混合气的区域。

(3) 采用紊流强的燃烧室，使火焰传播速率增加，有利于终燃混合气的散热。

二、表面点火

在汽油机中，凡是不依靠电火花点火，而是由炽热表面点燃混合气而引起的不正常燃烧现象，均称为表面点火。炽热表面可以是过热的火花塞绝缘体或电极、排气门，燃烧室零件表面炽热的沉积物等。不伴随爆燃的表面点火，称为非爆燃性表面点火；表面点火后引起爆燃的情况，称为爆燃性表面点火。

1. 非爆燃性表面点火

产生在正常火花点火之后的表面点火称为后火；产生在正常火花点火之前的表面点火称为早火。

1) 后火

在正常电火花点火以后，火焰传播过程中，炽热点点燃其余混合气，此时形成的火焰前锋仍以正常的速度传播，这种不正常燃烧现象，称为后火。在炽热点的温度足够高时，可能出现下述情况，关掉点火开关即断火后，发动机还能像有电火花点火一样继续运转，直到炽热点温度下降后才停车。后火对发动机影响较小。

2) 早火

炽热点温度比较高时,往往在电火花正常点火以前,炽热点就点燃混合气,称为早火或早燃。这相当于提前点火,而且由于混合气在进气及压缩行程中长期受到炽热表面的加热,并且炽热点表面比火花更大,其燃烧速率将比正常燃烧快。所以产生了很高的汽缸压力和温度,造成压缩功过大,同时增大了向汽缸壁的传热,造成功率的损失。向汽缸壁传热的增加,又进一步促使炽热点的温度升高,进而更早点燃混合气。在单缸汽油机上的早火,往往导致停车。在多缸发动机中,即使只有某一缸产生表面点火,但由于被其他汽缸拖动运转,点火会越来越早,最终可能导致气门、火花塞、活塞等零件过热,以及活塞连杆组机械损伤。

非爆燃性表面点火,大体上是在发动机在高转速、高负荷工况长时间运转,火花塞电极、绝缘体或排气门的温度过高所引起的。

2. 爆燃性表面点火

爆燃性表面点火是由燃烧室炽热沉积物引起的多点点燃的早火现象。这时混合气剧烈燃烧,汽缸内的压力升高率和最高燃烧压力急剧增大。有试验指出,发生爆燃性表面点火时,压力升高率为正常燃烧的 5 倍,最高燃烧压力为正常燃烧的 150%,爆燃和表面点火这两种现象互相促进,其结果是造成很大的压力升高率,发动机发出尖锐的高频震音。这种现象称为激爆。激爆是一种危害性最大的表面点火现象。

爆燃和表面点火虽然都在压缩较高时发生,但两者是两种完全不同的异常燃烧现象。爆燃是在电火花点火以后,混合气末端部分发生自燃的现象,而表面点火则是炽热沉积物点燃混合气所致。爆燃时火焰是以波的速度传播,表面点火时火焰传播速度则比较正常。爆燃时发出的是高频震音,表面点火也产生金属敲击声,但其频率较低。推迟点火定时可消除爆燃,对表面点火却不起作用。

爆燃与表面点火之间存在互相促进的关系。强烈的爆燃,必然增加向汽缸壁的传热,促进燃烧室内炽热点的形成,导致表面点火。早燃促使汽缸压力升高率和最高燃烧压力增大,使未燃混合气受到较大的压缩和加热,因而促进爆燃发生。

3. 影响表面点火的因素和防止表面点火的措施

影响表面点火的因素有燃料性质和发动机的结构参数及运转参数。

1) 燃料对表面点火有影响的两种性质

(1) 燃料的抗表面点火性。燃料的抗表面点火性和抗爆性不同,必须用不同的标准来评价。链烷烃的抗表面点火性好;芳香族、苯等的抗爆性高,但抗表面点火性差。

(2) 燃料形成沉积物的能力。燃料的高沸点馏分越多,越容易形成沉积物,使表面点火倾向变大。同时芳香族烃沉积物也会使表面点火倾向变大。

2) 运行条件对表面点火的影响

发动机转速升高、进气温度与压力升高、大气湿度下降以及使用过量空气系数 $\alpha = 0.85 \sim 0.95$ 的混合气等,均会使表面点火倾向增加。发动机在低负荷运转时,汽缸温度较低,容易积聚沉积物,长期低负荷运转后,将节气门全开使发动机高速运转,容易引起表面点火。其中,点火时刻对表面点火的影响较小。

压缩比升高时,将助长表面点火。表面点火多发生于压缩比大于 9 的强化发动机中。

总之,凡是使沉积物温度升高,着火条件改善的因素,均促进表面点火的发生。目前防止表面点火的主要措施有：选用沸点低和芳香烃含量少的汽油；选用成焦性小的润滑油；降低压缩比；避免长时间的低负荷运行以及汽车频繁地减速和加速行驶。

第五节 影响汽油机燃烧过程的主要因素

影响汽油机燃烧过程的因素可分为使用因素与结构因素两种。

一、使用因素对燃烧过程的影响

使用因素包括燃料性质、点火提前角、混合气浓度、发动机的转速和负荷等。

1. 燃料性质的影响

在燃料的各种性质中，汽油的抗爆性对燃烧过程影响最大。汽油的抗爆性用辛烷值表示，辛烷值越高，汽油的抗爆性越好，使发动机有可能采用较高的压缩比，有利于提高发动机的功率和热效率，同时避免爆燃。

汽油的蒸发性越好，越容易汽化，与空气混合形成的混合气质量越高，使燃烧速度加快且容易完全燃烧，发动机的经济性提高。但蒸发性好的汽油，在炎热的夏季或高原地区使用时，容易产生供油系气阻。

2. 点火提前角的影响

点火提前角是用来表示点火时刻的参数。图3-3中从火花塞跳火开始，到活塞运行到上止点为止所对应的曲轴转角 θ，即为点火提前角。它对燃烧过程的有效性和发动机工作的正常性有很大的影响。

对一般的发动机来说，在压缩行程时，如活塞运行到上止点时才点火的不合理点火现象被称为点火过迟。实际上，燃烧不是瞬时完成的，电火花点火以后，要经过着火延迟期，然后才进入剧烈燃烧的急燃期。如点火提前角过小，将使混合气在活塞向下止点运行时燃烧，即燃烧过程是在容积不断增大的膨胀过程中进行。这就使炽热的气体与汽缸壁的接触面积增加，散热损失增大，燃烧放热量未得到充分利用，最高燃烧压力降低，气体的膨胀功减少。从而使发动机过热，功率下降，耗油量增加。

若点火提前角过大，则在压缩过程后期燃烧的燃料量增多，压力升高率增大，消耗的压缩负功增加，较高的最高燃烧压力加重了零件的机械负荷。这同样会使发动机过热和功率下降，并使产生爆燃的倾向增加，可能引起发动机运转不稳定。

对于确定的发动机，在一定的运转条件下，总可以选择到一个最合适的点火提前角。在这种情况下，由于燃烧较及时，热量利用较好，散给汽缸壁和废气带走的热量都较少，压力升高率也适当。因而发动机功率最大，油耗率最低，与这种良好工况相对应的点火提前角称为最佳点火提前角。最佳点火提前角，是使最高燃烧压力出现在上止点后12°～15°曲轴转角。最佳点火提前角的选择，要考虑到在发动机的整个运行范围内能保证最大功率而无爆燃发生。

最佳点火提前角并非定值，发动机在不同的转速、不同的节气门开度和不同的技术状况下，其最佳点火提前角也不相同。因此，必须随着使用情况的不同，及时地对点火提前角进行调整，使之接近最佳值。

汽油机在低转速、节气门全开时最容易产生爆燃。因此，在此种工况下调整点火提前角至节气门急开时有轻微爆燃,则其他工况都不会出现爆燃。这就是点火提前角的最佳调整值。

3. 混合气浓度的影响

混合气的浓度常用过量空气系数 α 或空燃比表示。混合气浓度对火焰传播能否进行、火焰传播速度的大小以及爆燃倾向、排气成分都有很大的影响。

混合气的浓度不同,燃烧时火焰传播速度也不同,如图3-6所示。

试验表明,当 α = 0.85～0.95 时火焰传播速率最高,因而燃烧速率最大,燃烧最高温度和压力都提高。此时,循环指示功最大。这样的混合气常称为功率混合气。使用 α < 1 的混合气,还有另外两方面的有利影响:其一是由于燃料蒸发量增多使进气温度下降,因而充气系数 η_v 增大;另一方面是燃烧后气体的分子变化系数增大,分子数增多,有利于提高气体的压力。这些都有利于燃烧最高压力与温度及指示功的提高。α < 1 的不利影响是燃烧不完全,燃料消耗率 g_e 略有增加。

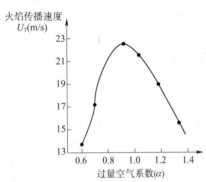

图3-6 混合气成分对火焰传播速度的影响

当 α = 1.05～1.15 时,燃料消耗率 g_e 最低,此种混合气常被称为经济混合气。因为混合气形成不可能绝对均匀,在 α = 1 时不能实现完全燃烧。混合气稍稀,燃烧比较完全,热效率提高。但此时指示功略有下降。

α < 0.85～0.95 的过浓混合气,由于混合气中严重缺氧而使燃烧不完全,一部分燃料的热能不能释放出来,所以热效率下降。

α > 1.05～1.15,火焰传播速率下降较多,使燃烧过于缓慢,补燃量增多,也使热效率下降。如果混合气太稀,补燃会一直延续到排气终了。

在实际使用中,发动机经常是在部分负荷下工作,这时使用经济混合气可以提高汽车的燃料经济性。汽车在满负荷时要求汽油机产生最大功率,此时则应使用最大功率的混合气。

此外,汽车在低负荷或怠速时,进入汽缸的可燃混合气数量少,而汽缸内残余废气相对增多,混合气被稀释,这样就容易产生断火现象。为此,供给较浓的混合气以保证发动机的稳定运转。

使用 α = 0.85～0.95 的混合气时,产生爆燃的倾向增加。该混合气的火焰传播速度最高,使火焰传播时间缩短。但是,混合气的着火延迟期也最短。而且由于汽缸内的压力升高率、燃烧产物的压力和温度都有较高的数值,使末端混合气的自燃准备时间缩短。因此在 α = 0.85～0.95 时,爆燃的倾向最大。过浓或过稀的混合气均有助于消除爆燃。

只有使可燃混合气的浓度在一定的范围内,才能保证火焰进行传播。这就是火焰传播界限。当 α = 0.4～0.5 时,由于混合气严重缺氧,燃烧不完全而放出的热量减少,因而燃烧温度降低,不足以使相邻的未燃燃料分子活化,火焰无法传播。因此,α = 0.4～0.5 的混合气成分称为火焰传播上限。当 α = 1.3～1.4 时,由于其热值过低,燃烧放热量少,同样不能进行火焰传播,称为火焰传播下限。

为保证混合气正常燃烧,混合气浓度必须在火焰传播界限之内。汽油机的火焰传播界限为:α = 0.5～1.4。混合气浓度在这一范围内,可以保证发动机稳定可靠的运转。火焰传播上限的最小数值,在汽油机工作中并无实际意义上的限制。

值得指出的是,火焰传播界限并不是一成不变的常数,它随引起燃烧的条件变化而略有增减。

4. 发动机转速的影响

1)转速对着火延迟期的影响

转速升高时,按秒计的着火延迟期变化较小,按曲轴转角计的着火延迟期随之增大。因为当转速增高时,一方面由于紊流加强,混合气的形成更趋均匀,加之压缩终了时气体温度升高,着火延迟期缩短;但另一方面残余废气系数增加,气流吹走电火花的趋势增大,又使着火延迟期增长。两者综合比较,按秒计的着火延迟期基本不变,按曲轴转角计的着火延迟期增大。因此,汽油机中设有离心式点火提前角自动调节装置,在转速增加时,自动增大点火提前角。

2)转速对火焰传播速率和爆燃的影响

当转速增高时,进气与挤气紊流均增强,火焰传播速率大体上与转速成正比例增加,因而最高燃烧压力及压力升高率随转速变化不大。

由于转速增高,火焰传播速率增加,火焰传播时间缩短,爆燃的倾向减小。可用提高转速的方法消除爆燃或降低对辛烷值的要求。

5. 发动机负荷的影响

汽油机靠改变节气门开度,调节进入汽缸的混合气数量来达到不同的负荷要求。这种调节方法称为量调节。

1)负荷对着火延迟期的影响

负荷减小时,节气门开度减小,进入汽缸的混合气量减少,而缸内残余废气量基本不变,残余废气系数增大,对混合气有稀释作用。同时,因每循环燃烧的燃料量减少,缸内气体温度下降。这些都使着火延迟期增长。为此,必须相应地加大点火提前角。可使用真空式点火提前角调节装置自动调节。

2)负荷对火焰传播速率的影响

负荷减小时,由于残余废气的稀释作用增大,燃烧温度下降,火焰传播速率下降,因此,最高燃烧压力、最高温度、压力升高率均下降,同时散热损失相对增加,因而比油耗增大。

3)负荷对爆燃的影响

负荷减小时,由于残余废气的稀释作用增加,汽缸内的温度、压力下降,使自燃准备时间增长,故爆燃倾向减小。

二、结构因素对燃烧过程的影响

1. 压缩比的影响

压缩比 ε 增大时,压缩行程终了时汽缸内气体的温度和压力提高,从而加快火焰传播速度,使燃烧终了的温度、压力较高,有利于提高发动机的热效率。在压缩比较低的区间,效果尤为明显,但压缩比提高到一定程度($\varepsilon>10$),热效率提高的幅度将明显减慢。

提高汽油机压缩比的最大障碍是爆燃。此外,随压缩比提高,机件的机械负荷、排气中的 NO_x 含量也会增加。因此,汽油机不能追求过高的压缩比,一般原则是:在保证不发生爆燃的前提下,尽量提高压缩比。

2. 燃烧室结构的影响

1) 燃烧室的结构要求

燃烧室结构直接影响到发动机充气系数、火焰传播距离、火焰传播速率、放热率、传热损失及爆燃发生的概率，从而影响发动机的性能。为了使汽油机动力性高、经济性好、工作平稳、噪声小、排气污染小，对燃烧室的要求如下：

（1）结构紧凑。紧凑型的燃烧室，火焰传播距离短，火焰传播时间缩短，抗爆性提高，可提高发动机的压缩比。由于紧凑型的燃烧室面容比（燃烧室表面积与容积之比）较小，相对散热损失小，热效率高；同时由于激冷面减小，熄火面积小，HC排量少。面容比与燃烧室形式以及汽油机的主要结构参数有关，侧置气门燃烧室的面容比大，顶置气门燃烧室的面容比要小得多，即使都是顶置气门，不同形状燃烧室的面容比值也是有差别的。

（2）具有良好的充气性能。应允许有较大的进、排气门流通截面，这样可以提高充气系数，降低泵气损失；燃烧室壁面与气门头部要有足够的间隙，以避免壁面的遮蔽作用。

（3）火花塞位置适当。火花塞的位置直接影响火焰传播距离的长短、火焰面积扩大率和燃烧率，从而影响抗爆性，也影响火焰面积扩展速率和燃烧速率。在布置火花塞时必须考虑：①要能利用新鲜混合气充分扫除火花塞间隙处的残余废气，使混合气易于着火。这一点对暖机和低负荷的运转稳定性更为重要，但气流不能过强，以免吹散火花。②火花塞应靠近排气门处，使受灼热表面加热的混合气及早燃烧，以免发展为爆燃。③火花塞的布置应使火焰传播距离尽可能短。④不同的火花塞位置对燃料辛烷值要求也不同。

（4）产生适当的气体流动。燃烧室内形成适当强度的气体流动有以下优势：①增加火焰传播速度。②扩大了混合气体的着火界限，可以燃烧更稀的混合气。③降低了循环变动率。④降低了HC排量。需要注意的是过强的气流会使热损失增加，还可能吹熄火核而发生失火。

（5）适当冷却末端混合气。末端混合气要有足够的冷却强度，以降低终燃混合气温度，减小爆燃倾向。但又不能使激冷层过大，以免增加HC的排放。

2) 典型的燃烧室

常用的燃烧室有浴盆形燃烧室、楔形燃烧室和半球形燃烧室等。

（1）浴盆形燃烧室。

浴盆形燃烧室如图3-7所示。这种燃烧室形状如椭圆形浴盆，高度相同，宽度允许超出汽缸范围来加大气门直径，但通常在气门头部外径与燃烧室壁面之间保持5.6~6.5mm的壁距，故气门大小受到限制。浴盆形燃烧室的特点是：具有一定的挤气面积，但挤流效果差；火焰传播距离较长，燃烧速度较低，使整个燃烧时间长，经济性、动力性不高，HC排量多。但压力升高率低，发动机工作柔和，NO_x的排放量较少，工艺性好。我国6100Q汽油机、BJ212汽油机均采用浴盆形燃烧室。

（2）楔形燃烧室。

楔形燃烧室如图3-8所示。楔形燃烧室结构较紧凑，火焰传播距离较短；气门倾斜6°~30°，使得气道转弯小，这种燃烧室气门直径较大，所以充气性能好；楔形燃烧室有一定的挤气面积，并且末端混合气冷却作用较强，故压缩比可达9.5~10.5，这种燃烧室有较高的经济性、动力性。

楔形燃烧室的火花塞布置在楔形高处，对着进、排气门之间，有利于新鲜混合气扫除火花塞附近的废气,发动机在低速、低负荷工况性能稳定。但由于混合气过分集中在火花塞处,使得初期燃烧速度大,压力升高率较高,发动机工作粗暴,NO_x排出量较高。由于挤气面积内的熄火现象,废气中 HC 的含量较多,故须控制挤气面积。

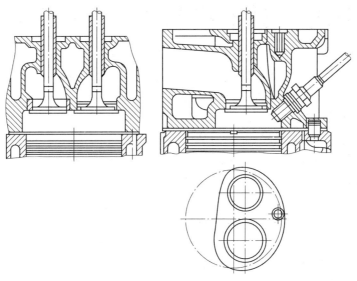

图 3-7 汽车发动机的浴盆形燃烧室

楔形燃烧室曾被车用汽油机较广泛使用,我国红旗牌小轿车使用的 CA-72 型汽油机即采用该燃烧室。由于楔形燃烧室进、排气门只能单行排列,采用多气门机构困难,故高性能轿车汽油机上较少应用。

(3) 半球形燃烧室。

半球形燃烧室如图 3-9 所示。这种燃烧室结构紧凑,且由于火花塞位于中间,故火焰传播距离也是最短的。进、排气门倾斜布置,使气门直径较大,气道转弯较小,充气效率高,且对转速变化不敏感,最高转速在 6000r/min 以上的车用汽油机几乎都采用此类燃烧室。因此半球形燃烧室有较好的动力性能和经济性能,同时,由于面容比小,HC 排放量低。其缺点是由于火花塞附近有较大容积,使燃烧速率大,压力升高率大,发动机工作粗暴。NO_x 排放较多,末端混合气冷却较差,气门驱动机构也较复杂。

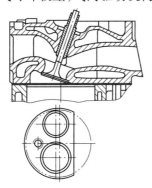 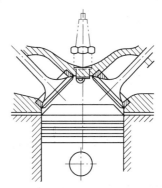

图 3-8 汽车发动机的楔形燃烧室　　图 3-9 汽车发动机的半球形燃烧室

第四章 柴油机的燃料与燃烧过程

柴油机使用的燃料是较难挥发而较易自燃的柴油,它的燃烧组织与汽油机相比有着本质的不同。在柴油机的工作过程中,混合气形成和燃烧是主要过程,对柴油机的特性影响最大。在燃烧过程中,燃料的化学能经过燃烧产生热能,使气体膨胀做功,转变为机械能。燃烧过程的好坏,关系到能量转换效率的大小,从而直接影响柴油机的性能指标。

本章重点研究柴油机的混合气形成与燃烧过程,分析影响燃烧过程的主要因素及改善燃烧过程的基本方法。

第一节 柴油的使用性能

车用柴油机使用的燃料为轻柴油。柴油的使用性能对柴油机的燃烧有重要影响。柴油的使用性能主要包括着火性、挥发性、黏度和凝点,它们主要取决于柴油的组成成分。

一、柴油的着火性

燃料的着火性,泛指燃料在燃烧过程中,其着火温度与着火落后期之间的关系特性。它标志着燃料的自燃能力。评定柴油着火性的指标是十六烷值。十六烷值高,着火性好。这意味着柴油机在一定的压缩比、转速、进气温度和冷却液温度等条件下,着火落后期短。

柴油机是依靠燃料自燃发火而燃烧的。它要求燃料的发火性好,即着火落后期短,以保证柴油机具有良好的性能。首先是起动性,燃料的十六烷值提高,所有类型的压燃式发动机的冷起动性均得到改善,这是提高十六烷值的重要优点之一。其次是发动机工作的粗暴性,所谓粗暴性是指由汽缸内的压力升高率所引起的发动机零件振动的强烈程度。着火性好的燃料,着火落后期短,着火时已喷入汽缸的燃料少,燃烧放热量也少,发动机工作平稳;着火性差的燃料,着火落后期长,在此时期内已喷入汽缸内的燃料较多,这些燃料同时参加燃烧,造成较大的压力升高率,引起某些机件强烈的振动,发动机工作粗暴。为避免发生工作粗暴现象,要求柴油有较好的着火性。

测定十六烷值的方法与测定辛烷值类似,也是在专门的单缸发动机上通过试验确定。选用两种着火性截然不同的燃料。十六烷着火性好,将它的十六烷值定为 100,α-甲基萘的着火性差,将它的十六烷值定为 0。将十六烷和 α-甲基萘按不同的容积比例混合,便可得到十六烷值从 0 到 100 的各种等级的标准燃料。在标准燃料中十六烷含量的百分数,即为它的十六烷值。

为确定某种燃料的十六烷值,将待测燃料与标准燃料在单缸试验机上进行对比试验,在特定的条件下,比较两者的着火性质。当所试燃料在试验时表现的着火性质与所配制的标准燃料的着火性质相同时,标准燃料中十六烷的容积百分数即定为所试燃料的十六烷值。

柴油的十六烷值也取决于其化学组成。烷烃十六烷值最高,环烷烃次之,芳香烃最低。正构烷比异构烷高,烷烃同系物的十六烷值与碳原子数成正比。

十六烷值低的柴油,着火落后期长,压力升高率大,引起柴油机工作粗暴,加速机件的磨损。十六烷值高的柴油,自行发火的温度低,着火落后期短,适合于高速柴油机使用。一般高速柴油机使用的柴油,其十六烷值为 40~60。十六烷值过高的柴油对一般的柴油机也是不适用的,因为其含有较多不易蒸发的重质馏分,燃料蒸发性差,容易高温裂解,导致排气中出现炭烟,燃料消耗率增加,经济性下降。所以,车用柴油机十六烷值一般在 40~60 范围内。

二、柴油的挥发性

柴油的挥发性直接影响可燃混合气形成,对燃烧过程也有一定的影响。和汽油相比,柴油的挥发性较差,黏度较高,而且挥发性和黏度的变化范围较大。

一般来说,挥发性和黏度都会影响喷注特性和混合气形成,从而影响在一定过量空气系数时柴油机的功率和效率。

与汽油一样,柴油的挥发性也用馏程曲线来表示,主要以 50% 馏出温度、90% 馏出温度和 95% 馏出温度作为评价柴油蒸发性的指标。50% 馏出温度低,说明柴油的挥发性较好,喷入汽缸以后能够迅速蒸发与空气混合,有利于燃烧的进行,并使柴油机的冷起动较容易。但 50% 馏出温度过低的柴油通常也不被采用,因为柴油中蒸发性好的组成成分,其发火性差。90% 和 95% 馏出温度标志柴油中所含重质成分的数量。90% 和 95% 馏出温度高,说明柴油中重质成分较多,其挥发性较差,在汽缸内不易蒸发,与空气混合不均匀,导致排气冒烟和积炭增加。因此,应将 90% 和 95% 馏出温度的值控制在较低范围内。一般要求柴油的 50% 馏出温度应适宜,90% 馏出温度和 95% 馏出温度应比较低。

三、柴油的黏度

柴油的黏度决定其流动性。黏度是液体分子的内聚力,它表现为液体抵抗运动的阻力。柴油的黏度低时,流动性好,柴油自喷油器中喷出的燃料容易雾化成细碎的油滴,便于和空气均匀混合。柴油的黏度对高压喷油泵柱塞副的润滑和通过柱塞副的漏泄有重要影响。柴油黏度过低时,会失去必要的润滑能力,柱塞副的润滑状况变坏,加剧喷油泵和喷油器中精密偶件的磨损,增大精密运动副的漏油量,泄漏也增加。黏度过大,流动阻力大,滤清困难,喷雾不良。

四、柴油的浊点和凝点

温度降低时,柴油开始析出固态石蜡而呈混浊状态的温度称为浊点。温度继续下降,柴油失去流动性的温度称为凝点。柴油达到浊点时,虽然仍具有流动性,但流动性严重下降,石蜡结晶颗粒容易堵塞滤清器和油路,导致供油困难甚至供油中断,柴油机无法正常工作。为保证柴油机在较低的温度下能正常工作,要求柴油应有较低的凝点,凝点与浊点的温差小。选用柴油时,一般要求凝点比最低工作温度低 3~5℃ 以上,浊点不得高出凝点 7℃。我国的柴油规格以凝点编号,例如国产 0 号柴油的凝固点为 0℃,适合于夏季使用;-20 号柴

油的凝固点为 -20℃,适合于冬季或寒冷地区使用。

第二节　柴油机混合气的形成

柴油机所用的燃料——柴油不易蒸发,因此,柴油机是采用缸内混合的方式形成可燃混合气。其燃料借助喷油系统在压缩行程后期高压喷射进入汽缸后,在极短的时间内蒸发,并与空气混合以形成良好的可燃混合气,混合气形成过程是控制和决定燃烧过程的关键因素。

一、混合气形成的特点

由于柴油的挥发性差,所以柴油机必须采用高压喷雾的方法在缸内形成可燃混合气。在压缩行程,活塞接近上止点时,借助喷油设备(喷油泵、喷油器)将柴油以高压、高速喷入汽缸;柴油又受到汽缸内空气的高温和运动的影响,很快蒸发扩散,并和空气混合形成混合气。

与汽油机相比,柴油机的混合气形成有如下的特点:首先是柴油机的混合气形成只能在汽缸内部进行;其次是混合气形成所占时间极短,一般占15°~35°曲轴转角,在0.0007~0.003s的时间内燃油经历破碎雾化、吸热、汽化、扩散与空气混合等过程,因而混合气成分在燃烧室各处很不均匀,而且随着燃油的不断喷入在不断改变。这就迫使柴油机的过量空气系数远大于汽油机。柴油机的过量空气系数一般为1.2~1.5,汽缸工作容积利用率降低。

柴油机的混合气形成质量,对于保证柴油机在尽可能小的平均过量空气系数下燃烧及时和燃烧完全有决定性的影响。

二、柴油机混合气形成方式

柴油机混合气形成方式基本上有两种类型,即空间雾化混合方式和油膜蒸发混合方式。

1. 空间雾化混合

空间雾化混合是在喷油压力较高(一般为20000~30000kPa)的条件下,将燃料喷入燃烧室空间,利用喷注与空气的相对运动及空气在压缩过程中产生的热能,实现破碎雾化、吸热蒸发,并与空气混合形成可燃混合气。在汽缸直径较大(大、中型柴油机)的情况下,由于燃烧室的体积大,这种空间雾化混合的形式可在无涡流或弱涡流的情况下,依靠喷油系统提供良好的喷雾条件来实现(直喷式燃烧室);对于汽缸直径较小的中、小型柴油机,除了喷雾条件的改进,还必须依靠燃烧室内组织强烈的涡流运动予以配合才能实现(分隔式燃烧室)。一般来说,采用空间雾化混合形式的直喷式燃烧室喷油器的位置处于燃烧室的中间,喷孔数较多,孔径相对较小。在喷孔位置对称、均匀分布的情况下,喷注形成的油雾可在无涡流或弱涡流的情况下弥散于燃烧室的空气中。

混合气形成所需要的能量主要来自喷注的动能。它是由喷油泵的压力能转化而来的。在油与气的混合中,起主导作用的是油。

空间雾化混合是一种传统的混合气形成方式。它对供油系统和供油设备的技术和质量要求比较高,而对进气系统和燃烧室形状的要求相对较低。

空间雾化混合方式的优点是不必专门组织进气涡流,从而避免了复杂的进气道以及由此造成的充量系数的下降，因而柴油机的经济性较好。其缺点是供油设备的制造和调试水平要求高，供油系统的故障相对较多；且由于预混合燃烧阶段消耗的燃油量较多，最高燃烧压力和最大压力升高率较高，发动机工作粗暴，零件承受的热应力和机械应力较大；由于最高燃烧温度较高，一般NO_x的排放率较高。

空间雾化混合主要用于大、中型柴油机。缸径为140~160mm的中、小型高速柴油机也有发展这种混合气形成方式的趋势。

2. 油膜蒸发混合

油膜蒸发混合是将大部分燃油喷到燃烧室壁面上，形成一层油膜，油膜在壁温和热空气的作用下蒸发、汽化，并与空气混合形成可燃混合气。由于油膜有一定厚度，在进气涡流和压缩涡流的作用下可沿燃烧室壁面扩展，从而扩大其受热与汽化面积；燃烧室壁面上的油膜逐步蒸发、汽化，然后分层、分批被燃烧，使混合和燃烧过程呈现出明显的热分层效应，从而有利于空气的有效利用。

在喷油过程中，有少部分从油束中分散出来的燃油以油雾的形式分散在燃烧室空间，并在炽热的空气中首先完成着火准备，形成火源，然后靠此火源点燃从壁面上蒸发出来并和空气混合的可燃混合气。

控制燃烧室壁温和喷在壁面上的油量，可以抑制燃烧前期的反应，控制燃烧过程的进行。

油膜蒸发混合方式形成可燃混合气的燃烧过程，由于只有少量燃油喷射的空间作引燃，而大部分燃油附在燃烧室壁面上。一方面使着火延迟期中形成的可燃混合气数量减少，压力升高率较低，柴油机工作柔和、噪声小。另一方面可抑制燃油在燃烧前的热裂解，减少碳烟形成。

油膜蒸发混合方式对供油系统及其设备和喷油压力要求较低（相对于空间雾化混合方式而言）。喷嘴上的喷孔数量较少，只有双孔甚至单孔，孔径为0.5~0.7mm。喷油时启喷压力为15000~20000kPa。由于喷孔较大，喷油压力又不太高，使喷油系统故障较少。同时，由于工作过程相对柔和，最高燃烧压力和最高燃烧温度不太高，内燃机零件的热应力和机械应力较低，NO_x的排量也较少。此外，由于这种混合气形成方式存在着明显的热分层效应，有利于空气的有效利用，故过量空气系数可以较小（$\alpha=1.3~1.4$），因而平均有效压力较高。

油膜蒸发混合方式及其相应的燃烧系统的缺点是对供油系统和进气系统的变化较敏感，因而燃烧过程的稳定性较差；冷起动较困难，HC排放率较高；由于需要强涡流匹配，螺旋进气道使充气系数下降，因此，内燃机的转速不能太高，一般只能达到2000~2200r/min；可增压性也较差；这种燃烧系统要求较高的使用和维修水平。由于存在这些缺点，近年来单独使用这种混合气形成方式及其燃烧系统的内燃机已日趋渐少。但对于小型高速柴油机来说，由于燃油或多或少地会喷到燃烧室壁上，所以两种混合方式都兼而有之。从这个意义上说油膜蒸发混合方式仍有重要的学术和实用价值。

现代中小型高速柴油机以及部分大中型中速柴油机，在吸取上述两种混合气形成方式优点的同时，力图避免或减少两者各自的缺点，从而出现多种雾化—油膜混合型的混合气形成方式，多数情况下是以雾化混合为主，兼有一定程度的油膜混合。

在柴油机的混合气形成过程中，不论其混合气形成方式如何，都必须利用适当的空气运动。空气运动可以将油束吹散到更大的容积里去,扩大混合范围。油粒越小,就越快随空气而运动。转速越高,涡流运动越强,吹散作用越大。有组织的空气涡流运动还能产生热混合作用,即已燃气体因密度较小向燃烧室中央运动,密度较大的未燃燃油与新鲜空气被挤向外围进行混合。这样就使已燃物与未燃物分开,促进了混合气的形成。

柴油机的混合气形成所利用的空气运动形式较多,不同的燃烧室组织空气运动的方法不同。

直喷式燃烧室空气运动的主要形式有两种:

(1)进气涡流。利用特殊形状的进气道,在进气过程中,形成绕汽缸中心线的旋转涡流运动,它可以持续到燃烧膨胀过程。

(2)挤压涡流。挤压涡流简称挤流,它是在压缩行程后期,活塞顶上部的环形空间中的空气被挤入活塞头部的燃烧室内,造成的空气涡流运动。

此外,还有研究表明,在进气涡流中叠加适当的紊流,可以改善混合气形成的质量。

涡流室式燃烧室中,空气运动的主要形式是压缩涡流,即在压缩过程中将空气压入涡流室形成强烈的有组织的空气运动。此外,还有燃烧过程的二次涡流。

预燃室式燃烧室在压缩过程中形成强烈无组织的紊流,混合气形成主要依靠燃烧能量形成的燃烧涡流。

三、燃油的喷雾

将燃油喷散成细粒的过程称为燃油的喷雾或雾化。燃油雾化可以大大增加其蒸发表面积,加速混合气形成。

1. 油束的形成

燃油以很高的压力(12~25MPa)和很高的速度(100~300m/s)从喷油器的喷孔喷出,由于空气阻力和高速流动时的内部扰动作用,燃油被粉碎成细小的油滴。大小不同的油滴组成的圆锥体称为喷注或油束。喷注中间部分雾化较差,油粒密集,直径较大,前进速度也较大。越向外围,油粒越细,速度越小。外部细小油粒最先蒸发并与空气混合。油束的形状如图4-1所示。

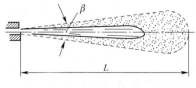

图4-1 油束形状

β-喷雾锥角;L-油束射程

2. 油束特性

油束本身的特征可用下述参数表示:

(1)油束射程L。即油束的贯穿距离。L的大小必须根据混合气形成方式的要求与燃烧室相互配合。L过大时,将会有较多的燃油喷到燃烧室壁上。L过小时,则燃油在燃烧室空间的分布不好,空气利用率降低。

(2)喷雾锥角β。喷雾锥角与喷油器结构有很大关系。对相同的喷油器结构,喷雾锥角标志喷注的紧密程度,它主要取决于喷孔的尺寸和形状,β大说明喷注松散;β小说明油束紧密。

(3)雾化质量(雾化特性)。它表示燃油喷散雾化的程度,一般是指喷散的细度和均匀度。喷散细度可用喷注中油粒的平均直径来表示;喷散的均匀度可用油粒的最大直径与平均直径之差来表示。平均直径越小,直径差值越小,说明喷雾越细、越均匀,雾化质量越好。

图 4-2 为雾化特性曲线,横坐标是油粒直径,纵坐标是某一直径油粒占全部油粒的百分数。曲线越窄,越靠近纵坐标,表示油粒越细越均匀。不同的混合气形成方式对雾化特性的要求不同。

3. 影响喷雾特性的因素

在燃烧室中喷注的形成和发展比较复杂,影响喷雾特性的因素较多。主要有喷油压力、喷油器结构、喷孔直径、介质反压力、油泵凸轮外形和转速以及燃油的黏度。下面叙述几个主要因素的影响。

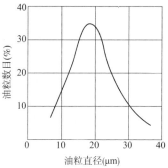

图 4-2 雾化特性曲线

1) 喷油器结构

喷油器的结构不同,引起油束的内部扰动不同,因而形成不同形式的油束。喷油器的结构要与燃烧系统的形式密切配合。不同的燃烧方式要求不同形式的油束,因而就要求使用不同结构的喷油器。喷油器的型式主要分为孔式和轴针式两种,如图 4-3 所示。孔式喷油器喷孔数为 1~5 个,喷孔直径为 0.25~0.8mm。对于孔式喷油器,当喷油压力、介质反压力及喷孔总截面积不变时,增加喷孔数目,减小喷孔直径,则雾化质量提高而射程缩短;增大喷孔直径,会使喷注核心稠密,射程增大。孔式喷油器主要用于直接喷射式柴油机中。喷孔的数目与方向取决于各种燃烧室对喷雾质量的要求。由于喷孔直径小,易引起积炭、堵塞等故障。

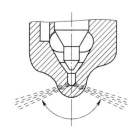 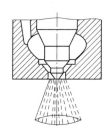 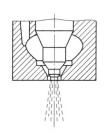 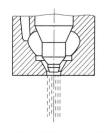

a) 多孔喷油器　　b) 顺型的轴针式喷油器　　c) 圆柱型的轴针式喷油器　　d) 倒锥型的轴针式喷油器

图 4-3 各种喷油器的结构

轴针式喷油器只有一个喷孔,其针阀下端连有小轴针插入喷孔中,形成一个很小的环状间隙(0.01~0.025mm)。当针阀升起时,油从环状间隙中喷出,形成空心的圆锥状油束。通过改变轴针端部的角度和形状就能改变油束锥角及喷油量随针阀升程而变化的关系。喷孔直径为 1~3mm,因为喷孔直径较大,而且在每次喷射时都有针阀活动疏通喷孔,故喷孔不易堵塞。轴针式喷油器多用于分隔式燃烧室。

2) 喷油压力

燃油的喷射压力越大,则燃油喷出的初速度就越大,在喷孔中燃油的扰动程度及喷出喷孔后所受到的介质阻力也越大,因而雾化的细度和均匀度提高,即雾化质量好,如图 4-4 所示。喷油压力增加时,也会使射程增加(图 4-5),图中曲线末端所标数字即为喷油压力值,其单位为 102kPa。喷油压力过高,则高压油管容易胀裂,喷油器容易磨损,对喷油管的制

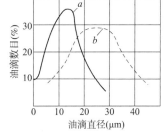

图 4-4 喷油压力对雾化特性的影响
a-34.3MPa;b-14.7MPa

造要求也越高。在喷油过程中,燃油的实际喷射压力是变化的,一般产品说明书上的喷油压力是指喷油器针阀开启压力。高速柴油机喷油器针阀开启压力一般在10000~20000kPa之间,而对一般柴油机,在喷油过程中高压油管中的最高压力可达50000kPa,对高增压的中速柴油机,甚至达到100000 kPa以上。

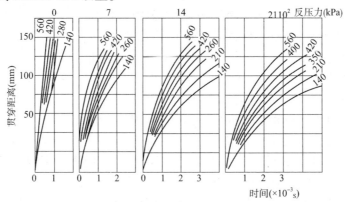

图4-5　不同喷油压力和反压力下,油束射程随时间的变化关系

3) 介质反压力

当汽缸内压缩空气的反压力增加时,介质密度增大,对喷注的空气阻力增大,使喷注锥角增大,射程减小,有利于燃油雾化,如图4-5所示。非增压柴油机中介质反压力在3500~4000kPa变化不大,影响也较小。

4. 喷油泵凸轮外形及转速

当喷油泵凸轮外形轮廓线形状变化较陡或凸轮转速较高时,会使喷油泵柱塞上升速度增加,供油速度加快,由于喷油器的节流作用,燃油不能迅速流出,结果使喷油压力、喷注流速增加,因此,雾化得到改善,喷注射程和喷注锥角也随之增大。

第三节　柴油机的燃烧过程

由于柴油机的燃烧过程与混合气形成过程同时进行,所以比汽油机燃烧过程更复杂。燃烧过程一般在压缩行程上止点附近的几十度曲轴转角内完成,根据缸内压力的变化特点,柴油机的燃烧过程通常分为着火延迟期、速燃期、缓燃期和补燃期四个阶段,如图4-6所示。

一、着火延迟期

如图4-6中的1-2阶段,从喷油器开始喷油的1点,到混合气着火形成火焰核心、汽缸压力偏离纯压缩线的2点止,这一阶段称为着火延迟期。

在上止点前开始喷油时,汽缸内空气温度为600℃左右,远远高于燃油在该压力下的自燃温度,但燃油并不立即着火,而是在稍后的2点才开始着火燃烧。

在着火延迟期内,喷入汽缸的燃油经过一系列的物理、化学变化过程,包括燃油的雾化、加热、蒸发、扩散与空气混合等物理准备阶段,以及着火前的化学准备阶段。着火延迟期以$\tau_i(s)$或φ_i(曲轴转角)表示。一般$\tau_i = 0.0007 \sim 0.003s$。

着火延迟期的长短是燃烧过程的一个重要参数。它对燃烧过程有极大的影响,特别是在空间雾化形成混合气的燃烧系统中影响更大。着火延迟期越长,则在着火延迟期内喷入汽缸内的柴油量越多,在着火延迟期形成的可燃混合气数量越多,这些燃油在速燃期中几乎同时燃烧,使压力升高率和最高燃烧压力较高,运动件承受强烈的冲击载荷,导致柴油机工作粗暴,降低柴油机的使用寿命。

影响着火延迟期的因素很多,在正常运转情况下,压缩温度和压力是主要因素。此外,喷油提前角、转速以及燃油性质等对着火延迟也有较大影响。

二、速燃期

如图 4-6 中的 2—3 段,汽缸内开始着火、汽缸压力偏离纯压缩线的始点 2 开始急剧上升,到出现最高燃烧压力的 3 点,称为速燃期。

速燃期是柴油机燃烧的重要时期,直接影响发动机的动力性、经济性和排放性。在速燃期内,混合气着火后,形成多个火焰中心向四周传播,则着火延迟期内喷入汽缸的燃油几乎一起燃烧。而且活塞正处于上止点附近,汽缸容积较小,因此,汽缸内压力急剧上升,接近定容燃烧,最高燃烧压力可达 6~9MPa,压力升高率($\Delta p/\Delta \varphi$)较大,并形成较强的燃烧噪声。燃烧噪声是柴油机燃烧过程的主要问题之一。

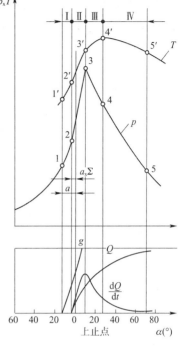

图 4-6 柴油机的燃烧过程

1-开始喷油;2-开始着火;3-最高压力点;4-最高温度点;5-燃烧基本完成;$\dfrac{dQ}{dt}$-放热速率;Q-累计放热量;p-汽缸压力;T-燃烧室温度;a-喷油提前角;$a_x \Sigma$-着火提前角;g-喷油量

燃烧噪声是柴油机噪声的主要来源,它是由速燃期中急剧升高的压力使燃烧室壁、活塞、曲轴等机件产生强烈振动,并通过汽缸壁传到外部而形成的。一般当压力升高率($\Delta p/\Delta \varphi$)超过 400~600kPa/(°)曲轴转角,则产生强烈的震音,常称为柴油机工作粗暴。柴油机工作粗暴,不仅噪声大,而且机件受到强烈的冲击负荷,降低使用寿命。因此,为使柴油机工作柔和、平稳,通常 $\Delta p/\Delta \varphi$ 的值控制在 400kPa/(°)以下。此外,速燃期内过大的压力升高率和最高压力,必然导致燃烧最高温度的升高,使排气中的 NO_x 含量增加;但是压力升高率过小,则热效率降低,发动机动力性下降。

降低燃烧噪声的根本措施是适当降低压力升高率。压力升高率主要取决于着火延迟期的长短和在着火延迟期内形成的混合气数量。因此,缩短着火延迟期,减少着火延迟期的喷油量、减少着火延迟期形成的可燃混合气数量均可减轻燃烧噪声。

三、缓燃期

如图 4-6 所示,从最高压力点 3 点到最高温度点 4 点止,这段时期称为缓燃期。

在此时期内,虽然喷油过程已经结束,但汽缸内仍有大量未燃烧的混合气继续燃烧,缸内温度继续升高,最终达到最高温度 1700~2000℃。但由于此阶段的燃烧是在汽缸容积不断增大的膨胀过程进行,而且随着燃烧的进行,燃烧废气不断增多,氧气和燃油的浓度不断下降,燃烧条件不利,燃烧速率显著下降,汽缸内的压力也迅速降低。缓燃期结束时,大部分柴油已燃烧完毕,累积放热量达到循环总放热量的70%~80%。

由于缓燃期汽缸内温度很高,尤其是柴油机负荷较大时,喷油量增多,燃烧室温度更高。如果混合气形成不利,局部空气不足,燃油在高温缺氧的情况下容易裂解、聚合形成炭烟(炭黑)。但是在一般情况下,如果温度足够高并有充足的空气,炭烟还能在以后的燃烧中遇到空气而进一步燃烧,使排气无黑烟。因此,在缓燃期适当增强空气涡流强度,加速混合气形成与燃烧速率,对保证在上止点附近迅速、完全地燃烧有重要作用。

四、补燃期

如图4-6所示,补燃期从汽缸内出现最高温度的4点开始到燃油基本上完全燃烧时的5点止。补燃期的终点很难确定,一般当放热量达到循环总放热量的95%~97%即可认为补燃期结束。

在高速柴油机中,由于燃烧时间短,燃油和空气的混合不均匀,总有一些燃油不能及时、完全燃烧,而在膨胀过程中继续燃烧。特别是在高速以负荷时,由于混合气较浓,混合气形成与燃烧时间更短,补燃量较大,有时甚至继续到排气过程。在补燃期,由于燃烧放热是在活塞下行远离上止点时进行,热量利用率更低,散给冷却液的热损失增加,排气温度升高,零件热负荷增加,导致柴油机动力性、经济性下降。故应尽量缩短补燃期。

在图4-6中还给出了放热速率$\dfrac{dQ}{dt}$线及累计放热量Q(到某一曲轴转角之前已放出的累计热量,占燃料完全燃烧所能放出的总热量的百分数)曲线。$\dfrac{dQ}{dt}$、Q随曲轴转角变化的关系都称为放热规律。

通过理论分析和试验研究,人们认识到,开始放热的时刻,放热规律和放热持续时间是燃烧过程的三个主要因素。它们对性能影响主要表现在循环热效率和最高燃烧压力两个方面。比较合适的放热规律是燃烧先缓后急,即开始放热适中,满足运转柔和的要求,随后燃烧加快,使燃油尽量靠近上止点附近燃烧,以保证好的经济性和动力性。一般柴油机应在上止点前5°~10°曲轴转角着火燃烧,上止点后6°~10°曲轴转角放热速率达到最大,燃烧持续时间不应超过上止点后40°~60°曲轴转角。分析放热规律,可以方便地评定燃烧过程的质量。

第四节 影响柴油机燃烧过程的主要因素

一、使用因素的影响

1. 燃油性质的影响

柴油的十六烷值和馏程是影响燃烧的重要因素。十六烷值高,柴油的着火性能好,可以缩短着火延迟期。因此,选用十六烷值较高的柴油,柴油机的工作较柔和,低温起动性能较好。馏程表明柴油的蒸发性,馏程低的柴油,易于蒸发和空气混合,可以缩短着火的物理准备时间。

一般高速柴油机选用的十六烷值约为 40~50,馏程约为 200~350℃。如果柴油的十六烷值过高,则蒸发性差,在高温条件下柴油分子容易裂解生成炭烟。馏程过低的柴油着火性差,使柴油机工作粗暴。

2. 喷油提前角的影响

喷油提前角直接影响燃烧性能,但是测量比较困难,一般产品说明书上给出的都是供油提前角。供油提前角是指喷油泵柱塞关闭进油孔(开始供油)时至活塞到达上止点时所对应的曲轴转角。而喷油提前角是指喷油器针阀开启(开始喷油)的瞬时至活塞到达上止点时的曲轴转角。两者有较小的时间差距。

喷油提前角对柴油机燃烧过程有很大影响。主要影响压力升高率($\Delta p/\Delta \varphi$)和最高燃烧压力(p_z)以及发动机的燃油消耗率。

喷油提前角过大,使得燃油喷入汽缸时空气的压力和温度较低,着火延迟期较长,压力升高率和最高燃烧压力增大,导致柴油机工作粗暴。同时使压缩负功增大,功率下降,油耗增加。柴油机冷起动和怠速时,过早的喷油会使起动困难,怠速不良。

喷油提前角过小,则燃油不能在上止点附近燃烧完全,补燃量增加,虽然压力升高率($\Delta p/\Delta \varphi$)和最高燃烧压力(p_z)较低,但排气温度升高,废气带走的热量增加,散给冷却系的热量也增加,热效率明显下降。但适当减小喷油提前角,可防止柴油机工作粗暴。对于柴油机各运转情况,均有一个最佳喷油提前角,此时柴油机功率最大,燃料消耗率最小。柴油机的喷油提前角要根据柴油机的型式、转速、燃料消耗率、噪声等由试验确定,其大致范围是 15°~35° 曲轴转角。

较好功率和经济性的最佳喷油提前角与对应于最短着火延迟期的喷油提前角并不一致。采用最低比油耗的喷油提前角,柴油机运转时噪声和烟度都不理想,故实际选用的喷油提前角往往略小于最低比油耗的喷油提前角,以适应多方面的要求。

3. 转速的影响

转速对着火延迟期有较大影响。它是通过压缩温度和压力、喷油压力及空气扰动等因素起作用。转速升高时,由于通过活塞环的漏气损失及散热损失减小,压缩终点的温度、压力升高;同时会使喷油压力提高,从而改善燃油的雾化;并且使燃烧室中空气涡流增强,促进燃料的蒸发、雾化与空气混合。这些均有利于着火的物理准备与化学准备,使以 s 计的着火延迟期 τ_i 缩短,有利于保证燃料的燃烧。但是,以曲轴转角计的着火延迟期 φ_i 要视具体结构而定。

一般来说,转速升高有利于混合气形成与燃烧,在使用中,应尽量使柴油机维持较高的转速运转。但柴油机的转速不宜过高,因为在负荷一定时,随转速提高,充气效率会下降,而喷油泵的循环供油量会增加,过量空气系数减小,燃烧过程所占曲轴转角可能加大,因此,转速过高会导致热效率下降,排气污染增加。为了保证燃烧效率,有时需要适当加大喷油提前角。直喷式柴油机需要装喷油提前角自动调节器,以保证转速升高时,着火也随之提前;预燃室式柴油机的喷油提前角可以固定不变;涡流室式柴油机对喷油提前角不大敏感,可将喷油提前角定在中间位置。转速过低也会由于涡流运动减弱,使燃烧缓慢,热效率下降。

4. 负荷的影响

柴油机的负荷调节是通过改变供油拉杆的位置,改变喷入汽缸的柴油量,进而改变负荷，属于质的调节。当负荷增加时，每循环供油量增加，由于转速一定时，进入汽缸的空气量基本不变，过量空气系数减小，单位汽缸容积内混合气燃烧放出的热量增加，使汽缸内温度升高，着火延迟期缩短，因此，柴油机工作柔和。

随负荷的继续增大，由于每循环供油量增加，使喷油延续角增加，因而总的燃烧过程增长；并且过量空气系数减小，不完全燃烧程度增加，这些均引起热效率下降。

负荷过大时，因空气不足，混合气过浓，燃烧过程急剧恶化，不完全燃烧及补燃显著增加，导致柴油机排气冒黑烟，热效率急剧下降，柴油机经济性将进一步恶化。

当冷起动或怠速运转时，汽缸内温度较低，润滑油黏度较大，为克服内部机械损失和维持稳定运转，每循环供油量不能太小，而且因为温度低，着火延迟期增长，致使压力升高率较大，并产生强烈的燃烧噪声，即柴油机的"怠速噪声"或称"惰转噪声"。随着柴油机负荷加大，热状态逐渐转入正常后，怠速噪声会自行消失。

由此可见，在使用中，应尽量使柴油机维持中等负荷工况，减少小负荷和全负荷运转的时间，以便使柴油机发挥良好的综合性能。

二、结构因素的影响

1. 压缩比的影响

柴油机的着火方式是利用压缩空气的高温、高压使燃油自燃。为了保证可靠的着火燃烧，必须有足够高的压缩比。

增大压缩比，可使压缩过程末期气体的温度、压力升高，着火延迟期较短，柴油机工作比较柔和，降低燃烧噪声，同时有利于冷起动，还能提高发动机的热效率。但是，压缩比过高，会使燃烧最高压力过大，零件的机械负荷过重，由此而引起的摩擦损失增大，降低柴油机的寿命。因此，以保证冷起动容易和在所有工况下获得可靠、有效的燃烧为前提，应尽可能选用较低的压缩比。可靠、有效的燃烧主要是要求燃烧过程柔和、热效率高。

2. 喷油规律的影响

喷油规律是指单位时间（或曲轴转角）的喷油量随时间（或曲轴转角）变化的关系。喷油规律集中地表现了喷射过程中各参数之间的关系。喷油规律必须与燃烧室合理配合，因而每种柴油机都按各自特点有不同的喷油规律。喷油规律对燃烧过程有很大影响，尤其是以空气雾化混合为主的直喷式燃烧室，喷油规律对汽缸内压力升高率有决定性影响。

一般认为从减轻燃烧粗暴性的角度考虑，在着火延迟期内喷油速率（单位曲轴转角的喷油量）应该较小。而在喷射中、后期加大喷油速率，以保证燃烧效率。从总的性能考虑，在噪声和燃烧室温度允许的条件下宜采用较小的喷油延续角（从喷油始点到喷油终点的曲轴转角）和较高的喷油速率。图4-7为几种典型喷油规律图：a）为喷油速率大，喷油延续时间短，曲线变化陡，柴油机经济性和动力性好，但柴油机工作粗暴、噪声大；b）为开始喷油速率大，曲线上升陡，柴油机工作粗暴；而后曲线下降平缓，喷油速率过小，使喷油延续时间长，燃烧时间拖长，补燃量增大，柴油机经济性能下降；c）为开始喷油速率较低，曲线变化平缓，柴油机工作柔和，后期加大喷油速率，使喷油延续时间不致太长，保证燃烧过程在上止点附近进行，以获得良好的动力性、经济性和排放性。

由上述分析可知，从减轻柴油机燃烧粗暴性和保证较高燃烧效率考虑，比较理想的喷油规律是先缓后急,并尽量缩短喷油时间,保证合适的喷油规律,对改善柴油机的燃烧过程、提高柴油机的性能非常重要。喷油规律集中体现了喷油过程中喷油泵供油压力、喷油器喷油压力、缸内气体压力、喷油器喷孔尺寸、喷油器针阀升程等参数之间的相互关系,为保证合适的喷油规律,必须合理设计供油系统的结构、合理选择其参数,并在使用中正确调整。

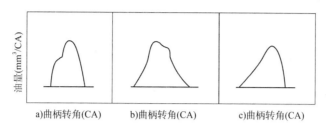

图4-7 几种典型的喷油规律

3. 燃烧室结构的影响

燃烧室的结构形状和喷油器的布置确定了混合气的形成方式。根据这两个特征,柴油机的燃烧室可分为两类:直接喷射式燃烧室(开式、半开式、球形油膜以及复合式燃烧室);分隔式燃烧室(涡流室和预燃室等)。

1)直接喷射式燃烧室

柴油机的直接喷射式燃烧室均为半分开式,即在活塞顶上均开有深浅不同、形状各异的凹坑,凹坑口径缩小,燃烧室容积由活塞中的燃烧容积和活塞顶上的余隙容积两部分组成。按混合气形成方式,半分开式燃烧室的有代表性型式为 ω 型燃烧室和球形油膜燃烧室及复合式燃烧室。

(1) ω 型燃烧室。

半分开式燃烧室形状很多,其中以 ω 型应用最广,如图4-8所示。

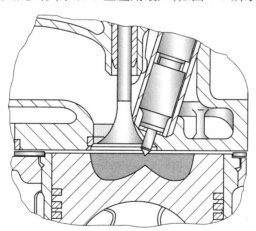

图4-8 ω 型燃烧室

ω 型燃烧室混合气形成的特点:在直接喷射式柴油机中,喷雾特性对混合气形成的质量起着决定性的影响。所以一般采用喷孔直径很小的多孔喷油器,以提高喷油压力,使喷注在较高的雾化状态下,将大部分燃油均匀分布到燃烧室空间,有利于促进燃油蒸发并与空气混合。同时,组织一定强度的进气涡流、挤压涡流以及进气、压缩过程的紊流,均能加速混合气形成。

主要优点：

①经济性较高。因为它结构简单、紧凑，相对散热面积小，一般全负荷的燃油消耗率低于 244g/(kW·h)。

②压缩比低。由于它散热损失小，压缩终点的温度容易建立，压缩比可以低一些(15~17)，并且低温起动容易。

主要缺点：

①对燃油喷射系统要求高。喷孔数目多而直径小(0.25~0.4mm)，喷孔易堵塞；喷油压力高(约为 19600kPa)，喷油泵、喷油器使用寿命较短。

②燃烧的平均过量空气系数较大。一般全负荷过量空气系数值在 1.3 以上，空气利用较低。

③对转速变化敏感。转速提高时，混合气形成与燃烧时间缩短，缺少相应加强的手段。这种燃烧室适用转速限制在 3000r/min 以下的柴油机。

④由于燃油在空间雾化较好，故着火延迟期内形成的可燃混合气数量较多，使压力升高率和最高燃烧压力较高，柴油机工作粗暴。

直喷式燃烧室的经济性好，一般说来，它比涡流室的比油耗低 10%~15%。所以，直喷化已是车用柴油机的发展趋势之一。

(2) 球形油膜燃烧室。

球形油膜燃烧室是在活塞顶上制成的球形凹坑，如图4-9所示。

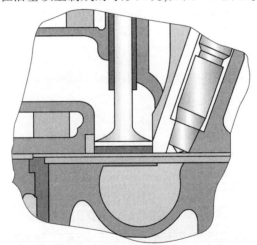

图4-9 球形油膜燃烧室

球形油膜燃烧室是半分开燃烧室的一种，采用双孔或单孔喷油器，一般配有螺旋进气道，以产生强烈的进气涡流。

球形油膜燃烧室混合气形成的特点是油膜蒸发混合方式，也称 M 过程。它是将燃油顺气流方向沿燃烧室壁面喷射，强烈的进气涡流使大部分燃油均匀涂于燃烧室壁面，形成一层很薄的油膜。从油束中分散出来的小部分燃油以油雾分散在燃烧室空间，在炽热的空气中首先完成着火准备，形成火源。靠此火源点燃从壁面上蒸发的燃油和空气混合形成的混合气。

壁面油膜的蒸发是依靠壁面的温度、燃烧开始后火焰的热辐射以及进气涡流的作用。

进气涡流起很重要的作用。强烈的空气涡流,能始终保持空气与油膜之间有较大的相对速度,使油膜蒸发并将燃油蒸气迅速带走,降低油膜附近的燃油蒸气浓度,保证燃油继续迅速蒸发。旋转气流还能加强已燃气体和未燃气体的分离作用。火焰的热辐射作用,使油膜的蒸发加速。

控制燃烧室壁温和喷在燃烧室壁面上的油量,可以控制燃烧过程的进行程度。当喷到壁面的油量越多,壁温越低时,则压力升高率越小。M过程建立了某种新的概念——利用壁面来改善和控制燃烧过程。它突破了过去认为直喷式柴油机中喷雾越细越好和不可将燃油喷到壁面上的观点,具有非常重要的理论意义。

主要优点:

柴油机工作柔和,燃烧噪声小,排烟少,性能指标好。这是因为着火延迟期内形成的可燃混合气数量较少,使压力升高率较低,噪声小。大部分燃油依附于温度较低的燃烧室壁面,可控制燃烧初期燃料的裂解反应,有利于减少排烟。M燃烧过程燃烧初期放热速率较低,而燃烧后期放热速率大,既保证了柴油机工作的柔和性,又保证了经济性。

主要缺点:

①冷起动困难。这是因为空间雾化燃料少,起动时燃烧室壁温低,油膜蒸发不利。

②低速、低负荷性能不好,排烟和HC增加。这是因为壁温较低或涡流减弱都对油膜蒸发不利。

③对进气道、燃油供给系和燃烧室结构之间的配合以及制造工艺的要求都很高。

由于上述原因,球形油膜燃烧室主要应用在小型高速柴油机上。

(3)复合式燃烧室。

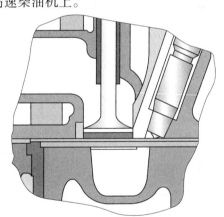

国产新105系列柴油机采用了复合式燃烧室,如图4-10所示。燃烧室位于活塞顶上正中心,形状如缩口U字形。采用轴针式喷油器,喷油方向基本上与空气涡流运动方向垂直,只有一个很小角度的顺气流趋向。配有螺旋进气道。

复合式燃烧室混合气形成是油膜蒸发混合和空间雾化混合的结合,二者的比例与发动机工况有关。当柴油机转速较高时,气体涡流运动较强,在气流带动下,沿壁面分布的燃油增多,具有油膜燃烧的特点。而在低速运转或起动时,进气涡流减弱,空间分布的燃油

图4-10 复合式燃烧室

增多,就较多地具有空间燃烧过程的特点,改善了冷起动性能。

2)分隔式燃烧室。

分隔式燃烧室由两个空间组成,即主燃室和副燃室。主燃室设在活塞顶与缸盖底面之间,副燃烧室在汽缸盖内,两室由一个或几个孔道相连。按气流运动方式又分为涡流室式和预燃室式两种。

(1)涡流室式燃烧室。

如图4-11所示,在汽缸盖内呈球形的涡流室,借与其内壁相切的孔道和主燃烧室连通。

孔道直径较大,可以减少流动损失。

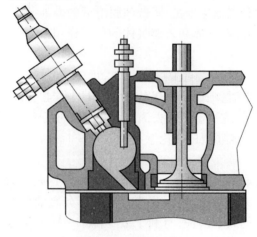

图4-11 涡流室式燃烧室

涡流室式燃烧室混合气形成与燃烧特点:在压缩过程中,活塞迫使空气从汽缸经过孔道挤入涡流室,形成强烈的、有规则的压缩涡流运动。燃料顺涡流方向喷射到涡流室后,较小的油滴随空气运动,在空间蒸发与空气混合,较大的油滴在气流作用下被带向燃烧室外围,其中部分燃料分布在壁面上。混合气在通道口附近靠近壁面处着火,在强烈涡流作用下,密度较小的燃烧产物被卷入涡流室中央,密度较大的新鲜空气不断压向四周形成良好的热混合。涡流室中着火燃烧后,室内气体压力和温度迅速升高,大部分燃料在涡流室中燃烧,未燃部分与高压燃气一起通过切向孔道喷入主燃室,并在活塞顶的浅凹槽内形成二次涡流,加速燃料与空气混合,继续完成燃烧。

由此可见,在涡流室式燃烧室中,混合气形成主要靠空气强烈的有组织的涡流运动(压缩涡流和二次涡流)。涡流强度宜适中,太强会引起较大的传热损失和流动损失;太弱会影响混合气的形成。

主要优点:

①由于混合气的形成与燃烧主要是利用压缩涡流,因此,对进气道无特殊要求,进气损失小,充气效率高。

②对供油系统及燃料品质的要求不高。

③对转速的适应性好,空气利用率高,噪声小,污染低。

主要缺点:

经济性不如直喷式燃烧室,冷起动较差。因此,广泛用于3000~5000r/min的小型高速柴油车上。

(2)预燃室式燃烧室。

预燃室式燃烧室结构如图4-12所示,主燃烧室在活塞顶上,作为副燃烧室的预燃室在汽缸盖内。连通主、副两室的孔道直径较小,喷油器安装在预燃室中心线附近。

预燃室式燃烧室混合气形成与燃烧特点:在压缩过程中部分空气经连接孔道被压入预燃室。由于连接孔道不与预燃室相切,因此,在预燃室中形成强烈的无规则的紊流运动。燃料喷到预燃室通孔附近后,依靠空气紊流的扰动与空气初步混合。气流只将一部分小油粒带向预燃室的上部空间并着火,使预燃室内压力和温度迅速升高,高温、高压的燃气携带未燃的燃料经孔道高速喷入主燃烧室。由于窄小孔道的节流作用,在主燃室中产生燃烧涡流,促使燃料进一步雾化与空气混合,并完全燃烧。

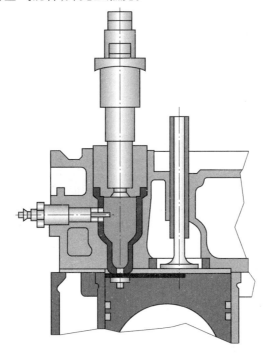

图 4-12 预燃室式燃烧室

主要优点:
①预燃室式燃烧室由于混合气形成主要靠燃烧涡流,故对燃料系统要求低。
②对转速及燃料品质不敏感。
③窄小通道的节流作用,使主燃室压力上升缓慢,$\Delta p/\Delta \varphi$ 和 p_z 较低,工作柔和,噪声小。
主要缺点:
流动损失大,经济性较差,冷起动困难等。
(3)两种燃烧室的比较。
车用柴油机一般为中、小型、中、高速柴油机。这类柴油机的燃烧室多为直接喷射式燃烧室和分隔式燃烧室两类。

直接喷射式燃烧室的混合气是在燃烧室空间形成。要求有组织空气运动的特殊进气道和使燃料雾化良好的供油系统,以保证直接喷在燃烧室的燃料及时形成混合气,为了弥补燃烧时间和空间方面的不足,直接喷射式燃烧室采用进气涡流、压缩涡流和燃烧涡流以及紊流来促进混合和燃烧,并把燃烧室制成各种特殊形状来适应混合气的形成。

分隔式燃烧室的混合气形成则主要依赖燃烧室结构,形成压缩涡流或燃烧涡流,对进气道和对供油系统要求不高。分隔式燃烧室一般用于小型高速柴油机(其中预燃式燃烧室有用于中速、大型柴油机)。

根据上述各自混合气形成的特点,对燃烧室做如下比较:

①经济性。由于分隔式燃烧室的燃烧时间更短,燃烧空间更小,而且燃烧室周围的传热损失较大,所以分隔式燃烧室工作条件最为苛刻。为了加强和完善混合气的形成和燃烧,分隔式燃烧室采用了两次混合和两次燃烧的方法,存在着主、副燃烧室之间的通道损失,相对于直喷式燃烧室来说,就增加了流动损失、传热损失、延长燃烧持续角的损失,并且由于过高的压缩比会增加压缩功的损失等,从而导致经济性下降。

②噪声和振动。尽管分隔式燃烧室在经济性和冷起动性等方面的性能不如直喷式燃烧室,但它在动力性、工作粗暴性、噪声和振动、排烟和排污、对燃料的要求、对供油系统和进气系统的要求,以及燃烧过程稳定性等多方面的性能均优于直喷式燃烧室。由于分隔式燃烧室的 $\Delta p/\Delta \varphi$ 和 p_z 比直喷式低,故工作柔和,运转平稳,噪声小。

③排放和烟度。由于分隔式燃烧室利用了部分燃料先期着火燃烧的能量来促进后期的混合气形成和燃烧,因此,与直喷式相比,燃烧更完全,排放的 NO_x、CO、HC 及烟度较小,一般比直喷式低 $1/3 \sim 1/2$。

④起动性。直喷式燃烧室中无通道损失,燃烧室散热面积小,起动性优于分隔式燃烧室。

⑤对供油系统的要求。直喷式燃烧室要求燃料的雾化质量较高,因此,对供油系统要求高,制造成本也高。

⑥对进气系统的要求。在直喷式燃烧室中,必须依靠特殊的进气道来产生有组织的空气涡流运动,因此,进气系统的结构较分隔式复杂,使进气损失增大,充气效率降低。

⑦热负荷。由于分隔式燃烧室副燃烧室在汽缸盖内,因此,汽缸盖的热负荷比直喷式燃烧室高。

由以上分析可看出,两种类型的燃烧室结构的不同,混合气形成方式不同,燃烧过程也有所差异。采用直喷式燃烧式的柴油机易起动,热效率高,动力性和经济性较好,但对进气道和供油系统要求较高,且 $\Delta p/\Delta \varphi$ 和 p_z 较大,燃烧噪声较大,适用于载货汽车发动机;分隔式燃烧室基本上恰与直喷式燃烧室相反,适用于小型车辆乃至轿车发动机。

故在小型高速柴油机领域,过去一直是倾向于采用分隔式燃烧室。近年来由于直喷式柴油机的发展,其动力指标、高速性能已有较大提高,比油耗低、起动容易的优点仍具有很强的竞争力,故在高速柴油机的燃烧室中也有使用。一般来说,转速高于 3000r/min 的柴油机选用涡流式燃烧室为优,对于低于 3000r/min 的可优先选用半分开式燃烧室。排量较大的高速柴油机用直喷式燃烧室较多,而排量小的高速车用柴油机(如小轿车用的柴油机)仍以涡流式燃烧室占优势,近年来也有向直喷式发展的趋势。

第五章 发动机特性

发动机特性是指发动机性能指标(动力性、经济性、运转性能等)或工作过程主要参数(η_v、η_i、η_m、α、Δg)等随调整情况和运转工况而变化的关系。表示其变化规律的曲线称为发动机特性曲线。

其中,发动机性能指标随调整情况而变化的关系,称为调整特性。如汽油机点火提前角调整特性;柴油机喷油提前角调整特性、循环喷油量调整特性等。

发动机性能指标随运转工况而变化的关系,称为使用特性(或性能特性)。如发动机的速度特性、负荷特性、万有特性、排污特性、调速特性等。

发动机特性通常都是在发动机试验台架上按规定的试验方法进行测定的结果。特性曲线可以评价发动机在不同工况下的动力性、经济性和其他性能,可以根据工作机械的运行要求合理选用发动机,可以了解形成特性曲线的原因并分析影响特性的因素,寻求改进发动机特性的途径,对发动机的调整、改进以及合理运行都有重要作用。

本章重点介绍发动机的速度特性、负荷特性及万有特性,并分析柴油机的调速特性。

第一节 发动机工况

一、发动机的工况及其表示方法

发动机所处的实际工作状况,简称为发动机工况,是由负荷和转速两个因素决定的。通常以其输出的转矩 M_e 或功率 P_e 和转速 n 来表示。转矩 M_e 或功率 P_e 表示负荷的大小,n 表示转速的高低。

二、发动机的三类典型工况

发动机与工作机构的合理匹配,是指发动机工况应该与所带动的工作机械要求的转矩和转速相适应。只有当发动机输出的转矩与工作机构消耗的转矩相等时,两者才能在一定转速下,功率平衡地稳定工作。当工作机械要求的转矩和转速变化时,与之匹配的发动机工况要发生相应的变化来满足其要求,因此,发动机工况的变化规律与所带动的工作机械的工作状况紧密相关。发动机随着所匹配的工作机械不同,而具有下列三类典型工况。发动机的各种工况如图 5-1 所示。

1. 第一类工况

第一类工况又称恒速工况,在这种工况下,发动机通常在某一恒定转速下工作(如带动发电机、空压机和水泵等),而负荷变化幅度可能相当大。例如带动发电机工作时,为保证输出电压和频率恒定,采用精密的定速调速器来保持发动机转速基本不变,功率则随发电机负

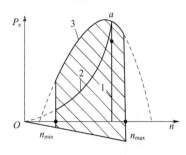

图 5-1 发动机的各种工况

荷大小,可由零变到额定值,发动机工况变化如图 5-1 中直线 1 所示;又如排灌用发动机,不仅转速恒定,而且功率也因水流量和扬程不变而保持恒定,这类工况又统称为固定式发动机工况。

2. 第二类工况

该类工况中,发动机功率与转速成一定函数关系。如驱动船舶螺旋桨的船用主机,因螺旋桨所吸收的功率与转速的三次方成正比,即 $P_e = kn^3$(k 为比例常数),发动机工况变化如图 5-1 中的曲线 2 所示,此称为螺旋桨工况,或流体阻力工况。

3. 第三类工况

该类工况中,发动机功率与转速之间没有一定的函数关系,且功率与转速都独立的在很大范围内变化。如驱动汽车等陆上运输车辆的发动机,其转速决定于行车速度,可以从最低稳定转速一直增加到最高转速;其转矩决定于行驶阻力,可以从零一直增加到某转速下的最大转矩;当汽车下坡采用发动机制动时,发动机由汽车传动装置倒拖而做负功。上述发动机工况变化如图 5-1 中的影线面所示,影线面的上限是发动机在各种转速下所发出的最大功率曲线 3,左侧横坐标是最低稳定转速 n_{min},右侧横坐标是最高许用转速 n_{max},下限是制动时倒拖功率曲线。此类工况称为面工况,又称为陆上运输工况。

三、发动机的有效性能指标与工作过程各参数之间的函数关系

发动机输出的有效性能指标通常用平均有效压力 p_e、有效功率 P_e、有效转矩 M_e、有效燃料消耗率 g_e 以及每小时耗油量 G_T 表示。这些指标与发动机工作过程参数之间的关系如下。

1. 平均有效压力

$$p_e = k \frac{\eta_i}{\alpha} \eta_v \eta_m \tag{5-1}$$

2. 有效功率

$$P_e = k_1 \frac{\eta_i}{\alpha} \eta_v \eta_m n \tag{5-2}$$

3. 有效转矩

$$M_e = k_2 \frac{\eta_i}{\alpha} \eta_v \eta_m \tag{5-3}$$

4. 有效燃料消耗率

$$g_e = k_3 \frac{1}{\eta_i \eta_m} \tag{5-4}$$

5. 每小时耗油量

$$G_T = k_4 \frac{\eta_v}{\alpha} n \tag{5-5}$$

上述各式中：k、k_1、k_2、k_3、k_4——比例常数；
η_v——充气效率；
η_i——指示热效率；
η_m——机械效率；
α——过量空气系数；
n——转速。

上述公式将发动机的重要性能指标与工作过程主要参数联系起来。要了解发动机的平均有效压力 p_e、有效功率 P_e、有效转矩 M_e、有效燃料消耗率 g_e 以及每小时耗油量 G_T 随工况变化的情况，就必须分析充气效率 η_v、指示热效率 η_i、机械效率 η_m、过量空气系数 α 随工况的变化情况，称为间接分析法。

第二节　发动机负荷特性

负荷特性是指发动机工作时，若转速保持不变，其经济性指标随负荷而变化的关系。当汽车不换挡以一定的速度沿阻力变化的道路行驶时，就是这种情况。此时必须改变发动机节气门，来调整有效转矩，适应外界阻力矩变化，保持发动机转速不变。

表示负荷特性的曲线，一般以发动机的负荷（有效转矩 M_e、有效功率 P_e 或平均有效压力 p_e）作为横坐标；纵坐标表示性能参数，主要是经济性指标，如有效燃料消耗率 g_e 以及每小时耗油量 G_T，根据需要还可表示出排气温度 t_r、机械效率 η_m 等。分析发动机的负荷特性，可了解发动机在各种负荷工况下工作时的经济性以及最低燃料消耗率时的负荷状态。

一、汽油机负荷特性

当汽油机的燃料供给系和点火系调整为最佳，发动机的转速保持不变，逐渐改变节气门的开度以适应外界负荷，发动机的有效燃料消耗率 g_e 以及每小时耗油量 G_T 随有效功率 P_e（或有效转矩 M_e、平均有效压力 p_e）而变化的关系，称为汽油机负荷特性。汽油机的负荷调节是通过改变节气门的开度，从而改变进入汽缸的混合气数量来实现的，此种负荷调节方式称为量调节。因此，汽油机的负荷特性又称为节流特性。

1. 每小时耗油量 G_T 曲线

当汽油机转速一定时，每小时燃料消耗量 G_T 主要取决于节气门开度和混合气成分。节气门开度由小逐渐增大时，充入汽缸的混合气数量逐渐增加，每小时耗油量 G_T 随之上升；当节气门开度增大到约为全开时的 80% 以后，混合气变浓，每小时耗油量 G_T 上升的速度加快，曲线变陡。

2. 有效燃料消耗率 g_e 曲线

由于有效燃料消耗率 g_e 与指示热效率 η_i、机械效率 η_m 的关系可用式(5-6)表示：

$$g_e = k_3 \frac{1}{\eta_i \eta_m} \tag{5-6}$$

所以，有效燃料消耗率 g_e 的变化取决于指示热效率 η_i、机械效率 η_m 以及二者的乘积（$\eta_i \cdot \eta_m$）随负荷的变化情况。

图 5-2 为指示热效率 η_i、机械效率 η_m 随负荷的变化关系图。

当汽油机怠速运转时,为保持燃烧稳定,混合气被加浓,残余废气相对增多,燃烧速度减慢,散热损失相对增加,使指示热效率 η_i 下降;此时其指示功率完全用来克服机械损失功率,即 $P_i = P_m$,机械效率 $\eta_m = 0$,故有效燃料消耗率 g_e 趋于无穷大。

图 5-3 所示为单点电控汽油喷射式汽油机的负荷特性曲线。由图可知,随着负荷的增大,有效燃料消耗率 g_e 逐渐减小,在小负荷区域减小得快,曲线陡;在大负荷区域减小得缓慢,曲线平缓,在接近全负荷时,有效燃料消耗率又有所增大。

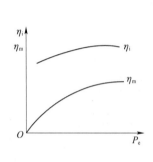

图 5-2 汽油机指示热效率 η_i、机械效率 η_m 随负荷的变化关系

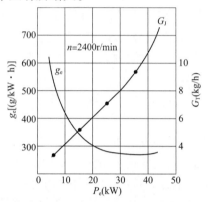

图 5-3 电控汽油喷射发动机的负荷特性

负荷特性的有效燃料消耗率 g_{emin} 值越小,曲线变化越平缓,则汽油机在较大的负荷范围内,能保持较好的燃料经济性。在不同转速下可以测定不同的负荷特性。

二、柴油机负荷特性

将柴油机的供油提前角、冷却液温度、润滑油温度等调整为最佳,发动机的转速保持不变,改变喷油泵齿条或供油拉杆位置,相应改变每循环供油量 Δg 时,发动机的有效燃料消耗率 g_e 以及每小时耗油量 G_T 随有效功率 P_e(或有效转矩 M_e、平均有效压力 p_e)而变化的关系,称为柴油机负荷特性。

由于柴油机的负荷调节是通过改变每循环供油量(空气量变化不大)来调节负荷,因此也改变了缸内混合气的浓度,即过量空气系数 α,这种负荷调节方法称为质调节。图 5-4 所示为车用柴油机在某一转速下的负荷特性曲线,其变化趋势与汽油机类似。

1. 每小时耗油量 G_T 曲线

当柴油机转速一定时,每小时燃料消耗量 G_T 主要取决于每循环供油量 Δg。当负荷由 0 增大到 85% 时,随每循环供油量增加,每小时耗油量随之增加,曲线近似于直线上升;当负荷继续增大到 90% 以后,随每循环供油量增加,混合气变浓,过量空气系数 α 变小,燃烧条件恶化,每小时耗油量迅速增大,曲线上升更陡。

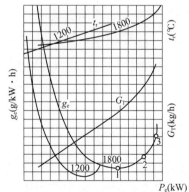

图 5-4 柴油机负荷特性曲线

2. 有效燃料消耗率 g_e 曲线

与汽油机相同,由于有效燃料消耗率 g_e 与指示热效率 η_i、机械效率 η_m 的关系可用下式表示:

$$g_e = k_3 \frac{1}{\eta_i \eta_m} \tag{5-7}$$

所以,有效燃料消耗率 g_e 的变化由指示热效率 η_i、机械效率 η_m 以及二者的乘积($\eta_i \cdot \eta_m$)决定。图 5-5 所示为柴油机的指示热效率 η_i、机械效率 η_m 随负荷的变化关系。

当柴油机怠速运转时,其指示功率等于机械损失功率,即 $P_i = P_m$,机械效率 $\eta_m = 0$,故有效燃料消耗率 $g_e = \infty$。随着负荷的增加,每循环供油量 Δg 随之增加,指示功率增大,因转速不变,机械损失功率基本不变,所以机械效率迅速增大;由于每循环供油量 Δg 增加,过量空气系数 α 减小,燃烧不完全及补燃量增加,致使指示热效率下降较快。因为机械效率的增大超过了指示热效率的下降,故有效燃料消耗率迅速下降。当负荷增加到 90% 以后,指示热效率与机械效率的乘积($\eta_i \cdot \eta_m$)达到最大值,因此有效燃料消耗率降为最小值 g_{emin},如图 5-4 中的 1 点所示。再继续增大每循环供油量

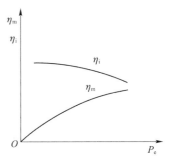

图 5-5 柴油机指示热效率 η_i、机械效率 η_m 随负荷的变化关系

时,由于过量空气系数的减小,燃烧不完全,指示热效率下降较快,使有效燃料消耗率上升。再增加负荷,每循环供油量增加到柴油机开始冒烟(2 点)位置时,($\eta_i \cdot \eta_m$)下降,有效燃料消耗率上升。若继续增加每循环供油量至 3 点时,柴油机发出最大功率,有效燃料消耗率继续上升。3 点以后,每循环供油量增加时,燃烧条件极度恶化,有效功率 P_e 反而下降。

对应于 2 点的每循环供油量称为"冒烟界限",柴油机排气将冒黑烟,达到国家法规规定的烟度限值,继续加大供油量已为公害所不允许;而且柴油机大量冒黑烟,污染环境,活塞、燃烧室会形成积炭,由于补燃增加,将使发动机过热,容易引起故障,影响发动机寿命。为了保证柴油机的使用寿命及工作可靠性,标定的每循环供油量一般限制在冒烟界限以内。非增压高速柴油机使用中的最大功率,用于汽车时标定在烟度限值点 2;用于拖拉机时标定在点 2 之内。

负荷特性是发动机的基本特性,用以评价发动机工作的经济性。一般发动机只测标定转速下的负荷特性,对于汽车发动机,由于工作时转速经常变化,需要测定不同转速下的负荷特性,以了解在各种不同转速下运行时最经济的负荷区域。由于柴油机负荷特性容易测定,在柴油机性能调试过程中如选择气道、燃烧室结构、调整燃油喷射系统等时,常用负荷特性作为比较标准。

由负荷特性可以看出:

(1) 同一转速下最低有效燃料消耗率 g_{emin} 越小,低油耗区曲线变化越平坦,经济性越好。

(2) 有效燃料消耗率 g_e 是随负荷增加而降低,在接近全负荷时(常在 90% 负荷左右),有效燃料消耗率 g_e 达到最低值;而且在低负荷区曲线变化得更快一些。

比较汽油机和柴油机负荷特性可知:柴油机的最低有效燃料消耗率 g_{emin} 比汽油机低 10%~30%,而且低油耗区燃油消耗率曲线比较平坦,部分负荷时低油耗区比汽油机宽,因而

在部分负荷下柴油机比汽油机更省油。柴油车使用燃油消耗率比汽油车低25%~50%,致使汽车特别是载货汽车的柴油机化是必然的发展趋势。德国、日本等国2t以上的货车基本上用柴油机,并向轿车发展。因此,汽油机需在多方面开展节油工作,并大力向新形式发展。

从负荷特性曲线上还可以看出,低负荷区的有效燃料消耗率较高,随负荷增加,有效燃料消耗率值降低,在接近全负荷时,有效燃料消耗率达到最低值 g_{emin};且低负荷区域,有效燃料消耗率曲线变化较大。因此,为了提高汽车的燃料经济性,希望发动机经常处于或接近耗油率低、负荷较大的经济负荷区运行,故选用发动机时,应注意在满足动力性要求的前提下,不宜装用功率过大的发动机,以提高功率利用率,提高燃料经济性。

第三节 发动机速度特性

速度特性是指发动机工作时,节气门位置保持不变,其性能指标随转速变化的关系。发动机沿速度特性工作时,相当于驾驶员将加速踏板位置保持一定,汽车行驶速度随道路阻力的变化而变化。速度特性包括全负荷速度特性(即外特性)和部分负荷速度特性。为便于分析发动机的速度特性,通常由发动机台架试验测取一系列数据,并以发动机转速 n 作为横坐标,发动机的有效功率 P_e、有效转矩 M_e、有效燃料消耗率 g_e 或每小时燃料消耗量 G_T 等作为纵坐标,绘制成速度特性曲线。通过分析发动机的速度特性,可找出发动机在不同的转速工况工作时,其动力性和经济性的变化规律,及对应于最大功率(P_{emax})、最大转矩(M_{emax})和最小燃油消耗率(g_{emax})时的转速,从而确定发动机工作时最有利的转速范围。

一、汽油机速度特性

将汽油机的燃料供给系和点火系调整为最佳,节气门开度固定不变时,汽油机的性能指标(有效功率 P_e、有效转矩 M_e、有效燃料消耗率 g_e)随转速 n 变化的关系称为汽油机的速度特性。表示上述关系的曲线称为汽油机的速度特性曲线。它以转速 n 为横坐标,以有效功率 P_e、有效转矩 M_e、有效燃料消耗率 g_e 等为纵坐标。

节气门全开时的速度特性,称为外特性。根据外特性可以确定发动机最大功率、最大转矩及其对应的转速。由于外特性表示发动机所能达到的最高性能,因而十分重要,所有的发动机出厂时都必须提供该特性。

节气门部分开启时的速度特性,称为部分负荷速度特性。由于节气门的开启可以无限变化,所以部分负荷速度特性曲线位于外特性曲线之下、有无限多条,而外特性曲线只有一条。车用发动机经常处于部分负荷下工作,故它对实际使用的燃油经济性有重要影响。一般要作出标定功率90%、75%、50%、25%的速度特性。

1. 外特性曲线分析

图5-6所示为车用汽油机的外特性曲线。

1)有效转矩 M_e 曲线分析

转矩特性是决定发动机动力性能的主要特性。根据式(5-3)可知,有效转矩 M_e 随转速 n 的变化规律取决于充气效率 η_v、指示热效率 η_i、机械效率 η_m、过量空气系数 α 随转速 n 的变化规律。通过电控系统保证在汽油机工作中 α 为最佳值,过量空气系统 α 的值基本不随转速变化。

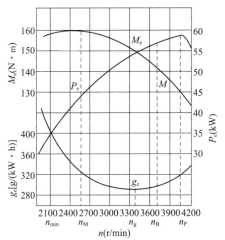

图 5-6 汽油机的外特性曲线

n_{min}-发动机最小稳定工作转速;n_M-发动机最大转矩工作转速;n_g-最低有效燃料消耗率对应的工作转速;n_B-额定功率对应的工作转速;n_P-发动机最大功率工作转速

其余各参数充气效率 η_v、指示热效率 η_i、机械效率 η_m 随转速的变化如图 5-7 所示。M_e 随转速变化的规律取决于 η_v、η_i、η_m 随转速的变化规律。

充气效率 η_v 值的大小及其随转速的变化对转矩 M_e 有决定性的影响。η_v 是在某一中间转速时达到最大值,相应转速及曲线形状取决于进气门迟关角,这是因为配气相位设计在此转速下能最好地利用气流的惯性充气,当转速低于或高于该转速时,η_v 都将降低。

η_i 随转速变化的曲线,是在某一中间转速时略为上凸。当转速较低时,缸内气体扰动减弱,火焰传播速率降低,散热及漏气损失增加,使 η_i 降低。转速较高时,燃烧过

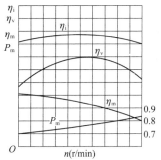

图 5-7 汽油机的充气效率 η_v、指示热效率 η_i、机械效率 η_m 随转速 n 的变化规律

程所占曲轴转角增大,热利用率降低也使 η_i 下降。不过 η_i 的变化比较平缓,对 M_e 影响较小。

η_m 随转速升高明显下降,对 M_e 影响很大。

综合上述三个因素的影响,当转速由低速开始上升时,由于 η_i、η_v 上升,η_m 下降,M_e 有所增加,对应于某一转速时,M_e 达到最大值。转速继续提高,由于 η_v、η_i、η_m 同时下降,因此 M_e 随转速升高而较快地下降,故 M_e 曲线呈上凸形状。相对于柴油机有效转矩(M_e)曲线而言,汽油机有效转矩(M_e)曲线变化较陡。

2)有效功率 P_e 曲线分析

有效功率 P_e 与有效转矩 M_e 及转速 n 的乘积成正比。当转速 n 由较低的数值增加时,M_e 也增加有效功率 P_e 迅速增大,接近直线上升。在最大转矩对应的转速之后,转速增加,转矩有所下降,故功率 P_e 的增加减慢。至某一转速 n 时,M_e 与 n 的乘积达到最大,P_e 最大。转速再升高,由于 M_e 下降的影响比转速增加的影响更大,有效功率 P_e 又随转速的增加而下

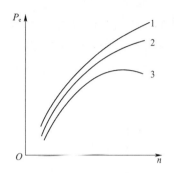

图 5-8 功率曲线变化趋势图
1-仅考虑单位时间充气量影响的功率曲线；2-考虑指示效率后的功率曲线；3-考虑指示效率和机械效率的影响后所得的功率曲线

降。图 5-8 为功率变化的趋势图。

图 5-8 可以用另一种方法分析,更形象地说明功率曲线的变化趋势。前已述及,发动机有效功率的大小,首先取决于单位时间充气量 G 的大小,因为单位时间充气量决定了单位时间燃烧的燃料量。如果不考虑指示热效率和机械效率的影响,即根据单位时间充气量计算发动机的功率,其功率曲线如图 5-8 中曲线 1。曲线 1 与节气门全开时单位时间充气量随转速变化的曲线形状相同,只是比例尺不同而已。如果考虑指示效率的影响,即发动机中的燃烧放热量只有一部分转换为指示功,且指示热效率在某一中间转速下达到最高值,则功率曲线如曲线 2 所示。又由于机械损失功率随转速的升高大致成平方增加,因此,考虑机械效率的影响,即扣除机械损失功率以后,有效功率随转速的变化趋势如曲线 3 所示。

3) 有效燃料消耗率 g_e 曲线分析

由式(5-4)可知,有效燃料消耗率 g_e 与指示热效率 η_i 和机械效率 η_m 的乘积成反比。由此可见,有效燃料消耗率 g_e 随转速 n 的变化规律,就取决于 η_i、η_m 随转速的变化。

由于 g_e 与 $\eta_i\eta_m$ 成反比关系,在某一中间转速时,η_i、η_m 的乘积达到最大值,g_e 最小。当转速较高时,η_m 下降较快;而转速较低时,η_i 下降较明显。因此有效燃料消耗率 g_e 曲线呈上凹形状。

应使得 g_{emin} 尽可能小,而且当转速变化时,g_e 上升平缓,以保证发动机在较宽的转速范围内均有较好的经济性。

2. 部分负荷速度特性

部分负荷速度特性如图 5-9 所示。图 5-9 表示汽油机节气门分别在全开、75% 开度、50% 开度和 25% 开度时,有效功率 P_e、有效转矩 M_e、有效燃料消耗率 g_e 随转速 n 变化的关系。

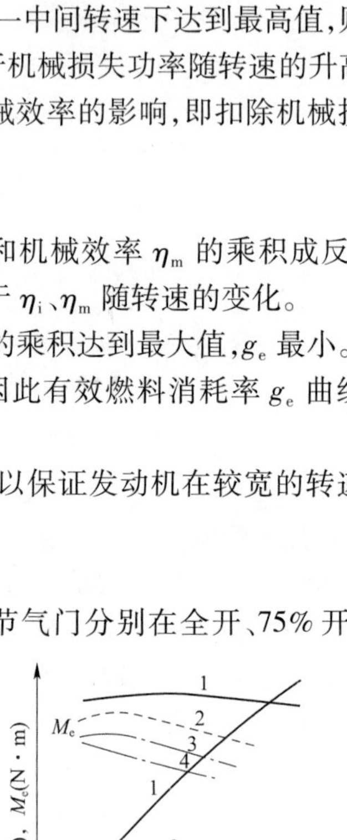

汽车经常处于节气门部分开度下工作,因此部分负荷速度特性曲线对实际使用的动力性、经济性有重要意义。

节气门部分开启时,有效转矩 M_e、有效功率 P_e 曲线总是低于外特性的 M_e、P_e 曲线。而且节气门开度越小,转矩 M_e 曲线下降越快,转矩和功率的最大值对应的转速也越低。这是由于节气门开度减小,进气阻力增大而导致,因而节气门部分开启时,不仅使充气系数 η_v 减小,而且 η_v 随转速升高而下降的速度更快。所以,转速越高,部分负荷速度特性与外特性的差别越大。

图 5-9 汽油机部分负荷速度特性曲线
1-全负荷；2-75% 负荷；3-50% 负荷；4-25% 负荷

从部分负荷速度特性曲线可以看出,有效燃料消耗率 g_e 曲线的变化与有效转矩 M_e、有效功率 P_e 曲线有所不同,并不是节气门全开时 g_e 曲线最低,因为此时采用的是浓混合气,存在燃烧不完全现象。当节气门开度从 100% 逐渐减小时,由于混合气的加浓逐渐减轻,有效燃料消耗率 g_e 曲线的位置降低。节气门开度为80%左右,有效燃料消耗率g_e曲线的位置最低,此时加浓装置停止工作。节气门开度再减小,由于残余废气相对增多,燃烧速率下降,使η_i下降,燃料消耗率增加,g_e曲线的位置又逐渐升高。

3. 转矩储备系数μ

在发动机正常工作的转速范围内,节气门开度不变时,如果阻力矩增加,发动机转速将自动下降,发出的转矩增大至与阻力矩平衡时,又可在另一较低转速下稳定运转。为了评价发动机适应外界阻力矩变化的能力,常用转矩储备系数μ或适应性系数k作为评价指标。

转矩储备系数μ或适应性系数k可由下式定义:

$$\mu = \frac{M_{emax} - M_{eB}}{M_{eB}} \tag{5-8}$$

$$k = \frac{M_{emax}}{M_{eB}} \tag{5-9}$$

式中:M_{emax}——外特性曲线上的最大转矩,N·m;

M_{eB}——标定工况(或最大功率)时的转矩,N·m。

转矩储备系数μ或适应性系数k越大,说明两转矩之差($M_{emax} - M_{eB}$)值越大,即随着发动机转速n的降低,有效转矩M_e增长较快,因而在不换挡的情况下,克服短期超负荷的能力就越强。例如,汽车经常会遇到像爬坡这种阻力突然增大的情况。如果节气门全开还不足以克服行驶阻力,则车速将降低,发动机转速随之降低而转矩增大。μ值越大,则转矩增加越多,在不换挡的情况下克服爬坡阻力的能力就越大。因此,μ值大,可以减少换挡次数。

除转矩储备系数μ以外,最大转矩M_{emax}对应的转速n_M的大小也影响到发动机克服外界阻力的能力。n_M值低,则当发动机转速由于外界阻力增加而下降时,发动机可在较低的转速下稳定工作,就可以更多地利用内部运动零件的动能来克服短期超负荷。因此,n_M越低,则在不换挡的情况下,发动机克服外界阻力增加的能力越强。综上所述,发动机的最大转矩M_{emax}值越大,M_{emax}对应的转速n_M越小,转矩储备系数μ越大,则发动机克服外界阻力的能力越强。

车用汽油机的转矩储备系数$\mu = 10\% \sim 30\%$。不同用途的汽车对转矩储备的要求不同。载货汽车的后备功率较小,其行驶阻力变化较大,对最高车速的要求较低,因此需要转矩储备系数μ较大和n_M较小的转矩特性,以适应在不良路面上行驶的需要。市内公共汽车,为提高其加速能力从而提高平均车速,也应选用有一定转矩储备的转矩特性。中高级轿车,其后备功率较大,对最高车速要求较高,因此不强调转矩储备,要求最大转矩对应的转速n_M较高,以增大高速时的转矩,提高其超车能力。

4. 汽油机的工作范围

汽油机的外特性转矩曲线,其弯曲度较大(与柴油机相比),外特性转矩储备系数可达10%~30%,适应性较好。值得指出的是,这种适应性仅存在于发动机转速高于n_M(M_{emax}对应的转速)的转速范围内。在节气门全开的条件下,当外界阻力矩增加使发动机转速下降时,由于转矩随之增大,发动机就可能在较低转速下维持稳定运转。在转速低于n_M的范围内,由于转速下降时转矩随之减小,当外界阻力矩超过外特性转矩曲线时,发动机将无法适应而熄火。

在节气门部分开启时,汽油机的适应性系数比外特性的还要大,工作更加稳定,但是克服外界阻力的总能力降低。

汽油机外特性功率曲线有一最大值,超过它所对应的转速以后,功率开始下降,而且磨损加剧、运动件惯性负荷增加。因此,从发动机的工作可靠性、使用条件和寿命等方面考虑,在发动机的铭牌上均标定有发动机的功率和转速。使用中发动机的最大有效功率和转速不得超过标定值。

汽车运行中,节气门全开的工况是较少的,绝大部分工况是发动机在节气门部分开度下运行。根据外界阻力的变化,驾驶员通过变换挡位及加速踏板的高度,可以控制发动机的工作转速,使发动机在最低稳定转速和标定转速之间的任何转速下运转。因此,若以有效转矩 M_e 和转速 n 表示发动机的工况,则在最低稳定转速与标定转速范围内,外特性转矩曲线至横坐标轴之间的点,都可以是发动机的实际工作点。若以有效功率 P_e 和转速 n 表示发动机工况,则在同样的转速范围内,外特性功率曲线之下的点,都可以是发动机的实际工作点。

5. 发动机的标定工况

标定工况是发动机铭牌上标出的功率及相应的转速。由外特性曲线可以看出,当转速增加到接近最大功率转速 n_P 时,功率的提高很缓慢;当转速达到 n_P 之后,转速再增加,功率反而下降。而且发动机的转速超过一定限度时,其磨损也加剧,影响到发动机的使用寿命。因此,须对载货汽车发动机的转速加以限制。在载货汽车说明书上标明的最高转速 n_B 常常是限制的转速或标定转速,并不是外特性曲线上的最高转速 n_{max},也不一定是最大功率对应的转速 n_P。一般限制转速略低于最大功率转速。此时发动机外特性曲线是不完整的,它在限制转速 n_B 处中断。

6. 总功率曲线与净功率曲线

测定发动机外特性的试验称为功率试验。发动机试验时所带附件按机械工业部部颁标准规定。测定总功率时发动机仅带维持运转所必须的附件,如燃油输油泵、燃油喷射泵、分电器、水泵、增压器、中冷器以及风冷发动机的风扇,导风罩等,所得结果绘出的曲线称为总功率曲线;测定净功率时,发动机要带全部附件,即除上述附件外,还带有风扇、空气滤清器、散热器、消声器、发电机、空气压缩机等附件,所得结果绘出的曲线称为净功率曲线。显然,附件多,消耗的功率也多,净功率曲线的功率和转矩都要低于总功率曲线的值。发动机在装车使用时带有全部附件,因此,发动机在使用状态下输出的功率、转矩都和净功率的测定值一致。所以净功率曲线也称为使用外特性。

7. 非稳定工况对外特性的影响

发动机外特性是在各种稳定转速下测出的。汽车行驶时,驾驶员经常改变节气门开度来适应路面情况的变化,汽车车速和行驶阻力的不断变化必然引起发动机转速和负荷的相应变化。发动机的转速和负荷以及热力状态随时间而改变的工作状态称为不稳定工况,例如加速工况就与稳定工况不同。在节气门急速开大的过程中,某瞬时转速下的转矩和功率将小于外特性相应转速下的转矩和功率,这是由于加速时,气流的惯性使充气效率下降,燃油的惯性和黏度比空气大,而使混合气变稀,节气门开大后进气管内压力升高而温度仍然较低,导致雾化不良、燃烧缓慢等综合影响的结果。这种非稳定工况使汽车的实际加速能力低于按外特性数据计算的结果。

二、柴油机的速度特性

柴油机的速度特性是指当喷油泵油量调节机构(油门拉杆或齿条)位置固定不动,柴油机的性能指标(有效功率 P_e、有效转矩 M_e、有效燃料消耗率 g_e、每小时耗油量 G_T)随转速 n 变化的关系。测定速度特性时,喷油提前角、冷却液温、机油温度需先调至最佳值。

当油量调节机构固定在标定功率循环供油量位置的速度特性,称为柴油机的外特性(或标定功率速度特性),它表明柴油机可能达到的最高性能。

当油量调节机构固定在小于标定功率循环供油量的各位置时的速度特性,称为部分负荷速度特性。对于经常处于部分负荷下工作的车用柴油机,按规定要作负荷为标定功率的 90%、75%、50%、25% 的部分负荷速度特性。

速度特性曲线的横坐标为转速 n,纵坐标为有效功率 P_e、有效转矩 M_e、有效燃料消耗率 g_e、每小时耗油量 G_T。

1. 外特性曲线分析

车用柴油机标定功率速度特性如图 5-10 所示。

1) 有效转矩 M_e 曲线

M_e 与各影响因素的关系可定性地写成下式:

$$M_e = k_2' \eta_i \eta_m \Delta g \tag{5-10}$$

式中:M_e——有效转矩;

k_2——比例常数;

η_i——指示热效率;

η_m——机械效率;

Δg——每循环供油量。

图 5-10 柴油机的外特性曲线

即 M_e 随转速 n 的变化决定于 η_i、η_m、Δg 随转速的变化。M_e 的大小在很大程度上取决于 Δg 的大小,Δg 的大小也决定于过量空气系数 α 的大小。因此有必要先了解喷油泵速度特性。

喷油泵速度特性是指当喷油泵油量控制机构位置固定不变时,每循环供油量随转速变化的关系。常用的柱塞式喷油泵速度特性如图 5-11 所示。由图可见,每循环供油量随转速升高而增加,这是由于进、回油孔的节流作用而引起的。理论上当柱塞上端关闭进、回油孔时才开始压油。而实际上当柱塞上端面还未完全关闭油孔时,由于节流作用,被柱塞挤压的燃油来不及通过油孔流出,致使泵油室内压力升高,出油阀提早开启。同理,当供油终了,柱塞斜切槽边缘开启油孔通道还不足够大时,由于节流作用,泵油室中燃油不能立即流到低压系统中,仍维持较高压力,使出油阀延迟关闭。出油阀早开迟闭使流到高压管路的燃油量增多。而转速越高,节流作用越强,则供油开始得更早。结束得更迟,因此每循环供油量随转速升高而增加。

这种喷油泵速度特性不能满足汽车对柴油机转矩特性的要求。柴油机的负荷变化是靠改变供油量来实现的。为了充分利用进入汽缸的空气,获得尽可能大的转矩,以提高柴油机适应阻力变化的能力,理想的喷油泵速度特性曲线应与充气系数随转速变化的曲线形状相似。即在一定转速范围内,每循环供油量应随转速下降而增加,使各种转速下 α 基本相同。为此,必须在喷油泵内附设油量校正装置。最佳喷油泵速度特性如图5-12所示。

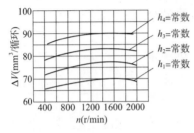

图5-11 柱塞式喷油泵速度特性

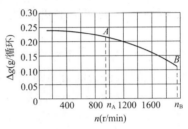

图5-12 最佳喷油泵速度特性

图5-13所示为指示热效率 η_i、机械效率 η_m、每循环供油量 Δg 随转速的变化关系。

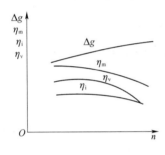

图5-13 柴油机的指示热效率 η_i、机械效率 η_m、每循环供油量 Δg 随转速 n 的变化规律

每循环供油量 Δg 随柴油机转速变化的情况由喷油泵的速度特性决定。在没有油量校正装置时,每循环供油量 Δg 随转速 n 的提高而逐渐增大。指示热效率 η_i 随转速的变化是在某一中间转速时稍有凸起,转速较高时,由于充气效率 η_v 下降和每循环供油量 Δg 上升,使过量空气系数 α 减小,燃烧过程所占曲轴转角可能加大,使 η_i 下降。转速较低时由于空气涡流减弱,燃烧不良及传热漏气损失增加,也使 η_i 下降,但 η_i 变化较平缓。

机械损失随转速升高而加大,因而机械效率 η_m 随转速上升而下降。综上所述,在没有油量校正装置的情况下,柴油机的 M_e 曲线变化较为平缓。这是因为柴油进气阻力较小,充气效率 η_v 随转速升高下降较缓慢。而且当转速升高时每循环供油量 Δg 增加,对机械效率 η_m、指示热效率 η_i 的下降有补偿作用。当转速降低时,每循环供油量 Δg 减小,空气利用性差。

柴油机的转矩储备系数较小,不加校正时为5%~10%。经校正可达15%~24%。需要指出的是,获得大的转矩储备系数是以牺牲标定功率为前提的,即减小了标定功率的供油量。

2)有效功率 P_e 曲线

有效功率 P_e 正比于 M_e 与 n 的乘积。由于 M_e 变化平缓,在一定转速范围内有效功率 P_e 几乎与转速 n 成正比例增长,近似于直线关系。

柴油机的最高转速由调速器限制。如果调速器失灵或调节杆被卡死,又突然卸去载荷时,柴油机会发生飞车事故。这时转速大幅度上升,排气冒黑烟,排气管烧红,严重时将使零件损坏。这是由于转速上升时,充气效率 η_v 下降较慢而每循环供油量 Δg 增加。

车用柴油机的标定功率受冒烟界限的限制。柴油机超过标定功率以后,燃烧恶化,指示

热效率 η_i、机械效率 η_m 下降，并且严重冒黑烟。

3) 有效燃料消耗率 g_e 曲线

柴油机外特性的有效燃料消耗率 g_e 曲线变化趋势与汽油机相似，也是一凹形曲线。综合指示热效率 η_i、机械效率 η_m 的影响，有效燃料消耗率在某一中间转速下达到最低值。转速较低时，机械效率的上升弥补不了指示热效率的下降，有效燃料消耗率稍有上升。转速较高时，机械效率、指示热效率同时下降也使有效燃料消耗率升高。但总的来说，柴油机的有效燃料消耗率曲线较平缓，因此柴油机在较宽的转速范围内经济性较好。由于柴油机的压缩比高，其最低耗油率比汽油机低 20%～30%。

2. 部分负荷速度特性

图 5-14 所示为车用柴油机部分负荷速度特性曲线，其中 t_r 为排气温度。当喷油泵油量调节机构固定在油量较小位置时，每循环供油量减少，Δg 随转速 n 变化的趋势由喷油泵速度特性决定，柴油机部分负荷速度特性的 M_e 曲线与外特性相似，但比外特性曲线低。

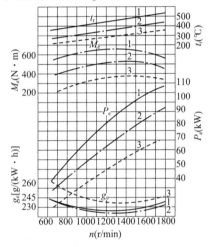

图 5-14 柴油机部分负荷速度特性曲线
1-90% 负荷；2-75% 负荷；3-55% 负荷

第四节 发动机调整特性

一、点火提前角调整特性

分析点火提前角调整特性可以得出在不同的点火提前角下，发动机的动力性和经济性的变化规律，从而确定汽油机的最佳点火提前角。此外，还可以检查点火提前角调节装置的工作是否正常。

试验时，汽油机的节气门保持在全开位置，发动机转速保持不变，而燃料供给系已调整适当，测定发动机的有效功率 P_e、有效燃料消耗率 g_e 随点火提前角变化的关系，即得出点火提前角调整特性，如图 5-15 所示。

由图可以看出，每小时燃料消耗量 G_T 在点火提前角改变时基本上保持不变，这是因为

G_T 主要决定于燃料供给系的调整、节气门的开度和发动机的转速，而与点火提前角的改变无关。

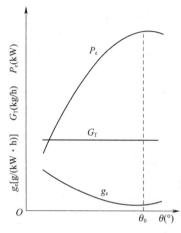

图 5-15　汽油机点火提前角调整特性

当点火提前角为 θ_0 时，由于燃烧比较及时，热量利用率较高，有效功率 P_e 达到最大值，而有效燃料消耗率 g_e 值最小，则称 θ_0 为最佳点火提前角。发动机的各工况都存在一个最佳点火提前角。当 $\theta < \theta_0$ 时，由于点火太迟，燃烧在汽缸容积不断增大的膨胀过程中还在进行，燃烧时间增长，缸壁的散热损失增加，排气温度较高，废气带走的热量损失也较多，使有效功率下降、有效燃料消耗率上升。当 $\theta > \theta_0$ 时，由于点火过早，大部分可燃混合气在压缩过程中燃烧，汽缸压力升高过早，而且最高压力增高，将使压缩过程消耗的压缩负功增大，也使有效功率减少、有效燃料消耗率增加。由此可知，在汽车实际使用中，应使汽油机在最佳点火提前角 θ_0 处工作。

上述点火提前角调整特性是在汽油机节气门全开和发动机转速保持恒定的工况下测定的。如果在试验时，保持节气门在全开的位置而依次改变发动机的转速，可以得出一系列不同转速工况下的点火提前角调整特性，如图 5-16 所示，从而显示出各种转速情况下最佳点火提前角的变化，作为检查离心式点火提前调节装置工作是否正常的依据。由图 5-16 可知，最佳点火提前角应随转速的升高而增大。

同上述方法类似，如在试验时保持发动机的转速不变而依次改变节气门的开度，也可以获得一系列不同节气门开度情况下的最佳点火提前角，作为检查真空式点火提前调节装置工作是否正常的依据。汽油机不同负荷时的点火提前角调整特性如图 5-17 所示，最佳点火提前角应随负荷增大而减小。

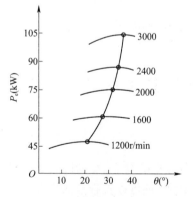

图 5-16　汽油机不同转速时的点火提前角调整特性

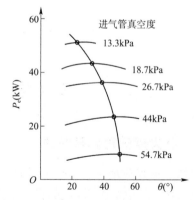

图 5-17　汽油机不同负荷时的点火提前角调整特性

目前在电控发动机中，对点火提前角的调整是通过电控点火系统来实现的。

二、喷油提前角调整特性

研究喷油提前角调整特性的目的是为了显示在各种不同的喷油提前角工况下，柴油机的动力性和经济性的变化规律，从而可以找出最佳的喷油提前角。此外，还可以检查喷油提前角自动调整装置的工作是否正常。

在柴油机转速和喷油泵油量调节机构位置不变的条件下,柴油机的有效功率 P_e、有效燃料消耗率 g_e 随喷油提前角变化的关系,称为喷油提前角调整特性,如图5-18所示。

从图5-18中可以看出:由于在进行喷油提前角调整特性测定时,柴油机的喷油泵油量调节机构的位置不变、柴油机的转速保持恒定,所以,G_T 值为常数,喷油提前角的改变对 G_T 不产生影响。

由喷油提前角调整特性可知,对于每一种工况,均有一最佳喷油提前角 θ_0,此时,有效功率 P_e 最大,有效燃料消耗率 g_e 最小。在喷油提前角调整特性中,对应最大有效功率、最小有效燃料消耗率的喷油提前角值,就是最佳喷油提前角 θ_0。喷油提前角 $\theta > \theta_0$ 时,由于燃料喷入汽缸时,缸内的压力和温度都不高,燃料着火之前的物理和化学准备的条件较差,着火延迟期延长,导致速燃期的压力升高率增大、柴油机工作粗暴,使发动机功率下降和燃料消耗率增加。喷油提前角 $\theta < \theta_0$ 时,燃烧延至膨胀过程中进行,因而使压力升高率降低,最高燃烧压力下降,排气温度升高,发动机的散热损失增加,热效率显著下降,也使有效功率降低和有效燃料消耗率增加。

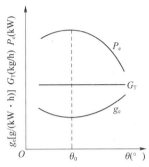

图5-18 柴油机喷油提前角调整特性

上述喷油提前角调整特性是在喷油泵油量调节机构的位置固定在标定功率循环供油量位置时,转速为标定转速的工况下测定的。如果在各种不同的转速下,喷油泵油量调节机构的位置仍固定在标定功率循环供油量的位置下测定,就可以获得一系列不同转速情况下的喷油提前角调整特性。从而显示出在各种转速工况下最佳喷油提前角的变化,以便检查喷油提前角自动调整装置的工作是否正常。一般当转速升高时,各类柴油机的最佳喷油提前角有不同程度的增大。车用柴油机工作时转速经常变化,为了使喷油提前角能随转速而变,常装有离心式喷油角提前器。采用柴油机电控技术,能根据柴油机转速和负荷的变化,及时并准确地控制喷油提前角,从而使柴油机的性能能达到最佳。

第五节 柴油机调速特性

一、柴油机上装调速器的必要性

比较汽油机与柴油机全负荷时的速度特性可知,柴油机的有效转矩 M_e 曲线随转速变化比汽油机平缓,转矩储备系数低。又由喷油泵速度特性已知,转速升高,每循环供油量 Δg 增加,转速下降,每循环供油量 Δg 减少。因此,外界阻力矩的少量变化,就会引起柴油机转速的较大变化。汽车的行驶阻力是经常变化的,而且偶尔会出现较大幅度变化的情况,如突然卸去负荷时。

当柴油机突然卸去负荷时,由于转矩曲线平坦,其转速将有较大的升高,导致循环供油量增加,反过来又促使转速进一步升高,柴油机将突然加速,转速大幅度上升,甚至超过允许限度而出现飞车事故。而且柴油机的运动零件较为笨重,超速时会产生很大的惯性力,严重时可能引起零件损坏。因此,柴油机上必须有防止超速的装置。

车用柴油机经常在怠速工况运转,如短暂停车、起动暖车等。如果发动机怠速运转不稳定,容易熄火,会给驾驶员带来很大麻烦。怠速时混合气燃烧放出的能量全部用于克服发动机自身运转的机械损失,故怠速运转的稳定性决定于平均指示压力 p_i 与平均机械损失压力 p_m 的关系。一般来说,转速增加时,p_m 略有增加。由喷油泵速度特性所决定,在转速增加时,喷油泵即使在最小的供油位置,循环供油量也略有增加,使 p_i 也随之略有增加。因此,当 p_m 或 p_i 略有变化,都会引起转速很大波动,使柴油机怠速不稳。因此,柴油机必须有保证怠速稳定的装置。

总之,由于柴油机速度特性的转矩曲线平坦,适应性较差,为了保证柴油机的工作稳定性,防止怠速熄火和高速飞车现象,柴油机必须装有调速器。调速器可根据负荷的变化,自动调节喷油泵的供油量,使柴油机在一定转速范围内稳定运转。

调速器有两极式和全程式两种,车用柴油机一般装用两极式调速器。它用来自动保持柴油机怠速运转的稳定性,并限制柴油机的最高转速,中间转速由驾驶员通过加速踏板来控制。在矿区、林区、大型建筑工地使用的车辆,遇到的行驶阻力变化很大,这种车辆常采用全程式调速器。全程式调速器在最低转速至最高转速范围内,能自动保证柴油机在驾驶员选定的任何转速下运转稳定。

二、调速特性

在调速器起作用时,柴油机的主要性能指标随转速或负荷的变化规律,称为调速特性。调速特性与全负荷速度特性有密切联系,经常将它们作在一张图上。车用柴油机在进行调速特性试验时,应同时测出速度特性曲线。

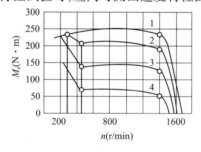

图 5-19 装有两极式调速器的柴油机调速特性
1-外特性;2、3、4-部分负荷速度特性

1. 两极式调速器的调速特性

柴油机带两极式调速器的调速特性如图 5-19 所示。由于两极式调速器只在最低转速和最高转速时起作用,所以,只有在最低转速和最高转速附近,在调速器的作用下柴油机的转矩曲线产生急剧的变化,而在中间转速,调速器不起作用,转矩曲线按速度特性变化。

假如柴油机沿部分特性 3 工作,外界阻力矩增加时,发动机转速将会降低,发动机转矩沿曲线 3 变化而略有增加。若发动机转矩仍小于外界阻力矩,发动机转速会继续降低,若转速降至低于怠速转速,调速器的怠速弹簧起作用,使循环供油量增加,转矩曲线上升,与外界阻力矩达到一个新的平衡,发动机转速低于增加负荷前的转速,避免了柴油机熄火。

沿部分特性 3 工作时,若外界阻力矩减小,柴油机转速超过标定转速时,调速器自动起作用,使循环供油量减少,发动机转矩曲线迅速降低,和外界阻力矩达到一个新的平衡,柴油机转速略高于外界阻力减小前的转速,防止了高速飞车现象。

2. 全程式调速器的调速特性

柴油机带全程式调速器时的调速特性如图 5-20 所示。由于全程式调速器在怠速至标定转速范围内都起作用,所以,对应于调速手柄的每一个位置,均可得到对应于不同转速的调速特性曲线。每一条特性曲线的转速变化范围不大，负荷可以由零变化到全负荷速度特性。

调速器手柄的位置一定，调速弹簧便具有一定的预紧力。负荷变化时，调速器起作用，保证柴油机在转速近乎不变的情况下稳定运转时，例如，柴油机在某一工况下稳定运转时，如果外界阻力矩增加，则转速下降，调速器使循环供油量增加，柴油机转矩便沿某一条调速特性曲线迅速增加，直至与外界阻力矩平衡，而转速变化不大。如果外界阻力矩减小，则使循环供油量减少，柴油机转矩沿某一调速特性曲线迅速减小，直至与外界阻力矩达到新的平衡为止。

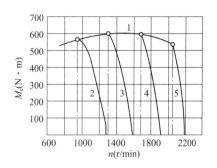

图 5-20 装有全程式调速器的柴油机调速特性
1-外特性；2、3、4、5-部分负荷速度特性

综上所述，由于调速器的作用，柴油机的转矩曲线形状得到改善，在转速微小的变化范围内，转矩曲线可以急剧变化，对外界阻力矩的较大变化，有较好的适应性。如果需要改变柴油机的转速，只要改变加速踏板的位置，从而改变调速弹簧的预紧力即可实现柴油机在任一选定的转速下稳定运转。

三、调速率

对应于一定的调速手柄位置，在一定的转速下，调速器的推力盘只有一个确定的位置。在柴油机负荷变化时，调速器起作用前后的转速有一定的差值。通常用稳定调速率评定调速器作用的好坏。稳定调速率试验是当柴油机在标定工况下工作时，突然卸去全部负荷，测定突变负荷前后的转速，于是稳定调速率 δ 为：

$$\delta = \frac{n_2 - n_1}{n} \tag{5-11}$$

式中：n_1——突变负荷前的转速；

n_2——突变负荷后的稳定转速；

n——标定转速。

稳定调速率表明，在标定工况时，空车转速相对于全负荷转速的波动范围。车用柴油机 $\delta \leq 10\%$。

第六节 发动机万有特性

由于发动机的负荷特性和速度特性只能表示在某一确定转速或某一确定节气门开度（或节气门拉杆位置）下运行时发动机的性能变化规律。而汽车发动机经常在变速、变负荷下工作，工况范围比较广，为了全面评价发动机在所有使用工况内的性能，还需作多参数的特性试验即万有特性试验。通过万有特性曲线，可以查出发动机任何工况下的性能指标。

万有特性就是在一张图上用多参数的特性曲线较全面地表示发动机的性能。通常横坐标是发动机转速 n，纵坐标可以表示转矩 M_e 或平均有效压力 p_e，图上表示出若干条等耗油率 g_e 曲线和等功率曲线，根据需要还可给出等排气温度 t_r 曲线等，如图 5-21 所示。

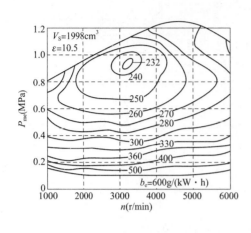

a) 2.0L 辆汽油机万有特性 　　　　b) 1.9L 辆柴油机万有特性

图 5-21　典型的万有特性曲线

一、万有特性曲线的作图方法

等燃油消耗率曲线，可以根据各种转速下的负荷特性曲线用作图法得到。具体方法如图 5-22 所示。

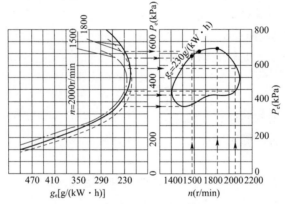

图 5-22　万有特性曲线的作图方法

（1）将不同转速下的负荷特性以 p_e 为横坐标、g_e 为纵坐标，用同一比例尺画在一张坐标图上。

（2）在万有特性图的横坐标轴上以一定比例标出转速数值。而纵坐标 p_e 比例应与负荷特性 p_e 比例相同。

（3）将负荷特性图逆转 90°放在万有特性图左方，并将不同转速的负荷特性曲线与某燃油消耗率的各交点移至万有特性图中的相应转速坐标上，标上记号，再将 g_e 值相等的各点连成光滑曲线，即等燃料消耗率曲线。各条等燃油消耗率曲线是不能相交的。

等功率曲线根据 $P_e = \dfrac{p_e V_h i n}{120\tau} = K p_e n$ 作出，K 为比例常数。在万有特性曲线图中，等功率 P_e 曲线为一组双曲线。将外特性曲线中的功率曲线画在万有特性图上，就构成上边界线。

二、万有特性的特点

根据发动机的万有特性,可以清晰地看出发动机在任何转速与负荷运行时的经济性,从而找到发动机最佳的运行工况。

在万有特性图上,最内层的等耗油率曲线相当于发动机运转的最经济区域,曲线越向外,经济性越差。等耗油率曲线的形状及分布情况对发动机的使用经济性有重要影响。若等耗油率曲线在横坐标方向较大,则表明发动机在转速变化较大而负荷变化较小的情况下工作时,燃油消耗率变化较小,经济性好;对于车用发动机希望经济区最好在万有特性的中间位置使常用转速和负荷落在最经济区域内,并希望等g_e曲线沿横坐标方向长些。若在纵坐标方向较长,则表示发动机在负荷变化较大而转速变化范围不大的情况下工作时,燃料消耗率较小。

1. 汽油机万有特性的特点

由图5-21a)可以看出汽油机万有特性具有以下的特点:

(1) 最低耗油率偏高,并且经济区域偏小。

(2) 等耗油率曲线在低速区向大负荷收敛,这说明汽油机在低速、低负荷的耗油率随负荷的减小而急剧增大,在实际使用中,应尽量避免出现这种情况。

(3) 汽油机的等功率线随转速升高而斜穿等耗油率线,转速越高耗油量越大。因此,在实际使用中,当汽车等功率运行时,驾驶员应尽量使用高速挡,以便节油。

2. 柴油机万有特性的特点

由图5-21b)可以看出柴油机万有特性具有以下的特点:

(1) 最低耗油率偏低,并且经济区域较宽。

(2) 等耗油率曲线在高、低速均不收敛,变化比较平坦。

(3) 相对汽车变速工况的适应性好。

实际上,若单纯从燃油经济性出发选择汽车动力,柴油机与汽油机相比有明显的优势。当然,实际选择时不可能只考虑这一个因素。另外,无论是汽油机还是柴油机,都希望尽可能提高负荷利用率,使其经常在接近最经济的80%~90%负荷率工作,这一点对汽油机尤为重要,它已经成为改善发动机燃油经济性,降低实际使用油耗的一个极为重要的原则。

三、万有特性的应用

万有特性曲线常用于以下几个方面:

(1) 可以根据被动的工作机械的转速和负荷的运转规律的特性曲线,选配特性曲线与其相近或者相似的发动机。

(2) 根据等转矩、等排气温度、等最高爆发压力曲线,即可以准确地确定发动机最高、最低允许使用的负荷限制线。

(3) 利用万有特性可以检查发动机的工作状态是否超负荷,工作是否正常。

实际工作中,通过对万有特性曲线的分析,可以了解发动机的万有特性是否满足使用要求,否则,应重新选择发动机,或对发动机进行适当调整以改变其万有特性。

第六章 发动机性能试验

在发动机的研究、设计、制造过程中,发动机性能试验是一个必不可少的重要环节。同时也是考核发动机的动力性、经济性和工作可靠性以及检查整机和零部件的制造质量、可靠性和耐磨性等不可缺少的手段。为了能严格控制试验条件并按国家标准规定进行测试,模拟发动机在实际使用条件下的各种工况,发动机试验通常都在试验台架上进行。

本章主要介绍发动机试验的分类,试验的条件和方法,功率与燃油消耗量的测量,台架试验等内容。

第一节 发动机试验的分类与试验项目及标准

一、发动机试验的分类

汽车发动机试验一般可分为常规试验和单项专题性研究试验两大类。常规试验又分为性能试验和可靠性试验。根据对象的不同,发动机的常规试验又可分为定型、验收、抽查和出厂试验四种类型。

定型试验是指凡是新产品,改进、变形产品,转厂生产的产品,为检验发动机的性能指标是否达到设计或改进的要求,对其可靠性、耐久性作出评价所进行的试验。

验收试验是为检验产品是否符合合同和有关技术文件所规定的技术要求而进行的试验。它可与抽查试验结合进行。

抽查试验是指成批或大量生产的发动机应根据批量的大小,抽取一定数量的产品进行性能试验和功能检查。必要时,同时进行可靠性、耐久性试验,以考核发动机制造质量的稳定性。

出厂试验是为保证产品质量,每台发动机出厂前在台架上进行主要性能的试验,以检查产品质量是否符合要求。

性能试验是在试验台架上对发动机进行全面的性能测定,以考察其动力性、经济性及其他重要性能等性能指标是否达到要求。

可靠性试验适用于新设计或经重大改进的发动机定型试验、转厂生产的发动机验证试验。此类发动机的试验除进行一般的性能试验外,还要在试验台架上进行可靠性试验,其目的是在台架上使发动机受到较大的实际交变机械负荷及热负荷,并提高单位时间内的交变次数,以在较短的时间内考验发动机的可靠性。

单项专题性研究试验是为了研究改进发动机的性能所做的专题试验,新理论的探讨、新结构型式的确定、新测试方法的论证及新材料新工艺的应用等都必须通过单项专题性试验予以证实、认定以便推广应用。

在常规试验和单项专题性研究试验两大类型的试验中,常规试验必须按照国家颁布的各种发动机试验规范进行;而单项专题性研究试验可以参照国家标准自行拟定试验规范和方法,不完全按国家统一标准进行。

二、发动机性能试验项目

发动机性能试验项目及试验时所带附件要求见表6-1和表6-2。

发动机性能试验项目　　　　　　　　　　表6-1

试验项目	试验类型		
	定型	验证	抽查
一般性起动试验	△	△	—
柴油机怠速试验	△	△	△
汽油机怠速试验	△	△	△
总功率试验	△	△	△
净功率试验	△	△	△
负荷特性试验	△	△	△
万有特性试验	△	△	—
柴油机调速特性试验	△	△	△
机械损失功率试验	△	△	△
各缸工作均匀性试验	△	△	—
机油消耗量试验	△	△	△
活塞漏气量试验	△	△	△

注:△表示应进行的试验项目。

三、发动机试验的有关标准

目前,根据各种内燃机的用途和使用条件,世界各国都制定了相应的试验标准,用于考核和评价内燃机主要性能指标和设计参数的合理性。国际内燃机会议(CIMAC)和国际标准化组织(ISO)所制定的若干条内燃机试验规范和标准,拟为各会员国统一执行的标准。世界各国通常按内燃机的种类和用途还制定了各自的国家标准。

我国于1974年制定了适用于一般用途的往复活塞式内燃机(汽油机、柴油机)的《内燃机台架试验方法》(GB 1105—1974),它包括三种试验,即性能试验、耐久性和可靠性试验、出厂试验和定期抽查试验的标准。由于它对内燃机的种类和用途的针对性不强,因此,1980年起,我国又分别制定了汽车、工程机械、拖拉机、船舶、内燃机车等不同用途内燃机的试验方法和国家标准(或部颁标准),我国制定的内燃机和发动机的试验标准有:1987年制定颁布的《内燃机台架性能试验方法 试验方法》(GB 1105.2—1987),《内燃机台架性能试验方法 测量技术》(GB 1105.3—1987),国家汽车行业标准《汽车发动机性能试验方法》(QC/T 524—1999),《汽车发动机可靠性试验方法》(QC/T 525—1999),《汽车发动机定型试验规程》(QC/T526—1999),其中对性能试验、可靠性试验和现生产的发动机抽查试验等有关事项,如功率标定、性能试验项目、可靠性耐久性试验规范、出厂试验内容、测试设备方法和精度等都做了较详细的规定。进入20世纪90年代以后,由于汽车排放控制标准相继发布,且限制日趋严格,电子控制

表6-2 发动机在进行各项试验时所带附件

序号	附件名称	起动试验	急速试验	功率试验 总功率	功率试验 净功率	负荷特性试验	万有特性试验	压燃机调速特性试验	机械损失功率试验	各缸工作均匀性试验	机油消耗量试验	活塞漏气量试验
1	进气部分:											
	空气滤清器,进气消声器及连接管道	△	△	○	△	△	△	○	×	△	△	○
	进气,混合气预热	△	×	○	○	△	△	×	○	△	△	△
	曲轴箱;通风装置	○	○	△	△	△	○	×	○	○	○	×
	燃油蒸发排放控制装置	△	△	○	○	○	○	×	○	○	○	×
2	排气部分:											
	试验室排气系	×	×	×	△	△	×	△	△	×	×	△
	排气连接管道,消声器及尾管	△	△	×	×	×	△	△	△	△	×	△
	排气再循环装置	○	○	△	△	△	△	△	△	△	△	△
	二次空气	○	△	△	△	△	△	×	△	△	△	×
	催化转化器	△	△	×	×	×	△	×	△	△	×	×
3	冷却部分:											
	水冷机散热器,护风罩及风扇	△	△	△	△	△	△	×	×	×	×	×
	节温器	△	△	×	×	×	×	×	×	×	×	×
4	电子、电器部分:											
	发电机,调压器及蓄电池	△	△	△	△	△	△	△	×	○	×	○
	发动机电控制系统	△	△	△	△	△	△	△	○	△	△	△
5	传动部分:											
	变速器	△	△	×	×	×	×	×	×	×	×	×

注:1. 符号说明:× ——不应带的附件,若因拆卸不便则固定于不起作用的部位上;
△ ——应带的附件;
○ ——可带可不带的附件,柴油机可不带蓄电池,汽油机所带蓄电池应处于足电状态。

2. 电器部分:发电机可不带蓄电池,汽油机所带蓄电池应处于足电状态。

的发动机及燃气发动机已在国内投产,从而对发动机性能试验方法提出了许多新的要求,我国在吸收了《汽车发动机性能试验方法》(QC/T 524—1999)长期的使用经验,并参考了《汽车发动机可靠性试验方法》(QC/T 525—1999),重新制定了《汽车发动机性能试验方法》(GB/T 18297—2001)及《汽车发动机可靠性试验方法》(GB/T 19055—2003)等。

1. 《汽车发动机性能试验方法》(GB/T 18297—2001)

本标准规定了汽车发动机在台架上所进行的动力性、经济性及其他主要性能的试验方法。凡新设计或重大改进的发动机定型试验、转厂生产的发动机验收试验以及现生产的发动机抽查试验等均按本标准规定的方法进行。

标准规定了 11 项性能试验方法,即一般性起动试验、柴油机怠速试验、汽油机怠速试验、功率试验、负荷特性试验、万有特性试验、柴油机调速特性试验、机械损失功率试验、各缸工作均匀性试验、机油消耗量试验、活塞漏气量试验等方法。

其中还规定了对仪表精度及测量部位的要求、试验数据的计算、对试验一般条件的控制、试验时发动机所带的附件及试验报告等内容。

2. 《汽车发动机可靠性试验方法》(GB/T 19055—2003)

本标准规定了汽车发动机在台架上进行可靠性试验的基本方法。凡新设计或重大改进的发动机定型试验、转厂生产的发动机验证试验等均按本标准的方法进行。

试验的目的是在台架上使发动机受到较大的实际交变机械负荷和热负荷,并提高单位时间内的交变次数,以在较短的时间内考验发动机的可靠性。

本标准规定了试验条件、试验程序、可靠性试验方法、测量项目及数据整理、考核及评定项目等内容。

3. 《汽车发动机定型试验规程》(QC/T 526—2013)

本标准与《汽车发动机性能试验方法》(GB/T 18297—2001)、《汽车发动机可靠性试验方法》(GB/T 19055—2003)属于同一系列标准,是汽车发动机试验方法和规程的重要组成部分。本规程规定了新设计汽车发动机(基本型)和发动机系族,或重大改进的发动机进行定型试验时所应遵循的试验规程,包括定型试验的实施条件、试验项目、试验程序、试验评定和报告内容。凡新设计或重大改进的汽车发动机定型或发动机型式认证均可按本标准规定的试验规程进行定型试验。

依据本标准所作的发动机定型试验文件可作为申报国家公告时有关发动机产品的技术资料,也可作为发动机制造厂与整车制造厂配套的技术依据。

第二节　发动机试验设备

一、试验台架装置

发动机在试验台上进行的试验称为台架试验。试验台要保证试验条件达到标准要求,并能迅速、准确测录发动机各项工作参数。

图 6-1 为典型的发动机试验台架装置简图,它主要包括以下几部分。

1. 试验台架

试验台架由基础、底板和支架组成。由于发动机试验时会产生较大的振动和旋转力矩,所以试验台是将待测的发动机与测功器用联轴器连接后,固定于坚实、防震的混凝土基础上,基础振幅不得大于 0.05~0.10mm,为保证发动机能迅速拆装和对中,安装发动机的铸铁支架和前后底板常做成可调节高度和位置的形式。

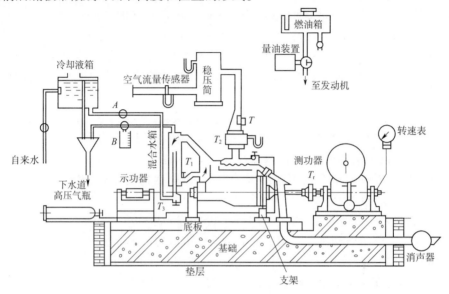

图 6-1 典型的发动机试验台架装置简图

2. 辅助系统

为了保证发动机工作时水温恒定,必须有专门可调水量的冷却系统。燃料应由专用油箱,通过油量测量装置供给内燃机的燃料供给系统。又如内燃机排出的是高温有毒气体,排气噪声又是主要噪声源,故实验室内须有特殊通风装置,废气要经消音地坑排出。

辅助系统涵盖了各种检测仪器,包括冷却液温度传感器、机油温度传感器、机油压力传感器、排气温度指示器、室内温度传感器、湿度传感器、气压传感器等。

3. 测量仪器、仪表及操纵台

测量仪器、仪表及操纵台主要包括示功器、空气流量传感器、冷却液流量传感器、废气分析仪、烟度传感器、声级传感器、测振仪等。

随着内燃机研究工作的深入和发展,对实验设备和手段提出了更高要求,目前发动机台架试验越来越多地采用了测试精度高;测量和记录速度快;能同时测量与储存大量数据;并能对数据进行处理和分析的自动控制系统,如 AVL 公司的 PUMA 系统、申克公司的 X-MOT 系统、西门子公司的 CATS 系统都是产品化的计算机控制的测试系统,这些系统对试验台架进行控制和数据采集,同时也将相关数据传送给用户网络系统的上位计算机系统,自动完成主要参数监控、试验结果显示、曲线拟合、测量点配置等工作,提高了测量的精度和速度。

过去,在稳定工况,现代化的内燃机试验台架的计算机数字控制系统已实现了相当精确的运行特性的协调,但是在不稳定工况,其潜能还没有完全被利用,从而制约了对内燃机动态特性的研究。随着计算机技术的发展,从 20 世纪 80 年代后期起,国外一些内燃机测试设备制造公司通过研究和开发,研制成了带有高精度自动控制系统的内燃机动态试验台架,如德国申克公司 DYNAS-DC 系统、奥地利 AVL 公司 PUMA-ISAC 系列、德国西门子公司的

CATS系列。这些计算机控制的动态试验台架各个系统组成部分都具有足够高的响应速度和很小的非线性失真,可模拟汽车行驶时内燃机所处的动态工况,并对各种参数进行测量,利用计算机程序对内燃机进行预置设计方案的运转控制,同时,把与汽车道路试验相同的负荷加载到内燃机上,可直接在试验台架上进行数据处理或通过网络向上位计算机传送试验数据。这样一来,就可以在没有整车的情况下,对汽车的传动系统进行优化匹配或当确定了汽车传动系和汽车主要的、相关的技术参数后,对被选用的内燃机进行性能匹配和优化,或选用更为合适的内燃机。

由于内燃机台架试验需测定的参数较多,故使用的仪器设备也较多,现仅介绍测定功率所必需的主要设备——测功器。

二、测功器

测功器用来吸收试验发动机的输出功率,调整其负荷及转速,模拟使用工况,满足试验标准中的试验项目要求。

常用测功器有水力测功器、平衡式电力测功器和电涡流测功器三种。

1. 水力测功器

水力测功器是利用各种形式的转动部件在壳体内的水中转动,通过水的摩擦与撞击而制动消耗能量。根据其结构特点可分为柱销式(容克斯式)、圆盘式、旋涡式等。其控制转矩特性为:

$$M_T = \frac{1}{2} C_f \rho n^2 D^3 \tag{6-1}$$

式中:C_f——阻力系数;

ρ——液体(水)的密度;

n——转速;

D——回转部分代表直径。

不同结构的水力测功器阻力系数 C_f 和代表直径 D 均不相同。

现以SL20型水力测功器为例,说明其结构、工作原理及其特性。

1) SL20型水力测功器的结构

SL20型水力测功器主要由机体、测力机构、进排水部件、电动排水阀、自动调节装置、润滑部件等组成,其外形示意图如图6-2所示。

(1)机体。

机体是测功器利用水来吸收发动机有效转矩的重要部件,如图6-3所示。发动机输出的机械能在机体转化为热能,并由进入壳体中的水吸收而被带走,极少部分则由测功器外壳壁散热给空气。

机体是由一架于滚动轴承上可摆动的外壳和架于主轴上的转子所组成。测功器转子安装于主轴中间,左右侧壳及左右轴承外壳分别对称安装于转子两侧,转子凹坑与左右侧壳凹坑形成工作腔。外壳与左右轴承外壳连接的双金属轴套既起到轴承作用,还起到了封水作用。

外壳上开有排水孔,左右轴承外壳开有进水孔,以保证低温水的进入与高温水的排出。左右轴承外壳都有溢水管,甩水圈甩出的水经溢水管进入底座后排出。

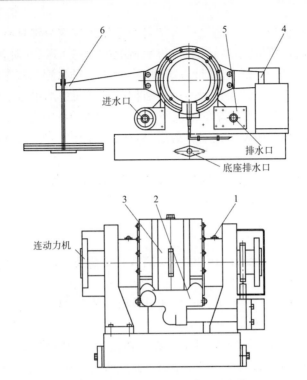

图 6-2 SL20 型水力测功器外形示意图

1-润滑部；2-进水部件；3-机体部件；4-测力机构件；5-电动排水阀部件；6-校正部件

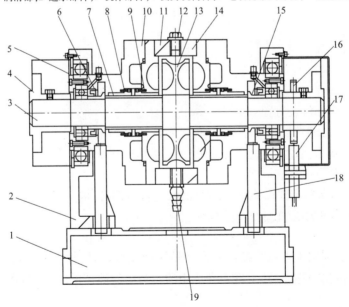

图 6-3 SL20 型水力测功器机体结构示意图

1-底座；2-左右轴承座；3-主轴部件；4-联轴节；5-轴承压板；6-骨架油封；7-轴套；8、9-双金属轴承；10-左轴承外壳；11-左右侧壳；12-螺塞；13-转子；14-外壳；15-封水圈；16-测速齿轮；17-转速传感器；18-溢水管；19-旋塞

主轴两端锥部安装有联轴节，其中一侧装有测速齿轮，通过测速传感器，主轴转速可在数字显示表上显示。

(2)测力机构。

测力机构用于测定制动力,如图6-4所示。测力机构主要由动力臂、拉压力传感器和活节螺栓等组成。机体所产生的制动力矩与制动臂上拉压力传感器的反力矩相平衡,由电子数字显示仪器显示制动力矩的大小。工作过程中为保护传感器,在一端活节螺栓处加装有尼龙圈或橡胶圈,起到缓冲作用。同时为防止运输过程中传感器受振动后而损坏,设有支撑杆固定保护装置,在使用中须松开固定传感器的螺栓,把活动板拉向一侧,无活动板的只要旋去螺栓即可。

(3)进、排水部件。

进、排水部件由进水部件与排水部件组成,主要用于测功器工作时低温水的进入与高温水的排出,如图6-5所示。

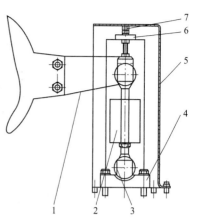

图6-4 SL20型水力测功器测力机构示意图
1-动力臂;2-拉压力传感器;3-活节螺栓;4-支承座;5-保护罩;6-活动板;7-螺栓

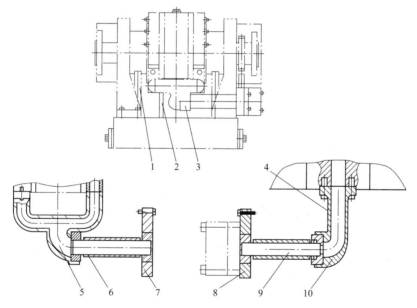

图6-5 SL20型水力测功器进排水部件示意图
1-溢水管;2-透气管;3-进水部件(包括弯管、管道、支架);4-排水部件(包括支架、管道、弯头);5-弯管;6-管道;7-支架;8-支架;9-管道;10-弯头

SL20型水力测功器的进水部件由支架、管道、弯管组成,弯管与机体外壳用左右轴承连接形成测功器的进水管路。

排水部件由支架、管道、弯头组成。弯头与外壳连接形成测功器的排水管路,机体部件中甩水圈甩出的水经溢水管流入底座后排出。

(4)校正部件(静校部件)。

校正部件用于测功器静校,如图6-6所示。它主要由校正臂、吊勾、吊杆、托盘及砝码等组成。

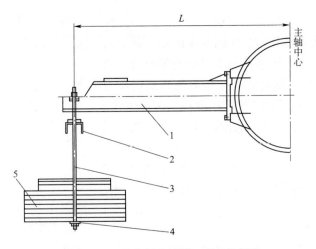

图 6-6　SL20 型水力测功器校正部件示意图

1-校正臂；2-吊勾部件；3-吊杆；4-托盘；5-砝码；L-测功器主轴中心到静校臂三角刀口距离

（5）电动排水阀部件。

电动排水阀部件主要由壳体、力矩电机、行星齿轮副、蝶阀、电位器等组成，用来自动控制排水阀的阀片开度位置，调整测功器的内腔压力，使水环厚度随之产生变化而改变工况，从而改变吸收负荷的大小，如图 6-7 所示。电动排水阀附件与电控柜配套，可实现隔室操纵阀门开度。

（6）自动调节装置。

自动调节装置是通过排水执行器来控制排水蝶阀的阀片开度位置，通过调整测功器内腔压力来改变吸收负荷的大小，如图 6-8 所示。其主要由排水执行器、排水蝶阀、支承板、齿轮副等组成。

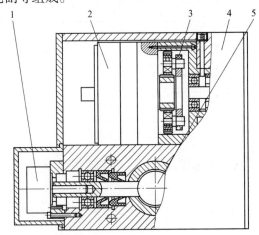

图 6-7　电动排水阀示意图

1-电位器；2-力矩电机；3-行星副；4-壳体；5-蝶阀

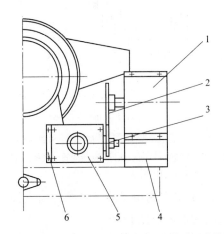

图 6-8　SL20 型水力测功器自动调节装置示意图

1-排水执行器；2、3-齿轮副；4-角铁；5-排水蝶阀；6-支撑板

（7）润滑部件。

润滑部件主要用于测功器滚动轴承的润滑。SL20 型水力测功器润滑部件均采用脂润

滑,其润滑位置如图6-3所示。可用压力加油器(油轮)直接加注 ZL45—2 锂基润滑脂。

2) SL20 型水力测功器的工作原理

发动机通过联轴节带动测功器主轴上的转子组件同步旋转,搅动了工作腔的水。由于转子旋转所产生离心力及转子凹坑的作用,水在侧壳与转子凹坑之间产生强烈的水涡流,它给外壳施加一定的转动力矩,使发动机的转矩由转子传给外壳,装在外壳壳体上的动力臂将随之转动一定角度,从而将制动力矩传给与制动臂连接的拉压力传感器,通过电子数显装置显示其制动力矩的大小。

测功器通过电动排水阀控制蝶阀开度,或通过自动调节装置控制排水执行器,由排水执行器控制蝶阀开度,以改变测功器工作腔内水的压力大小,从而改变吸收功率的大小。同时测功器的转速可由转速传感器测得,并在电子显示仪器上显示。

由于 SL20 型测功器是压力控制式水力测功器,又是通过改变蝶阀开度来调整工作腔压力,整个过程必须是自动闭环控制系统,故压力式测功器必须配备具有自动控制功能的电控柜才能运行。

3) 特性曲线

SL20 型水力测功器的应用范围,可以从它的特性曲线上(图6-9)看出。特性曲线表示了测功器在不同转速下所能吸收的功率范围。

OA 曲线表示测功器在一定的进水压力下,随着转速的变化所能吸收的最大功率线。AB 直线表示保持测功转矩为最大值时,随着转速的变化,测功器所能吸收的最大功率线。AC 直线与 BC 直线表示不超过测功器最大容许的排水温度时,测功器所能吸收的最大功率限制线。CD 直线为测功器最高转速限制线。OD 曲线为测功器不充水时的制动功率线(空气摩擦阻力)。

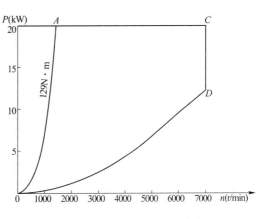

图6-9 SL20 型水力测功器特性曲线

曲线图形 $OACDO$ 所包围的区域表示了该型水力测功器所能吸收的功率范围,这也是发动机性能试验时选用测功器的依据。凡发动机的特性在曲线图形所包围的范围内,一般均能在该型水力测功器上进行特性试验。

水力测功器具有结构简单、工作可靠、体积小且价格较低等优点,但不能反拖发动机,在我国应用较广泛。

2. 平衡式电力测功器

平衡式电力测功器由平衡电机、测力机构、负载电阻、激磁机组、交流机组和操纵台所组成。

平衡电力测功器的结构如图6-10所示。直流电机的转子1由发动机带动,在外壳——定子磁场中旋转,则转子线圈切割磁力线而产生感应电流,此感应电流的磁场与定子磁场相互作用而产生方向相反的电磁力矩。定子外壳受到的电磁力矩与转子旋转方向相同,大小与发动机加于转子的转矩相等。定子外壳浮动地支撑在轴承上,其上有杠杆与测力机构相连(图中未画出),依靠外壳摆动角的大小来指示测力机构读数。平衡电机发电可输入电网,也可将电能消耗于负载电阻上。在一定转速下,改变定子磁场强度及负载电阻即可调节负荷大小。平衡电机在吸收内燃机功率时即作为发电机运行,加一换向机构作电动机运行时则可拖动内燃机,从而测量内燃机的摩擦功率和机械损失,还可用于起动和磨合。

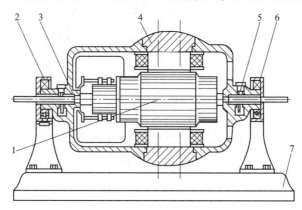

图 6-10　平衡式电力测功器的结构
1-转子;2、6-滚动轴承;3、5-滑动轴承;4-定子外壳;7-基座

交流机组由交流异步电机和直流电机组成,当平衡电机作发电机运行时,其发出的直流电由交流机组变成三相交流电输入电网。当其作电动机运行时,交流机组又把三相交流电变为直流电送入平衡电机的电枢中。

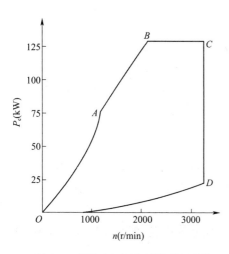

图 6-11　平衡式电力测功器的特性曲线

激磁机组是小型交流机组,它供给平衡电机及交流机组激磁电流以产生磁场。平衡式电力测功器虽机构较复杂,价格高,但它可以反拖内燃机,回收电能,工作灵敏,测量精度高,因而得到广泛应用。图 6-11 所示为平衡式电力测功器的特性曲线。

3. 电涡流测功器

电涡流测功器是利用涡电流效应将被试发动机的机械能转变为电能,继而又转为热能的过程。图 6-12 为 DW 系列电涡流测功器结构简图,它由制动器、测力机构及控制柜组成。

电涡流测功器的工作原理如图 6-13 所示,转子 4 为圆周上加工有齿槽的钢齿轮,定子包括铁壳 1、涡流环 3、励磁线圈 2。当由外界直流电源供给的电流通过励磁线圈时,即产生通过铁壳、涡流环、空气隙和转子的磁力线。发动机带动转子旋转,由于转子外周涡流槽的存在,会在空隙处产生密度交变的磁力线,因而在涡流环内产生感应电动势而形成涡电流的流动,此电流与产生的磁场相互作用形成一定的电磁转矩,从而使浮动在架上的定子偏转一定角度,由测力机构测出。

调节励磁电流的大小,即可调节电涡流强度,从而调节吸收负荷的能力。涡流电路有一定电阻,在涡流环内产生一定的电能损耗,使涡流环发热,所以涡流环必须用水强制冷却。

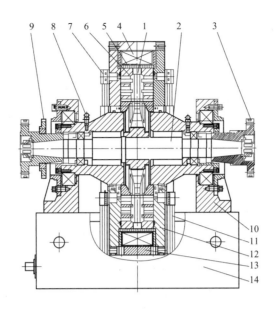

图 6-12 DW 系列电涡流测功器结构简图
1-感应盘;2-主轴;3-联轴器;4-励磁线圈;5-冷却室;6-气隙;7-出水管道;8-油杯;9-测速齿轮;10-轴承座;11-进水管道;12-支撑环;13-外环;14-底座

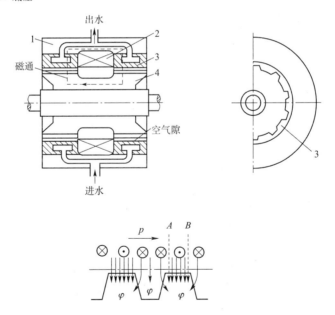

图 6-13 电涡流测功器的工作原理
1-铁壳;2-励磁线圈;3-涡流环;4-转子

电涡流测功器操作简便、结构紧凑、运转平稳、精度较高,并且测试功率范围广、额定转速高及响应速度较快,适用于测功机操作过程的自动化,因为其工艺技术成熟、价格低廉而被国内各大主机厂商和科研机构、第三方检验检测机构广泛应用。

图 6-14、图 6-15 所示分别为 DW 系列电涡流测功器的功率吸收范围和转矩吸收范围,特性曲线落在这个区域内的被测试发动机,均可用该电涡流测功器进行试验。

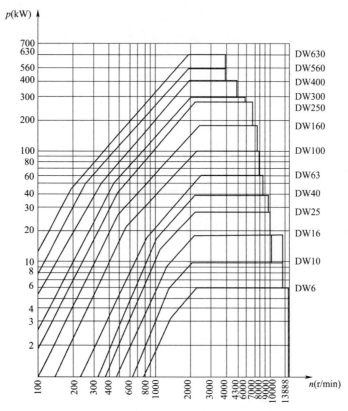

图 6-14 DW 系列电涡流测功器的功率特性曲线

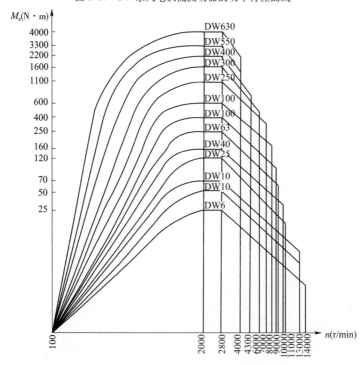

图 6-15 DW 系列电涡流测功器的负荷特性曲线

第三节　功率与燃油消耗率的测量

一、功率的测量

1. 指示功率的测量

通过获取发动机某种工况下的示功图,测出示功图的面积,从而可以测量该工况下发动机的指示功率。

测录发动机示功图的实质是测录汽缸中随曲轴转角(或汽缸容积)而变化的瞬时压力。测录示功图的仪器称为示功器,有机械式示功器、气电式示功器和电子式示功器等。目前最常用的是气电式示功器和电子式示功器。

1) 气电式示功器

气电式示功器也称为平衡式示功器,它是一种高速示功器。其基本原理是利用平衡式传感器,通过一套相应的电气和记录系统,把循环中迅速变化的汽缸压力和给定压力相平衡时的点累积记录下来,并连成曲线。

图 6-16 为气电式示功器工作原理简图。气电示功器的转筒 1 通过联轴节和发动机曲轴相连,转筒上装有记录纸。高压气瓶 7 内装有高于发动机最高汽缸压力的压缩空气或氮气,压缩空气或氮气通过连接孔 5 进入小阀 3 和装在发动机汽缸盖上的测压头 4 内。在气体压力的作用下,和小阀联接的记录笔 2 可左右移动。试验时,可以通过阀门 6 控制高压气瓶输送给小阀 3 和测压头 4 的气体压力。

测压头的结构如图 6-17 所示。测压头内腔被滑阀 2 隔成两半,一半与汽缸相通,另一半通过孔 7 与高压气瓶连接。滑阀 2 可沿轴向移动,导向杆 4 与滑阀 2 构成串联在高压线

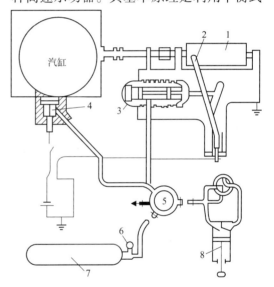

图 6-16　气电式示功器工作原理简图
1-转筒;2-记录笔;3-小阀;4-测压头;5-连接孔;6-控制阀;7-高压气瓶;8-手泵

圈的初级线路中的断电器。当滑阀 2 处于中间位置时,电路断开;当滑阀 2 处于两端位置时,导向杆 4 通过发动机体与地接通。滑阀 2 的位置取决于滑阀两面的气压。

发动机运转时,当发动机汽缸压力和高压气瓶输送给测压头的压力相等时,滑阀 2 处于中间位置,初级线圈断电,在高压线圈中产生高压电,高压电流经过图 6-16 中记录笔 2,在笔针尖与圆筒间产生火花,并在记录纸上留下一个小孔。孔的位置表示了一定曲轴转角上的汽缸压力数值。当发动机汽缸压力下降使滑阀 2 两面气压再次平衡时,记录纸上又留下一个小孔,但两个小孔之间,圆筒已转过一定角度,即发动机完成了一个工作循环。因此,发动机每一个工作循环内,记录纸上仅留下了示功图的两个点。一个点是在汽缸压力上升到约等于当时测压头内压缩气体的压力时记录的;另一个点是汽缸压力下降到约等于当时测压

头内压缩气体的压力时记录的。

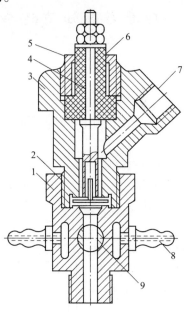

图6-17 气电式示功器测压头结构

1、3-阀座；2-滑阀；4-导向杆；5-外壳；6-绝缘体；7-管接头；8-进水口；9-开关

当测压头腔内压力从零逐渐增加时，则滑阀2不断在新的气压下平衡，在示功图上打出新的孔，直到超过汽缸内最高燃烧压力，并停止产生火花为止。在记录纸上可得到无数点a、b、c、d、e、…。这些点的总和形成完整的压力波形图，即示功图，如图6-18所示。

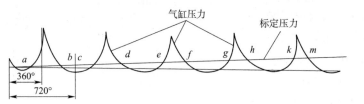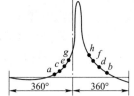

图6-18 气电式示功器的点迹测录及示功图

2) 电子式示功器

电子式示功器是通过适当的传感器把发动机汽缸内压力和曲轴转角等非电量，按比例转换成相应的电量，经电子放大器输入到示波器中，通过荧屏观察或摄录采集，即得到示功图。按所采用的电子测试方法的不同可分为三种类型，即电阻应变式、电容式和压电式。下面以压电晶体传感器为例说明电子式示功器的工作原理。

在高压测量中，常利用石英晶体的纵向压电效应（因为此时晶体的机械强度高）。图6-19为一种常规的压电晶体传感器结构图，气体压力经膜片8传递给菌形杆7和晶体1，晶体1受压力时产生的负电荷由电极2引出，经电荷放大器放大后输入阴极示波器。

阴极示波器包括阴极射线管、振荡器和检波放大器。图6-20为阴极示波器工作简图。电子从炽热的阴极1产生，经膜片2的孔射出一束电子流，在圆筒形的阳极3中加速，并以很细的电子射线通过相互垂直布置的两对偏转极4和5，在荧光屏上形成一个亮点。在两对偏转极的电场作用下,光点在荧光屏的垂直和水平方向上扫描。通常是将压力传感器测量放大电路的输出与垂直偏转极相接,行程传感器的输出或时间信号接到水平偏转极上,这样当汽缸压力随活塞行程或曲轴转角变化时,在示波器的荧光屏上便呈现出发动机的示功图 p-V 图或 p-φ 图。对上述图形进行摄录,即得到可供计算和分析的图形。

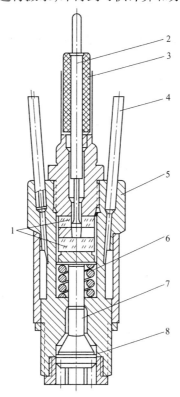

图 6-19　常规的压电晶体传感器结构图
1-石英晶体;2-电极;3-绝缘体;4-管子;5-外壳;6-弹簧;7-菌形杆;8-膜片

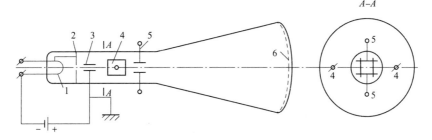

图 6-20　阴极示波器工作简图
1-阴极;2-膜片;3-阳极;4、5-偏转极;6-荧光屏

2. 有效功率的测量

有效功率是发动机最重要的性能参数之一,在发动机试验中大都需要测量有效功率。发动机有效功率的测量属于间接测量,即测定发动机的输出转矩和转速后,可根据式(1-37)求得。

发动机在台架试验中多数用测功器来测量发动机输出的转矩,此时测功器作为负载,并通过测功器实现对测定工况的调节。

二、燃油消耗率的测量

燃油消耗率是发动机的重要特性参数之一。在发动机试验室中,通过测定发动机的燃油消耗量,可根据公式计算得到发动机的燃油消耗率。油耗仪是测量发动机燃油消耗量的仪器或装置,也称为燃油流量传感器。它有各种不同的类型和结构式样,适用于不同的目的和要求。燃油消耗量的测量方法按测量原理可分为容积法和质量法两种。

1. 容积法

汽油机常用容积法测量燃油消耗量。容积法是通过测量消耗一定容积(V_T)的燃油所需要的时间(t),然后按以下公式计算燃油消耗率:

$$G_T = 3.6 \frac{V_T \rho_f}{t} \tag{6-2}$$

$$g_e = \frac{G_T}{P_e} \times 1000 \tag{6-3}$$

式中:G_T——每小时耗油量,kg/h;

V_T——所消耗燃油的容积,mL;

ρ_f——燃油密度,g/mL;

t——消耗容积为 V_T 的燃油所用的时间,s;

g_e——有效燃料消耗率,g/(kW·h);

P_e——消耗容积为 V_T 的燃油时,测得的发动机有效功率,kW。

容积法测量燃油消耗量装置示意图如图 6-21 所示。燃油从油箱 1 经开关 2、滤清器 3 到三通阀 4,向发动机供油并可向量瓶 5 充油。

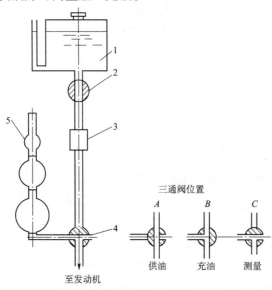

图 6-21 容积法测量燃油消耗量
1-油箱;2-开关;3-滤油器;4-三通阀;5-量瓶

试验时操作步骤如下:

(1)打开油箱开关,三通阀置于位置 A,发动机由油箱供油。

(2)测量前将三通阀旋至位置 B,油箱同时向发动机和量瓶供油,直到量瓶油面高于选定圆球容积的刻线,将三通阀仍置于位置 A 等待测量。

(3)测量开始时,将三通阀旋至位置 C,发动机直接由量瓶供油,量瓶油面下降。记录燃油流过所选圆球(一般由容积为 50mL、100mL、200mL 的三种圆球串联在一起)上、下刻线间容积(V_T)所用时间(t),同时测量有效功率(P_e)。

(4)测量完毕,将三通再次旋至位置 B,向量瓶再次充油,准备下次测量。

2. 质量法

柴油机用质量法测量燃油消耗量。质量法是通过测量消耗一定质量 m 的燃油所需要的时间 t,然后按以下公式计算燃油消耗率:

$$G_T = 3.6 \frac{m}{t} \tag{6-4}$$

$$g_e = \frac{G_T}{P_e} \times 1000 \tag{6-5}$$

式中:G_T——每小时耗油量,kg/h;

m——所消耗燃油的质量,g;

t——消耗质量为 m 的燃油所用的时间,s;

g_e——有效燃料消耗率,g/(kW·h);

P_e——消耗质量为 m 的燃油时,测得的发动机有效功率,kW。

图 6-22 为质量法测量燃油消耗量的装置示意图。燃油从油箱经开关 2、滤清器 3 向发动机供油并向量杯 5 充油,量杯放在天平 6 上。

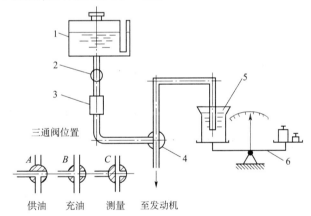

图 6-22 质量法测量燃油消耗量

1-油箱;2-开关;3-滤油器;4-三通阀;5-量油杯;6-天平

试验时操作步骤如下:

(1)打开油箱开关,将三通阀 4 置于位置 A,油箱向发动机供油。

(2)测量前将三通阀旋至位置 B,油箱向发动机供油的同时向量油杯充油。当量油杯内燃油比天平另一端砝码稍重后将三通阀转置 A 位置。

(3)测量时,将三通阀置于 C 位置,柴油机由量杯内燃油供油,当天平指针指零瞬间,起动秒表,然后取下一定质量的砝码。

(4)当天平指针再次到零位瞬时,停止秒表,记录用去的燃油量 m 和相应的时间 t。

(5)将取下的砝码放回天平上,将三通置于位置 B,在量杯再次充好油后,将三通转至位置 A,以备下次测量。

为了保证测量精度,减轻测试人员的劳动强度,实现远距离操作,专家学者们研制了数字式自动油耗测量仪,只要预先设定量瓶容积或砝码质量,油耗仪便能自动进行准备、充油、测量等操作,并以数字显示出消耗时间及燃油容积或质量,经计算就可得出燃油消耗率。图 6-23 为容积式数字油耗仪工作原理简图。在细颈刻线的一侧有电光源,另一侧有光电管,每对光源与光电管置于同一水平面上,若细颈管充满燃油,光源穿过细颈管时,由于燃油对光线的折射作用,光不能照到光电管上;当细颈管无油时,光源可穿过细颈照射到光电管上,使光电管通电,再通过电路控制电动三通阀和计数器工作,实现时间和油耗量的自动显示。

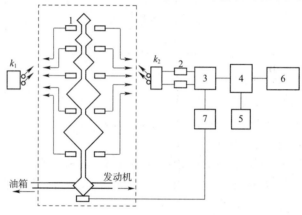

图 6-23 容积式数字油耗仪工作原理简图

1-光源;2-整形放大;3-触发器;4-门电路;5-脉冲发生器;6-计数器;7-量程选择开关;k_1-光电源;k_2-光电管

第四节 发动机台架试验

一般而言,任何试验工作都要经历试验前的准备、试验过程和试验结果的整理三个阶段。各阶段的内容由试验目的、性质和规模而定。

一、试验前的准备

为提高试验质量、缩短试验时间、达到预期目的,必须做好试验前的准备工作。

1. 制定试验大纲

制定试验大纲时,首先应明确试验目的,在此基础上试验大纲应着重论述以下三个关键问题:

①提出试验内容及其评定指标。

②确定试验方法、设备、仪表和试验日期。

③试验的组织和安排。包括如何组合试验条件、试验的次序和进行的次数等。

2. 发动机、仪器设备的准备工作

对于试验发动机,检查零部件是否合格,装配是否正确,各油路、水路等是否通畅,有无异响。对于新发动机,进行磨合运转,磨合后应进行预调试验,使影响性能的各种因素调整到最佳状态。

按照《汽车发动机性能试验方法》(GB/T 18297—2001)中"对仪表精度及测量部位的要求",根据试验目的确定必需的仪器,并对仪器进行校准检查和具体安装布置,加工必要附件。

3. 试验中注意的问题

各试验项目除了要遵守《汽车发动机性能试验方法》(GB/T 18297—2001)所规定的一般条件外,还要注意以下问题:

①连续试验时,需定时按规定的工况检查发动机性能指标,以判断其技术状况是否良好。

②比较性试验应在较短时期内完成,以免由于环境状态变化而引起误差。

③必须在工况稳定时测取试验数据。稳定工况是指发动机达到稳定的热状态,一般将出水温度、机油温度、排气温度作为判断依据。

④每种试验工况的全部参数应同时测量,而每个参数应相继至少测取2次。

⑤各试验曲线应至少取8个均匀分布的试验点,在难以判断曲线形状和趋向处增加中间点。

⑥必要时,试验中应绘制监督曲线,即绘制主要原始数据与试验中选定的变化参数之间的关系曲线。

⑦应及时记录试验中发生的各种异常现象。

二、发动机台架试验方法

发动机的性能试验项目在国家汽车行业标准《汽车发动机性能试验方法》(GB/T 18297—2001)中有详细的介绍。在发动机性能试验中发动机所带附件按也要按《汽车发动机性能试验方法》(GB/T 18297—2001)的规定执行。试验条件的控制要遵守表6-2所规定的"发动机在进行各项试验时所带附件"的要求。对于部分具体试验,还要遵守一些特殊要求。下面对一些主要试验进行说明。

1. 负荷特性试验

负荷特性试验的目的是在规定转速下,评定发动机部分负荷的经济性。试验时,发动机在50%~80%的额定转速下运行,保持转速不变,从小负荷开始逐渐增大负荷,将节气门开度增大至节气门全开。适当分布8个以上的测量点,绘制负荷特性曲线。

试验中测量的主要内容有:进气状态、转速、转矩、燃料消耗量、排气温度、汽油机进气管真空度等。

2. 万有特性试验

万有特性试验的目的是评定发动机在各种工况下的经济性,为选用发动机提供依据。测量方法有以下两种:

(1)负荷特性法。在发动机工作转速范围内均匀地选择8种以上的转速,在选定的各种转速下进行负荷特性试验。

(2)速度特性法。根据额定功率的百分数,适当地选择8种以上的油门开度。每种油门开度下,在发动机工作范围内,顺序地改变转速进行测量。适当地分布8个以上的测量点。

试验中测量的主要内容有：进气状态、转速、转矩、燃料消耗量、排气温度、节气门开度及汽油机进气管真空度等。根据所得的负荷特性或速度特性绘制发动机万有特性曲线。

3. 柴油机的调速特性试验及调速率测定

柴油机的调速特性试验的目的是评定柴油机的稳定调速率。试验可与外特性试验结合在一起进行。试验时卸除发动机全部负荷，节气门全开，使其达到最高空转转速，然后逐渐增加负荷，发动机转速逐渐下降至最大转矩转速附近为止。选取 10 个以上测量点，使较多的点分布在转折区。

试验中需测量的项目：进气状态、转速、转矩、调速器开始起作用的转速、最高稳定空转转速。根据所得数据计算稳定调速率，绘制调速特性曲线。

三、试验结果的整理

试验结果的整理工作是整个试验工作最后一个重要环节，只有对测得的大量数据进行认真科学地整理，才能揭示出试验对象本身所固有的规律，以便用于指导工作。试验结果的整理中包括：试验数据的误差分析；发动机各性能参数的计算；有效功率、转矩和有效燃油消耗率等参数的标准进气状态校正；试验曲线的绘制及建立经验公式等。

第二篇 汽车理论

汽车理论是以力学为基础,分析汽车运动过程中的受力情况,研究汽车的使用性能与其结构之间的关系,分析影响汽车使用性能的各种因素,进而找到正确设计汽车及合理使用汽车的基本途径。

汽车理论主要研究汽车的使用性能,汽车的使用性能是指汽车能适应各种使用条件而发挥最大工作效率的能力,包括汽车的动力性、汽车的制动性、汽车的燃料经济性、汽车的操纵稳定性、汽车的通过性及汽车的行驶平顺性。

第七章 作用于汽车的各种外力

汽车在行驶过程中受到各种外力的作用。沿汽车行驶方向作用于汽车的外力有驱动力和行驶阻力;在垂直于地面方向作用于汽车的外力有重力垂直于地面方向的分力和地面对车轮的法向反作用力,此外,还有在汽车横向平面内水平方向上的侧向力。

汽车的运动状态取决于作用在汽车上的各种外力之间的关系。汽车的动力性取决于汽车的驱动力、行驶阻力以及附着力之间的关系。本章首先阐述汽车驱动力、各种行驶阻力、附着力及地面法向反作用力,建立驱动与附着条件及汽车驱动力平衡方程,这些内容是分析汽车动力性的基础。因为汽车制动过程是加速度为负值的运动过程,所以,上述内容也可用来分析汽车的制动性。作用于汽车的侧向力对汽车运动的影响,将在汽车制动性及操纵稳定性中阐述。

第一节 汽车的驱动力

一、汽车的驱动力

1. 驱动力的产生

汽车发动机产生的转矩经传动系传至驱动轮,驱动轮对路面产生圆周力 F_0,路面则提供给驱动轮一个反作用力 F_t,F_t 与 F_0 大小相等,方向相反,如图 7-1 所示。

F_t 为驱动汽车前进的外力,称为汽车的驱动力。其数值为:

$$F_t = \frac{M_t}{r}, N \qquad (7-1)$$

式中:M_t——作用于驱动轮上的转矩,N·m;
　　　r——车轮半径,m。

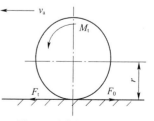

图 7-1 汽车的驱动力

2. M_t 与发动机转矩 M_e 之间的关系

M_t 是由发动机产生,经传动系传至驱动轮的转矩,由传动过程可知:

$$M_t = M_e i_g i_0 \eta_T, \mathrm{N \cdot m} \tag{7-2}$$

式中:M_t——作用于驱动轮上的转矩,N·m;

M_e——发动机转矩,N·m;

i_g——变速器传动比;

i_0——主减速器传动比;

η_T——传动系的机械效率。

由式(7-1)与式(7-2)可得:

$$F_t = \frac{M_e i_g i_0 \eta_T}{r}, \mathrm{N} \tag{7-3}$$

对装有分动器、轮边减速器、液力传动等其他传动装置的汽车,应考虑相应的传动比和机械效率。由上式可知,汽车的驱动力与发动机的转矩、传动系的各传动比以及传动系的机械效率成正比,与车轮半径成反比。

二、影响汽车驱动力的因素

1. 发动机的速度特性

速度特性是指发动机工作时,节气门位置保持不变,其性能指标随转速变化的关系。速度特性包括全负荷速度特性(即外特性)和部分负荷速度特性。以发动机转速 n 作为横坐标,发动机的有效功率 P_e、有效转矩 M_e、有效燃料消耗率 g_e 或每小时燃料消耗量 G_T 等作为纵坐标,绘制得到的曲线称为发动机的速度特性曲线。图7-2为汽油机的外特性曲线中的有效功率 P_e 与有效转矩 M_e 曲线。

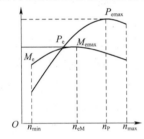

图7-2 汽油发动机外特性曲线

n_{min} 为发动机的最小稳定工作转速,随着发动机转速的增加,发动机发出的功率和转矩都同时上升,最大转矩 M_{emax} 时的发动机转速为 n_{eM};随着发动机转速的再提高,有效转矩 M_e 有所下降,但功率 P_e 继续增加到最大功率 P_{emax},此时发动机转速为 n_P,继续增加转速时,功率下降,发动机允许的最高转速为 n_{max}。

由式(1-37)可知,发动机功率与转矩有如下关系:$P_e = \dfrac{M_e n}{9550}$。

2. 传动系的机械效率

发动机产生的功率 P_e,经传动系传至驱动轮的过程中,必须克服传动系各机构的各种阻力,因而消耗一部分功率,称为传动系的功率损失 P_T。P_T 由离合器、变速器、万向传动装置及主减速器的功率损失组成。其中变速器和主减速器的功率损失所占比例最大。

传动系的机械效率为:

$$\eta_T = \frac{P_e - P_T}{P_e} = 1 - \frac{P_T}{P_e} \tag{7-4}$$

式中:P_T——传动系中损失的功率;

P_e——发动机产生的功率。

传动系的功率损失分为机械损失和液力损失两类。机械损失是齿轮传动副、轴承、油封等处的摩擦损失,与啮合齿轮的对数、传递的转矩等因素有关。

液力损失是因润滑油的搅动、润滑油与旋转零件之间的表面摩擦等产生的功率损失。液力损失与润滑油的品质、温度、箱体内的油面高度以及齿轮等旋转零件的转速有关。

随着汽车行驶速度的提高,传动系的功率损失增加。这是由于车速升高时,液力损失和由各总成传递的转矩均有所增加;当各总成润滑油温度降低时,黏度增大,传动系总功率损失也增加,其主要原因是液力损失增加。

试验表明,对于变速器所有的挡位来说,挡位较高,传递效率也较高,直接挡的传动效率最高。所以应尽可能采用高速挡行驶,最好为直接挡。

传动系效率等于各总成传动效率的乘积。初步分析汽车动力性时,传动效率可根据汽车传动系的组合形式进行估算:采用有级机械变速器的轿车,传动效率 $\eta_T = 0.9 \sim 0.92$;货车、客车 $\eta_T = 0.82 \sim 0.85$;越野车 $\eta_T = 0.80 \sim 0.85$。

3. 车轮的半径

现代汽车装用的都是弹性充气轮胎,在径向、切向、横向都有弹性,因此车轮半径因受力和运动状态不同而有差别。

1)自由半径 r_0

自由半径为车轮处于无载荷状态时的半径。通常指标准充气压力下的半径。

2)静力半径 r_s

在静载荷作用下,车轮不转动,只承受法向载荷,轮胎只有径向变形时,车轮中心至轮胎与道路接触面间的距离称为静力半径。静力半径与法向载荷、轮胎的径向刚度、支撑面的刚度及胎内气压有关。

3)动力半径 r_g

滚动的车轮除承受法向载荷外,还受转矩作用,轮胎有径向和切向变形时,车轮中心至轮胎与道路接触面间的距离称为动力半径。动力半径与法向载荷、转矩及胎内气压有关。

4)滚动半径 r_r

滚动半径表示车轮旋转运动与平移运动的折算半径,以车轮转动圈数与车轮实际滚动距离之间的关系来换算:

$$r_r = \frac{s}{2\pi n} \tag{7-5}$$

式中:s——轮胎中心的位移;

n——车轮旋转速度。

滚动半径由实验测得,也可由下式近似估算:

$$r_r = \frac{Fd}{2\pi} \tag{7-6}$$

式中:d——车轮自由直径;

F——计算常数,子午线轮胎 $F = 3.05$,斜交轮胎 $F = 2.99$。

静力半径用于动力学分析,滚动半径用于运动学分析,但在一般分析中不计差别,统称为车轮半径 r,即认为:

$$r_s \approx r_r \approx r \tag{7-7}$$

三、汽车的驱动力图

一般用驱动力与车速之间的函数关系曲线 F_t-v_a 来表示汽车的驱动力,称为汽车的驱动力图。驱动力图的制取是根据发动机的外特性曲线、传动系的传动比、传动效率、车轮半径等参数,求出各挡位发动机相应转速下的驱动力 F_t 和车速,具体作图方法如下:

(1) 建立以车速 v_a 为横坐标、驱动力 F_t 为纵坐标的坐标系;

(2) 确定汽车传动系的传动比(变速器各挡传动比 i_g 和主减速比 i_0)、传动系的机械效率 η_T 和车轮半径 r;

(3) 在发动机外特性曲线上任意选取一点,确定该点的转速 n 和对应的发动机的有效转矩 M_e;

(4) 按照式(7-3),分别求出发动机输出转矩为 M_e 时,汽车以不同挡位行驶时的驱动力;

(5) 计算发动机转速为 n 时,汽车以不同挡位行驶时的车速;

发动机转速 n 与汽车行驶速度 v_a 之间的转换关系:

$$v_a = \omega_a r = 2\pi n_a r = 3.6 \frac{2\pi n_e r}{60 i_g i_0} \approx 0.377 \frac{r n_e}{i_g i_0} \quad (7\text{-}8)$$

式中:v_a——汽车行驶速度,km/h;
  n——发动机转速,r/min;
  r——车轮半径,m;
  i_g——变速箱传动比;
  i_0——主减速器传动比。

(6) 根据步骤(4)和(5)求得的数值,在 F_t-v_a 坐标系中描出对应发动机外特性曲线各挡位下所求得的 F_t 和 v_a,最后将 F_t-v_a 坐标系中同一挡位的各点用光滑曲线连接起来,即可得到各挡的驱动力曲线,如图7-3所示。

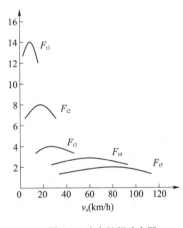

图7-3 汽车的驱动力图

第二节 汽车的行驶阻力

汽车行驶时需要克服遇到的各种阻力。汽车在水平道路上等速行驶时必须克服来自地面的滚动阻力 F_f 和来自汽车周围空气的空气阻力 F_w。当汽车上坡行驶时,还必须克服汽车重力沿坡道方向的分力,称为坡度阻力 F_i。汽车加速行驶时需要克服的惯性力,称为加速阻力 F_j。汽车行驶的总阻力为:

$$\sum F = F_f + F_w + F_i + F_j \quad (7\text{-}9)$$

在上述各阻力中,滚动阻力 F_f 和空气阻力 F_w 在任何行驶条件下都是存在的,但坡道阻力 F_i 仅在上坡行驶工况存在,加速阻力 F_j 仅在汽车加速行驶工况存在。克服滚动阻力 F_f 和空气阻力 F_w 所消耗的能量是纯消耗,不能回收利用;克服坡度阻力 F_i 和加速阻力 F_j 所消耗的能量可分别在下坡和滑行时重新利用。

一、滚动阻力 F_f

滚动阻力 F_f 是当车轮在路面上滚动时,由于两者间的相互作用力和相应变形所引起的能量损失的总称。

1. 滚动阻力损失的组成

车轮滚动时,轮胎与路面的接触区域产生相互作用力,由于轮胎和支承面的相对刚度不同,它们变形特点也不同。装用弹性轮胎的汽车大多数行驶于坚硬路面,当弹性轮胎在混凝土路、沥青路等硬路面上滚动时,轮胎的变形是主要的,此时滚动阻力主要是由轮胎变形引起的。当汽车在松软路面上行驶时,滚动阻力主要来自路面的塑性变形,其次是轮胎变形,松软路面滚动阻力 F_f 显著增大。轮胎变形的同时,轮胎各组成部分之间也产生摩擦阻力。此外,胎面与路面接触部位的相对滑移引起的摩擦阻力,以及悬架弹簧变形时,悬架机构各零件之间的摩擦阻力都要消耗能量。上述所有能量损失共同构成滚动阻力 F_f。

2. 弹性轮胎滚动时的变形分析

弹性轮胎在硬路面上滚动时,轮胎在径向和切向均有变形,路面可近似地视为刚性。下面从径向变形出发讨论轮胎滚动时滚动阻力的形成。

弹性轮胎的每一截面相当于一个微小弹性体。轮胎在硬路面上滚动时,轮胎的变形可简化为无数微小弹性体依次被压缩和恢复松弛的过程。

如图 7-4 所示,弹性轮胎在硬路面上滚动,受径向载荷 W 作用时的变形。在轮胎上任意取一截面 2—2′,当它滚向地面逐步进入轮胎与地面的印迹,到达 3—3′以后,逐渐被压缩,到达法线 1—4 位置时有最大形变。离开法线 1—4 以后,截面逐渐恢复松弛。当车轮滚动一周时,此截面完成一次加载、卸载过程。其变形曲线如图 7-5 所示。OCA 为加载(压缩)过程变形曲线,ADE 为卸载(恢复)过程变形曲线。整个轮胎可视为无数截面连续不断地进行加载(压缩)与卸载(恢复)过程。在加载过程中对轮胎所做的功相当于面积 $OCABO$,卸载过程中轮胎恢复变形时放出的功相当于面积 $ADEBA$,由图可知两者并不相等。两者之差 $OCADEO$ 即为轮胎变形过程的能量损失,称为轮胎的弹性迟滞损失。此能量系消耗于轮胎各组成部分相互间的摩擦以及橡胶、帘线等物质内分子间的摩擦,最后转化为热能而消散于大气中。

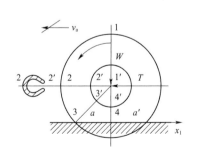
图 7-4 弹性轮胎在硬路面上滚动时的变形

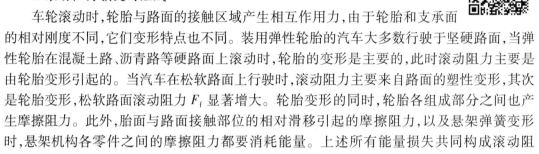
图 7-5 弹性轮胎的径向变形曲线

3. 轮胎弹性迟滞损失的表现

进一步分析弹性轮胎滚动时的地面法向反作用力,如图 7-6 所示。当车轮不滚动时,地面对车轮的法向反作用力的分布是前后对称的。当车轮滚动时,位于法线 $n-n'$ 前的 d' 点处于压缩过程,位于法线 $n-n'$ 后的 d' 点(d 的对称点)处于恢复过程,虽然两点的变形相同,但由于弹性迟滞损失的存在,d 点的地面法向反作用力大于 d' 点的地面法向反作用力。由图 7-6 b)也可看出,对应于同一变形 δ,压缩过程受力 FC 大于恢复过程受力 FD,这就使地面法向反作用力的分布不对称,因而其合力相对于法线 $n-n'$ 向前移动了一定的距离。

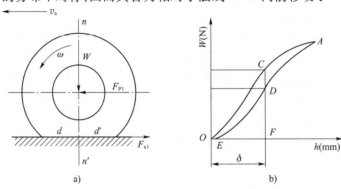

图 7-6 弹性轮胎滚动时的地面法向反作用力

从动轮在硬路面上滚动时,由于地面法向反作用力分布不对称,其合力 F_{z1} 相对于车轮的垂直轴线向前偏移了距离 a,此偏移距离随轮胎弹性迟滞损失的增大而增大,如图 7-7a)所示。由于地面法向反作用力 F_{z1} 与法向载荷 W_1 大小相等,方向相反,两者形成阻碍车轮滚动的阻力偶矩 M_{f1}($M_{f1}=F_{z1}a$),即轮胎的弹性迟滞损失表现为阻碍车轮滚动的阻力偶矩。

如果将法向反作用力 F_{z1} 平移至与车轮的垂直轴线重合,则从动轮在硬路面上滚动时的受力情况如图 7-7b)所示,车轮滚动时受有滚动阻力偶矩 M_{f1}($M_{f1}=F_{z1}a$)的阻碍作用,欲使车轮滚动,必须在车轮中心施一推力 F_{P1},它与地面切向反作用力 F_{x1} 构成克服滚动阻力矩 M_{f1} 的力偶矩。

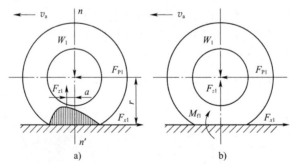

图 7-7 从动轮在硬路面上滚动时的受力分析

4. 滚动阻力的计算与滚动阻力系数

对从动轮的接地点列力矩平衡方程得:

$$M_{f1} = F_{P1}r \tag{7-10}$$

式中:r——车轮半径。

为克服滚动阻力偶矩 M_{f1},应加的推力为:

$$F_{P1} = \frac{M_{f1}}{r} = F_{z1}\frac{a}{r} = W_1\frac{a}{r} \tag{7-11}$$

令 $f = \dfrac{a}{r}$，则：

$$F_{P1} = W_1 \dfrac{a}{r} = W_1 f \tag{7-12}$$

$$f = \dfrac{F_{P1}}{W_1} \tag{7-13}$$

f 称为滚动阻力系数。它表示车轮在一定条件下滚动时，所需推力与车轮负荷之比，即单位车重所需的推力。试验证明，滚动阻力系数不随车重的增减而变化，仅取决于道路条件和轮胎结构，与车轮载荷无关，由此可得滚动阻力的计算公式为：

$$F_{f1} = W_1 f \tag{7-14}$$

即车轮滚动时的滚动阻力等于滚动阻力系数与车轮负荷的乘积。显然：

$$F_{f1} = \dfrac{M_{f1}}{r} \tag{7-15}$$

需要指出的是，滚动阻力只是一个计算值，用 F_f 代替 M_f 的作用，有利于动力性的简化。

驱动轮在硬路面上滚动时的受力分析如图 7-8 所示。W_2 是驱动轮的垂直载荷，F_{x2} 为地面切向反作用力，F_{x2} 是由驱动力矩 M_t 的作用产生的，F_{P2} 为驱动轴对车轮的作用力。由于轮胎的弹性迟滞损失，法向反作用力 F_{z2} 向前移动了距离 a，因此产生滚动阻力偶矩 M_{f2}，r 为车轮半径。

根据驱动轮的平衡条件，可得：

$$F_{x2} r = M_t - F_{z2} a \tag{7-16}$$

所以：

$$F_{x2} = \dfrac{M_t}{r} - \dfrac{M_{f2}}{r} = F_t - F_{f2} \tag{7-17}$$

图 7-8 驱动轮在硬路面上滚动时的受力分析

由此可见，作用在驱动轮上，真正驱动汽车行驶的力为地面切向反作用力 F_{x2}，它的数值应为驱动力 F_t 和驱动轮的滚动阻力 F_{f2} 之差。地面切向反作用力 F_{x2} 是一个真实存在的力，而驱动力 F_t 和滚动阻力 F_f 都是人为定义的力，在汽车的受力图上并不存在。

二、空气阻力 F_ω

汽车是在空气介质中行驶的，空气介质本身也有运动，这均将对汽车的运动产生阻力。汽车相对于空气运动时，空气作用力在行驶方向上的分力称为空气阻力，用符号 F_ω 表示。

汽车行驶时，围绕汽车的空气形成空气流。空气流线沿车身表面流过，在汽车后面并不终止，而是形成涡流。地面附近的空气必须从车身底部和路面之间强制通过，因而产生阻力。汽车车身的流线型越好，环绕汽车的空气流线越匀顺，产生的阻力也就越小。

1. 空气阻力的组成

空气阻力可分为摩擦阻力和压力阻力两大部分。摩擦阻力是空气的黏性，在车身表面产生切向力的合力在行驶方向的分力。摩擦阻力与车身表面质量及表面积有关，约占空气阻力的 8%~10%，压力阻力是作用在汽车外形表面上的法向压力的合力在行驶方向上的分力。

压力阻力包括下列四个部分:

(1)形状阻力。汽车行驶时,空气流经车身,汽车前方的空气相对被压缩,压力升高,车身尾部和圆角处空气稀薄形成涡流,引起负压,由汽车前后部压力差所引起的阻力称为形状阻力,其值与车身外形有关,约占空气阻力的55%~60%。形状阻力与车身主体形状有很大关系。例如,车头、车尾的形状及风窗玻璃的倾角等是影响形状阻力的主要因素。

(2)干扰阻力。突出于车身表面的部分所引起的空气阻力称为干扰阻力,如门把手、后视镜、翼子板、悬架导向杆、驱动轴等,约占空气阻力的12%~18%。

(3)诱导阻力。汽车上下部压力差(即升力)在水平方向的分力称为诱导阻力,约占空气阻力的5%~8%。

(4)内循环阻力。发动机冷却系统以及车身内通风等所需空气流经车体内部时形成的阻力称为内循环阻力,约占空气阻力的10%~15%。

上述各种阻力所占比例的数值,是以轿车为例给出的。由此可见,形状阻力所占比例最大,车身外形是影响空气阻力诸因素中的主要因素。因此,改进车身的形状是减小空气阻力的主要措施。由于车速不断提高,人们对货车的形状也越来越重视。

以上五种阻力的合力在汽车行驶方向上的分力即为空气阻力。常将空气阻力的作用点称为风压中心,它一般下与汽车的重心重合。风压中心离地高度 h_ω 对汽车高速行驶的稳定性有很大影响。当汽车高速行驶时,h_ω 越高,汽车前轴负荷越轻,严重时可能导致汽车失去操纵性。

2. 空气阻力的计算

在汽车行驶速度范围内,根据空气动力学原理,空气阻力的数值通常由下式确定:

$$F_\omega = \frac{1}{2} C_D A \rho v_r^2, \text{N} \tag{7-18}$$

式中:C_D——空气阻力系数,无因次系数,主要取决于车身形状;

ρ——空气密度,一般取 1.2258kg/m³;

A——汽车迎风面积,m²;

v_r——汽车与空气的相对速度,m/s。无风时,v_r = 汽车行驶速度;顺风时,v_r = 汽车行驶速度 – 风速;逆风时,v_r = 汽车行驶速度 + 风速。

如果汽车行驶速度 v_a 以 km/h 为单位,则空气阻力为:

$$F_\omega = \frac{C_D A v_a^2}{21.15}, \text{N} \tag{7-19}$$

式(7-18)表明,空气阻力与空气阻力系数 C_D 及迎风面积 A 成正比。汽车迎风面积指汽车在其纵轴的垂直平面上投影的面积,其可直接在投影面上测得,常用汽车的轮距与汽车高度的乘积近似地表示。由于受到汽车运输效率及乘坐使用空间的限制,难以进一步降低汽车迎风面积,因此从结构上降低空气阻力主要应从降低 C_D 入手。又空气阻力与速度的平方成正比,汽车行驶的速度越高,空气阻力越大,空气阻力相对于滚动阻力的比率就显著增加。现代汽车的行驶速度很高,因而空气阻力对汽车的动力性和燃料经济性的影响逐渐被重视,降低高速汽车的 C_D 值就成为试验与研究的重要课题。

空气阻力系数 C_D 可由道路试验、风洞试验等方法测定。汽车的空气阻力系数 C_D 和迎风面积 A 的数值见表 7-1。

汽车的空气阻力系数 C_D 和迎风面积 A　　　　表 7-1

车　　型	迎风面积 $A(\mathrm{m}^2)$	空气阻力系数 C_D
轿车	1.4～1.9	0.32～0.5
货车	3～7	0.6～1.0
客车	4～7	0.5～0.8

三、坡度阻力 F_i

汽车上坡行驶时,其重力沿坡道方向的分力称为汽车的坡度阻力,以 F_i 表示,如图 7-9 所示。

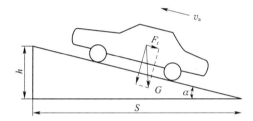

图 7-9　汽车的坡度阻力

坡度阻力 F_i 与汽车重力及坡度角 α 之间的关系为:

$$F_i = G\sin\alpha, \mathrm{N} \tag{7-20}$$

道路坡度是以坡高与底长之比来表示的,即:

$$i = \frac{h}{s} = \tan\alpha \tag{7-21}$$

根据我国公路路线的设计规范,一般道路的坡度角均较小,此时:

$$\sin\alpha \approx \tan\alpha = i \tag{7-22}$$

所以:

$$F_i = G\sin\alpha \approx G\tan\alpha = Gi \tag{7-23}$$

当坡度较大时,按 $F_i \approx Gi$ 近似计算坡度阻力 F_i 值的误差较大。因此,仍需按照 $F_i = G\sin\alpha$ 进行坡度阻力 F_i 的计算。

汽车上坡行驶时,垂直于坡道路面的汽车重力分力为 $G\cos\alpha$,故汽车在坡道上行驶时的滚动阻力为:

$$F_f = Gf\cos\alpha \tag{7-24}$$

由于坡度阻力与滚动阻力都与道路有关,而且均与重力成正比,所以把这两种阻力合在一起考虑,称为道路阻力,以 F_ψ 表示:

$$F_\psi = F_f + F_i = fG\cos\alpha + G\sin\alpha \tag{7-25}$$

当坡度不大时($\alpha < 10°\sim 15°$),$\sin\alpha \approx i, \cos\alpha \approx 1$,则:

$$F_\psi = F_f + F_i = Gf + Gi = G(f+i) \tag{7-26}$$

令 $f+i = \psi$,ψ 称为道路阻力系数,则:

$$F_\psi = F_f + F_i = G(f+i) = G\psi, \text{N} \tag{7-27}$$

四、加速阻力 F_j

汽车加速行驶时,需要克服加速运动时的惯性力,即加速阻力 F_j。汽车的质量分为平移质量和旋转质量两部分。加速时,不仅平移质量产生惯性力,旋转质量也产生惯性力偶矩。为了便于计算,一般把旋转质量的惯性力偶矩转化为平移质量的惯性力,对于固定传动比的汽车,常以系数 δ 作为计入旋转质量惯性力偶矩后的汽车旋转质量换算系数,因而汽车加速时的阻力 F_j 可写作:

$$F_j = \delta m \frac{dv_a}{dt} \tag{7-28}$$

式中:δ——汽车旋转质量换算系数,$\delta > 1$;

m——汽车质量,kg;

$\dfrac{dv_a}{dt}$——行驶加速度,m/s²。

δ 主要与飞轮的转动惯量、车轮的转动惯量以及传动系的传动比有关:

$$\delta = 1 + \frac{1}{m}\frac{\sum I_W}{r^2} + \frac{1}{m}\frac{I_f i_g^2 i_0^2 \eta_T}{r^2} \tag{7-29}$$

式中:I_W——车轮的转动惯量,kg·m²;

I_f——飞轮的转动惯量,kg·m²;

i_0——主减速器传动比;

i_g——变速器传动比。

初步计算时,可以按经验公式估算:

$$\delta = 1 + \delta_1 + \delta_2 i_g^2 \tag{7-30}$$

式中:δ_1——车轮旋转质量换算系数,轿车:$\delta_1 = 0.05 \sim 0.07$,货车:$\delta_1 = 0.04 \sim 0.05$;

δ_2——飞轮旋转质量换算系数,$\delta_2 = 0.03 \sim 0.05$。

第三节 汽车的动力方程

汽车行驶过程中,受到各种行驶阻力的作用。因此,为保证汽车正常行驶,必须有一定的驱动力,以克服各种行驶阻力。表示汽车驱动力与行驶阻力之间关系的等式,称为汽车的动力方程,即:

$$F_t = F_f + F_\omega + F_i + F_j \tag{7-31}$$

将驱动力与各行驶阻力的表达式代入上式,则汽车的动力方程为:

$$\frac{M_e i_g i_0 \eta_T}{r} = Gf\cos\alpha + \frac{C_D A v_a^2}{21.15} + G\sin\alpha + \delta\frac{G}{g}\frac{dv_a}{dt} \tag{7-32}$$

上述两式既说明了汽车行驶过程中驱动力与各行驶阻力的平衡关系,平衡关系不同,则汽车的运动状态不同;又反映了汽车结构参数与使用参数的内在联系,运用它分析求解汽车动力性问题极为方便。但是汽车的动力方程并没有经过严密的推导。因此,下面将对汽车各部分取隔离体进行受力分析,以具体说明汽车的总体受力,同时推导出旋转质量换算系数 δ,并建立汽车的动力方程式。

一、从动轮和驱动轮在加速过程中的受力分析

1. 从动轮在加速过程中的受力分析

图 7-10 为从动轮在加速过程中的受力图。

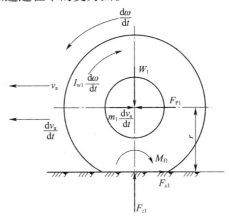

图 7-10 从动轮在加速过程中的受力图

W_1-从动轮上的载荷;F_{z1}-地面对从动轮的法向反作用力;m_1-从动轮的质量;I_{w1}-从动轮的转动惯量;F_{P1}-从动轴作用于从动轮上、平行于路面的力;F_{x1}-作用于从动轮上的地面切向反作用力;M_{f1}-从动轮滚动阻力偶矩

汽车的加速度为 $\dfrac{\mathrm{d}v_a}{\mathrm{d}t}$,相应的车轮角加速度为 $\dfrac{\mathrm{d}\omega}{\mathrm{d}t}$,因此有:

$$\frac{\mathrm{d}\omega}{\mathrm{d}t} = \frac{1}{r}\frac{\mathrm{d}v_a}{\mathrm{d}t} \tag{7-33}$$

从动轮上的惯性力有作用于从动轮车轮中心的平移质量的惯性力 $m_1\dfrac{\mathrm{d}v_a}{\mathrm{d}t}$ 和绕车轮中心的惯性力偶矩 $I_{w1}\dfrac{\mathrm{d}\omega}{\mathrm{d}t}$。

根据车轮受力情况,对车轮列力和力矩平衡方程有:

$$F_{P1} = m_1\frac{\mathrm{d}v_a}{\mathrm{d}t} + F_{x1} \tag{7-34}$$

$$F_{x1}r = M_{f1} + I_{w1}\frac{\mathrm{d}\omega}{\mathrm{d}t} \tag{7-35}$$

得:

$$F_{x1} = F_{f1} + \frac{I_{w1}}{r^2}\frac{\mathrm{d}v_a}{\mathrm{d}t} \tag{7-36}$$

式中:F_{f1}——从动轮滚动阻力,$F_{f1} = \dfrac{M_{f1}}{r}$。

因此可得从动轴作用于从动轮平行于路面的分力为:

$$F_{P1} = F_{f1} + \left(m_1 + \frac{I_{w1}}{r^2}\right)\frac{dv_a}{dt} \tag{7-37}$$

由上式可知，推动从动轮前进的力 F_{P1} 要克服从动轮的滚动阻力 F_{f1} 和从动轮的加速阻力，而后者又由平移质量的加速阻力 $m_1\dfrac{dv_a}{dt}$ 和旋转质量的加速阻力 $\dfrac{I_{w1}}{r^2}\dfrac{dv_a}{dt}$ 所组成。

2. 驱动轮在加速过程中的受力分析

图 7-11 为驱动轮在加速过程中的受力图。

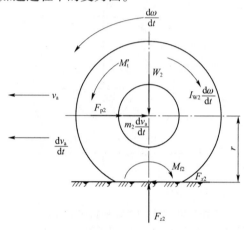

图 7-11　驱动轮在加速过程中的受力图

W_2-驱动轮上的载荷；F_{z2}-地面对驱动轮的法向反作用力；m_2-驱动轮的质量；I_{w2}—驱动轮的转动惯量；F_{P2}-驱动轴作用于驱动轮上、平行于路面的力；F_{x2}—作用于驱动轮上的地面切向反作用力；M_{f2}-驱动轮滚动阻力偶矩；M'_t-加速时半轴作用于驱动轮上的转矩

根据驱动轮受力情况，对车轮列力和力矩平衡方程有：

$$F_{x2} = F_{P2} + m_2\frac{dv_a}{dt} \tag{7-38}$$

$$F_{x2}r = M'_t - I_{w2}\frac{d\omega}{dt} - M_{f2} \tag{7-39}$$

得：

$$F_{x2} = F_{P2} + m_2\frac{dv_a}{dt}$$

$$= \frac{M'_t}{r} - \frac{I_{w2}}{r}\frac{d\omega}{dt} - \frac{M_{f2}}{r}$$

令：$F'_t = \dfrac{M'_t}{r}$，F'_t 为加速过程中驱动轮的驱动力。

故：

$$F'_t = F_{P2} + F_{f2} + \left(m_2 + \frac{I_{w2}}{r^2}\right)\frac{dv_a}{dt} \tag{7-40}$$

式中：F_{f2}——驱动轮滚动阻力；$F_{f2} = \dfrac{M_{f2}}{r}$。

由此可见，驱动轮的驱动力 F'_t 用来克服三部分阻力，即由驱动轴传来的阻力 F_{P2}、驱动轮滚动阻力 F_{f2}、驱动轮本身平移质量及旋转质量的加速阻力 $\left(m_2 + \dfrac{I_{w2}}{r^2}\right)\dfrac{\mathrm{d}v_a}{\mathrm{d}t}$。

二、加速时飞轮的加速阻力

汽车加速时，发动机的旋转质量（主要是飞轮）具有角加速度 $\dfrac{\mathrm{d}\omega_e}{\mathrm{d}t}$，$\dfrac{\mathrm{d}\omega_e}{\mathrm{d}t}$ 与汽车加速度 $\dfrac{\mathrm{d}v_a}{\mathrm{d}t}$ 之间的关系可由下式确定：

$$\frac{\mathrm{d}\omega_e}{\mathrm{d}t} = i_g i_0 \frac{\mathrm{d}\omega}{\mathrm{d}t} = i_g i_0 \frac{1}{r}\frac{\mathrm{d}v_a}{\mathrm{d}t} \tag{7-41}$$

显然，汽车加速时作用于驱动轮的实际驱动力矩 M'_t 为：

$$M'_t = \left(M_e - I_f \frac{\mathrm{d}\omega_e}{\mathrm{d}t}\right) i_g i_0 \eta_T \tag{7-42}$$

式中：I_f——飞轮的转动惯量；
M_e——发动机输出的转矩。

实际驱动力为：

$$F'_t = \frac{M'_t}{r} = \frac{M_e i_g i_0 \eta_T}{r} - \frac{I_f i_g^2 i_0^2 \eta_T}{r^2}\frac{\mathrm{d}v_a}{\mathrm{d}t} = F_t - F_{je} \tag{7-43}$$

式中：F_{je}——飞轮加速时转换过来的加速阻力；$F_{je} = \dfrac{I_f i_g^2 i_0^2 \eta_T}{r^2}\dfrac{\mathrm{d}v_a}{\mathrm{d}t}$。

由此可见，汽车实际驱动力为发动机输出的转矩经传动系到半轴上施加于驱动轮上的驱动力克服飞轮加速阻力后得到的。

三、车身的受力分析

车身是指除去从动轮、驱动轮以外的其他部分；车身受力分析是指除从动轮、驱动轮外的汽车其他部分的受力分析，如图 7-12 所示。

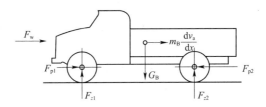

图 7-12　加速时的车身受力分析

根据受力平衡有：

$$F_{P2} = F_{P1} + F_\omega + m_B \frac{\mathrm{d}v_a}{\mathrm{d}t} = F_{f1} + \left(m_1 + \frac{I_{w1}}{r^2}\right)\frac{\mathrm{d}v_a}{\mathrm{d}t} + F_\omega + m_B \frac{\mathrm{d}v_a}{\mathrm{d}t} \tag{7-44}$$

式中：F_ω——空气阻力；
m_B——除从动轮、驱动轮外的汽车质量。

四、整车的汽车动力方程式

由以上的分析可得：

$$F'_t = F_{P2} + F_{f2} + \left(m_2 + \frac{I_{w2}}{r^2}\right)\frac{dv_a}{dt} \tag{7-45}$$

且：

$$F'_t = \frac{M_e i_g i_0 \eta_T}{r} - \frac{I_f i_g^2 i_0^2 \eta_T}{r^2}\frac{dv_a}{dt} \tag{7-46}$$

则有：

$$\frac{M_e i_g i_0 \eta_T}{r} - \frac{I_f i_g^2 i_0^2 \eta_T}{r^2}\frac{dv_a}{dt} = F_{P2} + F_{f2} + \left(m_2 + \frac{I_{w2}}{r^2}\right)\frac{dv_a}{dt} \tag{7-47}$$

其中：

$$F_{P2} = F_{P1} + F_\omega + m_B\frac{dv_a}{dt} = F_{f1} + \left(m_1 + \frac{I_{w1}}{r^2}\right)\frac{dv_a}{dt} + F_\omega + m_B\frac{dv_a}{dt} \tag{7-48}$$

将式(7-48)代入式(7-47)，得：

$$\frac{M_e i_g i_0 \eta_T}{r} = \frac{I_f i_g^2 i_0^2 \eta_T}{r^2}\frac{dv_a}{dt} + F_{f1} + \left(m_1 + \frac{I_{w1}}{r^2}\right)\frac{dv_a}{dt} + F_\omega + m_B\frac{dv_a}{dt} + F_{f2} + \left(m_2 + \frac{I_{w2}}{r^2}\right)\frac{dv_a}{dt}$$
$$\tag{7-49}$$

令：

$$F_f = F_{f1} + F_{f2}$$
$$\sum I_w = I_{w1} + I_{w2}$$

代入式(7-49)整理得：

$$\frac{M_e i_g i_0 \eta_T}{r} = F_f + F_\omega + (m_1 + m_2 + m_B)\frac{dv_a}{dt} + \left(\frac{I_f i_g^2 i_0^2 \eta_T}{r^2} + \frac{\sum I_w}{r^2}\right)\frac{dv_a}{dt} \tag{7-50}$$

因为 $(m_1 + m_2 + m_B)$ 为汽车总质量 m，所以式(7-50)可写成：

$$\frac{M_e i_g i_0 \eta_T}{r} = F_f + F_\omega + m\left(1 + \frac{1}{m}\frac{\sum I_w}{r^2} + \frac{1}{m}\frac{I_f i_g^2 i_0^2 \eta_T}{r^2}\right)\frac{dv_a}{dt} \tag{7-51}$$

令 $\delta = 1 + \frac{1}{m}\frac{\sum I_w}{r^2} + \frac{1}{m}\frac{I_f i_g^2 i_0^2 \eta_T}{r^2}$，并设汽车在坡道上加速行驶，则汽车的动力方程式为：

$$F_t = F_f + F_\omega + F_i + \delta m\frac{dv_a}{dt} \tag{7-52}$$

或：

$$F_t = F_f + F_\omega + F_i + F_j \tag{7-53}$$

即：

$$\frac{M_e i_g i_0 \eta_T}{r} = Gf\cos\alpha + \frac{C_D A v_a^2}{21.15} + G\sin\alpha + \delta\frac{G}{g}\frac{dv_a}{dt} \tag{7-54}$$

上式可以很方便地进行汽车的动力性分析，但需要指出的是，其只表示各物理量之间的数量关系，例如，我们称 F_t 为驱动力，但它并不是真正作用于驱动轮上的地面切向反作用力。虽然如此，由于该式是由严格的汽车受力推导得出，因此它的结论是正确的。

第四节 汽车行驶的驱动—附着条件

一、汽车行驶的驱动条件

由汽车驱动力平衡方程可知：

若：$F_t = F_f + F_\omega + F_i$ 时，汽车将等速行驶；

$F_t > F_f + F_\omega + F_i$ 时，汽车将加速行驶；

$F_t < F_f + F_\omega + F_i$ 时，汽车将无法起动或减速行驶以至停车。

可见汽车行驶的必要条件是：

$$F_t \geqslant F_f + F_\omega + F_i \tag{7-55}$$

上式即汽车行驶的驱动条件，它反映了汽车本身的行驶能力。可以采用增加发动机转矩，加大传动比的方法来增大汽车的驱动力，以保证汽车的驱动条件。

二、汽车行驶的附着条件

增大驱动力的方法是有限的，它只有在驱动轮与路面不发生滑转时才有效。在一定的轮胎与路面条件下，当驱动力增大到一定程度时，驱动轮将出现滑转现象，这时采用增大驱动轮转矩的措施来增大汽车驱动力，其结果只能使驱动轮加速旋转，地面切向反作用力并不增加。这表明汽车行驶还要受轮胎与路面附着条件的限制。

1. 附着力

在无侧向力作用时，地面对轮胎切向反作用力的极限值称为附着力，用 F_φ 表示。在硬路面上，它与地面对驱动轮的法向反作用力 F_z 成正比，即：

$$F_\varphi = F_z \varphi \tag{7-56}$$

比例常数 φ 称为附着系数，它表示轮胎与路面的接触强度。在硬路面上它主要反映了轮胎与路面的摩擦作用，在松软路面上则与轮胎和路面的摩擦作用及土壤的抗剪强度有关。

在坚硬路面上，附着系数 φ 反映了轮胎与路面的摩擦作用。但是，附着系数 φ 又不同于光滑表面间的摩擦系数。在硬路面上，路面的坚硬微小凸起能嵌入变形的胎面中，增加了轮胎与地面的接触强度（或称结合强度），对轮胎在接地面积内的相对滑动有较大的阻碍作用，轮胎与地面间的上述作用，通常称为附着作用。

在松软路面上，例如车轮在比较松软的干土路面上滚动时，土壤的变形比轮胎的变形大，轮胎胎面花纹的凸起部分嵌入土壤，这时附着系数 φ 的数值，不仅取决于轮胎与土壤间的摩擦作用，同时还取决于土壤的抗剪强度。因为，只有当嵌入轮胎花纹沟槽的土壤被剪切脱开基层时，轮胎在接地面积内才产生相对滑动，车轮发生滑转。

显而易见，如果驱动轮产生滑转，汽车将无法行驶。为了避免驱动轮产生滑转现象，汽车行驶还必须满足附着条件。

2. 附着条件

汽车行驶的附着条件可近似地写成：

$$F_t \leqslant F_\varphi \tag{7-57}$$

或：

$$F_t \leq F_z \varphi \tag{7-58}$$

式中：F_z——作用于所有驱动轮的地面法向反作用力。

双轴汽车后轮驱动时，F_z 是后轮的地面法向反作用力，$F_z = F_{z2}$，故附着条件为：

$$F_t \leq F_{z2} \varphi \tag{7-59}$$

全轮驱动的汽车（如 4×4，6×6 型汽车），F_z 是作用于所有驱动轮的地面法向反作用力。因此，全轮驱动的附着力较大。

三、汽车行驶的驱动与附着条件

将汽车行驶的驱动条件与附着条件联写，则得：

$$F_f + F_\omega + F_i \leq F_t \leq F_z \varphi \tag{7-60}$$

上式即汽车行驶的驱动与附着条件，也是汽车行驶的充分必要条件。

汽车行驶首先要满足驱动条件，即汽车本身具有产生足够驱动力的必要条件。这就要求汽车发动机能产生足够大的转矩或功率，汽车传动系有一定的传动比，以保证按式(7-3)计算的驱动力 F_t 足够大，以克服各种行驶阻力，即 $F_t \geq F_f + F_\omega + F_i$。但是，该条件只是汽车行驶的必要条件，并不充分，也就是说，汽车行驶只满足驱动条件是不够的。

推动汽车行驶的驱动力 F_t 是地面对驱动轮的切向反作用力，是地面作用于汽车的外力。可以观察到，驱动轮被架空而离开地面时，无论发动机产生多大转矩，汽车都是不能行驶的。汽车行驶必须依靠外力作用。路面对汽车作用的驱动力的最大值要受附着力的限制。驱动力 F_t 不能超过附着力 F_φ。因此，为了保证汽车正常行驶，轮胎与地面必须有良好的附着性能，即附着力足够大，地面才能在附着力的限制下对驱动轮作用足够的切向反作用力。换言之，附着力并不是地面对车轮作用的一个力，而是限制驱动力大小的一个界限。在附着力的限制之内，驱动力的作用才能真正发挥。

四、影响附着力的因素

汽车的附着力决定于附着系数以及地面作用于驱动轮的法向反作用力。

1. 附着系数

附着系数 φ 主要取决于路面的种类和状况，还与轮胎结构、胎面花纹以及使用条件等有关，此外，行驶车速对附着系数也有影响。

车轮在松软路面上滚动时，土壤变形相对大，轮胎花纹的凸起部分嵌入土壤，这时附着系数不仅取决于轮胎与土壤间的摩擦，同时取决于土壤的抗剪强度，因为只有在嵌入轮胎花纹凹入部分的土壤被剪切后，车轮才能滑转。土壤的抗剪强度与土壤的粒度、湿度、多孔度、土壤内摩擦系数有关。松软土壤的抗剪强度较低，其附着系数较小。潮湿、泥泞的土路，土壤表层因吸水量多，抗剪强度更差，附着系数较小，这是汽车越野行驶困难的原因之一。

车轮在坚硬路面上滚动时，轮胎的变形远大于路面的变形，路面的微观结构粗糙且有一定的尖锐棱角，路面的坚硬微小凸起部分嵌入轮胎的接触表面，使接触强度增大，车轮与路面之间有较好的附着作用。当路面被污物（细沙、尘土、油污、淤泥）覆盖、路面的凹凸不平被填充，或路面潮湿时水起润滑作用时，都使附着系数下降 20%~60%，甚至更多。路面的结构对排水能力也有很大影响。路面的宏观结构应具有一定的不平度和自动排水的能力,路面的微观结构应是粗糙且有一定的尖锐棱角,以穿透水膜直接与胎面接触。

轮胎花纹对附着系数的影响也较大。具有细而浅花纹的轮胎在硬路面上有较好的附着能力;具有宽而深花纹的轮胎,在软路面上的附着能力有所提高。增加胎面的纵向条纹,在干燥的硬路面上,由于接触面积减小,附着系数有所下降;但在潮湿的路面上该方法有利于挤出接触面中的水分,改善附着能力。

为了提高轮胎的抓地能力,胎面上有纵向曲折大沟槽,胎面边缘上有横向沟槽,使轮胎不仅在纵向、横向均有较好的抓地能力,又提高了在潮湿路面上的排水能力;由于胎面在接地过程中的微小滑动,胎面上大量的细微花纹进一步擦去接触面间的水膜,这样轮胎接地面积后部可以与路面直接接触,因而提供足够的附着力。

由于与地面的接触面积增大,宽断面和子午线轮胎附着系数较高。较天然橡胶,合成橡胶制成的轮胎具有较高的附着系数。

轮胎的磨损也会影响附着能力,随着胎面花纹深度减小,附着系数将显著下降。

降低轮胎气压,可使硬路面上附着系数略有增加,所以采用低压胎可获得较好的附着性能。在松软路面上,降低轮胎气压,则轮胎与土壤的接触面积增加,胎面凸起部分嵌入的土壤数量也增多,因而附着系数显著提高。如果同时增加车轮轮辋的宽度,则效果更好。对于潮湿的路面,适当提高轮胎气压,使轮胎与路面的接触面积减小,有助于挤出接触面间的水分,使轮胎得以与路面较坚实的部分接触,因而可提高附着系数。轮胎气压对附着系数的影响如图 7-13 所示。

汽车行驶速度提高时,多数情况下附着系数是降低的。这一点对于汽车的高速制动尤为不利。在硬路面上提高行驶速度时,由于路面微观凹凸构造来不及与胎面完善地嵌合,所以附着系数有所降低。在潮湿的路面上提高行驶速度时,由于接触面间的水分来不及排出,附着系数显著降低。在软土壤上,由于高速车轮的动力作用容易破坏土壤的结构,所以提高行驶速度对附着系数产生极不利的影响。只有在结冰的路面上,车速高时,与轮胎接触的冰层受压时间短,因而在接触面间不容易形成水膜,故附着系数略有提高。但要特别注意,在冰路上提高行驶速度会使行驶稳定性变差。气温升高时,路面硬度下降,附着系数也下降。当大气温度由 18℃ 上升到 34℃ 时,沥青路面的附着系数会降低 15%。车速对附着系数的影响如图 7-14 所示。

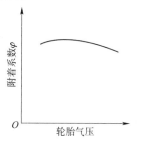

图 7-13 轮胎气压对附着系数的影响

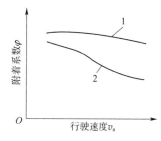

图 7-14 车速对附着系数的影响
1-在干燥硬路面上附着系数随车速变化曲线;2-在潮湿路面上附着系数随车速变化曲线

长期使用已经磨损和风化的路面,附着系数也会降低。附着系数还与车轮相对于地面的滑动率有关,这个问题将在第十一章中叙述。

综上所述,附着系数受一系列因素的影响,而且许多因素本身的变化很大。不同轮胎在各种路面上的附着系数见表7-2。在一般动力性计算中只取附着系数的平均值。在良好的混凝土或沥青路面上,路面干燥时 φ 值为 $0.7\sim0.8$,路面潮湿时 φ 值为 $0.5\sim0.6$;干燥的碎石路 φ 值为 $0.6\sim0.7$,干燥的土壤 φ 值为 $0.5\sim0.6$,潮湿土路 φ 值为 $0.2\sim0.4$。

轮胎与各种路面间的附着系数　　　　表7-2

路面		轮胎		
类型	状态	高压轮胎	低压轮胎	越野轮胎
沥青、混凝土路面	干燥	0.50~0.70	0.70~0.80	0.70~0.80
	潮湿	0.35~0.45	0.45~0.55	0.50~0.60
	污染	0.25~0.45	0.25~0.40	0.25~0.45
碎石路面	干燥	0.50~0.60	0.60~0.70	0.60~0.70
	潮湿	0.30~0.40	0.40~0.50	0.40~0.55
土路	干燥	0.40~0.50	0.50~0.60	0.50~0.60
	湿润	0.20~0.40	0.30~0.40	0.35~0.50
	泥泞	0.15~0.25	0.15~0.25	0.20~0.30
积雪荒地	松软	0.20~0.30	0.20~0.40	0.20~0.40
	压实	0.15~0.20	0.20~0.25	0.30~0.50
结冰路面	气温在零下状态	0.08~0.15	0.10~0.20	0.05~0.10

2. 驱动轮的地面法向反作用力

驱动轮的地面法向反作用力与汽车的总体布置、行驶状况以及道路的坡度有关。

图7-15所示为后桥驱动的双轴汽车加速上坡时的受力情况。

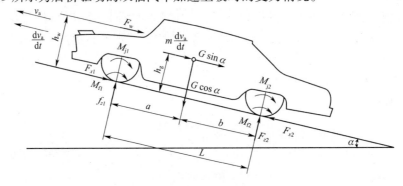

图7-15　后桥驱动的双轴汽车加速上坡时的受力图

G-汽车重力;α-道路坡度角;M_{f1}、M_{f2}-作用在前、后轮上的滚动阻力偶矩;M_{j1}、M_{j2}-作用在前、后轮上的惯性阻力偶矩;F_{z1}、F_{z2}-作用在前、后轮上的地面法向反作用力;F_{x1}、F_{x2}-作用在前、后轮上的地面切向反作用力;h_g-汽车质心高;h_w-风压中心高;L-汽车轴距;a、b-汽车质心至前、后轴的距离

作用在汽车上各力对前、后轮与道路接触面中心取力矩,得:

$$F_{z1}L = Gb\cos\alpha - Gfr\cos\alpha - Gh_g\sin\alpha - mh_g\frac{dv_a}{dt} - M_{j1} - M_{j2} - F_w h_w \quad (7\text{-}61)$$

$$F_{z2}L = Ga\cos\alpha + Gfr\cos\alpha + Gh_g\sin\alpha + mh_g\frac{dv_a}{dt} + M_{j1} + M_{j2} + F_wh_w \tag{7-62}$$

整理得：

$$F_{z1} = \frac{G\cos\alpha(b-fr) - Gh_g\sin\alpha - mh_g\dfrac{dv_a}{dt} - \sum M_j - F_wh_w}{L} \tag{7-63}$$

$$F_{z2} = \frac{G\cos\alpha(a+fr) + Gh_g\sin\alpha + mh_g\dfrac{dv_a}{dt} + \sum M_j + F_wh_w}{L} \tag{7-64}$$

式中：$\sum M_j = M_{j1} + M_{j2}$。

因为一般道路的坡度不大，$\cos\alpha \approx 1$；良好路面的 f 值较小，可以认为：$b - fr \approx b$，$a + fr \approx a$；$\sum M_j$ 的数值也较小，可忽略不计；并取 $h_w \approx h_g$。使公式简化为：

$$F_{z1} = \frac{Gb - Gh_g\sin\alpha - mh_g\dfrac{dv_a}{dt} - F_wh_w}{L} \tag{7-65}$$

$$F_{z2} = \frac{Ga + Gh_g\sin\alpha + mh_g\dfrac{dv_a}{dt} + F_wh_w}{L} \tag{7-66}$$

得：

$$F_{z1} = G\frac{b}{L} - \frac{h_g}{L}\left(G\sin\alpha + m\frac{dv_a}{dt} + F_w\right) \tag{7-67}$$

$$F_{z2} = G\frac{a}{L} + \frac{h_g}{L}\left(G\sin\alpha + m\frac{dv_a}{dt} + F_w\right) \tag{7-68}$$

公式中前一项为汽车水平静止不动时前、后轴上的静载荷；后一项为行驶中产生的动载荷。动载荷随坡度、速度和加速度的增加而增大。当汽车利用其极限附着力，以高速度、大加速度在大坡度行驶时，动载荷的绝对值也达到最大值。

此时，汽车的附着力与各阻力有如下近似的关系式：

$$F_\varphi = G\sin\alpha + m\frac{dv_a}{dt} + F_w + F_f \tag{7-69}$$

可得：

$$F_{z1} = G\frac{b}{L} - \frac{h_g}{L}(F_\varphi - F_f) \tag{7-70}$$

$$F_{z2} = G\frac{a}{L} + \frac{h_g}{L}(F_\varphi - F_f) \tag{7-71}$$

对后轴驱动的汽车，有 $F_{\varphi 2} = F_\varphi$；$F_f = Gf$，

则：

$$F_{\varphi 2} = \varphi F_{z2} = \varphi\left[G\frac{a}{L} + \frac{h_g}{L}(F_\varphi - F_f)\right]$$

整理得：

$$F_{\varphi 2} = \frac{\dfrac{\varphi G}{L}(a - fh_g)}{1 - \dfrac{\varphi h_g}{L}} = \frac{\varphi G(a - fh_g)}{(L - \varphi h_g)} \tag{7-72}$$

同理,对前轴驱动的汽车,有 $F_{\varphi 1} = F_\varphi$;$F_f = Gf$,
则:

$$F_{\varphi 1} = \varphi F_{z1} = \varphi \left[G\frac{b}{L} - \frac{h_g}{L}(F_\varphi - F_f) \right] \tag{7-73}$$

整理得:

$$F_{\varphi 1} = \frac{\dfrac{\varphi G}{L}(b + fh_g)}{1 + \dfrac{\varphi h_g}{L}} = \frac{\varphi G(b + fh_g)}{(L + \varphi h_g)} \tag{7-74}$$

对四轮驱动的汽车,则有:

$$F_{\varphi 4} = F_{\varphi 1} + F_{\varphi 2} = (F_{z1} + F_{z2})\varphi = G\varphi\cos\alpha \approx G\varphi \tag{7-75}$$

由此可见,在同样附着系数的路面上,不同驱动方式的汽车具有不同的汽车附着力;只有全轮驱动的汽车才能充分利用整车的重力来产生附着力。

汽车附着力与全轮驱动汽车附着力之比 $\dfrac{F_\varphi}{F_{\varphi 4}} \times 100\%$,称为附着利用率,它表明汽车对附着潜力的利用程度。

后轮驱动汽车的附着利用率为:

$$\frac{F_{\varphi 2}}{F_{\varphi 4}} = \frac{a - fh_g}{L - \varphi h_g} \times 100\% \tag{7-76}$$

前轮驱动汽车的附着利用率为:

$$\frac{F_{\varphi 1}}{F_{\varphi 4}} = \frac{b + fh_g}{L + \varphi h_g} \times 100\% \tag{7-77}$$

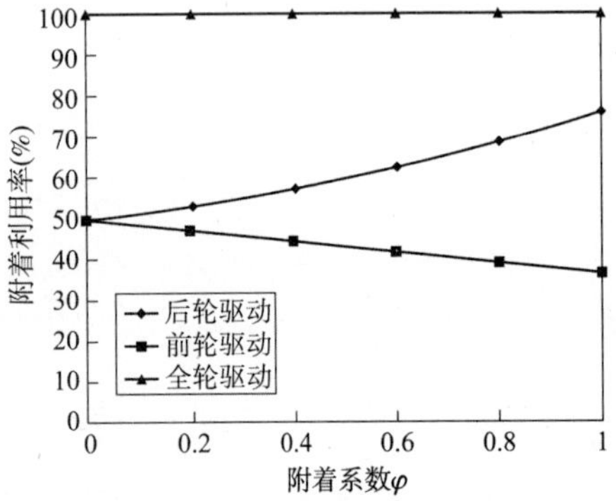

全轮驱动汽车的附着利用率为1。

假设汽车质心位置在汽车前、后轴轴距的中间处,即计算参数为 $a = b = 0.5L$,质心高度 $h_g = 0.35L$,$f = 0.015$,计算不同驱动方式的汽车附着利用率。图7-16为不同驱动方式的汽车附着利用率曲线图。由图7-16可以看出,前轮驱动汽车的附着利用率低于后轮驱动汽车的附着利用率,为了提高前轮驱动汽车的附着利用率,可将质心前移,为此前轮驱动轿车的质心普遍偏前布置,使前轴的静载荷平均达到60%左右。

图7-16 不同驱动方式的汽车附着利用率曲线

第八章 汽车的动力性

汽车的动力性是汽车性能中最基本、最重要的性能。它是指汽车在良好的水平路面上直线行驶时,由汽车所受到的纵向外力决定的所能达到的平均行驶速度。它对汽车的运输生产率有直接的、决定性的影响。

第一节 汽车动力性的评价指标

汽车的平均行驶速度是评价汽车动力性的总指标,从尽可能获得高的平均行驶速度的角度出发,汽车的动力性主要由三方面的指标来评定,即最高车速、最大爬坡度和加速能力。

一、汽车的最高车速

汽车的最高车速是指汽车满载时,在水平良好的路面(混凝土或沥青)上所能达到的最高行驶速度。它对于长途运输车辆的平均行驶速度的影响较大。

二、汽车的加速能力

汽车的加速能力是指汽车在各种使用工况中,迅速增加行驶速度的能力。它对于市区运输车辆的平均行驶速度有很大影响。在理论分析中,加速能力用加速度或加速时间来评定,一般从原地起步加速时间和超车加速时间来表示汽车的加速能力。

原地起步加速时间是指汽车由低挡起步,并以最大的加速强度且选择恰当的换挡时刻逐步换至最高挡后加速到某一高速($80\% v_{max}$ 以上)所需时间。

超车加速时间是汽车用最高挡或次高挡,由某一预定的中速全力加速至另一预定高速($80\% v_{max}$ 以上)时所需时间。

三、汽车的上坡能力

汽车的上坡能力对于在山区行驶车辆的平均行驶速度有很大影响,通常用最大爬坡度来评定。最大爬坡度 i_{max} 是指汽车满载时用变速器最低挡位在良好路面上等速行驶所能克服的最大道路纵向坡度。在坡度不长的道路上,利用汽车加速惯性能通过的坡度称为极限爬坡度。在各车型中,越野车的 i_{max} 最大,货车次之,轿车一般不强调爬坡度。

部分国家规定在常遇到的坡道上,以汽车必须保证的行驶车速来表明它的爬坡能力。

第二节 汽车的驱动力-行驶阻力平衡图

前文已得到的汽车动力方程:

$$F_t = F_f + F_\omega + F_i + F_j \tag{8-1}$$

或：

$$\frac{M_e i_g i_0 \eta_T}{r} = Gf\cos\alpha + \frac{C_D A v_a^2}{21.15} + G\sin\alpha + \delta \frac{G}{g}\frac{dv_a}{dt} \tag{8-2}$$

表明汽车行驶时驱动力与各行驶阻力之间的平衡关系。

根据汽车的动力平衡方程，当汽车的结构参数与使用参数（如发动机的外特性、变速器传动比、主减速比、传动效率、车轮半径、空气阻力系数、汽车的迎风面积及汽车的重力等）初步确定之后，便可确定汽车在良好路面上的动力性指标：最高车速、加速能力、爬坡能力。

应注意的是，确定的上述指标是指良好路面上的，即在附着条件允许的范围之内。因为汽车的驱动力平衡方程仅包括汽车的驱动条件，而未包括附着条件。

如果把汽车的受力情况和其平衡关系用曲线表示，则汽车的动力性分析与解法将更加清晰。

一、汽车的驱动力-行驶阻力平衡图

在以车速 v_a 为横坐标，以汽车所受外力为纵坐标的坐标系内，画出汽车各挡位的驱动力曲线及汽车行驶经常遇到的滚动阻力 F_f 与空气阻力 F_ω 叠加（即汽车在水平良好路面上等速行驶的行驶阻力曲线），就构成了汽车的驱动力-行驶阻力平衡图。

汽车的驱动力曲线 F_t-v_a 曲线的作图法见第七章第一节。汽车行驶阻力曲线的作图法如下。

滚动阻力与车速的关系曲线 F_f-v_a 的形状，取决于滚动阻力系数 f 随 v_a 的变化。由于汽车在一定道路上中低车速行驶时，f 变化不大，仅当 $v_a >$ 100km/h 时，f 增长较快。因此 F_f-v_a 曲线接近于水平线，仅在速度较高时，曲线略有上升。

空气阻力与车速的关系曲线 F_w-v_a 的形状，对于一定的车型（已知 C_D、A），在不同的速度下，可利用式(7-18)计算出对应的 F_ω 值。由于 F_ω 是 v_a 的二次方函数，因此空气阻力与车速的关系曲线 F_ω-v_a 曲线应为抛物线。

在驱动力图上，画出滚动阻力与车速的关系曲线 F_f-v_a，将空气阻力与车速的关系曲线 F_ω-v_a 叠加画在 F_f-v_a 曲线的上方，就得到汽车等速行驶阻力($F_f + F_\omega$)-v_a 曲线。其较二次抛物线上升略陡，因为车速较高时 f 略有增加。

图8-1 为具有四挡变速器的汽车的驱动力-行驶阻力平衡图。

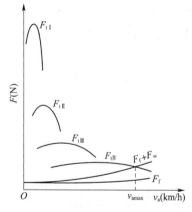

图8-1 汽车的驱动力-行驶阻力平衡图
F_{tI}-Ⅰ挡驱动力；F_{tII}-Ⅱ挡驱动力；
F_{tIII}-Ⅲ挡驱动力；F_{tIV}-Ⅳ挡驱动力

二、利用驱动力-行驶阻力平衡图确定汽车的动力性指标

1. 确定最高车速 v_{amax}

最高车速 v_{amax} 是指汽车在水平良好路面上行驶时所能达到的最高行驶速度。所以当汽车以最高车速 v_{amax} 行驶时，变速器位于最高挡，此时坡度阻力 $F_i = 0$，加速阻力

$F_{\mathrm{j}}=0$。

根据式(8-1),此时,$F_{\mathrm{t}}=F_{\mathrm{f}}+F_{\omega}$,汽车处于相对稳定的平衡状态。显然,在汽车的驱动力—行驶阻力平衡图上,F_{t}曲线与($F_{\mathrm{f}}+F_{\omega}$)曲线交点对应的车速便是最高车速$v_{\mathrm{amax}}$。

分析图中曲线可以看出,若车速低于最高车速时,驱动力大于行驶阻力。剩余驱动力为:$F_{\mathrm{t}}-(F_{\mathrm{f}}+F_{\omega})$,可用于使汽车加速、爬坡、或牵引挂车,用于牵引挂车时称为挂钩牵引力。若汽车需要以低于最高车速的速度等速行驶,驾驶员可关小节气门开度,发动机以部分负荷特性工作。

如果在该挡位,发动机限制转速所对应的限制车速小于最高车速v_{amax},则驱动力曲线终止较早,此时驱动力曲线与等速行驶总阻力曲线不相交,$F_{\mathrm{t}}>F_{\mathrm{f}}+F_{\omega}$,最高车速就是限制车速。在达到限制车速时,驾驶员应适当放松加速踏板,使F_{t}略有减小,以免车速继续升高而导致没有限速装置的发动机超速运转。由于在限制车速下,F_{t}尚有潜力,当F_{f}或F_{ω}略有增加时,驾驶员只需略踏下加速踏板,汽车仍然可以达到所限制的最高车速。

2.确定汽车的加速能力

汽车的加速能力用它在水平良好路面上行驶时能产生的加速度或加速时间、加速距离来评价。

1)汽车的加速度

当汽车在水平良好路面上行驶时,坡度阻力$F_{\mathrm{i}}=0$,其动力方程为:

$$F_{\mathrm{t}}=F_{\mathrm{f}}+F_{\omega}+F_{\mathrm{j}} \tag{8-3}$$

则:

$$j=\frac{\mathrm{d}v_{\mathrm{a}}}{\mathrm{d}t}=\frac{g}{\delta G}[F_{\mathrm{t}}-(F_{\mathrm{f}}+F_{\omega})] \tag{8-4}$$

利用汽车的驱动力-行驶阻力平衡图,截取不同速度v_{a}时的$F_{\mathrm{t}}-[F_{\mathrm{f}}+F_{\omega}]$,即可计算出对应的加速度$j$值。显然,利用多挡位的驱动力-行驶阻力平衡图,则可计算得到不同挡位的$j=f(v_{\mathrm{a}})$曲线,如图8-2所示。

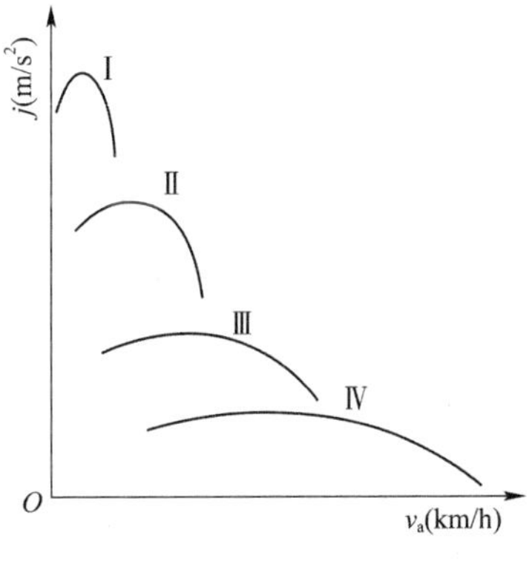

由图8-2可知,加速度的大小与挡位和行驶速度v_{a}有关。低速挡时的加速度较大,同一挡位下速度较低时加速度较大。但部分汽车头挡的旋转质量换算系数δ值非常大,故Ⅱ挡的加速度可能比Ⅰ挡的还要大。

2)加速时间

汽车行驶中的加速度值不易测量,一般用加速时间表示汽车的加速能力。常用的加速时间有原地起步加速时间和超车加速时间。它们的加速时间曲线能够更全面地反映汽车的加速能力。

图8-2 汽车的加速度图

原地起步加速时间是指汽车用Ⅰ挡起步,按最佳换挡时机逐次换至最高挡,并始终以最大加速强度加速至某一预定的高速($80\% v_{\mathrm{amax}}$),或通过某一预定的距离(400m)所需的时间。

超车加速时间即用最高挡或次高挡由某一中等车速(如30km/h或40km/h)全力加速至某一高速($80\% v_{\mathrm{amax}}$)或通过某一距离所需的时间。因为超车时两车并行,所以加速能力强的汽车在超车时两车并行的时间短,对行驶安全有利。

加速时间曲线表示在加速过程中,由某一初速度加速至各不同速度时所用的时间。它以速度为横坐标,以时间为纵坐标。

加速时间曲线的作图方法如下。

因为:
$$\mathrm{d}t = \frac{1}{j}\mathrm{d}v_a \tag{8-5}$$

所以:
$$t = \int_0^t \mathrm{d}t = \int_{v_1}^{v_2} \frac{1}{j}\mathrm{d}v_a \tag{8-6}$$

式中:j——汽车的加速度,m/s^2。

加速时间可用 $\frac{1}{j}$-v_a 曲线下的面积来表示,因此可用图解积分法求得。

首先根据汽车的加速度图,作出汽车的加速度倒数 $\frac{1}{j}$-v_a 曲线,如图8-3所示。

在加速度倒数曲线图上,横坐标轴上 a mm 代表 1km/h,即 3.6 a mm 代表 1m/s,在纵坐标轴上,b mm 代表 $1s^2/m$。即:3.6 ab mm² 代表 1s,

故:
$$\Delta t = \frac{\Delta}{3.6ab},s \tag{8-7}$$

式中:Δ——由 v_1 至 v_2 间隔内 $\frac{1}{j}$ 曲线下的面积,mm^2,如图8-4所示。

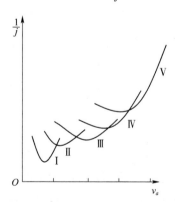
图8-3 汽车全部挡位的加速度倒数曲线图

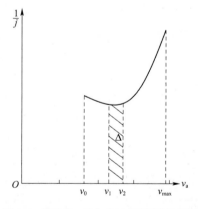
图8-4 汽车某一挡位的加速度倒数曲线图

以任一条 $\frac{1}{j}$ 曲线为例,例如直接挡,将加速过程速度区间分为若干间隔(常取5km/h 为一间隔)。分别求出各间隔的微元面积 Δ_1、Δ_2、Δ_3、Δ_4、…、Δ_n 如图8-4所示。

计算出从初速度 v_0 分别加速到 v_1、v_2、v_3、v_4、…、v_n 的加速时间:

$$t_1 = \frac{\Delta_1}{3.6ab},s;$$

$$t_2 = \frac{\Delta_1 + \Delta_2}{3.6ab},s;$$

$$t_3 = \frac{\Delta_1 + \Delta_2 + \Delta_3}{3.6ab}, s;$$

$$\cdots$$

$$t_n = \frac{\Delta_1 + \Delta_2 + \Delta_3 + \cdots + \Delta_n}{3.6ab}, s_\circ \tag{8-8}$$

在 $t-v_a$ 坐标系内，按求得的时间 t 值与对应的车速 v_a 值便可作出直接挡加速时间曲线，如图 8-5 所示。

同样可以求出汽车自Ⅰ挡起步开始，连续换挡加速至最高挡，车速达到 $80\% v_{amax}$ 的加速时间。

原地起步加速时间和换挡时机的选择有很大关系。由多挡加速度倒数曲线(如图 8-3)可知，在相邻两挡的 $\frac{1}{j}$ 曲线交点对应的速度下换挡，可使 $\frac{1}{j}$ 曲线下的面积最小，即加速时间最短。此外，换挡过程中，因动力暂时中断，速度略有下降。

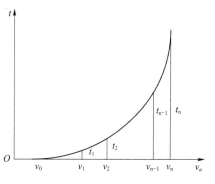

图 8-5 汽车直接挡的加速度时间曲线

3) 加速距离

加速距离是汽车行驶速度提高到指定水平的加速过程中所经过的路程。

因为：

$$v = \frac{ds}{dt} \tag{8-9}$$

则：

$$ds = vdt \tag{8-10}$$

故：

$$s = \int_{t_1}^{t_2} vdt \tag{8-11}$$

可见，加速距离可用 $v-t$ 曲线下的面积来表示，因此也可用图解积分法求得。方法与加速时间的图解积分法类似，同样可得加速距离 $s-v_a$ 曲线。

3. 确定汽车的爬坡能力

汽车的爬坡能力通常用最大爬坡度来评定。最大爬坡度 i_{max} 是指汽车满载时，用变速器最低挡位在良好路面上等速行驶所能克服的最大道路纵向坡度。

因为汽车以全部剩余驱动力克服最大坡度时，有：

$$\frac{dv_a}{dt} = 0 \tag{8-12}$$

所以根据式(8-1)得：

$$F_i = F_t - (F_f + F_w) \tag{8-13}$$

$$G\sin\alpha = F_t - (F_f + F_w) \tag{8-14}$$

上式右端可由驱动力-行驶阻力平衡图上 $[F_t - (F_f + F_w)]$ 的线段按比例尺得出数值，并按下式求出道路坡度角：

$$\alpha = \arcsin\frac{F_t - (F_f + F_w)}{G} \tag{8-15}$$

坡度值 i 可通过 $i = \tan\alpha$ 求得。

应当指出,当 α 较大时,用上述公式计算的误差较大。

在较低挡位下,按驱动力最大时具有最大爬坡能力来计算最大爬坡度是足够精确的。并可略去空气阻力的影响。故 I 挡最大爬坡度可由下式确定:

$$G\sin\alpha_{\text{Imax}} = F_{t\text{Imax}} - Gf\cos\alpha_{\text{Imax}} \tag{8-16}$$

若同时略去 $\cos\alpha$ 的影响,则有近似计算式:

$$\alpha_{\text{Imax}} = \arcsin\frac{F_{t\text{Imax}} - Gf}{G} \tag{8-17}$$

再由所得 α_{Imax} 值换算成 i_{Imax}。

汽车以较高挡位行驶时,能爬过的坡度角较小,$F_i \approx Gi$,所以汽车的爬坡度可根据驱动力-行驶阻力平衡图按下式求得:

$$i = \frac{F_t - (F_f + F_w)}{G} \tag{8-18}$$

由上述计算结果即可作出汽车的爬坡度图,如图 8-6 所示。

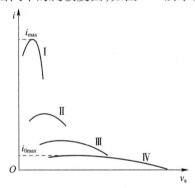

图 8-6　汽车的爬坡度曲线

第三节　汽车的动力特性

利用汽车的驱动力-行驶阻力平衡图,可以确定汽车的最高车速、加速能力和爬坡能力。但它不能直接用于评价不同类型汽车的动力性。因为汽车的加速阻力和道路阻力均与汽车重力成正比,空气阻力则与汽车外形等因素有关,所以不能单纯根据汽车驱动力的大小,简单地判断汽车的动力性。

因此,需要有一个既考虑驱动力,又包括汽车重力和空气阻力的综合性参数。为此对汽车驱动力平衡方程进行一定的变换,得到评价不同类型汽车动力性的参数。

一、汽车的动力因数和动力特性图

由式(8-1),得:

$$F_t - F_w = F_f + F_i + F_j \tag{8-19}$$

则:

$$\frac{F_t - F_w}{G} = f\cos\alpha + \sin\alpha + \frac{\delta}{g}\frac{dv_a}{dt} \qquad (8-20)$$

上式左端是汽车自身具有的参数。右端各项不受汽车重力和空气阻力的影响,只与汽车行驶的道路阻力、加速度及 $\frac{\delta}{g}$ 有关,即只与行驶条件及状况有关。

令:

$$D = \frac{F_t - F_w}{G} \qquad (8-21)$$

式中:D——汽车的动力因数。

则:

$$D = f\cos\alpha + \sin\alpha + \frac{\delta}{g}\frac{dv_a}{dt} \qquad (8-22)$$

由第七章中道路阻力系数的定义可得:

$$D = f\cos\alpha + \sin\alpha + \frac{\delta}{g}\frac{dv}{dt} = \psi + \frac{\delta}{g}\frac{dv_a}{dt} \qquad (8-23)$$

当 α 较小时:

$$D = f + i + \frac{\delta}{g}\frac{dv_a}{dt} \qquad (8-24)$$

$(F_t - F_w)$ 可用于克服道路阻力和加速阻力。动力因数 D 即标志汽车单位重力所具有的克服道路阻力和加速阻力的能力。只要汽车的动力因数相等,则不论 F_t、G、C_D、A 等参数的差异,汽车都能克服同样的坡度。若汽车的 δ 值也相同,则汽车能产生同样的加速度。因此常把动力因数作为表征汽车动力性的主要指标。若动力因数较大,说明在一定汽车重力下,$(F_t - F_w)$ 较大,汽车的加速和上坡能力较强。

动力因数随汽车行驶速度变化的关系[即 $D = f(v_a)$] 称为汽车的动力特性。表示动力特性的曲线(即 D-v_a 曲线)称为汽车的动力特性图,如图 8-7 所示。它是在以车速 v_a 为横坐标、以动力因数 D 为纵坐标的坐标系内,根据 F_t-v_a、F_w-v_a 曲线作出。利用动力特性图,分析求解汽车的动力性问题更简捷方便。

二、汽车动力特性图的分析

1. 确定汽车的最高车速

根据式(8-24),当汽车以最高车速行驶时,此时 $i = 0$,$\frac{dv_a}{dt} = 0$,

所以:

$$D = f \qquad (8-25)$$

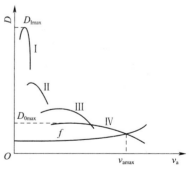

图 8-7 汽车的动力特性图

在动力特性图上作出滚动阻力系数 f-v_a 曲线,它与最高挡 D-v_a 曲线交点对应的车速便是汽车的最高车速,如图 8-7 所示。如果规定了限制车速,则最高车速只能等于限制车速。

2. 确定汽车的加速能力

使汽车在各种条件下达到最大加速能力时，$i=0$，根据式(8-24)可得：

$$\frac{dv}{dt} = \frac{g}{\delta}(D-f) \tag{8-26}$$

汽车以一定挡位行驶时，δ 为常数，因此在动力特性图上 $D-v_a$ 曲线与滚动阻力系数 $f-v_a$ 曲线间距离的 $\frac{\delta}{g}$ 倍就是各挡的加速度。粗略估算直接挡的加速能力时，可取 $\delta \approx 1$，$g \approx 10 \text{m/s}^2$。

3. 确定汽车的爬坡能力

汽车在各挡位下爬最大坡度时，无力加速，加速度为0，根据式(8-23)可得：

$$D = f\cos\alpha + \sin\alpha \tag{8-27}$$

当 $\alpha = \alpha_{max}$ 时，则：

$$D_{max} = f\cos\alpha_{max} + \sin\alpha_{max} \tag{8-28}$$

上式可用于求各挡的最大爬坡度，但一般仅用于求汽车的最大爬坡度。

求Ⅰ挡的最大爬坡度时，解三角方程：

$$D_{\text{I}max} = f\cos\alpha_{\text{I}max} + \sin\alpha_{\text{I}max}$$

得：

$$\alpha_{\text{I}max} = \arcsin\frac{D_{\text{I}max} - f\sqrt{1-D_{\text{I}max}^2+f^2}}{1+f^2} \tag{8-29}$$

然后再根据 $i_{\text{I}max} = \tan\alpha_{\text{I}max}$ 换算为坡度值。

当坡度值较小时，$\cos\alpha \approx 1$，$\sin\alpha \approx i$，则：

$$D = f\cos\alpha + \sin\alpha = f + i \tag{8-30}$$

故：

$$i_{max} = D_{max} - f \tag{8-31}$$

即最大爬坡度可用上式近似估算，所得结果误差较小，且可省去解三角方程的麻烦。

从上面的计算过程可以看出，最大动力因数对应的速度下具有最大的爬坡能力。近似计算时，各挡的最大爬坡度可用动力特性图中最大动力因数与滚动阻力系数曲线之间的线段长度来表示。只有在头挡时，这种方法误差较大。

4. 动力特性图上的重要参数

(1) 汽车在水平良好路面上行驶时的最高车速 v_{amax}。

(2) Ⅰ挡的最大动力因数 $D_{\text{I}max}$，它代表了汽车的最大爬坡能力。

(3) 最高挡的最大动力因数 D_{0max}（无超速挡）。它表明汽车以最高挡行驶时的上坡能力与加速能力，对汽车的平均行驶速度的影响较大。

应当指出的是，动力特性也受附着条件的限制。

第四节　汽车的功率平衡

汽车行驶时，不仅驱动力和行驶阻力互相平衡，发动机功率和汽车行驶的阻力功率也总是平衡的。换言之,在汽车行驶的每一瞬间,发动机发出的功率始终等于机械传动损失功率与全部运动阻力所消耗的功率之和,称为汽车的功率平衡。

一、汽车行驶的阻力功率

汽车行驶时,各种阻力都要消耗功率,所以阻力功率包括:克服滚动阻力消耗的功率 P_f、克服空气阻力消耗的功率 P_ω、克服坡度阻力消耗的功率 P_i、克服加速阻力消耗的功率 P_j。可见各种阻力功率与各种行驶阻力一一对应。

功率的一般计算公式:

$$P = \frac{Fv_a}{1000}, \text{kW} \tag{8-32}$$

式中:F——作用于汽车的力,N;

v_a——汽车的行驶速度,m/s;

1000——换算系数,$1000N \cdot m/s = 1000W = 1kW$。

如果 v_a 以 km/h 为单位,则功率为:

$$P = \frac{Fv_a}{3.6 \times 1000} = \frac{Fv_a}{3600}, \text{kW} \tag{8-33}$$

式中:3.6——换算系数,$1m/s = 3.6km/h$。

设汽车重力 G 以 N 为单位,车速 v_a 以 km/h 为单位,则各种阻力功率的计算公式如下。

1. 克服滚动阻力消耗的功率 P_f

$$P_f = \frac{F_f v_a}{3600} = \frac{Gfv_a \cos\alpha}{3600}, \text{kW} \tag{8-34}$$

当坡度角 α 较小时,$\cos\alpha \approx 1$,则:

$$P_f = \frac{Gfv_a}{3600}, \text{kW} \tag{8-35}$$

2. 克服空气阻力消耗的功率 P_ω

$$P_\omega = \frac{F_\omega v_a}{3600} = \frac{C_D A v_a^3}{3600 \times 21.15} = \frac{C_D A v_a^3}{76140}, \text{kW} \tag{8-36}$$

3. 克服坡度阻力消耗的功率 P_i

$$P_i = \frac{F_i v_a}{3600} = \frac{Gv_a \sin\alpha}{3600}, \text{kW} \tag{8-37}$$

当坡度角 α 较小时,$\sin\alpha \approx i$,则:

$$P_i = \frac{Gv_a i}{3600}, \text{kW} \tag{8-38}$$

4. 克服加速阻力消耗的功率 P_j

$$P_j = \frac{F_j v_a}{3600} = \frac{\delta G v_a}{3600 g} \frac{dv_a}{dt}, \text{kW} \tag{8-39}$$

二、汽车的功率平衡方程

根据能量守恒定律,汽车在行驶中,其驱动功率 P_t 恒等于所有阻力功率之和,即:

$$P_t = P_f + P_\omega + P_i + P_j \tag{8-40}$$

发动机发出的功率 P_e,必须有一部分消耗于克服传动机构的机械损失,因而传递到驱动轮的功率为:

$$P_t = P_e \eta_T \tag{8-41}$$

式中:P_e——发动机输出的功率;
η_T——传动系效率。

由式(8-40)和式(8-41)可得:

$$P_e = \frac{1}{\eta_T}(P_f + P_\omega + P_i + P_j) \tag{8-42}$$

将各项阻力功率代入得:

$$P_e = \frac{1}{\eta_T}\left(\frac{Gf\cos\alpha v_a}{3600} + \frac{G\sin\alpha v_a}{3600} + \frac{C_D A v_a^3}{76140} + \frac{\delta G v_a}{3600g}\frac{dv_a}{dt}\right) \tag{8-43}$$

以上方程称为汽车的功率平衡方程。

三、汽车的功率平衡图

与汽车驱动力-行驶阻力平衡一样,汽车的功率平衡也可以用图像表示。利用汽车的功率平衡图分析汽车的某些动力性问题,将更为方便。

汽车的功率平衡图是在以汽车行驶速度 v_a 为横坐标,以发动机功率 P_e 为纵坐标的坐标系内,将发动机功率 P_e 及汽车在水平良好路面上等速行驶时所遇到的阻力功率 $\left[\frac{1}{\eta_T}(P_f + P_\omega)\right]$ 对车速 v_a 的关系曲线绘制而得到的,如图8-8所示。$\frac{1}{\eta_T}(P_f + P_\omega)$ 是汽车行驶过程中遇到的阻力消耗的功率。

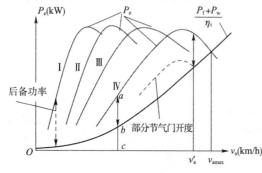

图 8-8 汽车的功率平衡图

汽车功率平衡图的绘制方法和步骤如下:

(1)绘制发动机的功率 P_e 与车速 v_a 的关系曲线 $P_e - v_a$:根据发动机外特性曲线 $P_e = f(n)$ 及公式 $v_a = 0.377\frac{rn_e}{i_g i_0}$,将发动机转速 n 转换为车速 v_a。由此可知,对应于汽车变速器的每一个挡位,可以绘制出一条发动机功率 P_e 与车速 v_a 的关系曲线 $P_e - v_a$,所以变速器有几个挡位,便有几条 $P_e - v_a$ 曲线。

由图8-8可以看出,$P_e - v_a$ 曲线在不同的挡位下所对应的速度区间也不同,挡位越高,车速越高,速度区间也越宽。但发动机功率 P_e 的起始值、终点值及最大值是一致的。

(2)绘制行驶阻力功率 $\left[\frac{1}{\eta_T}(P_f + P_\omega)\right]$ 与车速 v_a 的关系曲线: $\frac{1}{\eta_T}(P_f + P_\omega) - v_a$。$P_f - v_a$ 曲线在低速范围内是一条直线,在高速范围内,由于 f 是 v_a 的一次函数,P_f 是 v_a 的二次函数,P_ω 是 v_a 的三次函数,P_f 与 P_ω 叠加后,行驶阻力功率 $\frac{1}{\eta_T}(P_f + P_\omega) - v_a$ 曲线是一条斜率越

来越大的曲线。可见,高速行驶时,汽车主要克服空气阻力功率。

四、汽车的功率平衡图分析

1. 确定汽车的最高车速

汽车在水平良好路面上以最高车速行驶时,$i=0$,$\dfrac{dv_a}{dt}=0$,故:

$$P_e = \frac{1}{\eta_T}(P_f + P_\omega) \tag{8-44}$$

即发动机在直接挡的功率曲线与行驶阻力功率 $\dfrac{1}{\eta_T}(P_f + P_\omega)$ 曲线交点对应的车速,就是汽车的最高车速 v_{amax}。

一般最高挡时发动机最大功率对应的车速等于或稍小于最高车速。

如果需要汽车以低于最高车速的某一车速等速行驶,驾驶员应减小节气门开度,发动机以部分负荷速度特性工作,其功率曲线如图8-8中虚线所示。可见,一般情况下,维持汽车等速行驶所需要的发动机功率并不大。

对应于某一车速 v'_a 下的 $\left[P_e - \dfrac{1}{\eta_T}(P_f + P_\omega)\right]$ 称为汽车的后备功率,相当于图8-8中曲线 P_e 与曲线 $\dfrac{1}{\eta_T}(P_f + P_\omega)$ 之间的距离 ab,可用于使汽车加速或爬坡。因此,汽车的后备功率越大,其动力性就越好。

2. 确定汽车的加速能力

汽车在水平路面上加速行驶时,$i=0$,故:

$$P_j = \eta_T \left[P_e - \frac{1}{\eta_T}(P_f + P_\omega)\right] \tag{8-45}$$

所以不同车速时的加速度为:

$$\frac{dv_a}{dt} = \frac{3600 g \eta_T}{\delta G v_a}\left[P_e - \frac{1}{\eta_T}(P_f + P_\omega)\right] \tag{8-46}$$

3. 确定汽车的上坡能力

汽车爬坡时,$\dfrac{dv_a}{dt}=0$,故:

$$P_i = \eta_T \left[P_e - \frac{1}{\eta_T}(P_f + P_\omega)\right] \tag{8-47}$$

粗略计算汽车爬坡度的近似值为:

$$i = \frac{3600 \eta_T}{G v_a}\left[P_e - \frac{1}{\eta_T}(P_f + P_\omega)\right] \tag{8-48}$$

前面讨论的都是汽车等速上坡时的情况,汽车实际使用中,常常利用冲坡,即驾驶员在上坡前先使汽车加速,使汽车以较高的初速度上坡,利用减速时的惯性力提高汽车的上坡能力。也即先增大汽车的动能,在上坡时转化为汽车的位能。利用后备功率和惯性力所能克服的最大坡度称为极限上坡度,它取决于汽车的动力性、附着条件、上坡前的速度、道路条件和坡道长度。在后备功率和道路条件一定时,上坡前的初速度越大,临界车速越低,坡道越短,则汽车所能克服的极限坡度越大。

从对功率平衡图的分析可见,利用功率平衡可以求解动力性问题,但是比较复杂,因此一般不用。然而利用汽车的功率平衡定性地分析设计与使用中的动力性问题,却是清晰简便的。

因为"功率"这一概念能更好地概括汽车的动力性问题,如汽车的行驶阻力功率不仅和阻力有关,而且和速度有关。阻力越大、速度越高,克服阻力所需要消耗的功率就越大。这就要求发动机提供足够大的功率。可见,发动机如不能提供足够的功率,汽车的行驶速度就不能提高。另外,从能量的观点看,汽车加速时,其动能增加;汽车上坡时,其位能增加。对于车辆总质量、传动系参数一定或对同一汽车而言,发动机在汽车加速过程中发出的功率越大,汽车的加速度就越大,动力性就越好。同样,汽车的功率大,汽车爬坡的速度也高。

从汽车的功率平衡图还可以清楚地看出汽车行驶过程中发动机负荷率的变化。这对于分析汽车的燃料经济性是十分有用的。

第五节 装有液力变矩器汽车的动力性

自动变速器在汽车上的普遍使用大范围地改变了活塞式内燃机的转矩和转速,减轻了驾驶员换挡的频繁程度和劳动强度。在论述装有液力变矩器汽车的动力性之前,先简要地介绍一下液力变矩器的工作原理及其与汽车动力性的关系。

一、液力变矩器的工作原理

液力变矩器位于自动变速器的最前端,安装在发动机的飞轮上,其与采用手动变速器的汽车中的离合器作用相似。它以自动变速器液压油为工作介质,利用油液循环流动过程中动能的变化,将发动机的动力传入自动变速器的输入轴,并能根据汽车行驶阻力的变化,在一定范围内自动地、无级地改变传动比和转矩比,具有一定的减速增扭功能。

典型的液力变矩器由三个主要元件组成,即泵轮、涡轮和导轮,如图8-9所示。

泵轮和涡轮均为盆状。泵轮与变矩器外壳连为一体,变矩器壳体总成用螺栓固定于发动机曲轴后端,随发动机曲轴一起旋转,是主动元件;涡轮位于泵轮前方,悬浮在变矩器内,其叶片面向泵轮叶片,通过花键与输出轴相连,是从动元件;导轮悬浮在泵轮和涡轮之间,通过单向离合器及导轮轴套固定在变速器外壳上,是液力变矩器的反应元件。

泵轮、涡轮和导轮装配好后,会形成断面为循环圆的环状体,在环形内腔中充满液压油。

发动机起动后,曲轴带动泵轮旋转,因旋转产生的离心力使泵轮叶片间的液压油沿叶片从内缘向外缘甩出。这部分液压油既具有随泵轮一起转动的圆周速度,又具有冲向涡轮的轴向分速

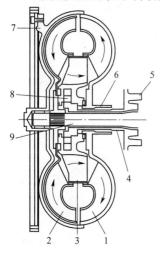

图8-9 液力变矩器的结构
1-泵轮;2-涡轮;3-导轮;4-将导轮支承在外壳上的空心轴;5-外壳;6-驱动变速器油泵的空心轴;7-与泵轮相连的变矩器壳;8-导论单向离合器;9-涡轮轴

度,它们冲击涡轮叶片,推动涡轮与泵轮同方向转动。

液力变矩器中泵轮快速运动时,涡轮受到载荷和行驶阻力限制转速较慢,导致泵轮和涡轮间产生了转速差。这个转速差存在于整个变矩区,如果涡轮静止或涡轮的转速远低于泵轮的转速,则由液压油传递给涡轮的能量就很小,所以泵轮流向涡轮的液压油除了驱动涡轮外,还剩余一部分能量,这就是残余能量。泵轮和涡轮的转速差越大,残余能量就越大,液压油流动的速度就越快,流动的角度就越大。在转速差较大时,涡轮的液压油冲向导轮的正面。由于单向离合器的锁止作用,导轮不能向左旋转。这样流经导轮的液压油就改变了流动的方向,直接作用于泵轮叶片的后部,泵轮将来自发动机和从涡轮回流的残余能量叠加后传递给涡轮,使涡轮输出转矩增大。残余能量越大,增矩效果就越好。

只有在泵轮转速高于涡轮转速时才能产生残余能量,使转矩增大。在涡轮制动时(失速点和起步点)其变矩比(涡轮输出转矩与泵轮输入转矩之比)达到最大值。

液压油由泵轮流向涡轮,而后经导轮改变了方向后再返回泵轮,泵轮和涡轮之间就形成液压油的循环流动,如图8-10所示。只有存在液压油的循环流动,才能产生变矩工况。

随着涡轮转速的升高,变矩比呈线性下降。过了临界点后,涡轮和泵轮转速相等,泵轮的液压油除了驱动涡轮旋转外,已没有残余能量,液压油流动角度也达到最小点,涡轮返回的液压油冲向了导轮的背面,如图8-11所示。由于单向离合器只负责锁止左转,而不锁止右转,所以当液压油冲击固定在单向离合器上导轮的背面时,导轮便开始旋转,导轮开始旋转的时刻叫临界点。临界点之前为变矩工况,临界点之后为耦合工况。

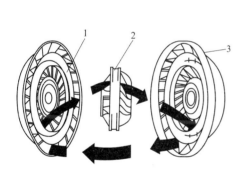

图8-10 液压油在液力变矩器中的循环流动
1-涡轮;2-导轮;3-泵轮

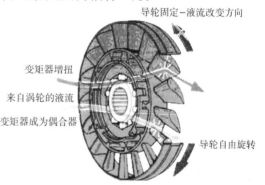

图8-11 导轮的工作情况

液力变矩器的变矩比随涡轮转速的增大而减小,又随着涡轮转速的减小而增大。即随行驶阻力矩的增大而增大,在低速区域内能够根据行驶阻力自动无级的变矩。

只有在泵轮和涡轮转速比较接近时,才会有耦合工况。耦合工况只在汽车中高速行驶才存在。

作为增矩装置的导轮在变矩工况时保持不动,耦合工况时便开始旋转。如果导轮在变矩工况时旋转,那就说明单向离合器发生了打滑的故障;导轮在耦合工况时是必须旋转的,如不旋转,就说明单向离合器发生了卡滞故障。

二、液力变矩器的特性

通常用液力变矩器的无因次特性来表征液力变矩器的特性,如图8-12所示。无因次特

性给出了变矩比 K、传动效率 η 及泵轮转矩系数 λ_P 随速比 i 变化的规律。其中,变矩比 K 为涡轮输出转矩 M_T 与泵轮输入转矩 M_P 之比,即:

$$K = \frac{M_\mathrm{T}}{M_\mathrm{P}} \tag{8-49}$$

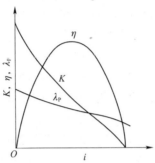

图 8-12 液力变矩器的无因次特性

变矩器速比 i 为涡轮转速 n_T 与泵轮转速 n_P 之比,即:

$$i = \frac{n_\mathrm{T}}{n_\mathrm{P}} \tag{8-50}$$

传动效率 η 为涡轮输出功率 $M_\mathrm{T} n_\mathrm{T}$ 与泵轮输入功率 $M_\mathrm{P} n_\mathrm{P}$ 之比,即:

$$\eta = \frac{M_\mathrm{T} n_\mathrm{T}}{M_\mathrm{P} n_\mathrm{P}} = Ki \tag{8-51}$$

泵轮转矩系数 λ_P 是泵轮转矩 M_P 中的比例系数,它表示液力变矩器的负载特性。泵轮转矩 M_P 为:

$$M_\mathrm{P} = \lambda_\mathrm{P} \rho\, g D^5 n_\mathrm{P}^2 \tag{8-52}$$

式中:ρ——工作油的密度;
  g——重力加速度;
  D——变矩器有效直径;
  n_P——泵轮转速;
  λ_P——泵轮转矩系数。

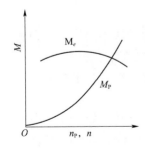

图 8-13 非透过性液力变矩器的泵轮转矩曲线与发动机外特性曲线

在变矩器的试验中,测得 n_P、n_T、M_P 和 M_T,即可求出变矩比 K、传动效率 η、速比 i 及泵轮转矩系数 λ_P。

泵轮转矩系数 λ_P 与速比 i 的关系表明了变矩器的"透过性"。透过性指变矩器涡轮载荷的变化对泵轮工况的影响程度。液力变矩器的透过性是由其结构决定的。

在任何速比下,泵轮转矩系数 λ_P 维持不变的液力变矩器称为"非透过性"的变矩器。由公式 $M_\mathrm{P} = \lambda_\mathrm{P} \rho\, g D^5 n_\mathrm{P}^2$ 可知,非透过性液力变矩器的泵轮转矩与泵轮转速的关系 $M_\mathrm{P} = f(n_\mathrm{P})$ 为一条抛物线,如图 8-13 所示。

$M_\mathrm{P} = f(n_\mathrm{P})$ 曲线与发动机节气门全开或部分开启时转矩曲线的交点决定了发动机工况,即其转速与负荷。对于非透过性的液力变矩器,只要发动机节气门开度不变,不论外界阻力和汽车运动状况如何变化，发动机的转速保持不变。即汽车行驶条件的改变，涡轮轴上的转矩发生变化，只影响涡轮轴转速的改变，而负载对泵轮转速无任何影响。

对于透过性液力变矩器，汽车行驶阻力的变化或行驶速度的变化，在发动机节气门开度不变的条件下，会影响到发动机的转速，表明泵轮转矩系数 λ_P 不是定值。透过性液力变矩器的泵轮转矩曲线是一组曲线，如图 8-14 所示。一个速比对应有一个 λ_P 值，确定了一根泵轮转矩曲线。不同的速比有不同的 λ_P 值，确定了一组泵轮转矩曲线。这些曲线与发动机节气门全开或部分开启时转矩曲线的交点，就是发动机的工作转速。例如，汽车起步时，涡轮转速 $n_T = 0$，即速比 $i = 0$，相应的泵轮转矩系数为 λ'_P，若节气门全开，发动机以 n'_P 转速运转；在加速过程中，汽车速度增加，涡轮转速 n'_T 增加，速比 i 也加大，此时 λ'_P 减小到 λ''_P，则发动机转速为 n''_P；汽车速度再增加，n_T 与 i 继续增加，λ_P 减至 λ'''_P，相应的发动机转速为 n'''_P。所以，透过性液力变矩器扩展了发动机运转的转速范围和相应的转矩范围。

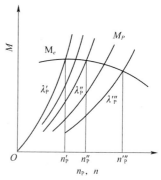

图 8-14 透过性液力变矩器的泵轮转矩曲线与发动机外特性曲线

液力变矩器的透过性以透过度 p 表示，其定义为：

$$p = \frac{M_{p0}}{M_{pc}} = \frac{\lambda_{p0}}{\lambda_{pc}} \tag{8-53}$$

式中：M_{p0}、λ_{p0}——涡轮不转动时，泵轮的转矩与转矩系数；

M_{pc}、λ_{pc}——耦合器工况，即变矩比 $K = 1$ 时，泵轮的转矩与转矩系数。

若 $p = 1 \sim 1.2$，则为非透过性的液力变矩器；若 $p > 1.2$，则为透过性的液力变矩器。一般而言，轿车 $p \geq 2.0$，其他车辆 $p = 1.3 \sim 1.8$。

在节气门全开时，液力变矩器的输出转矩 M_T 与输出转速 n_T 的关系曲线称为液力变矩器的输出特性。显然，根据此输出特性可以确定汽车的动力性。利用图 8-13 和图 8-14 中的发动机外特性 M_e-n 曲线与不同速比时变矩器转矩曲线的交点，也就是节气门全开时发动机与液力变矩器的共同工作点，并根据液力变矩器无因次特性以及下列公式：

$$M_T = K M_p \tag{8-54}$$

$$n_T = i n_p \tag{8-55}$$

即可求出液力变矩器的输出特性。图 8-15 所示为非透过性液力变矩器的输出特性，图 8-16 所示为透过性液力变矩器的输出特性，图上还画出了 n_T、M_p、η 曲线。

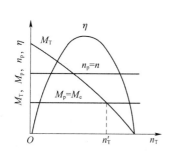

图 8-15 非透过性液力变矩器的输出特性

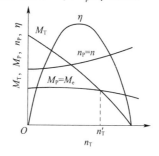

图 8-16 透过性液力变矩器的输出特性

装有液力变矩器汽车的动力性与液力变矩器的有效直径 D 的大小有密切关系。当 D 值减小时,泵轮的转矩曲线(抛物线)将变得更平缓。因此,由泵轮转矩曲线与发动机转矩曲线的交点所决定的发动机变矩器的共同工作点,必处于较高的转速与较低的转矩。换言之,汽车在高速时获得较大的驱动力,而在低速时驱动力较小。

对于非透过性液力变矩器而言,改变有效直径 D,能使发动机在节气门全开时处于 n_p 转速下发出最大的功率 P_{emax}。此时,若液力变矩器的传动效率为常数,则在不同车速下,驱动轮总是能获得最大驱动力。但实际上,液力变矩器的传动效率随着速比 i 的不同而有很大变化。起步加速或克服大的坡道阻力时,涡轮转速 n_T 和相应的速比 i 都很小,液力变矩器处于低效率工况,所以尽管发动机发出最大功率 P_{emax},驱动轮上的驱动功率 ηP_{emax} 仍低于较低发动机转速下的驱动功率,相当于较大速比 i 和较高传动效率时的驱动功率。因此,考虑到液力变矩器传动效率的变化,要尽可能提高各种车速下的驱动力(包括起步加速在内),使发动机最好能处于不同转速下工作。即液力变矩器应该是透过性的。当液力变矩器具有一定透过性时,涡轮轴可以得到较高的转速 n_T,也就是说汽车可以有较高的行驶速度,其转矩也有所增加,并有较宽的高效率工作范围。这样,汽车起步时,可从发动机获得较高的转矩,而随着汽车的加速,发动机的转速提高,使汽车获得较高的速度,因而改善了汽车的动力性能。

为了获得最佳动力性,选择有效直径 D 与变矩器的透过度 p 时,应令发动机转速由最大转矩对应的转速 n_M 开始,逐渐升高到最大功率对应的转速 n_p。相当于原地起步速比 $i=0$ 时,发动机转速为 n_M,其转矩为 M_{emax},驱动力最大;当发动机转速提高,对应于较高的行驶车速时,发动机功率为 P_{emax}。为了减少噪声,舒适的轿车常选用低于 n_M 的发动机转速。

在选择有效直径 D 与透过度 p 时,除了考虑汽车的动力性外,还要考虑到燃油经济性与发动机的磨损;不仅是透过性变矩器,非透过性变矩器也要使发动机转速向较低转速方向移动。选用非透过性变矩器的货车,发动机节气门全开时,常以 $90\% n_p$ 转速工作。

在加速过程中,随着涡轮转速的提高,涡轮转矩逐渐减小,由图 8-15 及图 8-16 可知,当 $n_T = n'_T$ 时,变矩比 $K=1$,此时涡轮转矩等于泵轮转矩($M_T = M_P$);若进一步提高涡轮转速和增加速比 i,则 $M_T < M_P$ 且效率急剧下降,液力变矩器处于不利的工况。所以,现代的液力变矩器当 $K=1$ 后,即令液力变矩器转入液力耦合器工况,或装有单向锁止离合器将泵轮与涡轮锁住,功率直接输送到传动轴。

液力耦合器的特点是涡轮转矩等于泵轮转矩($M_T = M_P$),变矩比 $K=1$,因而其传动效率为:

$$\eta = \frac{n_T}{n_P} = i \tag{8-56}$$

所以,随着车速的增加,液力耦合器的传动效率随速比的增加而提高。

图 8-17 所示为液力耦合器的无因次特性。

图 8-18 所示为速比 $K=1$ 后,液力变矩器转为液力耦合器工况的综合式液力变矩器的无因次特性。当汽车由原地起步时,涡轮转速 $n_T = 0$,即速比 $i=0$,此时变矩比最大为 K_0,随着 n_T 的增加,速比 i 也增加,液力变矩器的效率 η 以比液力耦合器快得多的速率增加,在达到最大值后开始下降。但当 $K>1$ 时,它的效率总比液力耦合器高。当 $K=1$ 时,液力变矩器

的效率等于液力耦合器的效率,此时液力变矩器转入液力耦合器工作。当 i 再增加时,液力耦合器的效率继续增加,而液力变矩器的效率则迅速下降。

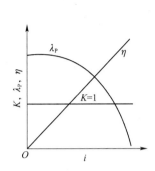

图 8-17 液力耦合器的无因次特性　　图 8-18 综合式液力变矩器的无因次特性

为了进一步提高燃油经济性,当 $K=1$ 时,部分液力变矩器直接将泵轮与涡轮锁住。此后,功率将直接传到后面,液力变矩器的效率接近 100%。所以当 $n_T > n'_T$ 之后,汽车的动力性和燃油经济性都得到了改善。

因此,综合式液力变矩器或带有锁止离合器的液力变矩器,防止了高速区传动效率的降低,从而提高了汽车动力性与燃油经济性。

三、装有液力变矩器汽车的动力性

图 8-19 所示为三种最大功率相等但类型不同的发动机的特性曲线,即一般活塞式内燃机、活塞式蒸汽机及一种假想的、能在发动机不同转速下发出等功率的发动机特性曲线,其中活塞式蒸汽机除在极低转速外,它具有近似于等功率的特性。

再根据这些特性曲线,作出三种配备不同类型发动机汽车的功率平衡图及驱动力-行驶阻力平衡图,如图 8-20 所示。上述三种汽车的共同特点在于具有相等的质量、相同的最高车速,但无变速器。

汽车绝大多数装用一般活塞式内燃机,其外特性曲线如图 8-19a)所示。由于活塞式内燃机在低速工况下的后备功率很小,若不配备变速器,只能通过很小的坡度。为了能适应汽车在低速时具有较大的后备功率,发动机外特性应为等功率曲线,如图 8-19b)所示。

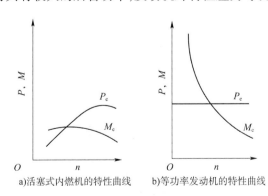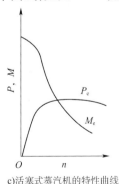

a) 活塞式内燃机的特性曲线　b) 等功率发动机的特性曲线　c) 活塞式蒸汽机的特性曲线

图 8-19　几种发动机的特性曲线

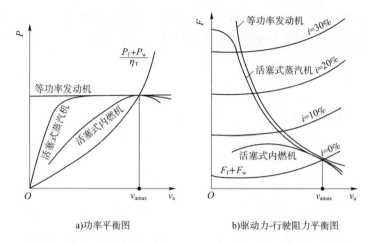

a) 功率平衡图　　　　b) 驱动力-行驶阻力平衡图

图 8-20　装用不同发动机时的汽车功率平衡图及驱动力-行驶阻力平衡图

由图 8-20 可知，虽然内燃机的最大功率与等功率发动机的功率相同。但内燃机汽车在车速低时后备功率很小，能提供的驱动力也很小。而等功率发动机汽车，在低车速下，若无驱动轮对附着力的限制，则可克服很大的坡度。因此，等功率发动机的特性曲线被称为理想的汽车发动机特性。为了克服内燃机特性的缺陷，一般汽车都装有有级变速器，使汽车具有接近于装有等功率发动机时的驱动功率与驱动力，从而改善汽车动力性，图 8-21 为装有活塞式内燃机和三挡变速器的汽车与装有等功率发动机汽车的动性图。当变速器挡数无限增多，即采用无级变速器，且设无级变速器的机械效率等于有级式变速器时，内燃机就可能总是在最大功率 P_{emax} 工况下工作，汽车的驱动功率总等于 $\eta_T P_{emax}$，即具有与装备等功率发动机汽车同样的动力性。

为了达到上述目的，使发动机在任何车速下都能发出最大功率，无级变速器的传动比随车速的变化规律应为：

$$i_g = 0.377 \frac{r n_p}{i_0 v_a} \tag{8-57}$$

式中：n_p——发动机发出最大功率时的转速，r/min；

　　　r——车轮半径，m；

　　　i_0——主减速器传动比；

　　　v_a——汽车车速，km/h。

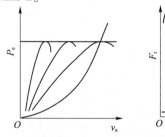 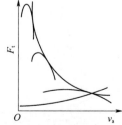

a) 装有活塞式内燃机和三挡　　b) 装有等功率发动机汽车的
变速器汽车的动力特性图　　　　动力特性图

图 8-21　装有活塞式内燃机和三挡变速器的汽车与装有等功率发动机汽车的动力性

上述分析的假设条件是无级变速器的传动效率与普通齿轮变速器的相同。实际上,前者的传动系效率低于后者的,因此无级变速器汽车的动力性比理想的下降一些。

汽车上用得最多的无级传动是液力变矩器。利用液力变矩器的输出特性,并将液力变矩器后面传动装置的传动比定义为:$i' = i_g i_0$;转速 n_T 和传动效率 η_T 代入式(7-3)和式(7-8):

即可求出装有无级变速器汽车的驱动力并作出汽车的驱动力图 $F_t - v_a$。

应当指出,液力传动过程消耗了发动机的一部分功率,计算传动系效率时常不包括这部分功率。

根据驱动力图,就可确定汽车的爬坡度、加速度与最高车速。

对于装有非透过性液力变矩器的汽车,汽车加速时发动机的转速始终维持不变,旋转质量换算系数 $\delta = 1$;一般轿车均采用透过性液力变矩器,旋转质量换算系数 $\delta > 1$,但比手动变速器的值要小得多,粗略计算时仍可取 $\delta \approx 1$。

图 8-22 为装有液力变速器汽车的驱动力图。

图 8-22 中实线是一辆装有综合式液力变矩器与两挡机械变速器汽车的驱动力图。当挂上低速挡时,由于变速器传动比增加和液力变矩器速比增加带来的变矩器效率提高,使驱动力比高速挡大。图中的虚线是这辆汽车装有三挡分级式变速器时的驱动力曲线。这两组曲线的对比可看出,由于液力变矩器的效率低,装有综合式液力变矩器传动的汽车在高速时动力性并无改善,只有在很低车速的行驶区域,它的驱动力才比一般有级式变速器大。但由于汽车从起步速度为零开始就能连续不断地发出驱动力,而有级式变速器只有一定速度后才能提供驱动力,起步车速为零时必须依靠离合器滑转才能传递驱动功率,所以装有液力变矩器的汽车起步平顺柔和无冲击,起步加速性好。对于装有单向锁止离合器的液力变矩器而言,高速行驶时,驱动力与一般齿轮变速器的相等,所以动力性仍能有所改善。

装有液力变矩器的汽车,在低速时能发出很大的驱动力并稳定行驶,这对于在松软地面或雪地行驶的通过性具有重大意义。

前已述及,由于液力变矩器的转矩变化范围较小,一般都同三挡或四挡自动机械变速器串联使用。

由液力变矩器和行星齿轮机械变速器共同组成的液力自动变速器在各种汽车上应用日益广泛的主要原因,并不在于改善汽车在良好路面上的动力性,而是操作简便,起步、换挡平顺,不会由于阻力过大而导致发动机熄火,因此能显著地减轻驾驶员的劳动强度并适合于驾驶技术不高的人驾驶,因此由于其优异的驾驶方便性而受到驾驶员的普遍喜爱。

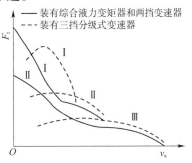

图 8-22 装有液力变速器汽车的驱动力图

第六节 影响汽车动力性的主要因素

为了提高汽车的动力性能,使汽车具有合理的动力性参数,必须对影响汽车动力性的各种因素进行分析。影响汽车动力性的主要因素有:发动机特性、传动系参数、汽车质量和使用因素。

一、发动机参数的影响

1. 发动机最大功率的影响

发动机功率越大,汽车的动力性越好。发动机最大功率的选择必须保证汽车预期的最高车速。最高车速越高,要求的发动机功率越大,其后备功率也大,加速和爬坡能力较好。但发动机功率不宜过大,否则在常用条件下,发动机负荷率过低,油耗增加。

2. 发动机最大转矩

发动机的最大转矩越大,在传动系速比一定时,最大动力因数较大,汽车的加速和上坡能力较强。

3. 发动机外特性曲线的形状

受结构形式的影响,不同类型的发动机有不同的特性。前已述及一般活塞式内燃机、活塞式蒸汽机及一种假想的能在发动机不同转速下发出等功率的发动机特性曲线,如图8-19所示。根据这些特性曲线,作出的装用不同发动机的总质量、变速比、最高车速均相同的汽车的功率平衡图及驱动力-行驶阻力平衡图,如图8-20所示。由图可知,虽然三种发动机的最大功率相等,但由于外特性曲线形状不同,装用活塞式发动机的汽车,在一定车速时能够提供的用于加速或爬坡的后备功率和驱动力均较小,汽车的加速和爬坡能力均较差,装用蒸汽机的次之,装用等功率发动机的汽车加速能力和爬坡能力最佳。

二、主减速器传动比 i_0 的影响

传动系总传动比是传动系各部件传动比的乘积。普通汽车上没有分动器和变速器,如果变速器最高挡是直接挡,主减速器传动比 i_0 对汽车动力性的影响,可利用汽车在直接挡行驶时的功率平衡图来分析,如图8-23所示。

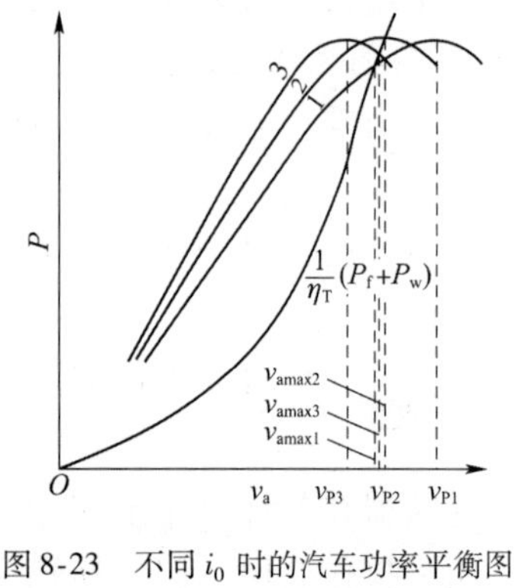

图8-23 为汽车主减速器传动比变化时的功率平衡图。图中的三条等高曲线,表示在三个不同的主传动比下,发动机功率与车速的关系。由于主减速器传动比不同,这三条功率曲线的形状和对应的速度区间也不同。但三条功率曲线的起始点、结束点及最大值点的高度对应相等,设阻力功率曲线是不变的,因为它只与汽车总重力、流线型、车速及道路阻力的大小有关。

图8-23 不同 i_0 时的汽车功率平衡图
1-i_{01};2-i_{02};3-i_{03}

首先讨论最高车速:从图8-23可以看出,主减速器传动比 i_0 不同,汽车功率平衡图上发动机功率曲线的位置不同,与水平路面行驶阻力功率曲线的交点所确定的最高车速不同。当主减速器传动比为 i_{02} 时,阻力功率曲线正好与发动机功率曲线2相交在其最大功率点上,此时得到的车速最高,如果将发动机最大功率点对应的车速以 v_P 表示,则有 $v_{amax2} = v_P$;而装有另外两种传动比的主减速器,发动机功率曲线1和3与阻力功率曲线的交点均不在最大功率点,即 $v_{amax1} \neq v_{P1}$,$v_{amax3} \neq v_{P3}$,且 v_{amax1}、v_{amax3} 均小于 v_{amax2}。所以,主减速器传动比 i_0 应选择到汽车的最高车速相当于发动机最大功率点时的车速,此时

最高车速有最大值。

再讨论汽车的后备功率:主减速器传动比 i_0 不同,汽车的后备功率也不同。当主减速器传动比为 i_{01} 时,发动机功率曲线1在曲线2的右方($v_{P1} > v_{amax1}$,当然 v_{p1} 是不可能实现的),此时除了 $v_{amax1} < v_{amax2}$ 外,汽车的后备功率也比较小,即汽车的动力性能比主减速器传动比为 i_{02} 时差;不过发动机的功率利用率提高,燃油经济性较好。当主减速器传动比为 i_{03} 时,发动机功率曲线3在曲线2的左侧,此时 $v_{p3} < v_{amax3}$,虽然 $v_{amax3} < v_{amax2}$,但是汽车的后备功率却有较大提高,即汽车的动力性能有其加强的一面,但是燃油经济性较差。

所以随着主减速器传动比 i_0 的增大,发动机功率曲线左移,汽车的后备功率增大,动力性有所加强,但燃油经济性较差;随着主减速器传动比 i_0 的减小,发动机功率曲线右移,汽车的后备功率较小,但发动机功率利用率高,燃油经济性较好。

三、传动系挡数的影响

无副变速器和分动器时,传动系挡数即为变速器前进挡的挡数。变速器挡数增加时,发动机在接近最大功率工况下工作的机会增加,发动机的平均功率利用率高,后备功率增大。

例如,在两挡变速器的头挡和直接挡中间增加两个挡位时,如图8-24所示,汽车的最高车速和最大上坡度均不变。但在相同的速度范围内,可利用的后备功率增大了(如图8-24中影线表示的区域),有利于汽车加速和上坡,提高了汽车中速行驶时的动力性。挡数多,可选用最合适的挡位行驶,发动机有可能在大功率工况下工作,使功率利用的平均值增大。

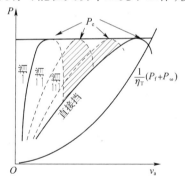

图8-24 变速器挡数对汽车动力性的影响

挡数的多少还影响到挡与挡间传动比的比值。比值过大时会造成换挡困难。一般认为比值不宜大过 1.7~1.8。因此变速器头挡传动比越大,挡数也应越多。

各种汽车变速器挡数有大致的规律。货车变速器挡数随载质量的增加而增多。总质量 3.5t 以下轻型货车大多采用四挡变速器。总质量 3.5~10t 的汽车 80% 用五挡变速器。总质量 14t 以上的汽车 85% 带有副变速器,采用 8、10、12 个挡。越野车总质量在 3.5t 以下的多采用四挡变速器和两挡分动器,3.5t 以上的采用五挡或六挡变速器与两挡分动器。显然,挡数多于五挡会使结构和操纵大为复杂。

假如变速器的挡数无限增多,即成为无级变速器。采用无级变速器的优点是,发动机有可能总是在最大功率 P_{emax} 下工作,在速度变化范围内,可利用的后备功率最大,汽车的动力性最好。

四、汽车流线型的影响

汽车的流线型影响汽车的空气阻力系数,对汽车动力性也有影响。因为空气阻力和车速平方成正比,克服空气阻力消耗的功率和车速的立方成正比,因此汽车的流线型对汽车的最高车速影响很大。流线型对高速汽车的动力性、经济性影响是非常显著的。但对汽车能克服的最大道路阻力影响不大。

五、汽车质量的影响

汽车在使用中,其总质量随载运货物和乘客的多少而变化。尤其是载货汽车拖带挂车时,总质量的变化更大。汽车质量对其动力性有很大影响。

汽车总质量增加时,动力因数 D 将随之下降,而道路阻力和加速阻力随之增大。故汽车的动力性将随汽车总质量的增加而变差,汽车的最高行驶速度和上坡能力也下降。

汽车的自身质量对汽车动力性影响也很大,对具有相同额定载质量的不同车型,其自身质量较轻的总质量也较轻,因而动力性也较好。因此,对于额定载质量一定的汽车,在保证刚度与强度足够的前提下,尽量减轻自身质量,可以提高汽车的动力性。

采用拖挂运输可以提高运输生产率,现在已被世界各国广泛采用。汽车拖带挂车或牵引车拖带半挂车组成的汽车列车,其自身质量相对较小(与同样载质量的汽车相比),汽车列车又可充分利用汽车的后备功率。因此,拖挂运输对提高运输效率和降低运输成本都有利。

六、轮胎尺寸与型式的影响

汽车的驱动力与滚动阻力以及附着力都受轮胎的尺寸与型式的影响,故轮胎的选用对汽车的动力性有较大影响。

汽车的驱动力与驱动轮的半径成反比,汽车的行驶速度与驱动轮半径成正比。但车轮半径一般是根据汽车类型选定。轮胎花纹对附着性能有显著影响。因而合理选用轮胎花纹与型式对汽车的动力性有重要意义。

七、汽车运行条件的影响

运行条件对汽车动力性影响的主要因素有:气候条件、高原山区、道路条件等。

在我国南方行驶的车辆,由于气温高,发动机冷却系散热不良,易于过热,降低发动机功率。

在高原地区行驶的车辆,由于海拔较高,空气稀薄(气压和空气密度下降),使发动机充气量与汽缸内压缩终点压力降低,因而使发动机功率下降。

汽车在使用过程中,道路条件是不断地变化。有时行驶在坏路(雨季翻浆土路,冬季冰雪路和覆盖砂土路)和无路(松软土路、草地和灌木林等地带)的条件下,在这种情况下行驶,由于路面的附着系数减小和车轮滚动阻力增加,使汽车动力性大大降低。

第九章　汽车的燃油经济性

汽车的燃料经济性是指在保证动力性的前提下,汽车以最小的燃料消耗量完成单位运输工作量的能力。

汽车的燃料经济性是汽车的主要性能之一。在汽车运输成本中,燃料消耗费用约占 20%~30%。因而,提高汽车的燃料经济性,不仅是提高汽车运输经济效益的需要,而且是当前世界性节能节源的需要。在提高汽车燃料经济性的同时也降低了发动机的 CO_2 排放量,起到防止地球变暖的作用。因此今后各主要汽车生产国家将重点研究降低汽车油耗的方法,在全世界范围内提高汽车的燃料经济性始终是汽车技术的奋斗目标。展望未来,汽车的燃料将进一步得到节省。

第一节　汽车燃油经济性的评价指标

汽车的燃料经济性常用一定运行工况下汽车行驶百公里的燃油消耗量或一定燃油量能使汽车行驶的里程来衡量。

一、单位行驶里程(100km)的燃料消耗量 Q_1

在我国及欧洲,燃油经济性评价指标的单位是 L/100km,即汽车行驶 100km 所消耗的燃油升数。其数值越小,汽车的燃油经济性越好。

这种指标只能用于比较同类型汽车或同一辆汽车的燃料经济性,例如用于分析不同部件(发动机或传动系等)装在同一汽车上对燃料经济性的影响。

在美国,燃油经济性评价指标的单位是 MPG(Miles Per Gallon)或 mile/USgal,指的是每加仑燃油能行驶的英里数。这个数值越大,汽车的燃油经济性越好。

单位行驶里程(100km)的燃料消耗量分为等速行驶百公里燃料消耗量和循环工况行驶百公里燃料消耗量。

1. 等速行驶百公里燃料消耗量

这是常用的一种评价指标,指汽车在一定载荷(我国标准规定轿车为半载、货车为满载)下,以最高挡在水平良好路面上等速行驶 100km 的燃油消耗量。我们常测出每 10km/h 或 20km/h 速度间隔的等速百公里燃料消耗量,然后标注在以行驶速度为横坐标,百公里燃料消耗量为纵坐标的坐标系中,即可得到等速百公里燃油消耗量曲线,用它来评价汽车的燃油经济性,如图 9-1 所示。

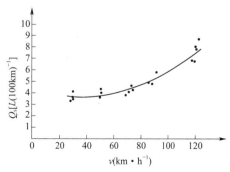

图 9-1　汽车等速百公里燃油消耗量

由图 9-1 可以看出,在汽车的等速油耗曲线上,通常能找到一个相当于最低燃料消耗量的行驶速度,该速度称为经济车速。当车速高于或低于经济车速时,其耗油量均增加。

虽然汽车以经济车速行驶,每 100km 的燃料消耗量是最低的,但是,有时由于经济车速较低,不利于提高运输生产率。在这种情况下,若适当地提高车速,既可以提高运输生产率,又不使单位运输工作量的燃料消耗量增加许多,而其他成本费用却有所降低,因而适当提高车速是有利的。

为了使汽车在实际使用中具有良好的燃料经济性,要求汽车等速行驶 100km 油耗曲线的最低燃料消耗量值尽可能小,它对应的经济车速接近常用车速,同时曲线的变化越平缓越好,以保证车速变化时汽车耗油量的变化较小,经济性较好。

2. 循环工况行驶百公里油耗

由于等速行驶工况没有全面反映汽车的实际运行情况,如汽车在市区行驶频繁的加速、减速、怠速停车等行驶工况并没有体现出来。因此,在对实际行驶车辆进行跟踪测试统计的基础上,各国都制定了一些典型的循环行驶试验工况来模拟实际汽车运行状况,并以其百公里油耗来评定相应行驶工况的燃油经济性。

图 9-2 为联合国欧洲经济委员会、美国及我国法定的测定燃油经济性的循环行驶工况图。欧洲经济委员会 ECE 规定,要测量车速为 90km/h 和 120km/h 的等速百公里燃料消耗量和按 ECE—R.15 循环工况的百公里燃料消耗量,并各取 1/3 相加作为混合百公里燃料消耗量来评价汽车燃油经济性。

欧洲经济委员会 ECE 对汽车燃油经济性的评价为:

$$\frac{1}{3}混合油耗 = \frac{1}{3}ECE.R15 + \frac{1}{3} \times 90km/h + \frac{1}{3} \times 120km/h, L/100km \qquad (9-1)$$

美国环境保护局 EPA 规定,要测量城市循环工况 UDDS 及公路循环工况 HWFET 的燃油经济性,单位为每加仑燃油汽车行驶的英里数(mile/gal),并按照下式计算综合燃油经济性,以此作为燃油经济性的综合评价指标。

$$综合燃油经济性 = \frac{1}{\frac{0.55}{城市循环工况燃油经济性} + \frac{0.45}{公路循环工况燃油经济性}}, mile/gal$$

$$(9-2)$$

汽车燃料消耗量标示数据系根据《轻型汽车燃料消耗量试验方法》(GB/T 19233—2008)测定,包括市区、市郊、综合三种工况的燃料消耗量。《轻型汽车燃料消耗量试验方法》(GB/T 19233—2008)采用模拟试验工况,分市区、市郊两部分,分别模拟车辆在城市市区道路和市区以外其他典型道路条件下的行驶状态。通过测量车辆在上述道路模拟循环下的二氧化碳、一氧化碳和碳氢化合物的排放量,计算得出市区、市郊和综合燃料消耗量。消费者在选购车辆时可以根据车辆的预期使用情况,选择不同工况下的燃料消耗量作为主要参考。需要特别说明的是,任何试验室试验和道路试验都不能完全模拟所有驾驶员的实际驾驶状态,由于气候条件、道路状况、油品质量、交通拥挤程度以及驾驶习惯等方面的差异,实际燃料消耗量有可能会与《汽车燃料消耗量标识》上标示的数据存在一定的差异。

在对一辆汽车进行油耗检测时,要检测尾气排放等数据,因此检测都是在排放实验室内进行的。汽车油耗检测的流程为:汽车生产企业主动将样车送检测机构,汽车随后被安排在排放实验室进行各项数据的检测,其中一项就包括油耗。车辆被放置到由钢板铺设好的检测平台上,前后部都用钢索固定,防止移动。4个车轮下各有一个滚筒装置,用来模拟车辆行驶中的阻力。工作人员可以通过仪器来操纵滚筒,变化模拟出各种路况,例如上坡、下坡等。在检测过程中,经过培训的驾驶员将坐在车内操作,而操作流程会严格按照事先规定好的"曲线"进行,不仅详细规定了踩加速踏板的时间和次数,甚至连换挡的时间都有特殊要求。而驾驶员的实际操作误差被限定在正负两公里内,如果超过,实验当即"报废"。

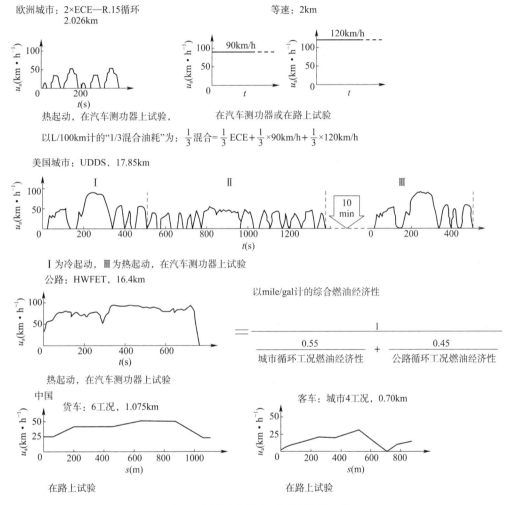

图9-2 测量汽车燃油经济性的行驶工况

整个油耗检测过程共计1180s,其中前780s是模拟市区状态下,首先起动发动机,怠速很短一段时间后,突然加速、匀速、减速,最后又进入怠速,这一轮状态会耗时195s。经过3次重复后,最终得出一个油耗数据,就是市区工况。为了充分模拟出城市交通拥堵的实际情况,在检测市区工况时,平均车速仅为19km/h,其中怠速运转会占到30%。而在检测市郊工况时,平均车速就会升高到63km/h,只有10%的怠速运转,这段检测会持续400s。

在检测出市区工况和市郊工况后,再把两者的数据相加后除以总体的综合里程,得出的数据就是综合工况,其中包括30%的市区工况和70%的市郊工况。这个标准采用的是欧洲

发动机原理与汽车理论（第2版）

NEDC 行驶工况循环标准,目前世界各国除了美国和日本外,都在使用这个标准。

虽然油耗的检测是在实验室进行,但由于采取了碳平衡方法,因此用不到 20min 就可以检测一辆汽车的油耗。汽油实际上属于碳氢化合物,其中碳的比例是一个固定值,汽油燃烧排放出来的主要就是二氧化碳,因此我们可以根据碳当量不变的原理,通过二氧化碳中的含碳量计算出车辆的实际油耗。试验证明,碳平衡方法与带油耗仪的车辆进行对比测试,误差不超过 2%。

二、单位运输工作量的燃料消耗量

为了评价不同类型、不同载质量汽车的燃油经济性,引入单位运输工作量的燃料消耗量,其单位为 L/(100t·km)。

第二节 汽车燃油经济性的计算

汽车在设计与开发过程中,常需要根据发动机台架试验得到的万有特性图与汽车功率平衡图,对汽车燃油经济性进行估算。本节将介绍汽车在等速行驶、加速、减速和怠速停车等各种行驶工况下燃油消耗量的计算方法。

一、汽车等速行驶燃料消耗量的计算

汽车的燃料消耗量可根据发动机的万有特性图及汽车的功率平衡图进行估算。汽车在平直良好路面上等速行驶时,其 100km 燃料消耗量的计算方法如下:

通常用汽车的行驶速度 v_a 和发动机所发出的功率 P_e 表示汽车的百公里油耗 Q_1。汽车在等速行驶 100km 的过程中,发动机应做的功为:

$$W = P_e \frac{100}{v_a}, \text{kW} \cdot \text{h} \tag{9-3}$$

图 9-3 为汽油发动机万有特性图,根据图 9-3 给出的发动机万有特性图得到发动机在相应工况下的有效燃料消耗率为 $g_e[\text{g}/(\text{kW} \cdot \text{h})]$,则:

$$Q_s = P_e g_e \frac{100}{v_a} (\text{g}/100\text{km}) = \frac{P_e g_e}{10 v_a}, \text{kg}/100\text{km} \tag{9-4}$$

$$Q_1 = \frac{P_e g_e}{1.02 v_a \rho}, \text{l}/100\text{km} \tag{9-5}$$

式中:Q_1——汽车的百公里油耗,l/100km;

P_e——发动机发出的功率,P_ekW;

g_e——发动机的有效燃料消耗率,g/(kW·h);

v_a——汽车的行驶速度,km/h;

ρ——燃油的密度,N/l。

由式(8-44)可知,汽车在平直良好路面上等速行驶时,发动机发出的功率等于克服滚动阻力与空气阻力及传动系机械损失所消耗功率的总和。

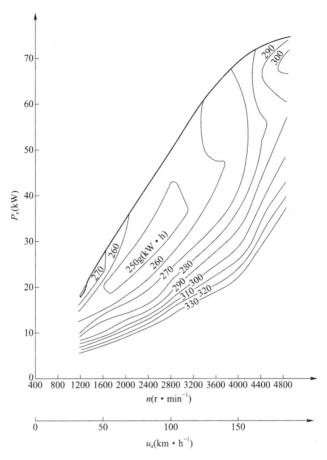

图 9-3 汽油发动机万有特性图

由此得到汽车等速行驶 100km 的燃料消耗方程为：

$$Q_1 = \frac{P_e g_e}{1.02 v_a \rho} = \frac{g_e}{3672 \eta_T \rho}\left(Gf + \frac{C_D A v_a^2}{21.15}\right), \text{l/100km} \tag{9-6}$$

式中：η_T——传动系的机械效率；

G——汽车重力；

f——滚动阻力系数；

C_D——空气阻力系数；

A——汽车迎风面积。

二、汽车等加速行驶燃料消耗量的计算

在汽车加速行驶过程中，发动机除克服滚动阻力和空气阻力消耗功率外，还要克服加速阻力所消耗的功率。若加速度为 $\dfrac{dv}{dt}$，则发动机提供的功率 P_e 应为：

$$P_e = \frac{1}{\eta_T}\left(\frac{Gf v_a}{3600} + \frac{C_D A v_a^3}{76140} + \frac{\delta G v_a}{3600g}\frac{dv}{dt}\right) \tag{9-7}$$

图 9-4 所示为等加速过程燃料消耗量的计算，根据图 9-4 计算汽车从 v_{a1} 以等加速度加

速至 v_{a2} 的燃料消耗量。首先把加速过程分隔为若干个小区间,区间以速度每增加 1km/h 为一间隔。每个区间的燃油消耗量可根据其平均的单位时间燃油消耗量与行驶时间之积来计算。各区间起始或终了车速所对应时刻的单位时间燃油消耗量 Q_t(ml/s),可根据发动机发出的功率 P_e 和相应的燃料消耗率 g_e 求得:

$$Q_t = \frac{P_e g_e}{367.1\rho g}, \text{ml/s} \tag{9-8}$$

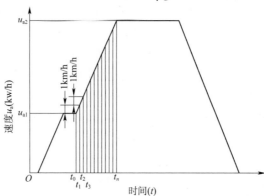

图 9-4　等加速过程燃料消耗量的计算

而汽车行驶速度每增加 1km/s 所需时间为:

$$\Delta t = \frac{1}{3.6\frac{dv}{dt}}, \text{s} \tag{9-9}$$

汽车从行驶初速度 v_{a1} 加速至 $(v_{a1}+1\text{km/h})$ 所消耗的燃油量 Q_1 为:

$$Q_1 = \frac{1}{2}(Q_{t0} + Q_{t1})\Delta t, \text{ml} \tag{9-10}$$

式中:Q_{t0}——区间起始速度 v_{a1}(km/h)所对应 t_0 时刻的单位时间燃油消耗量,m/s;

Q_{t1}——区间终了速度 $(v_{a1}+1)$(km/h)所对应 t_1 时刻的单位时间燃油消耗量,ml/s。

知道了单位时间燃油消耗量和所需时间就可以计算出一个区间所需的燃油消耗量。

同理,我们可以计算出从车速 $(v_{a1}+1)$(km/h)再增加 1(km/h)至 $(v_{a1}+2)$(km/h)所需的燃油消耗量 Q_2 为:

$$Q_2 = \frac{1}{2}(Q_{t1} + Q_{t2})\Delta t, \text{ml} \tag{9-11}$$

式中:Q_{t2}——车速为 $(v_{a1}+2)$(km/h)所对应 t_2 时刻的单位时间燃油消耗量,mL/s。

依此类推,各个区间的燃料消耗量为:

$$Q_3 = \frac{1}{2}(Q_{t2} + Q_{t3})\Delta t$$

$$\vdots$$

$$Q_n = \frac{1}{2}[Q_{t(n-1)} + Q_{tn}]\Delta t \tag{9-12}$$

式中:Q_{t3}、Q_{t4}、$\cdots$、Q_{tn}——t_3、t_4、$\cdots$、t_n 各个时刻的单位时间燃油消耗量,ml/s。

整个加速过程的燃油消耗量为：

$$Q_a = \sum_{i=1}^{n} Q_i = Q_1 + Q_2 + Q_3 + \cdots + Q_n = \frac{1}{2}(Q_{t0} + Q_{tn})\Delta t + \sum_{i=1}^{n-1} Q_{ti}\Delta t, \text{mL/s} \quad (9\text{-}13)$$

整个加速过程汽车行驶的距离 s_a 为：

$$s_a = \frac{v_{a2}^2 - v_{a1}^2}{25.92 \dfrac{dv}{dt}}, \text{m} \quad (9\text{-}14)$$

式中：s_a——加速过程汽车行驶的距离，m；

v_{a1}——汽车加速起始时的行驶速度，km/h；

v_{a2}——汽车加速终了时的行驶速度，km/h；

$\dfrac{dv}{dt}$——汽车加速度，m/s²。

三、汽车等减速行驶燃料消耗量的计算

汽车减速行驶时，加速踏板松开，关至最小位置并进行轻微制动，发动机处于强制怠速工作状态，所以其燃油消耗量即为正常怠速时的油耗。因此，等减速工况燃油消耗量 Q_d 为怠速燃油消耗率 Q_i(mL)与减速行驶时间 t 的乘积。

减速行驶时间 t 为：

$$t = \frac{v_{a2} - v_{a3}}{3.6 \dfrac{dv}{dt}}, \text{s} \quad (9\text{-}15)$$

所以，等减速过程燃油消耗量 Q_d 为：

$$Q_d = \frac{v_{a2} - v_{a3}}{3.6 \dfrac{dv}{dt}} Q_i, \text{mL} \quad (9\text{-}16)$$

减速区段内汽车行驶的距离 s_d 为：

$$s_d = \frac{v_{a2}^2 - v_{a3}^2}{25.92 \dfrac{dv}{dt}}, \text{m} \quad (9\text{-}17)$$

四、怠速停车时的燃油消耗量

若怠速停车时间为 t_s，则燃油消耗量 Q_{id} 为：

$$Q_{id} = Q_i t_s, \text{mL} \quad (9\text{-}18)$$

五、整个循环工况的百公里燃油消耗量

对于由等速、等加速、等减速、怠速停车等行驶工况组成的循环，如我国货车六工况法和 ECE-R.15，其整个试验循环的百公里燃油消耗量 Q_s 为：

$$Q_s = \frac{\sum Q}{S} \times 100, \text{L/100km} \quad (9\text{-}19)$$

式中：$\sum Q$——所有过程耗油量之和，mL；

S——整个循环的行驶距离，m。

第三节　影响汽车燃油经济性的因素

为了改善汽车燃油经济性，必须对影响燃油经济性的有关因素进行研究。影响燃油经济性的因素主要有两个方面：汽车使用因素和汽车结构因素。

一、汽车结构因素的影响

影响汽车燃油经济性的结构因素有下列几点。

1. 汽车的质量和尺寸及外型

汽车尺寸和质量增加，会加大滚动阻力、空气阻力、坡道阻力和加速阻力，为了保证较好的动力性能，需装用大排量发动机，导致行驶中负荷率较低。又大又重的豪华型轿车比小而轻的轻型、微型轿车的油耗要大得多，因此广泛采用轻型、微型轿车是节约燃油的有效措施。

当汽车的载质量或拖挂总质量增加时，汽车单位行驶里程的燃料消耗量增加；但载质量增加使发动机的负荷率提高，因而有效燃料消耗率减少，汽车单位运输工作量的燃料消耗量减少。所以，减轻汽车的自身质量和增大汽车的载质量或拖带挂车，均能改善汽车的燃料经济性。

货车的装载质量与整车装备质量之比即 $\dfrac{m_e}{m_0}$ 称为汽车的质量利用系数。质量利用系数越大，有效运输质量比重增加，运输中的单位油耗与成本都将降低，经济性越好。随着汽车生产技术水平的提高，轿车向轻量化、小型化发展，采用全轮驱动，使用高强度钢、铝合金、树脂、塑料等轻质材料制造汽车零部件，以减轻汽车自身质量，提高质量利用系数，达到提高汽车燃油经济性的目的。

汽车的外型主要影响汽车的空气阻力。空气阻力分别与汽车的迎风面积、空气阻力系数、车速的平方成正比。车速越高，空气阻力占整个行驶阻力的比重越大。因此，用降低空气阻力的方法来提高燃料经济性，在高速行车时，效果尤为显著。

降低空气阻力的方法主要是改善汽车的外型，使车身形状近于流线型，并去掉车身表面的凸起部分。但在城市，由于行驶车速低，对油耗影响较小。

汽车轮胎对燃油经济性也有影响。现在公认子午线轮胎的耐磨性、动力性、经济性等综合性能最好，与一般斜交轮胎相比，燃油经济性较好。

2. 发动机

发动机是影响汽车燃油经济性最重要的部件之一。发动机的热效率直接影响发动机的有效燃料消耗率，从而影响汽车的燃料消耗量。而发动机的热效率又取决于发动机的种类、设计与制造水平、负荷率的大小及对发动机的使用方法。

1）发动机的种类

柴油机比汽油机的热效率高，特别是在部分负荷时柴油机的有效燃料消耗率较低，这一

170

点对车用发动机尤为有利。现在柴油车的燃油消耗比汽油车要低20%~45%;而且柴油价格低廉。因此,在柴油机的性能不断改进之后,扩大柴油机的使用范围是当前发动机的发展趋势。

2) 发动机的压缩比

发动机压缩比越大,压缩终了时混合气的压力、温度越高,燃烧速率越快,燃烧越充分,则其有效热效率越高。因此在容许范围内提高压缩比,汽车的燃油经济性可以得到改善。但是压缩比过大会引起汽油机的爆震燃烧和表面点火,造成严重的排气污染。因此,在设计与制造过程中,只能适当提高压缩比,同时改进燃烧室的结构和进气系统,提高发动机的爆震极限,使用爆震传感器,自动延迟产生爆震时的点火时刻,开发高辛烷值的汽油等,可以适当提高压缩比以改善发动机的燃料经济性。

3) 发动机的负荷率

由发动机的负荷特性可知,在转速一定的条件下,负荷率较高时,汽油机在加浓装置起作用之前,有效燃料消耗率较低,发动机在中等转速较高负荷率下工作时,其燃料经济性较好。根据试验,一般汽车在水平良好的路面上以常用速度行驶时,只利用到相应转速下最大功率的50%~60%,等于发动机最大功率的20%左右。由此可见,在汽车实际使用中的大部分时间内,发动机的负荷率都是较低的。因此,在保证动力性的前提下,汽车上不宜装用功率过大的发动机,目的是提高发动机的功率利用率,降低汽车的耗油量。同时在使用中,应该力求提高发动机的负荷率。

4) 改善发动机的燃烧过程

燃料的汽化、雾化及其与空气的混合,对促进燃烧、提高热效率关系很大。因此改进燃料喷射系统、燃烧室、进排气系统等,以保证燃料良好的雾化与汽化以及与空气良好而均匀的混合。此外,采用电子控制技术,合理地选择配气相位、采用稀薄混合气分层燃烧技术以及减少强制怠速油耗和闭缸节油技术都将使燃油经济性得到进一步的提高。

3. 传动系

汽车传动系对燃料经济性的影响,取决于传动系效率、变速器挡数与传动比。

1) 传动系的机械效率

传动系的机械效率越高,则传动过程中损失于传动系的能量越少,因而燃油经济性也越好。

2) 变速器挡数

变速器的挡位与传动比对燃油经济性也有影响。虽然汽车行驶时所需的发动机功率与变速器挡位无关,但发动机转速随所接合的挡位的改变而变化。在汽车行驶速度不变的情况下,接合高挡时,传动比小,发动机的转速低;而接合低挡时,由于传动比加大,发动机转速将增高。在发动机负荷相同的情况下,转速越低,发动机的单位燃油消耗量越少。因此,在一定行驶条件下,传动系的传动比越小,则汽车的燃油经济性越好。现代汽车常采用超速挡,可以减小传动系的总传动比,在良好的道路条件下采用超速挡,可以更好地利用发动机功率,提高汽车燃油经济性。

变速器的挡数增加,使发动机经常保持在经济工况下工作,挡数越多,越容易选择保证发动机以最经济工况工作的转速,汽车的经济性越好。当变速器的挡数为无限时,即为无级变速,当采用无级变速器,在任何条件下都提供了使发动机在最经济工况下工作的可能性。

若无级变速器能维持与机械式有级变速器同样高的机械效率,则汽车的燃油经济性将显著提高。但现有的液力变矩器等无级变速器,由于采用液力传动,效率较低,经济性不一定改善。

二、使用因素的影响

对于一定的车型而言,汽车燃料消耗量,将取决于汽车的技术状况、驾驶操作技术水平以及有关的运行条件。

1. 汽车的技术状况

为了保持汽车的技术状况良好,必须正确执行汽车维护修理规范。正确的技术维护与调整可以提高发动机性能并降低汽车的行驶阻力,改善汽车燃油经济性。

首先发动机要保持良好的技术状况。对供油系进行维护与检查,防止漏油,清除滤清器中的沉淀及杂质,空气滤清器不畅通时,油耗将增加3%左右。

要正确地维护和检查点火系,保持火花塞的清洁及正确的电极间隙和断电器触点间隙。火花塞电极间隙一般情况下应适当偏大,这样可提高点火系电极电压,增加点火能量,对提高发动机的经济性是有利的。要根据燃油品种与工作地区选择点火提前角。调整点火正时,它不仅影响燃烧压力、速度,对热效率也有明显影响,点火正时的调整是与发动机混合气的浓度有关的,混合气越稀,越需要将点火时刻适当提前。分电器真空点火提前装置失效、离心提前装置失灵等故障都会使油耗增加。要检查和防止汽缸漏气,保持正常的汽缸压力,汽缸压缩压力越大,表明汽缸、活塞环、气门、气门座、汽缸垫等状况良好,发动机做功行程瞬时产生有效压力越大,混合气点火燃烧速度越快,热损失越小,可使发动机得到较高的动力性和经济性。这些都对节约燃油有较大的作用。

在汽车底盘方面,要加强对各总成的维护与调整,以保持适当的滑行能力,减少燃油消耗量。汽车的滑行能力常用滑行距离来评价,滑行距离的长短可以用来检查底盘的技术状况。汽车的前轮定位,制动器的间隙调整,轮胎气压,各部轴承的紧度,运动摩擦部分间隙以及润滑质量都会对汽车的运动阻力有很大影响,必须按照规定进行调整和维护。前轮前束失调时,轮胎在滚动时产生滑移,增加滚动阻力,引起前轮摆振,使油耗增大。当轮胎气压低于标准时,轮胎变形增大,滚动阻力增加,会增加燃油消耗。轮毂轴承过紧,制动器抱死,都会增加行驶阻力,使油耗增加。底盘传动系统各配合副配合不良,都将消耗发动机的有效功率,使传动效率降低。润滑油使用不当,油耗也会增加,冬季使用夏季油,油耗将增加4%。底盘的行驶阻力减小将导致滑行距离增加,油耗下降;反之,滑行距离减少,燃油消耗则将增加。此外,离合器打滑会引起发热,增加发动机转速,使油耗增加。变速器跳挡,会增加换挡次数与中间挡的使用时间,也会增加燃油消耗。

2. 驾驶操作技术水平

驾驶技术是影响汽车运行燃料消耗的主要因素之一。正确的驾驶操作可大幅降低汽车的燃料消耗量。在其他条件相同时,如果能够经济合理的驾驶,可以减少10%左右油耗,其原因在于驾驶人员是否能够根据汽车运行条件采用相适应的驾驶操作,使人机配合得当,做到汽车的最佳运行。因此提高驾驶员的操作技术水平,掌握合理运作工况是改善汽车运行燃料经济性的有效途径。

首先应该正确选用行车速度,采用中速行驶是最经济的,汽车中速行驶时燃油消耗量最低,速度过高或过低都会使燃油消耗量增加。低速时,尽管阻力小,但发动机负荷率低,有效燃油消耗率上升,百公里油耗也有所增加。高速时,由于行驶阻力增加很快而使百公里油耗增加,故应中速行驶。

其次,在一定道路上行驶,汽车用不同挡位行驶,燃油消耗量是不一样的。在同一道路条件与车速下,发动机发出的功率相同,在低挡位,后备功率较大,发动机的负荷率低,燃油消耗率高,高挡时则相反,因此要尽可能用高挡行驶。最经济的驾驶方法是高挡的行驶可能性未用尽前,不应换低挡。换挡时要快,动作要迅速准确。

此外,在保证行车安全的前提下,利用汽车的惯性滑行,使汽车的动能得以充分地利用,是减少汽车油耗的一种驾驶方法。

驾驶汽车时要注意,踩加速踏板要轻,缓慢加油,因猛踩,会增加不必要的燃料消耗,同时也难保持发动机的速度稳定,一般猛加速比缓慢加速要多耗油 30% 左右。

这些都是正确驾驶汽车以节约燃油时所应加以注意的。

3. 合理组织运输

在使用汽车时,要充分发挥运输工作人员的主观积极性,采取一切先进措施以减少单位运输工作的燃油消耗量。运输企业中普遍拖带挂车,这是提高运输生产率和降低成本、降低燃油消耗量的一项有效措施。拖带挂车后,阻力增加,发动机负荷率增加,使燃油消耗率下降,虽然汽车总的燃油消耗量增加了,但由于运货量增加,汽车列车的装载质量与整车装备质量之比较大,所以分到每吨货物上的油耗下降了,运输成本降低,生产率提高。此外,合理组织运输,减少空车往返,也能提高燃油经济性。

三、改善燃油经济性的途径

改善汽车的燃油经济性主要是改善发动机性能、合理选择变速器传动比、降低空气阻力、降低滚动阻力及提高辅助装置的效率。近年来,由于发动机、变速器采用微电子技术,能实现更精确的控制,以满足排放要求,提高经济性和行驶性能。电子控制主要有空燃比控制、点火时刻控制、排气再循环 ECR 控制、涡轮增压控制、怠速控制、自动变速器的换挡位置控制及锁止控制等。

1. 电子控制多点喷射发动机

电子控制多点喷射发动机是根据各种传感器获得发动机工况的信息,用微型计算机控制各汽缸中所必需的燃油量,然后从喷油器中喷射燃油的系统喷出。汽油喷射取消了进气道中的化油器节流喉管,减少了进气阻力,改善了发动机充气状况。同时,采用定时定量喷射燃油的方法供油,解决了燃油雾化及混合气在进气歧管中的分配等问题,并能按不同工况较为精确地供给发动机最佳比例的混合气,大大改善了发动机的动力性、经济性和排放性能。

2. 多气门化(三气门、四气门)

对于两气门发动机来说,由于提高充气效率可以改善输出特性,所以可在更小排量情况下得到要求的输出功率。采用三气门(或更多气门)能提高充气效率,可使发动机进一步轻量化,并降低泵气损失,这是改善经济性的有效技术。

3. 挡位指示系统(挡位指示器)

适用于机械式换挡的汽车。它是一个对于驾驶员来说在确保行驶性能的基础上,能从仪表上的指示灯知道最经济的行驶挡位系统。换挡时机要根据车速、发动机转速、吸气负压、水温、齿轮位置等信息来最合理地决定。挡位指示系统在美国应用较多,其效果在LA4工况下经济性可提高 5%~15%。

4. 汽缸数自动可调机构

卡迪拉克·赛维尔汽车1981年装上了汽缸数可变机构的发动机,称为可调节排量发动机。用多个传感器检验车速及工作状态,用电磁线圈控制进排气门,工作缸数可从V8到V6,再到V4变化。其结果是工况经济性提高了5%。车速为20~60mile/h中速行驶时(四缸工作)经济性提高了15%。

第十章 汽车动力装置参数的确定

为了满足人们对汽车性能的各种要求,在汽车的设计与改装过程中,确定发动机功率、传动系传动比等动力装置的参数时,必须充分考虑到满足对汽车的动力性和燃油经济性这两个基本性能要求,同时还要注意满足驾驶性能的要求。

第一节 发动机功率的选择

发动机功率的选择一般先根据所设计汽车应达到的最高车速来初步确定。最高车速是评价汽车动力性的一个重要指标,它不仅反映汽车的最高行驶速度,同时也反映了汽车的加速能力与爬坡能力。因为最高车速定得越高,就要求发动机功率越大,汽车后备功率也就越大,加速能力与爬坡能力也必然要得到提高。

若给出期望的最高车速,则选择发动机功率应等于但不小于以最高车速行驶时的行驶阻力功率之和,即:

$$P_e = \frac{1}{\eta_T}\left(\frac{Gf}{3600}v_{amax} + \frac{C_D A}{76140}v_{amax}^3\right), \text{kW} \qquad (10-1)$$

式中:η_T——传动系的机械效率;

v_{amax}——最高挡时发动机发出最大转矩时的汽车车速,km/h;

G——汽车的重力,N;

f——滚动阻力系数;

A——汽车迎风面积,m^2;

C_D——空气阻力系数。

在确定了 m、C_D、f、A、η_T 等数值之后,便能得到发动机应有功率的数值。

发动机的功率也可利用汽车比功率来确定。汽车比功率是单位汽车总质量具有的发动机功率,比功率的常用单位为 kW/t,可由下式求得:

$$\text{汽车比功率} = \frac{1000P_e}{m} = \frac{fg}{3.6\eta_T}v_{amax} + \frac{C_D A}{76.14m\eta_T}v_{amax}^3, \text{kW/t} \qquad (10-2)$$

汽车比功率可以利用现有汽车统计数据来初步估计,从而确定发动机应有功率。

货车比功率一般在 7.35kW/t 以上,中型货车的比功率约为 10kW/t;轻型货车动力性能较好,比功率较大;重型货车最高车速低,比功率较小。所以,货车应该根据汽车总质量和同类型车辆的比功率统计数据来初步选择发动机功率。

轿车的车速较高,而且不同轿车,它们的动力性能相差也比较大。轿车最高车速一般在 140~300km/h,比功率相差也比较大,一般轿车比功率较高,在 15~90kW/t 之间。

第二节 传动比的选择

一、最小传动比的选择

汽车大部分时间是以最高挡行驶,即用最小传动比的挡位行驶的,因此最小传动比的选择尤为重要。

传动系的总传动比是传动系中各部件传动比的乘积,即:

$$i_t = i_g i_0 i_c \tag{10-3}$$

式中:i_g——变速器传动比;
  i_0——主减速器传动比;
  i_c——分动器或副变速器传动比。

普通的汽车没有分动器或副变速器,变速器的最小传动比为直接挡或超速挡。当变速器以直接挡作为最高挡时,传动系的最小传动比就是主减速器传动比 i_0;当变速器的最高挡为超速挡时,则最小传动比应为变速器最高挡传动比与主减速器传动比的乘积。

主减速器传动比 i_0 的选用应该遵循以下原则:

(1)考虑汽车的最高车速。主减速器传动比 i_0 不同,在汽车的功率平衡图上(图 8-23)发动机功率曲线的位置不同,与水平路面汽车行驶阻力功率曲线的交点所决定的汽车最高车速不同。当主减速器传动比为 i_{02} 时,阻力功率曲线正好与发动机功率曲线交在其最大功率点,此时的最高车速最大;当主减速器传动比过大为 i_{03} 或过小为 i_{01} 时,汽车的最高车速均降低。由此可见,主减速器传动比 i_0 应选择在汽车的最高车速相当于发动机最大功率时的车速,这时的最高车速是最大的。

(2)考虑汽车的后备功率。图 8-23 表明,主减速器传动比 i_0 不同,汽车的后备功率也不同。随着主减速器传动比 i_0 的增大,发动机功率曲线左移,在一定行驶车速时的汽车后备功率增大,所以汽车的爬坡能力和加速能力提高,动力性增强。所以,为提高汽车的动力性,应在保证最高车速的前提下,尽可能选择较大的主减速器传动比。

应当注意,随着主减速器传动比 i_0 的增大,不仅对汽车最高车速产生影响,同时也会使发动机经常处于较高转速下工作,发动机的功率利用率下降,对发动机的使用寿命和燃料经济性均会产生不利的影响并造成发动机高速运转时的噪音加大;此外,增大主减速器传动比 i_0,与之相应的主减速器外形尺寸加大、结构更复杂,并减小了驱动桥的离地间隙,影响汽车的通过性。如果主减速器传动比 i_0 过小,发动机的功率利用率会提高,发动机要在重负荷下工作,尽管经济性有所改善,但是汽车的加速能力和爬坡能力均下降,会出现噪声和振动。

(3)考虑汽车的燃油经济性。选择主减速器传动比 i_0 时,不仅要考虑动力性,同时也要考虑燃油经济性。过去多数汽车在选择主减速器传动比 i_0 时,通常使 $v_{amax} = v_p$,v_p 为发动机最大功率点对应的车速;从动力性角度考虑,为了保证汽车有足够的后备功率,增大主减速器传动比 i_0,使 v_p 可稍小于 v_{amax};近年来,为了提高汽车的燃油经济性,出现了减小主减速器传动比的趋势,使 v_p 可稍大于 v_{amax}。

统计表明,目前约 74% 的轿车 v_{amax}/v_p 的值在 0.9～1.10 之间;17.5% 的轿车 v_{amax}/v_p 的

值在 0.7~0.9 之间;5.5% 左右的轿车 v_{amax}/v_p 的值在 1.10~1.39 之间,3% 的轿车 v_{amax}/v_p 的值在 0.5~0.7 之间。

在选择最小传动比时,也要考虑最高挡(直接挡)应有足够的动力性。因此,最小传动比也可由最高挡动力因数 D_{0max} 来确定。

$$D_{0max} = \frac{\frac{M_{emax}i_0\eta_T}{r} - \frac{C_D A}{21.15}v_{at}^2}{G} \tag{10-4}$$

式中:M_e——发动机转矩,N·m;

i_0——主减速器传动比;

η_T——传动系的机械效率;

r——车轮半径,m;

C_D——空气阻力系数;

A——汽车迎风面积,m^2;

v_{at}——最高挡时发动机发出最大转矩时的汽车车速,km/h;

G——汽车的重力,N。

一些数据表明,中型货车最高挡动力因数 $D_{0max} = 0.04~0.08$,中级轿车 $D_{0max} = 0.1~0.15$。

二、最大传动比的选择

传动系最大传动比 i_{tmax},对普通汽车来说,为变速器 I 挡传动比 i_{gI} 与主减速器传动比 i_0 之积。当主减速器传动比 i_0 已知时,确定传动系最大传动比就是确定变速器 I 挡传动比 i_{gI}。

变速器 I 挡传动比 i_{gI} 直接影响汽车的最大爬坡度,I 挡传动比 i_{gI} 值越大,汽车的最大爬坡度越大,但同时应考虑驱动轮与道路之间的附着条件及最低稳定车速的限制。

首先考虑最大爬坡度:汽车爬大坡时车速很低,可不计空气阻力,汽车的最大驱动力应为:

$$F_{tI\,max} = F_f + F_{imax} \tag{10-5}$$

式中:F_f——滚动阻力;

F_{imax}——最大坡度阻力。

即:

$$\frac{M_{emax}i_{gI}i_0\eta_T}{r} = Gf\cos\alpha_{max} + G\sin\alpha_{max} \tag{10-6}$$

式中:F——滚动阻力系数;

α_{max}——最大坡度。

I 挡传动比 i_{gI} 应为:

$$i_{gI} \geq \frac{G(f\cos\alpha_{max} + \sin\alpha_{max})r}{M_{emax}i_0\eta_T} \tag{10-7}$$

一般货车的最大爬坡度约为 30%,即 $\alpha = 16.7°$;轿车也应具有爬上 30% 坡道的能力,实际轿车的最大爬坡能力常大于 30%,其最大传动比是根据其加速能力来确定的。

再考虑附着条件：确定最大传动比后，还应验算驱动轮的附着条件，检查附着条件是否满足上坡或加速的要求，必要时只能从汽车的总体布置和结构入手，改善汽车的附着能力。

附着条件为：

$$F_{\text{tmax}} = \frac{M_{\text{emax}} i_{\text{g1}} i_0 \eta_{\text{T}}}{r} \leqslant F_{\varphi} \tag{10-8}$$

验算时，可取附着系数 $\varphi = 0.5 \sim 0.6$。

最后考虑最低稳定车速：对于越野汽车传动系的设计，为了避免在松软路面上行驶时土壤受冲击剪切破坏而损害地面附着力，最大传动比应保证汽车能在极低车速下稳定行驶。若汽车的最低稳定车速为 v_{amin}，则传动系最大传动比应为：

$$i_{\text{tmax}} = 0.377 \frac{n_{\min} r}{v_{\text{amin}}} \tag{10-9}$$

三、传动系的挡数和各挡传动比

汽车的动力性、燃油经济性和汽车传动系的挡位数有着密切的关系。就动力性而言，挡位数多，使发动机发挥最大功率的机会增多，提高了汽车的加速能力与爬坡能力。就燃油经济性而言，挡位数多，使发动机在低燃油消耗率区域工作的可能性增加，降低了油耗。所以，传动系挡位数的增加会改善汽车的动力性和燃油经济性。

挡位数还影响到挡与挡之间的传动比比值。比值过大会造成换挡困难，一般认为比值不宜大于 1.7～1.8。所以，当最大传动比与最小传动比之间的比值增大时，挡位数也应相应增多。

汽车类型不同，挡位数也不同。轿车的行驶车速高、比功率大，最高挡的后备功率也大，常采用三、四个挡位；近几年来，为了进一步节省燃油，装用手动变速器的轿车普遍采用五挡变速器，也有采用六挡变速器的。轻型和中小型货车比功率小，一般采用四、五个挡位。重型货车的比功率更小，使用条件也很复杂，所以一般采用六到十几个挡位的变速器，以适应复杂的使用条件，使汽车有足够的动力性和良好的燃油经济性。越野汽车的使用条件最复杂，其传动系的档位数比同吨位的普通货车要多一倍。

挡位数的增多造成变速器结构的复杂。有的挡位数多的汽车，常在变速器后面接上一个二挡或三挡的副变速器，使挡位数倍增。越野汽车在变速器后面采用分动器，达到多轴驱动的要求，同时使挡位数倍增。

在确定了汽车的最小传动比、最大传动比和传动系的挡位数后，还要确定中间各挡的传动比。

实际上汽车变速器各挡的传动比基本上是按等比级数分配。

$$\frac{i_{\text{g1}}}{i_{\text{g2}}} = \frac{i_{\text{g2}}}{i_{\text{g3}}} = \cdots = q \tag{10-10}$$

式中：q——各挡之间的公比，常数。

各挡的传动比为：

$$i_{\text{g1}} = q i_{\text{g2}}, i_{\text{g2}} = q i_{\text{g3}}, i_{\text{g3}} = q i_{\text{g4}}, \cdots \tag{10-11}$$

对于一个四挡变速器，若 $i_{\text{g4}} = 1$，各档传动比与 q 有如下关系：

$$i_{g3} = q, i_{g2} = q^3, i_{g1} = q^3$$

则：

$$q = \sqrt[3]{i_{g1}}$$

所以：

$$i_{g3} = \sqrt[3]{i_{g1}}, i_{g2} = \sqrt[3]{i_{g1}^2}$$

由此可以类推，n 个挡位的变速器，各挡传动比应该是：

$$i_{g2} = \sqrt[n-1]{i_{g1}^{n-2}}, i_{g3} = \sqrt[n-1]{i_{g1}^{n-3}}, i_{g4} = \sqrt[n-1]{i_{g1}^{n-4}}, \cdots, i_{gm} = \sqrt[n-1]{i_{g1}^{n-m}} \quad (10\text{-}12)$$

在确定了各挡传动比后，还要校验相邻挡位传动比的比值 q，q 应小于 $1.7 \sim 1.8$，如 q 值过大，则应增加传动系的挡位数。

按等比级数分配传动比的主要目的在于：在汽车全力加速过程中，充分利用发动机提供的功率，能使发动机经常在接近外特性最大功率 P_{emax} 处的范围内运转，从而增加汽车的后备功率，提高汽车的加速和上坡能力，提高汽车的动力性。同时，换挡时能无冲击地平稳接合离合器，驾驶员在起步和加速时操作方便。

对上述按等比级数分配变速器传动比的优势我们利用换挡过程中车速与发动机转速的关系加以说明（图 10-1）。

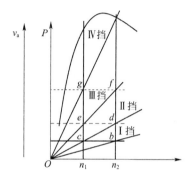

图 10-1 换挡过程中车速与发动机转速的关系

图 10-1 中绘有发动机外特性曲线中的功率线，再根据式(7-8)，画出各个挡位的车速与发动机转速的关系曲线。

假定加速过程中节气门全开，用外特性的功率加速至接近最大功率 P_{emax} 相应的转速 n_2 时换挡，且换挡操作迅速，换挡过程中车速没有降低。

首先来验证：当变速器各挡传动比按等比级数分配时，则汽车加速过程中发动机总在同一转速范围内工作。

如图 10-1 所示，驾驶员以 Ⅰ 挡起步，随着发动机转速的提高，汽车的行驶速度也随之增加。当发动机转速达到 n_2 时，驾驶员开始换入 Ⅱ 挡，假设换挡过程中车速没有降低，则换上 Ⅱ 挡时，发动机转速应降为 n_1，离合器才能平顺无冲击地接合。

Ⅰ 挡起步加速终了发动机转速达到 n_2 时所对应的车速为：

$$v_b = 0.377 \frac{rn_2}{i_{g1} i_0}$$

换入 Ⅱ 挡开始加速时汽车的行驶速度为：

$$v_c = 0.377 \frac{rn_1}{i_{g2} i_0}$$

为保证离合器能平顺无冲击地接合，必须满足换挡前、后车速不变，即：

$$v_b = v_c$$

故：

$$0.377\frac{rn_2}{i_{g1}i_0} = 0.377\frac{rn_1}{i_{g2}i_0}$$

$$\frac{n_2}{i_{g1}} = \frac{n_1}{i_{g2}}$$

$$\frac{i_{g1}}{i_{g2}} = \frac{n_2}{n_1}$$

然后用Ⅱ挡加速，同样，车速随发动机转速升高而增大。若在Ⅱ挡时，发动机转速升高到 n_2 时换Ⅲ挡，由于车速不变，设发动机转速也降为 n_1。

由于：

$$v_d = v_e$$

则：

$$\frac{i_{g2}}{i_{g3}} = \frac{n_2}{n_1}$$

显然，应有：

$$\frac{i_{g1}}{i_{g2}} = \frac{i_{g2}}{i_{g3}}$$

推广至 n 个前进挡（不包括超速挡）时，有：

$$\frac{i_{g1}}{i_{g2}} = \frac{i_{g2}}{i_{g3}} = \cdots = \frac{i_{g(n-1)}}{i_{gn}} = \frac{n_2}{n_1} = q \tag{10-13}$$

由此证得，只有变速器各挡的传动比按等比级数分配时，汽车加速过程中，发动机才能在同一转速范围 $n_1 \sim n_2$ 内工作。

反过来也可以证明，当变速器传动比不按等比级数分配时，则汽车加速过程中发动机的工作转速范围将超出 $n_1 \sim n_2$ 的范围。

图 10-2 所示为不同传动比分配规律的发动机工作范围。从中可以看出，发动机功率的利用程度，变速器传动比按等比级数分配的汽车优于不按等比级数分配的汽车。

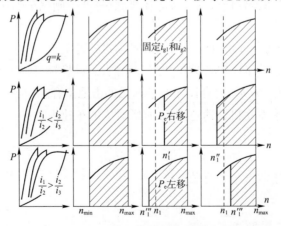

图 10-2 不同传动比分配规律的发动机工作范围

实际上，各挡传动比之间的比值不会正好相等，并不会严格按等比级数来分配传动比。其原因有如下两方面：

(1)因为传动系中齿轮的齿数必须是整数,而且齿数比又不为整数,所以配齿以后计算所得的传动比与理论计算有差别。

(2)换挡过程不可能瞬间完成,必须占用一定的时间,由于行驶阻力的影响,换挡过程车速不可避免有所降低。换挡时车速越高,在同样的换挡时间下,换挡过程的车速下降得越多。故实际安排中间档传动比应向较高挡的传动比靠近。即应按下列不等式分配:

$$\frac{i_{g1}}{i_{g2}} > \frac{i_{g2}}{i_{g3}} > \cdots > \frac{i_{g(n-1)}}{i_{gn}} \tag{10-14}$$

可见随着挡位的提高,相邻两挡间的传动比间隔应稍有减小,特别是最高挡与次高挡之间更应小一些。由于较高挡位的使用机会较多,这样安排传动比提高了较高挡位的发动机平均功率,对改善汽车的动力性有利。

第三节 利用燃油经济性-加速时间曲线确定动力装置参数

我们初步选择动力装置参数之后,还要进一步分析计算不同参数匹配下的汽车动力性和燃油经济性,然后综合考虑各方面因素,最终确定动力装置的参数。我们通常以循环工况每升燃油行驶的里程数(km/L)代表燃油经济性,以原地起步加速时间代表动力性,作出不同参数匹配下的燃油经济性-加速时间曲线,并利用此曲线来确定有关参数。

一、主减速器传动比的确定

在动力装置其他参数不变的条件下,先选定主减速器传动比范围,然后绘制不同主减速器传动比 i_0 时的燃油经济性-加速时间曲线,如图 10-3 所示。

图 10-3 中的横坐标为循环工况每升燃油行驶的里程数,单位为 km/L,坐标往右,表示每升燃油行驶里程增多,燃油经济性提高。图中的纵坐标为 0km/h 至 100km/h 的原地起步加速时间,单位为 s,坐标往上,表示加速时间减少,动力性提高,反之即相反。我们用不同主减速器传动比 i_0 值计算出不同的加速时间和每升燃油行驶里程数,作出燃油经济性-加速时间曲线。

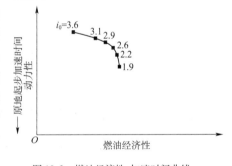

图 10-3 燃油经济性-加速时间曲线

我们从曲线可以看出,主减速器传动比值 i_0 增大时,加速时间短、动力性好而燃油经济性差;主减速器传动比值 i_0 减小时,加速时间延长,动力性变差,但燃油经济性得到改善。因此,如果以动力性为主要指标,则应选较大的主减速器传动比;如果以燃油经济性为主要指标,则应选较小的主减速器传动比;如果选用适当的中间值,则能兼顾汽车的燃油经济性和动力性。

二、变速器与主减速器传动比的确定

在发动机一定的条件下,可以利用燃油经济性-加速时间曲线,从数种变速器中确定一种合适的变速器和一个合适的主减速器传动比。图 10-4 所示为装有不同变速器时的燃油

经济性-加速时间曲线。图 10-4a)是 3 挡变速器与 4 挡变速器的曲线,变速器都有直接挡,由于 4 挡变速器的变速范围广,汽车动力性较高。图 10-4b)是 4 挡变速器与 5 挡变速器的曲线,5 挡变速器挡位多,有超速挡,汽车的燃油经济性与动力性都比较高。因此,选用 5 挡变速器比较合适。图 10-4c)是装用三种不同传动比的 5 挡变速器 A、B、C 时的汽车的燃油经济性-加速时间曲线,我们可以根据主要指标来选用其中的一种变速器,并确定主传动比 i_0。

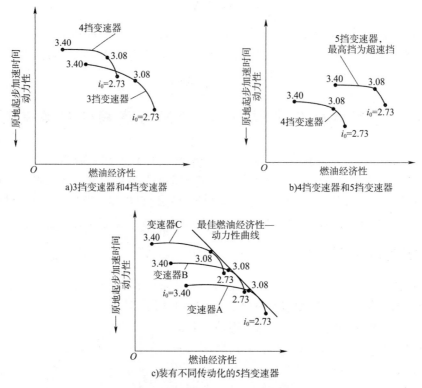

图 10-4 装有不同变速器时的燃油经济性-加速时间曲线

三、发动机排量、变速器与主减速器传动比的确定

图 10-5 所示为不同排量发动机与不同变速器的最佳燃油经济性和动力性曲线。图 10-5a)是汽车在同一变速器条件下,选用三种不同排量的发动机的燃油经济性加速时间曲线。我们可以按照曲线根据动力性和燃油经济性的要求来确定发动机排量。如图 10-5 中要求的加速时间为 14s,那么就不能采用小排量发动机。在大排量和中排量发动机中,由于中排量发动机的燃油经济性比较好,所以选用中排量发动机较好,并采用中排量发动机的燃油经济性-加速时间曲线来确定最佳主减速器传动比。

图 10-5a)上表示了三种不同排量发动机的燃油经济性—加速时间曲线,我们可以画出这三条曲线的包络线,这条包络线称为最佳燃油经济性动力性曲线。利用包络线可以进行经济性动力性分析。图 10-5b)上画出了装用三种不同传动比的 4 挡变速器时的最佳燃油经济性动力性曲线。从图中可以看出,当要求加速时间为 14s 时,C 型变速器的燃油经济性最佳。

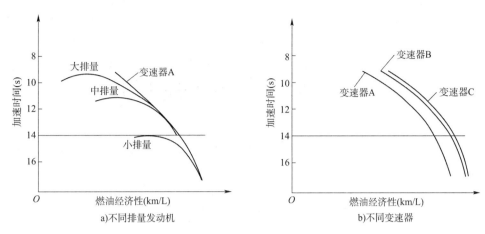

图 10-5　不同排量发动机与不同变速器的最佳燃油经济性和动力性曲线

利用燃油经济性—加速时间曲线来确定动力装置参数是一种经常采用的方法。

第十一章　汽车的制动性

汽车的制动性是指汽车行驶时,能在短距离内停车且维持行驶方向的稳定性和在下长坡时能维持一定车速的能力。

汽车的制动性是汽车的主要性能之一,是汽车安全行驶的保证。制动性直接关系到交通安全,改善汽车的制动性能,始终是汽车设计制造和使用部门的重要任务。

第一节　制动性的评价指标

汽车的制动性主要有下列三方面的评价指标。

一、制动效能

制动效能是指汽车迅速减速直至停车的能力,即在良好路面上,汽车以一定的初速度制动到停车的制动距离或制动时汽车的减速度。它是制动性能最基本的评价指标。

二、制动效能的恒定性

制动效能的恒定性主要指抗热衰退性,即汽车在高速行驶制动或下长坡连续制动时制动效能的稳定程度。

汽车连续地较长时间制动时,制动器由于吸收汽车行驶的动能转化为热能而使其自身温度升高,制动力矩下降,制动减速度减小,制动距离增大。这种现象称为制动器的热衰退。用热衰退率 η_t 表示制动效能降低的程度。

$$\eta_t = \frac{j_冷 - j_热}{j_冷} \times 100\% \tag{11-1}$$

$$\eta_t = \frac{S_热 - S_冷}{S_热} \times 100\% \tag{11-2}$$

式中:$j_冷$、$S_冷$——冷状态下(制动器起始温度在100℃以下)的制动减速度、制动距离;

$j_热$、$S_热$——制动器温度升高以后的制动减速度、制动距离。

制动器温度升高后能否保持在冷状态时的制动效能,已成为设计制动器时要考虑的一个重要问题。

此外,涉水行驶后,制动器还存在水衰退问题。

三、制动时汽车的方向稳定性

制动时汽车的方向稳定性是指汽车在制动时能按给定轨迹行驶的能力,即不发生跑偏、侧滑或丧失转向的能力。它对交通安全影响极大。

①制动跑偏:制动时汽车偏驶,但后轮沿前轮的轨迹运动。
②制动侧滑:制动时汽车一轴或双轴发生横向滑动,前、后轮轨迹不重合。
③制动时汽车丧失转向能力:前轮抱死拖滑,汽车将失去转向能力。

第二节 汽车制动时车轮的受力分析

一、汽车制动

制动是使汽车减速以至停车的过程。制动与驱动相反,必须人为地强制增加与汽车行驶方向相反的外力。这个外力主要来自地面,其次是空气。制动过程的实质是利用这些外力消耗汽车的动能或下坡时的位能。由于制动器内的摩擦和滚动阻力这些机械能最终转变为热能散失于大气中。

一般情况下,汽车制动时总是全轮制动;而且一般来说,制动力矩和由它而产生的圆周力的绝对值比驱动时的要大,所以制动减速度也比加速度大。

在不同的行驶条件下,使用制动的目的不同,制动系的功用有如下几个方面:
①减速制动:降低车速,必要时停车。
②惯性制动:克服下坡时产生不希望有的加速度。
③驻车制动:防止静止车辆产生不希望有的运动。
④持续制动:当汽车下长坡时,需要持续地制动。因此应有能减轻摩擦制动器符合的持续制动器。

为产生制动力矩,可以采用的制动方式有以下三种:
①放松加速踏板,离合器仍处于接合状态。发动机和变速器被驱动轮带动旋转,因而对驱动轮作用一个阻力矩。挡位越低对驱动轮的阻力矩越大。在预见性滑行或下长坡时,可用它作辅助制动以减轻车轮制动器的热负荷。
②踩下离合器踏板和制动踏板,或变速器挂入空挡踩下制动踏板。这时利用车轮制动器可以得到较大的制动减速度。此时要克服汽车平移质量的惯性力;在变速器未挂入空挡时要克服变速器的惯性力矩;还要克服车轮旋转质量的惯性力矩。
③踩下制动踏板,离合器仍处于接合状态,这时发动机也对驱动轮作用一个阻力矩,使总的制动力矩较大。但是,这种方法仅在制动强度不大或下长坡时有效。紧急制动时,发动机的惯性力矩很大,应当分离离合器。

汽车的制动过程是汽车减速行驶的过程,即加速度为负值的行驶过程。因此,汽车的驱动力平衡方程也同样适用于汽车的制动过程,只是汽车制动时维持汽车行驶的动力是汽车减速行驶的惯性力。汽车制动时的驱动力平衡方程可写成如下的形式:

$$F_{j\tau} = F_{\tau} + F_{\psi} + F_{\omega} \tag{11-3}$$

式中:$F_{j\tau}$——汽车减速行驶时的惯性力,即维持汽车行驶的动力;
  F_{τ}——作用于车轮总的地面制动力;
  F_{ψ}——汽车制动时的道路阻力;
  F_{ω}——汽车制动时的空气阻力。

二、汽车制动时车轮的受力分析

如上所述,汽车制动过程中受到与行驶方向相反的外力作用,从一定的速度制动到较小的车速或直至停车制动,使汽车制动的外力只能由地面和空气提供。由于空气阻力相对较小,所以实际上外力主要是由地面提供的,称之为地面制动力。当汽车总质量一定时,地面制动力越大,制动减速度越大,制动距离也就越短。因此地面制动力对汽车制动性具有决定性影响。

由此可见,要研究汽车的制动性,应当首先研究汽车制动时的地面制动力。下面主要分析地面制动力的产生,影响地面制动力大小的因素。

1. 制动器的摩擦力矩与制动器制动力

汽车的制动系统装有车轮制动器。汽车制动时,驾驶员踏下制动踏板使制动器起作用,即使制动蹄与制动鼓(或制动盘)压紧,制动蹄与制动鼓(或制动盘)的摩擦作用形成制动器的摩擦力矩 M_τ,也称为制动力矩,如图 11-1 所示。制动器制动力是为克服制动器摩擦力矩 M_τ 而在轮胎周缘所需施加的切向力 F_μ。它相当于把汽车架离地面,踩住制动踏板后,在轮胎周缘切线方向推动车轮直至它能转动所需施加的力。显然:

$$F_\mu = \frac{M_\tau}{r} \tag{11-4}$$

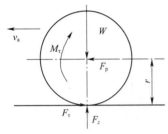

图 11-1 制动时车轮的受力分析
M_τ-制动蹄与制动鼓(或制动盘)的摩擦作用形成的制动器摩擦力矩,N·m;F_τ-地面制动力,N;W-车轮的垂直载荷,N;F_p-车轴对车轮的推力,N;F_z-地面对车轮的法向反作用力,N;r-车轮半径,m

由上式可知,制动器制动力首先取决于制动器的摩擦力矩,即取决于制动器的型式、结构尺寸、制动器摩擦副的摩擦系数和车轮半径。对于一定型式的汽车,各结构参数确定后,制动器制动力则与制动踏板力(即制动系的液压或空气压力)成正比。故驾驶员踩下制动踏板的力量不同,则一般可得到不同的制动强度。但应该指出,制动器摩擦副的摩擦系数及摩擦作用的大小,在使用中会有很大变化,应当注意正确维护和调整,以保证制动器技术状况良好,使摩擦系数基本不变。

2. 地面制动力

由于汽车制动时,制动蹄与制动鼓(或制动盘)的摩擦作用形成的制动器摩擦力矩 M_τ 作用于车轮,在车轮与地面接触处将产生地面对车轮的切向反作用力 F_τ,阻止汽车运动,这就是地面制动力。可见,制动器摩擦力矩 M_τ 是产生地面制动力的必要条件,也是汽车自身所具有的制动条件。因此,为了使汽车具有良好的制动性能,制动器必须能产生足够的制动力矩。

根据图 11-1 给出的汽车在良好硬路面上制动时车轮的受力情况,忽略滚动阻力偶矩和减速时的惯性力、惯性力偶矩,由力矩平衡得到:

$$F_\tau = \frac{M_\tau}{r} \tag{11-5}$$

地面制动力是使汽车制动而减速或停车的外力,产生于制动力矩 M_τ,在 M_τ 作用下,地面作用于车轮使汽车减速或停车的外力。

因而,地面制动力的大小取决于两个摩擦副的摩擦力:一个是制动器内制动摩擦片与制动鼓（或制动盘）间的摩擦力；另一个是轮胎与地面间的摩擦力——附着力。

3. 地面制动力 F_τ、制动器制动力 F_μ 与附着力 F_φ 的关系

汽车制动时，根据制动强度的不同，车轮的运动可简单地考虑为减速滚动和抱死滑拖两种状态，因而地面制动力 F_τ、制动器制动力 F_μ 及附着力 F_φ 之间的关系也不同，如图 11-2 所示。下面就按车轮减速滚动和抱死滑拖两种情况分别讨论。

1）车轮减速滚动

当制动踏板力 F_p 较小尚未达到某一极限值时，制动器摩擦力矩不大，地面制动力 F_τ 足以克服制动器摩擦力矩而使车轮维持滚动。显然，车轮滚动时的地面制动力 F_τ 就等于制动器制动力 F_μ，即 $F_\tau = F_\mu$，并且随着制动踏板力 F_p 的增加，地面制动力 F_τ 与制动器制动力 F_μ 均随制动踏板力 F_p 的增加而成正比地增大。但地面制动力 F_τ 是滑动摩擦的约束反力，其最大值不能超过地面附着力 F_ψ，即：

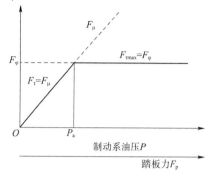

图 11-2 地面制动力 F_τ、制动器动力 F_μ 与附着力 F_φ 的关系

$$F_\tau \leq F_\varphi = F_z \varphi \qquad (11\text{-}6)$$

或地面最大制动力：

$$F_{\tau\max} = F_z \varphi \qquad (11\text{-}7)$$

2）车轮抱死滑拖

若不考虑制动过程中附着系数 φ 值的变化，即设附着系数 φ 为常数，则当制动踏板力 F_p 或制动系压力 p 上升到某一值（图 11-2 中为制动系液压力 p_a）时，地面制动力 F_τ 达到附着力 F_φ，即 $F_\tau = F_\varphi = F_z \varphi$ 时，车轮便抱死不转而出现拖滑现象。制动踏板力 F_p 或制动系压力 p 再增加时（图 11-2 中制动系液压力 $p > p_a$），制动器制动力 F_μ 随制动器摩擦力矩的增长而仍按直线关系继续上升。但是若作用于车轮上的法向载荷为常数，地面制动力 F_τ 达到附着力 F_φ 时就不再增加了。若想再提高地面制动力 F_τ，只能再提高附着系数。

由此可见，汽车的地面制动力 F_τ 首先取决于制动器制动力 F_μ，同时又受地面附着条件的限制，所以汽车只有具有足够的制动器制动力 F_μ，同时地面又能提供足够的附着力 F_φ 时，才能获得足够的地面制动力。

4. 硬路面上的附着系数 φ 与滑移率 s 的关系

1）车轮的三种运动状态

前面曾假设汽车制动过程中，车轮的运动只有滚动和抱死拖滑，但仔细观察汽车的制动过程，发现汽车的制动过程实际上并不只是包含滚动和抱死拖滑两种状态，而是一个从车轮滚动到抱死拖滑的一个渐变的连续过程。通过试验还发现，在此过程中附着系数的变化很大，在汽车制动过程中，逐渐增大制动踏板力时轮胎留在地面上的印痕就很好地说明了这一点，如图 11-3 所示。

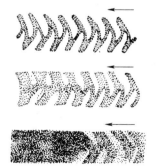

图 11-3 制动时轮胎留在路面上的印痕

轮胎留在地面上的印痕基本上可以分为三个阶段，这说明车轮在制动时有三种不同的

运动状态。

第一阶段：车轮作单纯的滚动，此时印痕的形状与轮胎胎面花纹基本一致，可以认为：

$$v_\omega = r_{r0}\omega \tag{11-8}$$

式中：v_ω——车轮中心的速度；
ω——车轮的角速度；
r_{r0}——没有地面制动力时的车轮滚动半径。

第二阶段：车轮作边滚边滑的混合运动，此时印痕内还可以辨认出轮胎花纹，但花纹渐趋模糊，轮胎已不再作单纯的滚动，胎面与地面发生一定程度的相对滑动，即车轮处于边滚边滑的状态。因此：

$$v_\omega > r_{r0}\omega$$

且随着制动强度的增大，滑动成分的比例越来越大，即：

$$v_\omega \gg r_{r0}\omega$$

第三阶段：车轮抱死拖滑，此时印痕粗黑，看不出轮胎花纹的印痕，车轮被制动器抱住，在路面上做完全的拖滑。因此：

$$\omega = 0$$

2）滑移率 s

以上三个阶段说明，随着制动强度的增大，车轮滚动成分逐渐减小，而滑动成分逐渐增大。一般用滑移率 s 来表示制动过程中滑动成分的多少。滑移率 s 的定义是：

$$s = \frac{v_\omega - r_{r0}\omega}{v_\omega} \times 100\% \tag{11-9}$$

车轮作纯滚动时，$v_\omega = r_{r0}\omega$，滑移率 $s = 0$；车轮抱死拖滑时，$\omega = 0$，$s = 100\%$；车轮边滚边滑时，$v_\omega > r_{r0}\omega$，$0 < s < 100\%$。所以，滑移率 s 的数值说明了车轮运动中滑动成分所占的比例。滑移率 s 越大，滑动成分越多。

3）附着系数 φ 与滑移率 s 的关系

若令地面制动力与法向载荷之比为制动力系数（附着系数 φ），则在不同的滑移率 s 时，附着系数 φ 的数值是不同的。图 11-4 所示为附着系数与滑动率的关系曲线。

图中给出了经试验所得的纵向（沿车轮旋转平面方向）附着系数与侧向（垂直于车轮旋转平面方向）附着系数曲线。侧向附着系数影响制动时的方向稳定性。

纵向附着系数曲线分析如下：

曲线的 OA 段：此段近似于直线，附着系数 φ 随滑移率 s 的增大而迅速增大。虽然有一定的滑移率，但轮胎并没有与路面发生真正的相对滑动。滑移率大于零的原因在于车轮滚动半径 r_r 的增大。当轮胎承受地面制动力时，轮胎前面即将与路

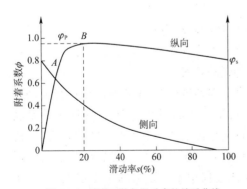

图 11-4　附着系数与滑动率的关系曲线

面接触的胎面受到拉伸而有微量的伸长，致使车轮滚动半径增大；车轮滚动半径随地面制动力的增大而加大，故 $v_\omega = r_r\omega > r_{r0}\omega$，或 $s > 0$。显然，车轮滚动半径与地面制动力成正比地增

大,因此,曲线的 OA 近似于直线。

曲线的 AB 段:至 A 点后,附着系数随滑移率的增大变缓。由于轮胎接地面积中出现局部的相对滑动,附着系数的增长速度减慢,至 B 点时达到最大值。附着系数的最大值称为峰值附着系数 φ_p;峰值附着系数一般出现在 $s = 15\% \sim 20\%$ 时。

B 点以后,附着系数逐渐下降。由于摩擦副间的滑动摩擦系数小于静摩擦系数,因此附着系数在 B 点达到最大值后,随着滑移率的增加而逐渐下降,直至 $s = 100\%$ 时,附着系数降为最低值 φ_s。$s = 100\%$ 时的附着系数称为滑动附着系数 φ_s。在干燥的路面上,峰值附着系数与滑动附着系数的差别较小,而在湿路面上,两者的差别较大,$\dfrac{\varphi_s}{\varphi_p} = \dfrac{1}{3} \sim 1$ 之间。各种路面上的平均峰值附着系数与滑动附着系数见表 11-1。

各种路面上的平均附着系数 表 11-1

路　　面	峰值附着系数 φ_p	滑动附着系数 φ_s
沥青或混凝土(干)	0.8 ~ 0.9	0.75
沥青(湿)	0.5 ~ 0.7	0.45 ~ 0.6
混凝土(湿)	0.8	0.7
砾石	0.6	0.55
土路(干)	0.68	0.65
土路(湿)	0.55	0.4 ~ 0.5
雪(压紧)	0.2	0.15
冰	0.1	0.07

侧向附着系数曲线分析如下:

侧向附着系数为侧向力与垂直载荷之比。由图可见,随着滑移率 s 的增加,侧向附着系数很快下降,即保持转向和防止侧滑的能力越小。

由此可见,若能维持滑移率 s 在 $15\% \sim 20\%$ 之间,便可获得较高的纵向和侧向附着系数。这样,汽车的制动性能最好,侧向稳定性也最佳。具有一般制动系的汽车是无法做到这一点的,但是装配有制动防抱死装置的汽车却能实现这个要求,从而显著地改善了汽车在制动时的制动效能与方向稳定性。

4)影响附着系数的因素

附着系数的数值主要取决于道路的材料、路面的状况与轮胎结构、胎面花纹、材料以及汽车运动的速度等因素。图 11-5 所示为各种路面上的附着系数与滑移率的关系曲线,图 11-6 所示为车速对不同路面状况下附着系数的影响,图 11-6 表明随着车速的提高,附着系数减小。

对于有胎面花纹的轮胎,其附着性能比无胎面花纹光整的轮胎要好得多;同时随着轮胎的磨损,胎面花纹深度的减小,附着系数显著下降。增大轮胎

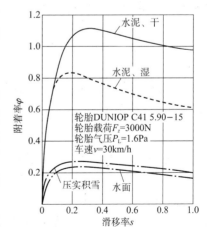

图 11-5　各种路面上的附着系数与滑移率的关系曲线

与地面之间的接触面积会提高其附着能力,因此,低气压、宽断面和子午线轮胎的附着系数要比一般轮胎的高。

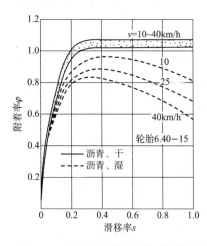

图 11-6　车速对不同路面状况下附着系数的影响

汽车行驶时可能会遇到两种附着能力很小的危险情况:一是下雨刚开始时,此时路面上只有少量雨水,雨水与路面上的尘土、油污相混合,形成黏度较高的水液,轮胎滚动过程中无法排挤出胎面与路面间黏稠的水液膜;由于水液膜的润滑作用,附着性能将大为降低,平滑的路面将会变得像冰雪路面一样滑溜。另外一种情况是高速行驶的汽车经过有积水层的路面,出现了滑水现象。轮胎在有积水层的路面上滚动时,其与路面的接触情况分为三个区域:接近区域(水膜区)、过渡区和直接接触区(图 11-7)。在接近区域,轮胎与地面被水膜隔开;在过渡区域,轮胎与路面之间仅有局部接触,路面的突出部分与胎面接触,提供部分附着力;直接接触区是胎面与路面直接接触产生附着力的主要区域。轮胎低速滚动时,由于水本身的黏滞性,接触面前部的水需要一定的时间才能挤出,导致接触面中轮胎胎面的前部将越过楔形水膜即接近区域滚动。车速提高后,高速滚动的轮胎迅速排挤水层,由于水的惯性作用,接触区的前部产生与车速的平方成正比的动压力,其数值为:

$$F_s = hb\frac{1}{2}\rho v^2 \tag{11-10}$$

式中:h——水层厚度;
　　b——轮胎宽度;
　　ρ——水的密度;
　　v——挤水速度。

上述动压力随着车速的增加而增加,使胎面与地面分开,使接近区域的水膜向后扩展,在轮胎与路面固定的接触长度内,过渡区和直接接触区相对缩小;当车速达到某一值时,胎面下的动压力产生的升力等于轮胎的垂直载荷时,车轮与路面将完全被水膜隔开,过渡区和直接接触区将不复存在,轮胎将完全漂浮在水膜上面而与路面没有任何接触,这就是滑水现象。

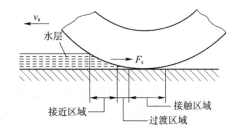

图 11-7　路面有积水层时轮胎接触地面中的三个区域

滑水现象减小了胎面与地面的附着能力,影响到汽车的制动性及转向性等性能。

路面的结构对排水能力有着很大的影响。为了增加潮湿路面的附着能力,路面的宏观结构应具有一定的不平度使路面具有自动排水的能力;路面的微观结构应是粗糙且有一定的尖锐棱角,以便穿透水膜,让路面与胎面直接接触。

第三节 汽车的制动效能及其恒定性

汽车的制动效能是指汽车迅速减速直至停车的能力。制动效能的评价指标为制动距离、制动时间和制动减速度。

一、制动减速度

制动减速度反映了地面制动力。与制动器制动力(车轮滚动时)及附着力(车轮抱死拖滑时)有关。

汽车制动时的驱动力平衡方程为：

$$F_{j\tau} = F_\tau + F_f + F_\omega + F_i \tag{11-11}$$

制动试验是在平坦、坚硬、干燥、清洁的水泥或沥青路面上进行，故 $F_i=0$，并忽略空气阻力，则有：

$$F_{j\tau} = F_\tau + F_f \tag{11-12}$$

式中：$F_{j\tau}$——汽车制动时的惯性力；

又因为：

$$F_{j\tau} + \delta \frac{G}{g} \frac{dv_a}{dt} = \delta \frac{G}{g} j \tag{11-13}$$

由此得：

$$\delta \frac{G}{g} j = F_\tau + F_f = F_\tau = Gf \tag{11-14}$$

因此：

$$j = \frac{F_\tau + Gf}{\delta G} g \tag{11-15}$$

式中：F_τ——汽车的全部地面制动力，N；

G——汽车的总重力，N；

δ——汽车旋转质量换算系数；

f——滚动阻力系数；

g——重力加速度，m/s²。

由上式可知，地面制动力增大，旋转质量换算系数减小，均使制动减速度增大。

当所有车轮都制动到抱死时，滑移率 $s=100\%$，$f=0$，$\delta=1$，对于双轴汽车，前、后轮的最大地面制动力分别为：

$$F_{\tau 1} = F_{z1}\varphi ; \quad F_{\tau 2\max} = F_{z2}\varphi$$

汽车的最大地面制动力为：

$$F_{\tau\max} = (F_{z1} + F_{z2})\varphi = G\varphi$$

故汽车所能达到的减速度最大值为：

$$j_{\max} = \varphi g，m/s^2 \tag{11-16}$$

若允许汽车的前、后轮同时抱死，则：

$$j_{max} = \varphi_s g, \text{m/s}^2 \tag{11-17}$$

但汽车在制动时,一般不希望制动器抱死,故:

$$j_{max} < \varphi_s g, \text{m/s}^2 \tag{11-18}$$

若采用自动防抱装置来控制汽车的制动,则减速度为:

$$j_{max} = \varphi_p g, \text{m/s}^2 \tag{11-19}$$

制动减速度一般控制在 $j_{max} < (0.4 \sim 0.5)g$,点制动时 $j = 0.2g$。当 $j_{max} = (0.7 \sim 0.9)g$ 时,将有害于人员和货物的安全。因此,在保证行车安全的前提下,应尽量避免紧急制动。

二、制动时间

为了分析制动距离,需要对制动过程有一个全面地了解。

在制动的全过程中,即从驾驶员接收到制动信号开始直至制动停车,制动减速度随制动时间而变化的关系曲线如图11-8所示。

制动过程由以下各个时间段组成:

τ_1 为驾驶员的反应时间,指从驾驶员接收到应进行紧急制动的信号开始,至驾驶员的右脚刚接触到制动踏板为止所经历的时间。当驾驶员接收到应进行紧急制动的信号时(图11-8中的原点 O)并没有立即采取行动,要经过一段时间 τ'_1 后到图中的 a 点才意识到应该进行紧急制动,并开始移动右脚,在经过 τ''_1 后在图中的 b 点踩到制动踏板。由原点 O 经 a 点到 b 点所经过的时间 $(\tau'_1 + \tau''_1)$ 即为驾驶员的反应时间,这段时间与驾驶员的年龄、驾龄等许多因素有关,一般为 $0.3 \sim 1.0s$。在 τ_1 时间段内可认为汽车以原始初速度作等速运动。

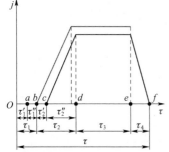

图11-8 汽车制动过程的简化模型

τ_2 为制动系的协调时间(也称为制动器的作用时间或滞后时间)。它包含着制动系的反应时间 τ'_2 和制动减速度的上升时间 τ''_2 两部分。

制动系的反应时间是指从驾驶员刚踩制动踏板的 b 点开始,到汽车开始出现制动减速度的 c 点为止所经历的时间。这段时间用于克服制动系机械传动部分的间隙、踏板自由行程、气压或液压沿管道的传递、制动器的制动蹄与制动鼓(或制动盘)的间隙等。所以要经过时间 τ'_2 后到图中的 c 点,地面制动力才起作用,汽车开始产生减速度。

制动减速度的上升时间 τ''_2 是指制动器的制动力由零增加到最大,制动减速度由零增长到最大值所需要的时间。

整个制动系的协调时间一方面取决于驾驶员踩制动踏板的速度,另外,还要受制动器结构型式的影响,一般为 $0.2 \sim 0.9s$。

τ_3 为持续制动时间,即以最大制动减速度制动的时间,如图11-8中 d—e,此阶段制动减速度基本不变。

τ_4 为制动解除时间。它表示从驾驶员放松制动踏板的瞬间开始到制动力完全解除、制动减速度下降到零所经历的时间,如图11-8中 e—f。τ_4 一般为 $0.2 \sim 1.0s$。如果制动到停车为止,$\tau_4 = 0$,则这段时间对制动过程没有影响。当 τ_4 过长,会延迟随后起步行驶的时间。有时因车轮抱死引起汽车失去控制,驾驶员采取措施放松制动踏板时,将使制动力消除缓慢。

由制动过程的四个阶段可以看出,驾驶员的反应时间 τ_1 只与驾驶员自身有关,而与汽车无关,在检验汽车时可以不予考虑;制动解除时间 τ_4 对制动过程没有影响,所以也暂不考虑。影响制动过程的因素主要是制动器的作用时间 τ_2 和持续制动时间 τ_3,所以应着重研究从驾驶员踩制动踏板到汽车停车的一段时间。

三、制动距离

制动距离是指汽车速度为 v_0(空挡)时,从驾驶员刚踩着制动踏板起到完全停车为止汽车所驶过的距离。

制动距离不仅与制动踏板力、路面附着条件、车辆载荷、发动机是否结合等因素有关,而且还与制动器的热状况有关。所以在测试制动距离时,通常要对踏板力或制动系压力及路面附着系数作出一定的规定,并且一般在冷试验条件下进行。

根据上述对制动过程的分析,制动距离是从对应于制动器的作用时间 τ_2 和持续制动时间 τ_3 两个阶段汽车所驶过的距离 s_2 和 s_3。因此制动距离 s 为:

$$s = s_2 + s_3 \tag{11-20}$$

式中:s——制动总距离;

s_2——在制动器起作用阶段汽车驶过的距离;

s_3——在持续制动阶段汽车驶过的距离。

为运算的方便,在下面公式推导的过程中,车速以 m/s 为单位。

1. 在制动器起作用阶段汽车驶过的距离 s_2

1)在制动系的反应时间 τ_2' 内驶过的距离 s_2'

$$s_2' = v_0 \tau_2' \tag{11-21}$$

式中:v_0——起始制动初速度。

2)在制动减速度的上升时间 τ_2'' 内驶过的距离 s_2''

汽车在此阶段做变减速直线运动,制动减速度线性增长,减速度的上升过程是一条直线,即某瞬时的减速度为:

$$j = k\tau \tag{11-22}$$

式中:k——常数。

当制动过程进行到图 11-8 中的 d 点时,制动减速度达到最大值,$j = j_{\max}$,故有:

$$k = \frac{j_{\max}}{\tau_2''} \tag{11-23}$$

因为 $j = \dfrac{\mathrm{d}v_\mathrm{a}}{\mathrm{d}\tau}$($j$ 为制动减速度,取绝对值),所以:

$$\mathrm{d}v_\mathrm{a} = -j\mathrm{d}\tau = -k\tau\mathrm{d}\tau \tag{11-24}$$

将上式两边积分,得到时间 τ_2'' 内速度的变化规律为:

$$\int_{v_0}^{v} \mathrm{d}v_\mathrm{a} = -k\int_0^{\tau} \tau\mathrm{d}\tau \tag{11-25}$$

则:

$$v_\mathrm{a} = v_0 - \frac{1}{2}k\tau^2 \tag{11-26}$$

对应图 11-8 中 d 点的速度为:

$$v_d = v_0 - \frac{1}{2}k\tau_2''^2 \tag{11-27}$$

将 $k = \dfrac{j_{max}}{\tau_2''^2}$ 代入,得 d 点的速度为:

$$v_d = v_0 - \frac{1}{2}j_{max}\tau_2'' \tag{11-28}$$

又因为:

$$v_a = \frac{ds}{d\tau}, \tag{11-29}$$

故:

$$ds = v_a d\tau \tag{11-30}$$

将 $v_a = v_0 - \dfrac{1}{2}k\tau^2$ 代入上式,并对两边积分得:

$$\int_0^s ds = \int_0^{\tau_2''} \left(v_0 - \frac{1}{2}k\tau^2\right) d\tau \tag{11-31}$$

即得:

$$s = v_0\tau - \frac{1}{6}k\tau^3 \tag{11-32}$$

将 $k = \dfrac{j_{max}}{\tau_2''^2}$ 代入上式,可得在制动减速度的上升时间 τ_2'' 内驶过的距离 s_2'':

$$s_2'' = v_0\tau_2'' - \frac{1}{6}j_{max}\tau_2''^2 \tag{11-33}$$

所以,在整个制动器起作用阶段汽车驶过的距离 s_2 为:

$$s_2 = s_2' + s_2'' = v_0\tau_2' + v_0\tau_2'' - \frac{1}{6}j_{max}\tau_2''^2 \tag{11-34}$$

2. 在持续制动时间 τ_3 内汽车驶过的距离 s_3

此阶段汽车以 j_{max} 的减速度做匀减速运动,其初速度 v_d,末速度 v_c,根据匀减速运动的公式,有:

$$v_d^2 - v_c^2 = 2j_{max}s_3 \tag{11-35}$$

将式 $v_d = v_0 - \dfrac{1}{2}j_{max}\tau_2''$ 代入上式得:

$$s_3 = \frac{v_d^2}{2j_{max}} = \frac{\left(v_0 - \dfrac{1}{2}j_{max}\tau_2''\right)^2}{2j_{max}} \tag{11-36}$$

整理后得在持续制动时间 τ_3 内汽车驶过的距离 s_3:

$$s_3 = \frac{v_0^2}{2j_{max}} - \frac{1}{2}v_0\tau_2'' + \frac{1}{8}j_{max}\tau_2''^2 \tag{11-37}$$

3. 总制动距离 s

汽车在制动过程中总制动距离为:

$$s = s_2 + s_3 = v_0\left(\tau_2' + \frac{\tau_2''}{2}\right) + \frac{v_0^2}{2j_{max}} - \frac{1}{24}j_{max}\tau_2''^2 \tag{11-38}$$

因为 τ''_2 一般只有零点几秒，故略去二阶微量 $\frac{1}{24}j_{max}\tau''^2_2$，则：

$$s = s_2 + s_3 = v_0\left(\tau'_2 + \frac{\tau''_2}{2}\right) + \frac{v_0^2}{2j_{max}} \tag{11-39}$$

前面已经讲过，为运算的方便，在公式推导的过程中，车速以 m/s 为单位。若车速以 km/h 为单位，则制动距离的公式为：

$$s = \frac{v_0}{3.6}\left(\tau'_2 + \frac{\tau''_2}{2}\right) + \frac{v_0^2}{25.92j_{max}} \tag{11-40}$$

当制动到所有车轮都抱死时，$j_{max} = \varphi g$，所以制动距离可写成：

$$s = \frac{v_0}{3.6}\left(\tau'_2 + \frac{\tau''_2}{2}\right) + \frac{v_0^2}{254\varphi} \tag{11-41}$$

由公式可见，当制动初速度一定时，紧急制动的制动距离随最大制动减速度的增大而减小，随制动系反应时间的减小而减小，随制动减速度增长速率的加快而减小。制动到所有车轮都抱死时，当附着系数减小，制动距离增大。当其他条件一定时，则制动初速度越大，制动距离越长。由于制动初速度对制动距离的影响很大，因此，当路面附着条件不好时，驾驶员应注意控制车速，以确保行车安全。

制动过程中，在持续制动时间内汽车速度下降很快，因此，此时制动减速度最大，但是制动系协调时间对汽车制动距离的影响也很大，所以改进制动系结构、缩短制动系协调时间是缩短制动距离的有效措施。

由上述分析可知，决定汽车制动距离的主要因素是制动器起作用的时间、最大制动减速度（或最大制动器制动力）和制动的起始车速。制动距离反映出从驾驶员踩着制动踏板到汽车完全停住的全过程。这样，制动系调整的好坏、制动系反应时间的长短、制动力上升的快慢及最大制动减速度所产生的影响，均包含在这一指标中。可以认为，制动距离是一个较为综合的制动性能指标，又是一个比较简单而又直观的指标，便于定性地分析各种因素对制动距离的影响，实用中最为方便。因此该指标为目前大多数国家所采用。

按照欧洲经济共同体的规定，对汽车制动系的要求见表 11-2。

对汽车制动系的要求（71/320EEC） 表 11-2

	车辆类型	轿车	客车质量 m_{max}（t）		货车质量 m_{max}（t）		
			≤5	>5	≥3.5	3.5~12	>12
行车制动装置	检验车速 v_0（km/h）	80	60		80	60	60
	制动距离（m）	≤$0.1v_0 + v_0^2/130$	≤$0.15v_0 + v_0^2/130$		≤$0.15v_0 + v_0^2/115$		
	踏板力 F_p	≤500N	≤700N		≤700N		
	$\tau''_2/2 + \tau'_2$	≤0.36s	≤0.54s		≤0.54s		
	减速度（m/s²）	5.8	5		4.4		
应急制动装置	检验车速 v_0（km/h）	80	60		70	50	40
	制动距离（m）	≤$0.1v_0 + v_0^2/65$	≤$0.15v_0 + v_0^2/65$		≤$0.15v_0 + 2v_0^2/115$		
	手操纵力 F_k	≤400N	≤600N		≤600N		

四、制动效能的恒定性

当汽车下长坡时,制动器要连续地较长时间做强度较大的制动,制动器温度升高,常在300℃以上,甚至高达600~700℃。高速制动时制动器温度也会很快上升。制动器温度升高以后,制动器摩擦副摩擦系数减小,摩擦力矩显著下降,这种现象称为制动器的热衰退。热衰退是目前制动器不可避免的现象,只是有程度的差别,制动效能的恒定性主要是指制动器的抗热衰退性。

制动器的抗热衰退性能一般用一系列连续制动时制动效能的保持程度来衡量。要求汽车以规定车速范围$[(0.8~0.4)v_{max}]$和时间间隔$(45~60s)$,连续制动15~20次,每次的制动减速度为$3m/s^2$,在制动踏板力相同的情况下,最后制动效能应不低于规定的冷状态制动效能$(5.8m/s^2)$的60%。

山区行驶的货车和高速行驶的轿车对制动器的抗热衰退性能要求较高。一些国家规定货车必须装备各种类型的辅助制动器,以保持山区行驶的制动效能。

影响制动器热衰退的主要因素是制动器摩擦副的材料及制动器的结构型式。

当汽车涉水后,因水进入制动器,制动器摩擦表面将因水的润滑作用而使摩擦系数下降,并使汽车制动效能降低,称为制动效能的水衰退。若水衰退发生在汽车一侧车轮制动器上,则会造成左、右车轮制动力不等,使汽车制动时的方向稳定性变差。

汽车制动时产生的热量可使摩擦片干燥,因而制动器浸水后,经过若干次制动后,制动器可逐渐恢复浸水前的性能,称为水恢复。水衰退的程度可用浸水后的制动效能与浸水前的制动效能的比值反映。

第四节 制动时汽车的方向稳定性

制动时汽车的方向稳定性是指在制动过程中,汽车按驾驶员给定的轨迹行驶的能力,即维持直线行驶或按预定弯道行驶的能力。

在制动过程中,汽车可能存在偏离给定行驶方向的情况如制动跑偏、制动侧滑或弯道行驶丧失转向能力,而使汽车失去控制。

制动跑偏和制动侧滑是有联系的,严重的跑偏常引起汽车后轴侧滑,易于发生侧滑的汽车也有加剧跑偏的倾向。跑偏和侧滑都会部分或完全地使汽车失去控制而偏离原来给定的行驶方向,甚至发生撞入相向行驶车辆车道、滑下山坡等危险情况;特别是高速制动或在滑溜路面上制动时,常引起汽车"甩尾",造成严重的交通事故。

一、汽车的制动跑偏

1)制动跑偏的定义和度量

制动时原期望按直线方向减速停车的汽车自动向左或向右偏驶的现象,称为制动跑偏,如图11-9所示。

汽车跑偏程度常用下列两个参数度量:

(1)车身横向位移Δs:车身最大的横向移动量。

(2)汽车的航向角α:制动后汽车的纵轴线相对于原来行驶方向的转角。

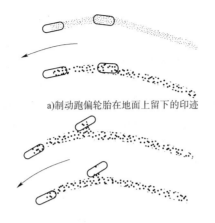

a) 制动跑偏轮胎在地面上留下的印迹

b) 制动跑偏引起后轴轻微侧滑时轮胎在地面上留下的印迹

图 11-9　汽车制动跑偏的情形

2) 制动跑偏的原因：

制动时引起汽车跑偏的原因如下：

(1) 汽车左、右车轮，特别是左、右转向轮制动器制动力不相等。

图 11-10 所示为由于左、右转向轮制动器制动力不相等引起汽车跑偏的受力分析。为了简化起见，假设汽车车速较低，跑偏不严重，且跑偏过程中转向盘固定不动，也没有发生侧滑，并略去汽车做圆周运动时所产生的离心力及车身绕重心的惯性力偶矩。

当汽车制动时，如果左、右车轮制动器制动力相等，则汽车按照原来的行驶方向正常的减速停车，如图 11-10a) 所示。

若汽车制动时，左、右车轮制动器制动力不相等，如图 11-10b) 所示。假设左前轮的制动器制动力大于右前轮，故地面制动力 $F_{x1l} > F_{x1r}$。此时前、后轴分别受到地面侧向反作用力 F_{y1} 和 F_{y2} 的作用。由于 F_{y1} 和 F_{y2} 绕重心的力偶矩必须与 $F_{x1l} > F_{x1r}$ 绕重心的力偶矩相平衡，所以 F_{y1} 和 F_{y2} 的方向如图 11-10 所示。

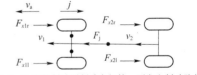

a) 左、右车轮制动器制动力相等，不发生制动跑偏

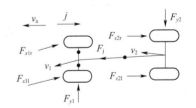

b) 左、右车轮制动器制动力不相等，发生制动跑偏

图 11-10　汽车制动跑偏时的受力图

由于 F_{x1l} 绕主销的力矩大于 F_{x1r} 绕主销的力矩，两者失去平衡，虽然转向盘固定不动，但因转向系各处的间隙及零部件的弹性变形，转向轮仍将产生一向左偏转的角度，而使汽车有轻微的向左偏驶，即制动跑偏。同时由于主销有后倾，也使 F_{y1} 对转向轮产生一同方向的偏转力矩，从而增大了向左偏转的角度，加剧了制动跑偏。

试验表明，前轴左、右制动轮制动力之差超过 5%，后轴左、右制动轮制动力之差超过 10%，将引起制动跑偏现象。

制动跑偏随左、右车轮制动力之差的增大而增大，当后轮抱死时，跑偏的程度加大。

由于左、右车轮制动器制动力不相等引起的车身跑偏，其跑偏方向不固定，多是由于装配调整误差而造成的，是非系统性的，可以通过维修调整消除的。

(2)悬架导向杆系和转向系拉杆在运动学上的运动不协调。

图 11-11 所示为由于悬架导向杆系和转向系拉杆在运动学上的不协调引起的汽车跑偏。这是由于转向节上节臂处的球销离前轴中心太高，而前悬架钢板弹簧的扭转刚度又太小造成的。在紧急制动时，前轴向前扭转了一个角度，转向上节臂球头销本应作相应的移动，但由于球头销同时又连接在转向杆系纵拉杆上，而不能随前轴相应的向前移动，仅能克服转向拉杆的间隙，使拉杆有少许弹性变形而不允许球头销作相应的移动，致使转向节臂相对于主销做向右的偏转，于是引起转向轮向右转动，造成汽车跑偏。

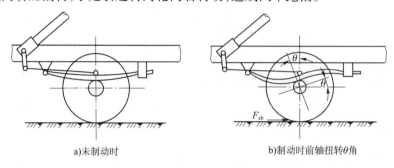

a)未制动时　　　　b)制动时前轴扭转θ角

图 11-11　悬架导向杆系和转向系拉杆在运动学上的不协调引起的汽车跑偏

这种跑偏的方向不变，是设计造成的，属于系统性的。降低球头销位置，增加前钢板弹簧的刚度，从而基本上消除了跑偏现象。

二、侧滑

侧滑是指制动时汽车的某一轴或两轴发生横向移动。侧滑与跑偏是有联系的，严重的跑偏有时会引起后轴侧滑，易于发生侧滑的汽车也有加剧跑偏的趋势。

制动时发生侧滑，特别是后轴侧滑，会对汽车的稳定性带来极其不利的影响，特别是高速行驶的汽车，汽车发生后轴侧滑后将引起汽车剧烈的回转运动，严重时可使汽车调头。

由试验与理论分析得知，制动时若后轴车轮比前轴车轮先抱死拖滑，就可能发生后轴侧滑。若能使前、后轴车轮同时抱死或前轴车轮先抱死，后轴车轮再抱死或不抱死，则能防止后轴侧滑；不过前轴车轮抱死后将失去转向能力。

制动侧滑试验得出的结论：

在前、后制动器制动力比例不同时，前、后轮抱死拖滑的次序不同，汽车的侧滑情况不同。当汽车的制动力足够时会出现以下两种情况：

(1)制动过程中，若只有前轮抱死拖滑或前轮比后轮先抱死拖滑，汽车基本上沿直线向前减速停车；汽车处于稳定状态，但在弯道上行驶时，汽车丧失转向能力。

(2)若后轮比前轮提前一定时间(如对试验中的汽车为 0.5s 以上)先抱死拖滑，且车速超过某一数值(如试验中的汽车车速为 48km/h)时，只要有轻微的侧向力作用，汽车就会发生后轴侧滑而急剧转动，甚至完全调头。侧滑的程度与地面的滑溜程度、制动距离及制动时间成正比。

1)车轮侧滑的条件

汽车在实际使用中，往往是某一车轴发生侧滑，而另一车轴仍保持与地面之间的附着关系。

制动过程中车轮侧滑受力情况如图 11-12 所示。

车轮受垂直载荷 G、地面法向反作用力 F_z、制动力矩 M_u 引起的地面切向反作用力 F_{xb} 的作用。此外，还受侧向力 F_y 的作用,地面产生相应的侧向反作用力 Y。在俯视图上,将地平面内的切向反作用力 F_{xb} 和侧向反作用力 Y 合成为 R。

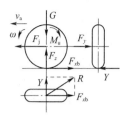

图 11-12　车轮侧滑时的受力图

根据车轮与路面的附着条件可知,当车轮上无切向力作用时,车轮所能承受的最大侧向力为：

$$Y_{\max} = \varphi F_z \tag{11-42}$$

式中：φ——车轮对路面的附着系数；

F_z——作用在车轮上的地面法向反作用力,N。

若车轮承受切向力 F_{xb}（驱动力或制动力）的作用,则这时车轮不发生侧滑的条件为：

$$R = \sqrt{F_{xb}^2 + Y^2} \leqslant \varphi F \tag{11-43}$$

车轮所能承受的最大侧向力降为：

$$Y_{\max} = \sqrt{\varphi^2 F_z^2 - F_{xb}^2} \tag{11-44}$$

由上式可知,抗侧滑的稳定性与作用于车轮上的切向与法向反作用力有关。当切向反作用力达到车轮与地面的附着力时,车轮抱死拖滑,其切向力与附着力满足：

$$F_{xb} = \varphi F_z$$

则此时地面提供给轮胎的侧向反作用力 $Y_{\max} = 0$,即使是微小的侧向力 F_y（如侧向风力、道路横坡引起的侧向力及转弯行驶时的离心力）都将引起车轮的侧向滑移。这一分析已为实践所证实。汽车制动时,地面切向反作用力 F_{xb} 很大,容易出现 $F_{xb} = \varphi F_z$ 的情况,当车轮被猛烈制动到完全抱死时,汽车常常出现"甩尾"现象。

车轮侧滑的条件也适用于汽车的驱动工况。汽车行驶过程中,驱动轮经常受到驱动力的作用,故驱动轴发生单轴侧滑的可能性较大。

2）汽车侧滑时的运动分析

汽车侧滑时的运动情况如图 11-13 所示。

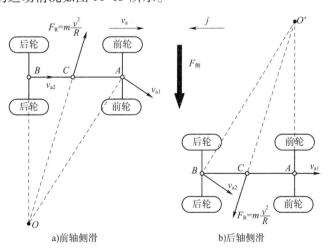

a) 前轴侧滑　　　　　　　　b) 后轴侧滑

图 11-13　汽车侧滑时的运动情况

（1）前轴侧滑。

图 11-13a) 为汽车前轴侧滑时的运动简图。汽车直线行驶过程中，制动时，若汽车前轴车轮的地面切向反作用力（地面制动力）达到车轮与路面的附着力而导致前轮抱死，此刻后轮没有抱死处于正常滚动状态；在侧向力的作用下汽车前轴发生侧滑，后轴没有侧滑，则汽车前轴中点 A 的速度向量 v_{a1} 将偏离汽车的纵轴线，而后轴中点 B 的速度向量 v_{a2} 仍与汽车纵轴线的方向一致；作速度向量 v_{a1}、v_{a2} 的垂线交于 O 点，O 点即为汽车将要进行的曲线运动的瞬时转向中心。汽车绕瞬时转向中心 O 做圆周运动所产生的离心力 F_R 作用于汽车的质心 C 上，其大小如图 11-13 所示，方向与汽车侧滑的方向相反，显然质心 C 上的离心力 F_R 能起到消减侧滑的作用，因此，前轴侧滑时汽车的行驶方向不变或变化不大。

（2）后轴侧滑。

图 11-13b) 为汽车后轴侧滑时的运动简图。汽车直线行驶过程中，制动时，若汽车后轴车轮的地面切向反作用力（地面制动力）达到车轮与路面的附着力而导致后轮抱死，此刻前轮没有抱死处于正常滚动状态；在侧向力的作用下汽车后轴发生侧滑，前轴没有侧滑，在这种情况下质心 C 上所产生的离心力 F_R 与侧滑方向基本一致，于是离心力加剧了后轴的侧滑，后轴侧滑增大又加剧了离心力的增大，如此循环下去，汽车的前进方向改变很大，有可能导致汽车的急剧转动，甚至"甩尾"。因此，后轴侧滑是一种不稳定的、危险的工况。为消除侧滑，驾驶员可朝后轴侧滑方向适度转动方向盘，使回转半径加大，从而减小离心力。当前轮转到 v_{a1} 与 v_{a2} 平行时，回转半径趋近于无穷大，则离心力 $F_R=0$，侧滑可停止。若使转向盘朝后轴侧滑的方向多转过一些角度，则将产生反方向的离心力，这就可以更迅速地消除侧滑。

通过以上的分析可知，汽车前轴侧滑是一个收敛的过程，汽车处于稳定状态，基本上能减速停车，但丧失转向能力；汽车后轴侧滑是一个发散的过程，汽车处于一种极不稳定的危险工况，将引起汽车剧烈的回转运动，严重时可使汽车调头、甩尾，触发重大的交通事故。因此，后轴侧滑比前轴侧滑更危险。同时，对于后轮驱动的汽车来讲，由于经常有驱动力作用，故后轴侧滑的可能性也比较大。所以，为了保证行车安全，必须根据道路条件，选择适当的行驶速度。一般情况下，转向前必须降低行驶速度，以减小转弯时的离心力，特别是在潮湿和冰雪路面上尤应注意；汽车在无横向坡度的路面上转向行驶时，更应降低车速。

三、转向能力的丧失

转向能力的丧失是指弯道制动时，汽车不再按原来的弯道行驶而是沿弯道切线方向驶出，及直线行驶时，驾驶员转动转向盘，汽车仍按直线方向行驶的现象。

只有前轮抱死或前轮先抱死时，因侧向力系数为零，不能产生任何地面侧向反作用力，汽车才丧失转向能力。

因此，从保证汽车行驶方向稳定性的角度出发，不能出现只有后轴车轮抱死或后轴车轮比前轴车轮先抱死的情况，以防止后轴侧滑。在此基础上，尽量减少只有前轴车轮抱死或前、后轮都抱死的情况，以维持汽车的转向能力。最理想的情况就是避免任何车轮抱死，以确保制动时的方向稳定性。

第五节　理想的前、后轮制动器制动力的比例关系

在汽车的制动过程中,前、后轮抱死拖滑的次序对方向稳定和制动系工作效率都有很大的影响。而前、后轮抱死拖滑的次序取决于前、后制动器制动力和附着力之间的关系。因此,研究前、后轮制动器制动力的分配比例是很有必要的。

一、不同制动情况下的制动系工作效率

制动系工作效率定义为:

$$\eta_b = \frac{F_{\tau\max}}{F_{\mu\max}} \tag{11-45}$$

式中:F_τ——地面制动力;

　　F_μ——制动器制动力。

如图 11-2 所示,为地面制动力 F_τ、制动器制动力 F_μ 与附着力 F_φ 的关系,对应于某一制动踏板力,当车轮处于滚动状态、没有抱死时,满足 $F_\mu = F_\tau < F_\varphi$;而当制动踏板力增加使车轮抱死拖滑时,满足 $F_\mu \geq F_{\tau\max} = F_\varphi$。因此汽车在制动过程中,前、后轮的抱死次序有以下几种情况:

(1)若对应于某一制动强度,使前、后轮同时抱死时,则有:

$$F_{\mu 1} = F_{\tau 1} = F_{\varphi 1}\,;\;F_{\mu 2} = F_{\tau 2} = F_{\varphi 2}$$

故:

$$\eta_b = 1$$

若前、后轮不同时抱死,当制动力足够时,则无论是前轮先抱死还是后轮先抱死的两种情况下,η_b 均小于 1。

(2)若对应于某一制动强度,使前轮先抱死拖滑,然后后轮再抱死拖滑时。

当前轮抱死拖滑时:

$$F_{\mu 1} = F_{\tau 1} = F_{\varphi 1}$$

而此时后轮尚未抱死时:

$$F_{\mu 2} = F_{\tau 2} < F_{\varphi 2}$$

增大制动强度,使前、后轮都抱死时:

$$F_{\mu 1} > F_{\tau 1} = F_{\varphi 1}$$
$$F_{\mu 2} = F_{\tau 2} = F_{\varphi 2}$$

所以:

$$\eta_b = \frac{F_{\tau\max}}{F_{\mu\max}} < 1$$

(3)若对应于某一制动强度,使后轮先抱死拖滑,然后前轮再抱死拖滑。

当后轮抱死拖滑时:

$$F_{\mu 2} = F_{\tau 2} = F_{\varphi 2}$$

而此时前轮尚未抱死:

$$F_{\mu 1} = F_{\tau 1} < F_{\varphi 1}$$

增大制动强度,使前、后轮都抱死时:
$$F_{\mu 2} > F_{\tau 2} = F_{\varphi 2}$$
$$F_{\mu 1} = F_{\tau 1} = F_{\varphi 1}$$

所以:
$$\eta_b = \frac{F_{\tau max}}{F_{\mu max}} < 1$$

由以上的分析可知,使前、后轮同时抱死拖滑是制动的最佳状态,制动系工作效率最高,即产生最大地面制动力所需的整个制动系制动器的制动力最小,制动效能发挥得最充分。

二、制动时前、后轮的地面法向反作用力

由于附着力 F_φ 与车轮的地面法向反作用力有着直接的关系,$F_\varphi = \varphi F_z$,所以为研究制动器制动力的分配比例关系,首先应了解制动时前、后轮的地面法向反作用力的变化。

图 11-14 为汽车在水平路面上制动时的受力图。汽车处于良好水平路面,坡度阻力 $F_i = 0$。忽略滚动阻力偶矩、空气阻力及旋转质量惯性力偶矩的影响。

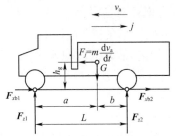

图 11-14 汽车在水平路面上制动时的受力图

G-汽车的总重力;F_{z1}、F_{z2}-制动时前、后轮的地面法向反作用力;F_j- 汽车的惯性力;L-汽车的轴距;a、b-汽车重心至前、后轴的距离;h_g-汽车重心的高度;F_{xb1}、F_{xb2}-制动时前、后轮的地面制动力;$\frac{dv_a}{dt}$-汽车的制动减速度

对照图 11-14,对后轮接地点取力矩,得:
$$F_{z1}L = Gb + m\frac{dv_a}{dt}h_g \tag{11-46}$$

对前轮接地点取力矩,得:
$$F_{z2}L = Ga - m\frac{dv_a}{dt}h_g \tag{11-47}$$

所以:
$$\left.\begin{array}{l} F_{z1} = \dfrac{G}{L}\left(b + \dfrac{h_g}{g}\dfrac{dv_a}{dt}\right) \\ F_{z2} = \dfrac{G}{L}\left(a - \dfrac{h_g}{g}\dfrac{dv_a}{dt}\right) \end{array}\right\} \tag{11-48}$$

由上面的分析可知,制动时前、后轮的地面法向反作用力 F_{z1}、F_{z2} 的变化均与汽车制动时的惯性力 F_j 有关。而汽车制动时的惯性力取决于地面制动力(或制动减速度)。当前、后轮同时抱死拖滑时,取决于附着力。

由于地面总的制动力为：

$$F_\tau = F_{xb} = F_{xb1} = F_{xb2}$$

而惯性力为：

$$F_j = F_\tau = F_{xb1} + F_{xb2} = m\frac{dv_a}{dt}$$

则在不同附着系数的路面上制动，前、后轮都抱死时，有：

$$F_\tau = F_\varphi = G\varphi$$

所以：

$$F_j = F_\tau = m\frac{dv_a}{dt}G\varphi$$

制动减速度为：

$$j = \frac{dv_a}{dt} = \varphi g$$

因此：

$$\left. \begin{array}{l} F_{z1} = \dfrac{G}{L}(b + \varphi h_g) \\ F_{z2} = \dfrac{G}{L}(a + \varphi h_g) \end{array} \right\} \tag{11-49}$$

由以上各式可知，当地面制动力 F_τ 或制动减速度 j、附着系数 φ 增大时，前轮的地面法向反作用力 F_{z1} 增大，后轮的地面法向反作用力 F_{z2} 减小。

应该注意的是，制动减速度 j 的大小取决于地面制动力 F_τ，而最大制动减速度 j_{max} 的大小取决于附着力 F_φ。

若在制动过程中，附着系数 φ 为常数，则制动时前、后轮的地面法向反作用力 F_{z1}、F_{z2} 均为直线方程；随着附着系数 φ 的变化，前、后轮的法向反作用力变化较大。

三、理想的前、后轮制动器制动力分配曲线

制动时，前、后轮同时抱死拖滑是理想的制动状态，制动效果最好。在任意附着系数 φ 的路面上，均能保证前、后轮同时抱死拖滑的前、后轮制动器制动力分配，称为理想分配；表示理想分配的前、后轮制动器制动力分配曲线称为理想分配曲线。

在任意附着系数 φ 的路面上，前、后车轮同时抱死的条件为：前、后轮制动器制动力同时达到各自的附着力，并且前、后轮制动器制动力之和等于附着力。即：

$$\begin{cases} F_{\mu 1} = F_{\varphi 1} = F_{z1}\varphi \\ F_{\mu 2} = F_{\varphi 2} = F_{z2}\varphi \\ F_{\mu 1} + F_{\mu 2} = F_{\varphi 1} + F_{\varphi 2} = G\varphi \end{cases} \tag{11-50}$$

将式(11-49)代入上式并整理得：

$$\begin{cases} \dfrac{F_{\mu 1}}{F_{\mu 2}} = \dfrac{F_{z1}}{F_{z2}} = \dfrac{b + \varphi h_g}{a - \varphi h_g} \\ F_{\mu 1} + F_{\mu 2} = G\varphi \end{cases} \tag{11-51}$$

若要使前、后车轮同时抱死，前、后轮制动器制动力 $F_{\mu 1}$、$F_{\mu 2}$ 必须满足上述联立方程。消

去变量 φ，化简可得 $F_{\mu 1}$、$F_{\mu 2}$ 的关系式：

$$F_{\mu 2}=I(F_{\mu 1})=\frac{1}{2}\left[\frac{G}{h_g}\sqrt{b^2+\frac{4h_g L}{G}F_{\mu 1}}-\left(\frac{Gb}{h_g}+2F_{\mu 1}\right)\right] \quad (11\text{-}52)$$

根据上式画出的曲线，即为理想的前、后轮制动器制动力分配曲线，简称 I 曲线，如图 11-15 所示。

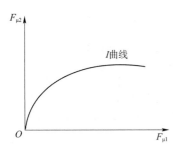

图 11-15　理想的前、后轮制动器制动力分配曲线（I 曲线）

由前面的分析可见，理想的前、后轮制动器制动力分配应随道路条件（φ）、汽车总重力和重心位置的变化而变化。只要知道汽车的总重力 G 及重心位置（a、b、h_g）就能作出汽车的 I 曲线。其作图方法如图 11-16 所示：

将不同的 φ 值（$\varphi=0.1$，$\varphi=0.2$，$\varphi=0.3$，$\varphi=\cdots$）代入 $F_{\mu 1}+F_{\mu 2}=G\varphi$ 式内，则在图 11-16 中可得到一组斜率为 $k=-1$、与坐标轴成 135°角的平行线。每条直线上任意一点的纵坐标与横坐标数值之和等于一个常数，即 $F_{\mu 1}+F_{\mu 2}=G\varphi$；由此总制动力产生的制动减速度也是常数，故此组直线称为"等制动力线组"或"等减速度线组"，直线上标出了 φ 值与减速度 $\dfrac{\mathrm{d}v_a}{\mathrm{d}t}$ 值。直线与纵坐标（或横坐标）轴的交点即为在该附着系数 φ 的路面上汽车的最大制动器制动力。

再将不同的 φ 值（$\varphi=0.1$，$\varphi=0.2$，$\varphi=0.3$，$\varphi=\cdots$）代入式（11-51）中的 $\dfrac{F_{\mu 1}}{F_{\mu 2}}=\dfrac{F_{z1}}{F_{z2}}=\dfrac{b+\varphi h_g}{a-\varphi h_g}$

则在图 11-16 中可得到一组通过坐标原点、斜率不同的射线束。

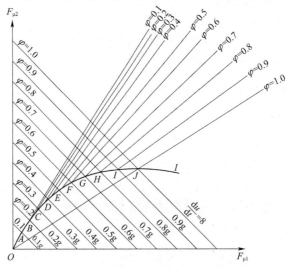

图 11-16　理想的前、后轮制动器制动力分配曲线（I 曲线）作图过程

在这两组直线中，对应于某一 φ 值（如 $\varphi=0.3$），均可找到两条直线，这两条直线的交点（如 C 点）的纵、横坐标，便是满足式（11-51）的 $F_{\mu 1}$ 值（横坐标）和 $F_{\mu 2}$ 值（纵坐标）。

把这两组直线对应于不同 φ 值的交点 A、B、C、D、$\cdots$ 连接起来，便得到理想的前、后轮制动器制动力分配曲线，即 I 曲线。曲线上任意一点代表在该附着系数的路面上制动，使前、后车轮同时抱死时，前、后轮制动器制动力应有的数值。

应当指出，I 曲线是踏板力增长到使前、后车轮同时抱死拖滑时的前、后轮制动器制动力分配曲线；因为车轮抱死时，$F_\mu = F_\tau = F_\varphi$，所以 I 曲线也是车轮抱死时的前、后轮地面附着力 $F_{\varphi 1}$ 和 $F_{\varphi 2}$ 关系曲线。

第六节 具有固定比值的前、后轮制动器制动力及同步附着系数

目前，绝大多数两轴汽车的前、后轮制动器制动力之比为常数。因此，在汽车制动过程中，随着汽车前、后轴载荷的再分配，各轴附着力也同时在发生变化；而汽车的前、后轮制动器制动力之比为一常数而无法适应附着力的变化，从而导致具有固定比值的前、后轮制动器制动力的汽车只能在某一种路面上制动使前、后轮同时抱死拖滑，而在其他路面上不是前轮先抱死拖滑就是后轮先抱死拖滑。

一、制动器制动力分配系数 β 与同步附着系数 φ_0

为了说明前、后轮制动器制动力之比，通常用前轮制动器制动力与汽车全部车轮制动器制动力之比来表示制动力的分配比例，称为制动器制动力分配系数 β，即：

$$\beta = \frac{F_{\mu 1}}{F_\mu} \tag{11-53}$$

式中：$F_{\mu 1}$——前轮制动器制动力；

F_μ——全部车轮制动器制动力。

令后轮制动器制动力为 $F_{\mu 2}$，有：

$$F_\mu = F_{\mu 1} + F_{\mu 2}$$
$$F_{\mu 1} = \beta F_\mu$$
$$F_{\mu 2} = (1 - \beta) F_\mu$$

所以：

$$\frac{F_{\mu 1}}{F_{\mu 2}} = \frac{\beta}{1 - \beta}$$
$$F_{\mu 2} = F_{\mu 1} \frac{1 - \beta}{\beta}$$

若用 $F_{\mu 2} = B(F_{\mu 1})$ 表示 $F_{\mu 1}$、$F_{\mu 2}$ 的关系，则 $F_{\mu 2} = B(F_{\mu 1})$ 为一通过坐标原点、斜率为 $k = \frac{1 - \beta}{\beta}$ 的直线，这条直线称为实际的前、后轮制动器制动力分配曲线，简称 β 线。

图 11-17 给出了某一货车的 β 线，同时还给出了该车空载与满载时的 I 曲线。

可以看出，满载时 β 线与 I 曲线交于 R 点，我们称 R 点对应的附着系数 φ_0 为同步附着系数，所对应的制动减速度为临界制动减速度。同步附着系数 φ_0 是反映汽车

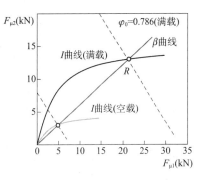

图 11-17　某货车的 β 线与 I 曲线

制动性能的一个重要参数,它说明前、后轮制动器制动力为固定比值的汽车只有在同步附着系数 φ_0 的路面上制动时,才能使前、后轮同时抱死。

同步附着系数 φ_0 是由汽车的结构参数决定,主要是根据道路条件和常用车速来选择。

同步附着系数 φ_0 可用作图法求得,也可用解析法求得。

设汽车在同步附着系数 φ_0 的路面上制动,前、后轮同时抱死拖滑,则满足:

$$\frac{F_{\mu 1}}{F_{\mu 2}} = \frac{b + \varphi_0 h_g}{a - \varphi_0 h_g}$$

又因为:

$$\frac{F_{\mu 1}}{F_{\mu 2}} = \frac{\beta}{1-\beta}$$

比较以上两式可得:

$$\frac{b + \varphi_0 h_g}{a - \varphi_0 h_g} = \frac{\beta}{1-\beta}$$

经整理得:

$$\varphi_0 = \frac{L\beta - b}{h_g} \tag{11-54}$$

或:

$$\beta = \frac{b + \varphi_0 h_g}{L} \tag{11-55}$$

二、前、后轮制动器制动力具有固定比值时汽车在各种路面上制动过程的分析

利用 β 曲线与 I 曲线的配合,可以分析前、后轮制动器制动力具有固定比值的汽车在各种不同附着系数路面上的制动过程,如图 11-18 所示。

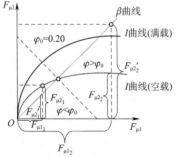

图 11-18 β 曲线与 I 曲线的分析图

前、后轮制动器制动力具有固定比值时汽车在不同附着系数路面上制动时可能出现三种情况:

(1)在 $\varphi = \varphi_0$ 的路面上制动。制动开始时,前、后轮制动器制动力 $F_{\mu 1}$、$F_{\mu 2}$ 均按 β 线上升,前、后轮地面制动力 $F_{\tau 1}$、$F_{\tau 1}$ 随制动器制动力 $F_{\mu 1}$、$F_{\mu 2}$ 同步上升,将同时达到各自的附着力,因此前、后轮将同时抱死,整车的制动减速度将达到最大值 $\varphi_0 g$。

(2)在 $\varphi < \varphi_0$ 的路面上制动。前、后轮制动器制动力随制动踏板力的增加按 β 线同步上升,假设前轮制动器制动力达到 $F_{\mu 11}$ 时,前轮的地面制动力 $F_{\tau 1}$ 随制动器制动力的上升达到其附着力,前轴抱死;此时抱死后轴所需要的制动器制动力为 $F_{\mu 21}$;而前、后轮制动器制动力具有固定比值时汽车制动系实际提供给后轴的制动器制动力为 $F_{\mu 21}{}'$,由于 $F_{\mu 21}{}' < F_{\mu 21}$,所以后轴没有抱死;若要抱死后轴,应继续增加制动强度,使后轴的制动器制动力达到 $F_{\mu 21}$。由此可得出结论:在 $\varphi < \varphi_0$ 的路面上制动时,前轮先抱死拖滑。

(3) 在 $\varphi > \varphi_0$ 的路面上制动。前、后轮制动器制动力随制动踏板力的增加按 β 线同步上升,当前轴的制动器制动力达到 $F_{\mu 12}$ 时,前轴抱死;此时后轴制动器制动力 $F_{\mu 22}'$ 大于抱死后轴所需要的制动力 $F_{\mu 22}$,说明后轴在前轴抱死前抱死。由此可得出结论:在 $\varphi > \varphi_0$ 的路面上制动时,后轮先抱死拖滑。

推论:当 β 曲线位于 I 曲线下方,制动时总是前轮先抱死;当 β 曲线位于 I 曲线上方,制动时总是后轮先抱死。

由图 11-17 可以看出,对于空车,I 曲线基本上总是位于 β 线的下方,因此,后轮总是先于前轮抱死。所以,空车制动安全性下降。

同步附着系数 φ_0 主要是根据道路条件和常用车速来选择的。为了防止因后轮先抱死而发生危险的侧滑,具有固定比值的前、后轮制动器制动力分配曲线(β 曲线)应始终位于理想的前、后轮制动器制动力分配曲线(I 曲线)的下方;并且 β 曲线应越靠近 I 曲线越好。

第七节 影响汽车制动性的主要因素

汽车的制动性与汽车的结构及其使用条件有关。汽车轴间载荷的分配、制动系的结构、行车速度、道路条件、驾驶方法等,均对制动过程有很大影响。

一、轴间载荷的分配

前已述及,汽车制动时,前轴载荷增加、后轴载荷减小。如果前、后轮制动器制动力能够根据轴间载荷的变化,符合理想分配的条件,则前、后轮同时抱死。如果前、后轮制动器制动力具有固定的比值,则只有在具有同步附着系数的路面上,前、后轮才能同时抱死;在 $\varphi > \varphi_0$ 的路面上制动时,后轮先抱死拖滑,在 $\varphi < \varphi_0$ 的路面上制动时,前轮先抱死拖滑。

二、制动力的调节和车轮防抱死

1. 制动力的调节

采用普通制动系[不装用防抱死制动系统(以下简称 ABS)]的汽车,在不同路面上制动时,不可能都达到理想的制动状态。为了防止制动时后轮先抱死而发生危险的侧滑,汽车制动系前、后轮制动器制动力的实际分配曲线(β 曲线)应始终位于理想的前、后轮制动器制动力分配曲线(I 曲线)的下方;为了减少前轮失去转向的能力和提高制动系的工作效率,β 曲线应越接近 I 曲线越好。如果能按需要改变 β 曲线,使之达到上述目的,将有效地改善制动过程汽车的方向稳定性。为此,在现代汽车制动系中装有各种压力调节装置。

常见的压力调节装置由限压阀、比例阀、感载比例阀、感载限压阀,采用不同压力调节装置时的 β 曲线和 I 曲线如图 11-19 所示。

采用任何一种压力调节装置都能使 β 曲线与 I 曲线接近。采用感载比例阀或感载限压阀时,还能根据载荷的变化使 β 曲线接近该载荷 I 曲线。

2. 车轮的防抱死

采用按理想制动器制动力分配曲线而改变 β 曲线的制动系能提高汽车制动时的方向稳定性,且制动效率也较高。但各种调节装置的 β 曲线常在 I 曲线的下方,因此在任何附着系

数 φ 值的路面上制动时,前轮仍将抱死而可能使汽车失去转向能力。另外,根据附着系数与滑动率的关系曲线(图 11-4)可知,汽车的附着能力和车轮的运动状况有关。当滑动率 $s=10\%\sim20\%$ 时,附着系数最大;而车轮完全抱死,滑动率 $s=100\%$ 时,附着系数反而下降。一般汽车的制动系、包括装有调节阀能改变 β 曲线的制动系都无法利用峰值附着系数,在紧急制动时,常常是使车轮抱死而利用的是较小的滑动附着系数。

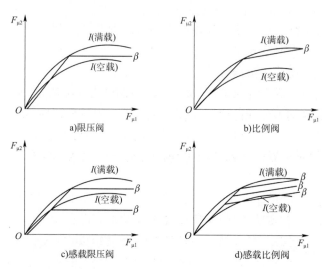

图 11-19 采用不同压力调节装置时的 β 曲线与 I 曲线

目前,为了充分发挥轮胎与地面间的潜在附着能力,全面满足对汽车制动性的要求,在汽车上已广泛应用了多种自动防抱死装置,即装用 ABS。

ABS 的功用就是在汽车制动过程中,根据车轮滑移率的变化,自动增大或减小制动系统的压力,使车轮滑移率始终保持在 20% 左右,以便获得最大纵向附着系数和侧向附着系数,从而使汽车在制动时不仅有较强的抗后轴侧滑能力,保证汽车的行驶方向稳定性,而且有良好的转向操纵性。由于利用了峰值附着系数,也能充分发挥制动效能,提高制动减速度和缩短制动距离。

波许公司研制的 ABS 由三部分组成:检测车轮转速的传感器、控制并接收传感器信号的电子装置、利用电子装置的输出控制制动压力的执行机构。

当制动过程中车轮转速迅速降低即将出现抱死时,传感器向电子装置传送信号,电子控制装置即发出指令,执行机构根据指令使车轮制动器制动压力降低,车轮将脱离抱死状态,转速随之上升。当车轮转速升高一定程度时,执行机构将根据指令使车轮制动器压力升高,再使车轮转速降低。这种压力升降的频率应足够高,以适应路面不断的变化,每秒可达 10 ~ 12 次。

3. 汽车载质量的影响

对于载质量较大的汽车,因前、后轮的制动器设计,一般不能保证在任何道路条件下使其制动力都同时达到附着极限,所以汽车的制动距离就会由于载质量的不同而发生差异。实践证明,对于载质量为 3t 以上的汽车,载质量每增加 1t,其制动距离平均要增加 1m。即使是同一辆汽车,在装载质量和方式不同时,由于重心位置变动,也会影响汽车的制动距离。

4. 车轮制动器的影响

车轮制动器的摩擦副、制动鼓的构造和材料,对于制动器的摩擦力矩和制动效能的热衰退都有很大影响。在设计制造中应选用好的结构型式及材料;在使用维修中也应注意摩擦片的选用。

制动器的结构型式不同,其制动器效率不同。制动器效能因数大,则在制动鼓半径和制动器张力相同的条件下,制动器所能产生的制动力矩也大。但当制动器摩擦副的摩擦系数下降时,其制动力矩将显著下降,制动性能的稳定性较差。

制动器的技术状况不仅和设计制造有关,而且和使用维修情况有密切关系。制动摩擦片与制动鼓的接触面积不足或接触不均匀,将降低制动摩擦力矩。而且局部接触的面积和部位不同,也将引起制动性能的差异。

制动摩擦片的表面不清洁,如沾有油、水或污泥,则摩擦系数将减小,制动力矩即随之降低。如汽车涉水之后,水渗入制动器,其摩擦系数将急剧下降20%~30%。

制动器的间隙过大,制动反应时间将加长,汽车的制动距离将增加。左、右车轮制动器的技术状况不均衡,将引起汽车制动时跑偏。

5. 制动初速度的影响

图 11-20 所示是汽车以不同的初速度在干燥的沥青路面道路上的制动距离与车速的关系曲线。该曲线是在制动踏板力相同而且车轮都不发生滑移的情况下获得的。从图中可以看出,制动初速度高时制动距离长。

制动初速度高时,需要通过制动消耗的运动能量也大,故制动距离会延长。由前述制动距离的计算可知,若只考虑能量平衡的因素,则制动距离与制动初速度的平方成正比,其方程式的图线为抛物线,这与图 11-20 所显示的基本情况是吻合的。但这还只涉及事物的一个方面,须知制动初速度越高,通过制动器转化产生的热量也越多,制动器的温度也越高。前已述及,制动蹄片的摩擦性能会随温度的升高而降低,导致制动力衰减,制动距离增长。

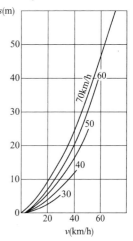

图 11-20 制动初速度对制动性的影响

从图 11-20 可看出,不管制动初速度是多少,如果都以制动后速度达到40km/h 时为测试停车距离的起点,虽然这时汽车保有的动能都相同,但由于制动力衰减的影响,在这一阶段的制动距离却不相同,其大约数值见表 11-3。

制动力衰减对制动距离的影响 表 11-3

制动初速度(km/h)	70	60	50	40
从速度40km/h 起至停车的距离(m)	24	20	16	12

6. 利用发动机制动

发动机的内摩擦力矩和泵气损耗可用来作为制动时的阻力矩,而且发动机的散热能力要比制动器强得多。一台发动机,在单位时间内大约有相当于其功率1/3 的热量必须散发到冷却介质中去。因此,可把发动机当作辅助制动器。

发动机常用作减速制动和下坡时保持车速不变的惯性制动。一般用上坡的挡位来下坡。必须注意的是，在紧急制动时，发动机不仅无助于制动，反而需要消耗一部分制动力去克服发动机旋转质量的惯性力。因此，这时应脱开发动机与传动机构的连接。

发动机的制动效果对汽车制动性的影响很大。它不仅能在较长的时间内发挥制动作用，减轻车轮制动器的负担，而且由于传动系中差速器的作用，可将制动力矩平均地分配在左、右车轮上，以减少侧滑甩尾的可能性。在滑溜的路面上，这种作用就显得更为重要。此外由于发动机的制动作用，在行车中可显著减少车轮制动器的使用次数，对改善驾驶条件颇为有利。同时，又能经常保持车轮制动器处于低温而能发挥最大制动效果的状态，以备紧急制动时使用。

有些适合山区使用的柴油车，为了加强发动机的制动效果，在排气歧管的末端安装有排气制动器。排气制动器中设有阀门，制动时将阀门关闭，以增大排气歧管中的反压力，从而产生制动作用，这种方法称为排气制动。这时发动机是作为"耗功机"（压缩机）。特别是在下长坡时，用发动机进行辅助制动，更能发挥其特殊的优越性。应用这种方法，一般可使发动机制动时所吸收的功率达到发动机有效功率的50%以上。

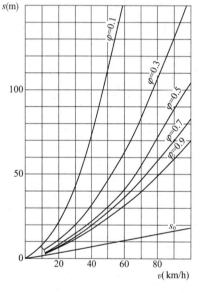

图 11-21　道路附着系数 φ 对汽车制动性的影响

7. 道路条件的影响

道路的附着系数 φ 限制了最大制动力，故它对汽车的制动性有很大的影响。

图 11-21 所示为道路附着系数 φ 对汽车制动性的影响。

图 11-21 表明了在各种不同附着系数 φ 的道路上制动时，制动距离与制动初速度之间的关系曲线。显然，当制动的初速度相同时，随着附着系数 φ 值的减小，制动距离随之增加。

由于冰雪路面上的附着系数特别小，所以制动距离增大。特别要注意冰雪坡道上的制动距离，并应利用发动机制动。有计算表明，在冰雪路面上，利用发动机制动的辅助作用可使制动距离缩短 20%~30%。

在冰雪路面上制动时方向稳定性也变差。当车轮被制动到抱死时，侧滑的危险程度将更大，而且与道路的侧向坡度有关。汽车在冰雪路面上行驶时，应加装防滑链。

8. 驾驶技术的影响

驾驶技术对汽车制动性有很大影响。制动时，如能保持车轮处于接近抱死而未抱死的状态，便可获得最佳的制动效果。经验证明，在制动时，如迅速交替地踩下和放松制动踏板，即可提高其制动效果。因为，此时车轮时滚时滑，轮胎着地部分不断变换，可避免由于轮胎局部剧烈发热胎面温度上升而降低制动效果。在紧急制动时，驾驶员如能急速踩下制动踏板，则制动系的协调时间将缩短，从而缩短制动距离。在滑溜路面上应采用发动机辅助制动并适当控制车速，不可猛踩并尽量少踩制动踏板，以免因制动力过大而超过附着极限，导致汽车制动侧滑或失去转向能力。

第十二章　汽车的操纵稳定性

汽车的操纵稳定性涵盖着相互独立又互相联系的两个部分,即操纵性和稳定性。操纵性是指汽车能够准确响应驾驶员指令而保持给定的方向行驶的能力;稳定性是指汽车受到外界扰动(路面扰动或突然阵风扰动)后恢复原来运动状态的能力。稳定性好坏直接影响操纵性的好坏,因此,通常将汽车的操纵性和稳定性合称为汽车的操纵稳定性,简称汽车的操稳性。

汽车的操纵稳定性直接影响汽车的行驶安全。如果汽车操纵稳定性不好,汽车行驶速度的提高就受到限制,汽车动力性就不能充分发挥,因而汽车运输生产率也难于提高。此外,操纵稳定性还对驾驶员的劳动强度有很大影响。

随着道路的改善,特别是高速公路的发展,汽车的时速常超过100km/h,由于汽车行驶速度不断提高,汽车的保有量日益增加,汽车行驶安全性就越来越重要。因此,汽车的操纵稳定性近年来已受到广泛的重视,成为现代汽车的重要使用性能之一。

第一节　汽车操纵稳定性的概述

一、汽车操纵稳定性的基本内容

与前面几章讨论的汽车性能有所不同,汽车操纵稳定性涉及的问题比较广泛,需要从不同的角度,采用较多的物理量来评价。汽车操纵稳定性的基本内容及其评价所用的物理量见表12-1。

汽车操纵稳定性的基本内容及其评价所用的物理量　　表12-1

基本内容	主要评价物理量
转向盘角阶跃输入下进入的稳态响应—转向特性转向盘角阶跃输入下的瞬态响应	稳态横摆角速度增益-转向灵敏度反应时间、横摆角速度波动的无阻尼圆频率
横摆角速度频率响应特性	共振峰频率、共振时振幅比、相位滞后角、稳态增益
转向盘中间位置操纵稳定性	转向灵敏度、转向盘力特性-转向盘转矩梯度、转向功灵敏度
回正性	回正后剩余横摆角速度与剩余横摆角、达到剩余横摆角速度的时间
转向半径	最小转向半径
转向轻便性(原地转向轻便性、低速行驶转向轻便性、高速行驶转向轻便性)	转向力、转向功
直线行驶性能 侧向风稳定性 路面不平度稳定性 微曲率弯道行驶性	侧向偏移 侧向偏移 转向盘转矩梯度

续上表

基本内容	主要评价物理量
典型行驶工况性能（蛇行性能、移线性能、双移线性能-回避障碍性能）	转向盘转角、转向力、侧向加速度、横摆角速度、侧偏角、车速等
极限行驶能力 圆周行驶极限侧向加速度 抗侧翻能力 发生侧滑时的控制性能	极限侧向加速度 极限车速 回至原来路径所需时间

1. 稳态响应与瞬态响应

由于外部或车辆内部的输入所产生的车辆运动称为车辆响应。

当周期的（或恒定的）操纵输入或扰动输入施加在车辆上引起的周期的（或恒定的）车辆响应，在任意长的时间内不发生变化时，便称这一车辆处于稳态；在稳态中的运动响应称为稳态响应。当车辆的运动响应、作用在车辆上的外力或操纵位置随时间变化时，便称该车辆的运动处于瞬态；在瞬态中的运动响应称为瞬态响应。

在汽车操纵稳定性的研究中，常把汽车作为一控制系统，研究汽车曲线行驶时的时域响应与频域响应，并以它们表征汽车的操纵稳定性。

时域（时间域）：自变量是时间，即横轴是时间，纵轴是信号的变化。其动态信号是描述信号在不同时刻取值的函数。

频域（频率域）：自变量是频率，即横轴是频率，纵轴是该频率信号的幅度，也就是通常说的频谱图。频谱图描述了信号的频率结构及频率与该频率信号幅度的关系。动态信号从时间域变换到频率域主要通过傅里叶级数和傅里叶变换实现。周期信号通过傅里叶级数，非周期信号通过傅里叶变换。

汽车曲线行驶的时域响应系指汽车在转向盘输入或外界侧向干扰输入下的侧向运动响应。转向盘输入有两种形式：给转向盘作用一个角位移，称为角位移输入，简称角输入；给转向盘作用一个力矩，称为力矩输入，简称力输入。驾驶员在实际驾驶车辆时，对转向盘的这两种输入是同时加入的。外界侧向干扰输入主要是指侧向风与路面不平产生的侧向力。

表12-1中的转向盘角阶跃输入下进入的稳态响应及转向盘角阶跃输入下的瞬态响应，就是表征汽车操纵稳定性的转向盘角位移输入下的时域响应。回正性是一种转向盘力输入下的时域响应。

2. 横摆角速度频率响应特性

横摆角速度频率响应特性是转向盘转角正弦输入下，频率由0到∞时，汽车横摆角速度与转向盘转角的振幅比及相位差的变化图形。它是另一个重要的表征汽车操纵稳定性的基础特性。

3. 转向盘中间位置操纵稳定性

转向盘中间位置操纵稳定性是转向盘小转角、低频正弦输入下，汽车高速行驶时的操纵稳定性。

4. 转向半径

转向半径是评价汽车机动灵活性的物理参量。

5. 转向轻便性

转向轻便性是评价转动转向盘轻便程度的特性。

6. 汽车的直线行驶性能

汽车的直线行驶性能是评价汽车操纵稳定性的另一个重要方面。其中侧向风稳定性与路面不平度稳定性是汽车直线行驶时在外界侧向干扰输入下的时域响应。

7. 典型行驶工况性能

典型行驶工况性能是指汽车通过某种模拟典型驾驶操作的通道的性能,其能够更真实地反映汽车的操纵稳定性。

8. 极限行驶性能

极限行驶性能是指汽车在处于正常行驶与异常危险运动之间的运动状态下的特性。它表征了汽车安全行驶的极限性能。

作为基本学习内容,本章只讨论其中两个基础部分,即汽车的极限稳定性及转向盘角阶跃输入下的稳态响应、瞬态响应。

在进行汽车操纵稳定性分析时,把汽车视为由轮胎、悬架、转向系、车身等若干具有惯性、弹性、阻尼等许多动力学特点的部件共同组成的一个多自由度动力学系统。该动力学系统的元件具有非线性特性,因此描述汽车的微分方程应是非线性微分方程,即汽车为一非线性系统。但是在大多数行驶状况下,汽车的侧向加速度不超过 0.4g,若忽略一些次要因素,则可以把汽车近似地看作一线性动力学系统。

二、车辆坐标系与转向盘角阶跃输入下的时域响应

要分析汽车的操纵稳定性,必须建立车辆坐标系,以此来描述汽车的运动。所谓车辆坐标系,是指固结于汽车上并与汽车一起运动的动坐标系,如图 12-1 所示。xoz 处于汽车左右对称的平面内,当车辆在水平路面上处于静止状态,x 轴平行于地面指向前方,z 轴通过质心指向上方,y 轴指向驾驶员的左侧,常令坐标系的原点 o 与质心重合。这样一来,汽车的任意运动均可以分解为三个平动分量(前进速度 u、侧向速度 v、垂直速度 ω)和三个转动分量(侧倾角速度 ω_p、横摆角速度 ω_r、俯仰角速度 ω_q),其中与汽车操纵稳定性有关的主要有横摆角速度 ω_r、侧向速度 v、以及侧向加速度 a_y。

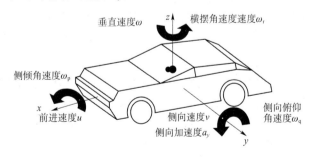

图 12-1 车辆坐标系与汽车的主要运动形式

转向盘角阶跃输入下的时域响应是指以一定的速度转动转向盘(以不低于 200°/s 的速度转动转向盘)至某额定角度,汽车各运动参数随时间的变化规律,汽车的时域响应可分为不随时间变化的稳态响应和随时间变化的瞬态响应。

例如,汽车等速直线行驶就是一种稳态。若在汽车等速直线行驶时,给汽车转向盘一个角阶跃输入(急速转动转向盘至某一转角并维持该转角不变),一般汽车经短暂时间后便进入等速圆周行驶,这种稳态称为转向盘角阶跃输入下进入的稳态响应。而在汽车等速直线行驶与等速圆周行驶这两个稳态运动之间的过渡过程便是一种瞬态,相应的瞬态运动响应称为转向盘角阶跃输入下的瞬态响应。

汽车转向盘角阶跃输入下进入的稳态响应——等速圆周行驶,在实际行驶中不常出现,但却是表征汽车操纵稳定性的一个重要的时域响应,又称为汽车稳态转向特性。汽车稳态转向特性按其特点可分为不足转向、中性转向和过度转向三种类型,如图12-2所示。在转向盘保持固定转角δ_{sw}下,缓慢加速或以不同车速等速行驶时,随着车速的增加,不同转向特性的汽车表现出不同的行驶特点。具有不足转向特性的汽车,随着车速的增加,其转向半径增大;中性转向汽车的转向半径维持不变;而过度转向汽车的转向半径则越来越小。操纵稳定性良好的汽车应具有适度的不足转向特性。一般汽车不应具有过度转向特性,也不应具有中性转向特性。因为中性转向汽车在使用条件变动时,有可能转变为过度转向特性。

转向盘角阶跃输入下的瞬态响应如图12-3所示。图12-3给出了一辆等速直线行驶的汽车在$t=0$时,驾驶员突然急速转动转向盘至角度δ_{sw}并保持转向盘不动(即转向盘角阶跃输入)时的汽车瞬态响应曲线。

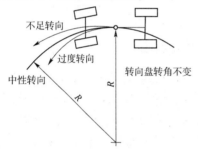

图12-2 汽车的三种稳态转向特性　　图12-3 转向盘角阶跃输入下的汽车瞬态响应曲线

图中横坐标为时间t,纵坐标为汽车横摆角速度ω_r。由图可以看出,当车速不变时,给汽车以转向盘角阶跃输入后,汽车的横摆角速度本应立即达到相应的稳态横摆角速度值ω_{r0},但实际上汽车横摆角速度的变化为$\omega_r(t)$,经过一段过渡过程后才达到稳态横摆角速度ω_{r0},此过渡过程即为汽车的瞬态响应。为描述这一过渡过程的特点,常用以下几个评价指标:

(1)反应时间τ。

在急速转动转向盘时,汽车的横摆角速度ω_r不能立即达到稳态横摆角速度ω_{r0},需要经过时间τ(单位为s)后才能第一次达到ω_{r0},这一段滞后时间称为反应时间τ,它表征了瞬态响应时间上的滞后。反应时间短,则驾驶员感到转向响应迅速及时,否则就会觉得转向迟钝。也可用到达第一峰值的时间ε来描述滞后时间。

(2)超调量。

急速转动转向盘后,经过时间ε后,汽车的横摆角速度达到最大值ω_{r1},最大横摆角速度ω_{r1}往往大于稳态值ω_{r0},$\omega_{r1}/\omega_{r0}\times100\%$称为超调量,超调量说明瞬态响应过程中执行指令误差的大小。

(3) 横摆角速度的波动。

在瞬态响应中,横摆角速度 ω_r 以频率 ω 在 ω_{r0} 值附近上下波动。车速一定时,横摆角速度 ω_r 的波动(即汽车转向半径 R)时大时小,呈现一个振动过程以其振动的自然频率 ω 表征。ω 决定于汽车动力学系统的结构参数,它也是表征汽车操纵稳定性的一个重要参数。一般希望自然频率 ω 要足够高,这样可以减少谐振倾向。

(4) 进入稳态所经历的时间。

横摆角速度达到稳态值的 95%~105% 之间视为进入稳态,所需时间 σ 称为稳定时间,它表明进入稳态响应所经历的时间。这段时间应尽量缩短。

个别汽车也可能出现汽车横摆角速度 ω_r 不能收敛的情况,即 ω_r 值越来越大,若车速不变,则转向半径越来越小,由于离心力的急剧增加而导致汽车产生侧向滑动或翻车的危险。

由此可知,瞬态响应包括两方面的问题:一是行驶方向稳定性,即给汽车一个转向输入后,汽车能否达到新的稳定状态的问题;二是响应品质问题,即在达到新的稳态之前,其瞬态响应的特性如何。

三、汽车操纵稳定性的评价方法与主要评价指标

汽车的操纵稳定性最终应通过试验来进行测定与评价。其评价方法有主观评价和客观评价两种方法。主观评价就是感觉评价,其方法是让试验评价者根据试验时自己的感觉来进行评价,并按规定的项目和评分办法进行评分。客观评价法则是通过测试仪器测出表征性能的物理量,如横摆角速度、侧向加速度、侧倾角及转向力等来评价操纵稳定性的方法。

由于汽车是由驾驶员来驾驶的,因此主观感觉评价法始终是操纵稳定性的最终评价方法。客观评价中采用的物理量是否可以表征操纵稳定性,也取决于用这些物理量评价性能的结果与主观感觉评价是否一致。熟练的试验车驾驶员在进行主观评价试验时,还能发现仪器所不能检测出来的现象。较为常见的是先由人的感觉发现问题,然后用仪器来进行计测。即客观评价所采用的试验方法及评价指标,实际上都是通过人们的长期实践或专门设置的主观评价试验来检验和确定的。

主观评价存在两方面的缺点:一是受到评价者个人主观因素的影响,不同评价者可能给出差别较大的评价结果;二是一般情况下,它不能给出"汽车性能"与"汽车结构"二者之间有何种联系的信息。而客观评价的优点在于通过试验中的评价指标,可以进行理论分析确定它们与汽车结构参数之间的函数关系,从而指出改变汽车结构及结构参数以提高性能的具体途径。

用转向盘角阶跃输入试验确定稳态响应和瞬态响应,用转向盘角脉冲试验(即以规定的速度迅速转动转向盘到预定角度,然后迅速回到初始位置)确定横摆角速度频率响应特性,这两种常用的客观试验方法实际上是由长期汽车工程实践和专门的主观评价试验总结出来的。

1. 转向盘角阶跃输入下进入的稳态响应评价指标

(1) 稳态横摆增益曲线 $\dfrac{\omega_r}{\delta}\bigg|_s$-$v_a$。

其中 ω_r 为汽车的横摆角速度,δ 为转向盘转角,v_a 为汽车的速度。

(2) 横摆角速度增益 $\dfrac{\omega_r}{\delta}\bigg|_s$,又称转向灵敏度。

（3）稳定性因数 K。

2. 转向盘角阶跃输入下的瞬态响应评价指标

（1）瞬态横摆响应曲线 ω_r-t 或 $\dfrac{\omega_r}{\omega_{r0}} \times 100\%$-$t$。

（2）反应时间 τ。

（3）衰减振动圆频率 ω。

3. 横摆角速度频率响应特性（转向盘角脉冲试验）评价指标

（1）共振峰频率 f。

（2）共振峰频率 f 为 1Hz 时的相位滞后角。

第二节　汽车的极限稳定性

汽车的极限稳定性是指汽车抵抗外界干扰而不发生翻车事故的能力。汽车的翻倒可分为纵向翻倒和横向翻倒，因此汽车的极限稳定性分为纵向极限稳定性和横向极限稳定性。

一、汽车的纵向极限稳定性

1. 纵向翻倒

汽车的纵向翻倒最容易发生在上坡或下坡时，以上坡为例，随着道路坡度增加，前轮的地面法向反作用力减小。当道路坡度大到一定程度时，前轮的地面法向反作用力为零，在这样的坡道上，汽车将失去操纵，并可能产生纵向倾翻。汽车上坡时，坡度阻力随坡度的增大而增加，在坡度大到一定程度时，为克服坡度阻力所需的驱动力超过附着力，驱动轮将滑转，这两种情况均使汽车的行驶稳定性遭到破坏。

在实际使用中，当坡度较大时，汽车行驶速度比较低，空气阻力可忽略不计，而车轮的滚动阻力偶矩相对来讲比较小，可忽略不计，同时，汽车的动力主要用于克服坡度阻力，在较大的坡道上，汽车的加速能力有限，也不考虑汽车的加速阻力。汽车全力上坡时的受力情况如图 12-4 所示。

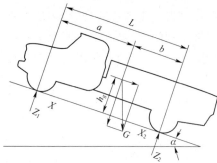

图 12-4　汽车上坡时的受力图

分别对前、后轮的接地点列力矩平衡方程，经整理后得：

$$\left.\begin{array}{l} Z_1 = \dfrac{bG\cos\alpha - h_g G\sin\alpha}{L} \\[2mm] Z_2 = \dfrac{aG\cos\alpha + h_g G\sin\alpha}{L} \end{array}\right\} \tag{12-1}$$

式中：Z_1、Z_2——前、后轮地面法向反作用力，N；
　　　G——汽车的总重力，N；
　　　a、b——汽车重心到前、后轴的距离，m；

h_g——汽车重心高度,m;

L——汽车前后轴距,m;

α——道路纵向坡度角,°。

由以上公式可以看出,随着道路纵向坡度角 α 的增大,前轮的地面法向反作用力 Z_1 不断减小,当道路纵向坡度角 α 增大到一定程度,前轮的地面法向反作用力 Z_1 为零时,前轮将失去转向操纵能力并可能发生绕后轴翻车的情况。

即:

$$Z_1 = \frac{bG\cos\alpha - h_g G\sin\alpha}{L}$$

将上式整理,可得不发生翻车的最大坡度角由下式确定:

$$\tan\alpha_{max} = \frac{b}{h_g} \quad (12\text{-}2)$$

当道路的纵向坡度角 $\alpha \geq \alpha_{max}$ 时,汽车即失去操纵能力并可能绕后轴翻倒。因此,汽车上坡时,不发生纵向翻倒的条件是:

$$\tan\alpha \leq \frac{b}{h_g} \quad (12\text{-}3)$$

由汽车纵向翻倒的条件可知,汽车重心至后轴的距离 b 越大,重心高度 h_g 越小,则汽车上坡时越不容易发生绕后轴翻倒,汽车的纵向极限稳定性越好。

2. 驱动轮滑转

汽车上坡时,坡道阻力随着坡道角度的增大而增大,当克服坡道阻力所需的驱动力超过附着力时,汽车的驱动轮就将产生滑转,汽车的行驶稳定性将会遭到破坏。汽车以较低的速度等速上坡时,后轮驱动的汽车不发生驱动轮滑转的条件为:

$$F_{tmax} = G\sin\alpha \leq Z_2\varphi \quad (12\text{-}4)$$

式中:φ——纵向附着系数;

F_{tmax}——最大驱动力。

将式(12-1)中 Z_2 代入式(12-4)并整理得:

$$\tan\alpha \leq \frac{a\varphi}{L - \varphi h_g} \quad (12\text{-}5)$$

驱动轮的滑转与附着系数、汽车重心的位置及汽车的驱动型式有关。

3. 纵向极限稳定条件

在实际使用中,如果汽车遇有较大坡道时,因附着条件的限制,地面无法提供克服坡道阻力所需的驱动力,汽车也就无法上坡,也就不会发生绕后轴的纵向翻倒。因此,要保持汽车纵向的极限稳定性,就要保证汽车上坡时,随着坡道角度的增大,驱动轮的滑转应发生在汽车绕后轴的纵向翻倒之前。

对后轮驱动的汽车,上坡时保持纵向极限稳定性的条件则为:

$$\frac{a\varphi}{L - \varphi h_g} < \frac{b}{h_g} \quad (12\text{-}6)$$

将上式整理得:

$$\frac{b}{h_g} > \varphi \tag{12-7}$$

对于前轮驱动型汽车,其纵向稳定条件为:

$$L > 0 \tag{12-8}$$

对于全轮驱动型汽车,其纵向稳定条件为:

$$\frac{b}{h_g} > \varphi \tag{12-9}$$

用同样方法可求得后轮驱动汽车下坡时的纵向极限稳定条件,对多数汽车而言,其重心位置都比较低,即重心高度 h_g 小,均能满足上述条件而有余,但是对于越野汽车,其轴距 L 较小,重心高度一般较高,h_g 较大,而且轮胎又具有纵向防滑花纹,附着系数较大,因此越野汽车丧失纵向极限稳定性的危险增加。故对于经常行驶于坎坷不平路面的越野汽车,应尽可能降低其重心位置,而前轮驱动型汽车的纵向稳定性最好。

二、侧向极限稳定性

汽车行驶中,常受到侧向力的作用。侧向力有离心力、重力的侧向分力、侧向风力、不平路面的侧向冲击等多种。汽车在侧向力的作用下,其左、右车轮的地面侧向反作用力也随之改变,当使某一侧车轮的地面法向反作用力为零时,汽车将发生侧向翻倒而失去侧向极限稳定性。此外,如果车轮承受的侧向力足够大,使车轮的地面侧向反作用力达到附着力时,汽车将沿侧向力的作用方向而滑移。

1. 汽车的侧翻

汽车高速转弯时,由于受到较大的离心力,最容易发生侧向翻倒。在道路转弯处,一般都有外高内低的横向坡度,汽车在横向坡道上等速转弯时的受力情况如图 12-5 所示。

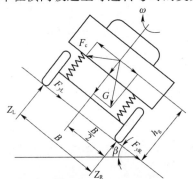

图 12-5 汽车在横向坡道上等速转弯时的受力图

由受力图对汽车左、右车轮的接地点列力矩平衡方程,可求得汽车左、右车轮的地面法向反作用力为:

$$\left.\begin{array}{l} Z_L = \dfrac{1}{B}\left(\dfrac{B}{2}G\cos\beta - Gh_g\sin\beta + \dfrac{B}{2}F_c\sin\beta + F_c h_g\cos\beta\right) \\ Z_R = \dfrac{1}{B}\left(\dfrac{B}{2}G\cos\beta + Gh_g\sin\beta + \dfrac{B}{2}F_c\sin\beta - F_c h_g\cos\beta\right) \end{array}\right\} \tag{12-10}$$

式中:Z_L、Z_R——左、右侧车轮地面法向反作用力,N;

F_c——汽车转弯时的离心力,N;

F_{yL}、F_{yR}——左、右侧车轮地面侧向反作用力,N;

G——汽车的总重力,N;

h_g——汽车重心高度,m;

B——汽车左右轮距,m;

β——道路横向坡道角度,°。

汽车沿半径为 R 的圆周等速行驶时,转弯时的离心力 F_c 作用在汽车重心上,其大小为:

$$F_c = \frac{G}{g}\frac{v^2}{R} \tag{12-11}$$

式中:g——重力加速度,m/s²;

v——汽车行驶速度,m/s;

R——转弯半径,m。

无纵向坡时,作用在汽车全部车轮上的侧向及法向反作用力分别为:

$$\left.\begin{array}{l}\sum Y = F_c\cos\beta - G\sin\beta \\ \sum Z = F_c\sin\beta + G\cos\beta\end{array}\right\} \tag{12-12}$$

图 12-5 中,随着汽车转弯速度 v 的提高,离心力 F_c 的增大,汽车内侧(图中右侧)车轮的地面法向反作用力 Z_R 减小,当车速足够高使 $Z_R = 0$ 时,汽车将失去侧向稳定性而可能向外侧(图中左侧)翻倒。汽车向外侧翻倒的条件是 $Z_R = 0$,将式(12-10)中 Z_R 和式(12-11)代入该条件并进行整理,可得汽车在有横坡的弯道上转向行驶时不向外侧翻倒而允许的极限车速为:

$$Z_R = \frac{1}{B}\left(\frac{B}{2}G\cos\beta + Gh_g\sin\beta + \frac{G}{gR}v_{\beta max}^2\frac{B}{2}\sin\beta - \frac{G}{gR}v_{\beta max}^2 h_g\cos\beta\right) = 0$$

$$v_{\beta max} = \sqrt{\frac{gR\left(\frac{B}{2} + h_g\tan\beta\right)}{h_g - \frac{B}{2}\tan\beta}} = \sqrt{\frac{gR(B + 2h_g\tan\beta)}{2h_g - B\tan\beta}} \tag{12-13}$$

上式的三种特殊情况:

(1)由极限车速的公式可知,当道路的横向坡度值为 $\tan\beta\dfrac{2h_g}{B}$ 时,式中右侧分母为零,$v_{\beta max}$ 趋向于无穷大。这说明,汽车在此种横坡的弯道上可以任意车速转弯行驶,均不会发生汽车绕外侧车轮向外侧翻倒的现象。此时的 β 为极限坡度角。因此,在公路施工中,一般都在转弯处设有一定的横向坡度,目的就是提高汽车转弯时的稳定性,使汽车在转弯时不必降低车速。

(2)当 $\beta = 0$,即汽车在无横坡的水平路面上等速转弯时,汽车不发生向外侧翻倒而允许的极限车速为:

$$v_{0max} = \sqrt{\frac{gRB}{2h_g}} \tag{12-14}$$

比较 $v_{\beta max}$ 与 v_{0max},可知 $v_{\beta max} > v_{0max}$,随道路横向坡度角 β 的增大,汽车不发生向外侧翻倒而允许的转弯车速越高。$v_{\beta max}$、v_{0max} 均称为汽车侧翻的临界速度。

应当注意:如果横向坡道角度过大,以较低的速度转弯时,由于离心力过小,汽车可能向内侧(图中右侧)翻倒,按 $Z_L > 0$ 可求得汽车在较大的横向坡道上转弯时,不发生向内侧翻倒而允许的最低转弯车速,这种情况在实际中少见。

(3)如果汽车在横向坡道上停车或等速直线行驶时,这时离心力 $F_c = 0$,作用在汽车上的侧向力主要是由重力引起的;若横向坡道角度过大,当 $Z_L = 0$ 时,汽车将可能失去稳定性而开始向右侧翻倒,根据左侧车轮法向反作用力 Z_L 的计算公式,可求得汽车不发生翻倒允许的坡道角度 β 的极限值为:

$$\tan\beta_{0\max} = \frac{B}{2h_g} \tag{12-15}$$

由以上各式不难看出,增大转弯半径、增大轮距和降低汽车重心高度,均可提高汽车侧向极限稳定性。

2. 汽车的侧滑

汽车转弯行驶时,随着车速的提高,汽车所受的侧向力增大,当侧向力超过侧向附着力时,汽车就会沿着侧向力的方向而发生侧向滑移。由图12-5可知汽车发生侧滑的条件为:

$$\sum Y = \sum z\varphi \tag{12-16}$$

式中: φ——侧向附着系数。

将离心力式(12-11)代入式(12-12),并整理可得:

$$\left. \begin{array}{l} Y_L + Y_R = \dfrac{G}{g}\dfrac{v^2}{R}\cos\beta - G\sin\beta \\[2mm] Y_L + Y_R = \left(\dfrac{G}{g}\dfrac{v^2}{R}\sin\beta + G\cos\beta\right)\varphi \end{array} \right\} \tag{12-17}$$

将式(12-14)代入式(12-17)并解联立方程,即得汽车在发生侧滑前的最高车速为:

$$v_{\varphi\max} = \sqrt{\frac{gR(\varphi + \tan\beta)}{1 - \varphi\tan\beta}} \tag{12-18}$$

上式的三种特殊情况:

(1)当 $\tan\beta = \dfrac{1}{\varphi}$ 时,$v_{\varphi\max}$ 趋向于无穷大,即汽车在此横向坡道上,无论以多高的车速转弯行驶,均不会发生向外侧滑移的现象,汽车可以以任意速度转向行驶。

(2)当 $\beta = 0$,即汽车在平路上转弯时,汽车发生侧滑前所允许的最高车速为:

$$v_{\varphi 0\max} = \sqrt{gR\varphi} \tag{12-19}$$

(3)汽车在横向坡道上,停车或直线行驶时,离心力 $F_c = 0$,这时使车轮发生侧滑的作用力为 $G\sin\beta$,阻止车轮发生侧滑的作用力为 $G\varphi\cos\beta$。汽车不发生侧滑的临界条件为:

$$G\sin\beta \leq G\varphi\cos\beta \tag{12-20}$$

即:

$$\tan\beta \leq \varphi \tag{12-21}$$

故汽车直线行驶时不发生侧滑的最大横向坡度角为:

$$\tan\beta_{\max} = \varphi$$

3. 侧向极限稳定条件

为确保行驶安全,汽车高速转弯时,侧滑应先于侧翻。因为驾驶员一旦发现侧滑后,可

及时降低车速,便能避免事故发生。要保证侧滑先于侧翻,由不发生侧翻和侧滑的条件可得:

$$v_{\varphi max} < v_{\beta max}$$

$$\sqrt{\frac{gR(\varphi + \tan\beta)}{1 - \varphi\tan\beta}} < \sqrt{\frac{gR(B + 2h_g\tan\beta)}{2h_g - B\tan\beta}}$$

整理得:

$$\frac{B}{2h_g} > \varphi \tag{12-22}$$

上式即为侧向极限稳定条件,其中 $\frac{B}{2h_g}$ 称为侧向稳定性系数。

即使在侧向附着系数较高的良好路面上,一般汽车也能满足侧向极限稳定条件。但是,当汽车重心提高后,例如在使用底盘较高的汽车装运大量轻泡货物时,或当自卸汽车卸货时,上述稳定条件就可能得不到满足,尤其应注意载货汽车的装载高度,汽车重心高度随装载高度提高,使侧向稳定系数下降,汽车发生侧翻的危险性增加,所以在车辆使用和设计中,应该尽可能地降低汽车重心高度。

在前述汽车稳定性分析中,均假定前、后轴是同时侧滑的。实际上,在汽车使用过程中,往往是某一车轴发生单独侧滑,单轴侧滑对稳定性的影响已在制动侧滑中讲述。

三、提高极限稳定性的措施

由汽车纵向和侧向极限稳定条件不难看出,汽车的极限稳定性主要取决于汽车本身的尺寸参数,影响最大的是汽车的重心高度,降低汽车的重心高度是提高汽车极限稳定性的有效措施。此外,增大汽车重心与驱动车轴之间的距离,增大汽车的轮距,对改善汽车的极限稳定性也具有一定意义。

第三节 轮胎的侧偏特性

汽车轮胎是有一定径向和侧向弹性的充气轮胎,在受到侧向力作用滚动时,将因侧向变形而发生侧向偏离。轮胎的侧偏特性主要指侧偏力、回正力矩与侧偏角间之间的关系,它是研究汽车操纵稳定性的理论基础。

一、轮胎的坐标系

为了研究轮胎的侧偏特性,需要建立一个如图12-6所示的坐标系。其中车轮平面与地平面的交线取为 x 轴,规定向前为正。z 轴与地平面垂直,规定指向上方为正。y 轴在地平面上,规定面向车轮前进方向时指向左方为正,即在 x 轴正方向的左侧为 y 轴的正方向。

车轮平面:垂直于车轮旋转轴线的轮胎中分

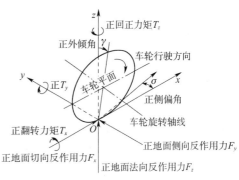

图12-6 轮胎坐标系

平面称为车轮平面。

车轮中心:车轮旋转轴线与车轮平面的交点。

轮胎接地中心:车轮旋转轴线在地平面(即 xoy 平面)上的投影(即 y 轴)与车轮平面的交点,也就是坐标系原点 o。

翻转力矩 T_x:地面作用于轮胎上的力绕 x 轴的力矩,图示方向为正。

俯仰力矩 T_y:地面作用于轮胎上的力绕 y 轴的力矩,图示方向为正。

回正力矩 T_z:地面作用于轮胎上的力绕 z 轴的力矩,图示方向为正。

侧偏角 α:轮胎接地中心(即坐标系原点)位移方向(即车轮行驶方向)与 x 轴的夹角,图示方向为正。

外倾角 γ:xoz 平面与车轮平面的夹角,图示方向为正。图中还给出了地面作用于轮胎的力,即地面切向反作用力、地面侧向反作用力、地面法向反作用力等。它们均按轮胎坐标系规定的方向确定正、负方向。

二、轮胎的侧偏现象

1. 刚性车轮的滚动轨迹

所谓刚性车轮是指在外力作用下没有变形的车轮。汽车行驶过程中,因路面侧向倾斜、侧向风或曲线行驶时离心力等的作用,在车轮中心沿车轮旋转轴线方向将作用有侧向力 F_y,在地面上产生相应的地面侧向反作用力 F_Y,也称为侧偏力,如图 12-7a)所示。

在这种情况下,若车轮是刚性的,则可以发生两种情况:

(1)当地面侧向反作用力未超过车轮与地面间的附着极限时,车轮与地面间没有滑动,车轮的运动轨迹仍沿车轮中心平面 CC 的方向行驶,如图 12-7b)所示。

(2)当地面侧向反作用力达到车轮与地面间的附着极限时,车轮发生侧向滑动,若侧向滑动速度为 v,车轮的运动方向便沿合成速度 u' 的方向行驶,偏离了车轮中心平面 CC 的方向,如图 12-7c)所示。

2. 弹性车轮的侧向偏离现象

实际的车轮具有侧向弹性,即使侧偏力 F_Y 没有达到附着极限,车轮行驶方向亦将偏离车轮中心平面 CC 的方向,这就是弹性车轮的侧向偏离现象。为了说明轮胎

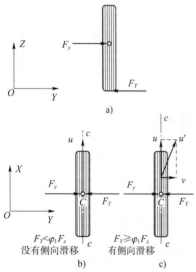

图 12-7 有侧向力作用时刚性车轮的滚动

的侧偏现象,讨论具有侧向弹性的车轮在垂直载荷 W 的条件下,车轮中心受到侧向力 F_y 的作用,地面上产生相应的侧偏力 F_Y 时的两种情况。

(1)弹性车轮静止时的侧向偏离。

显而易见,静止不动的弹性车轮受到侧向力 F_y 作用时,由于车轮有侧向弹性,轮胎发生侧向变形,轮胎胎面接地印迹的中心线与车轮中心平面 CC 不重合,错开 △h,但 aa 仍平行于

CC，如图 12-8 所示。

（2）弹性车轮滚动时的侧向偏离。

为了说清楚滚动时的侧偏现象，先在轮胎胎面中心线上标出 A_1、A_2、A_3…各点，随着车轮向前滚动，各点将依次落于地面上相应的 A'_1、A'_2、A'_3…各点上。当受到侧向力 F_y 作用时，如图 12-8b）所示，由主视图可见，靠近地面的胎面上，A_1、A_2、A_3…各点连线是一条斜线，因此它们落在地面相应各点 A'_1、A'_2、A'_3…的连线并不垂直于车轮旋转轴线，即与车轮中心平面 CC 的延长线有夹角 α。当轮胎与地面没有侧向滑动时，A'_1、A'_2、A'_3…的连线就是接地印迹的中心线，当然也是车轮滚动时在地面上留下的痕迹，此时接触印迹的中心线 aa 不仅与车轮平面错开距离 Δh，而且不再与车轮平面 CC 平行，aa 与 CC 的夹角被称为侧偏角 α。此时，车轮并没有按照车轮平面 CC 的方向向前滚动，而是沿着与其侧离了 α 角的 aa 线方向滚动。显然，侧偏角 α 值与侧向力 F_y 的大小有关；即侧偏角 α 值与侧偏力 F_y 的大小有关。

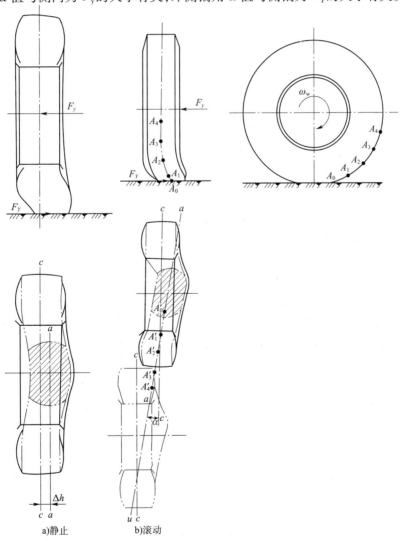

a）静止　　b）滚动

图 12-8　轮胎的侧偏现象

三、轮胎的侧偏特性

由试验测出的不同载荷和不同道路上某轮胎的侧偏力-侧偏角关系曲线称之为轮胎的侧偏特性,如图12-9所示。

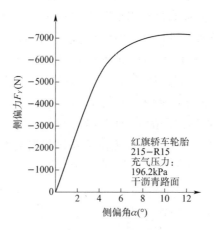

图 12-9 轮胎的侧偏特性

曲线表明,侧偏角 α 不超过5°时,F_Y 与 α 呈线性关系。汽车正常行驶时,侧向加速度不超过0.4g,侧偏角不超过4°~5°,可以认为侧偏角与侧偏力呈线性关系。F_Y-α 曲线在 α = 10°处的斜率,称为侧偏刚度 k,单位为 N/rad 或 N/(°)。由轮胎坐标系有关符号规定可知,负的侧偏力产生正的侧偏角。因此,侧偏刚度为负值。F_Y 与 α 的关系式为:

$$F_Y = k\alpha \tag{12-23}$$

轿车轮胎 k 值约在 -28000 ~ -80000N/rad 范围内。侧偏刚度是决定汽车操纵稳定性的重要轮胎参数。显然,轮胎侧偏刚度绝对值越大,在同样侧偏力作用下,产生的侧偏角越小,相应的操纵稳定性就越好。

如图12-9中曲线所示,当轮胎受到较大的侧偏力作用时,侧偏角以较大的速率增长,即轮胎的侧偏特性曲线的斜率逐渐减小。这时,轮胎在接地处已发生部分侧滑。最后,侧偏力达到附着极限时,整个轮胎侧滑。显然,轮胎的最大侧偏力决定于附着条件,即垂直载荷;轮胎胎面花纹、材料、结构、充气压力;路面的材料、结构、潮湿程度以及车轮外倾角等。一般而言,最大侧偏力越大,汽车的极限性能越好,汽车圆周行驶的极限侧向加速度就越高。

四、影响侧偏特性的因素

1. 轮胎结构的影响

轮胎的尺寸、型式和结构参数对侧偏刚度有显著影响。尺寸较大的轮胎有较高的侧偏刚度。子午线轮胎接地面宽,一般侧偏刚度较高。钢丝子午线轮胎比尼龙子午线的侧偏刚度高。

扁平率是表征轮胎断面形状的结构参数,对侧偏刚度影响很大。扁平率是以百分数表示的轮胎断面高度 H 与轮胎断面宽度 B 之比($H/B \times 100\%$)。早期轮胎的扁平率为100%,现代轮胎的扁平率逐渐减小,不少轿车已采用扁平率为60%(60系列)宽轮胎。追求高性能的运动型轿车也有采用扁平率为50%甚至40%宽轮胎的。采用扁平率小的宽轮胎是提高侧偏刚度的主要措施。图 12-10 所示为四种轮胎的侧偏刚度与载荷的关系曲线,可以看出扁平率为 60% 的 60 系列轮胎的侧偏刚度有大幅度提高。

2. 垂直载荷的影响

汽车行驶时,轮胎垂直载荷常有变化。例如转向时,内侧车轮轮胎的垂直载荷减小,外侧车轮轮胎的垂直载荷增大。由图 12-10 可以看出,随着垂直载荷的增加,侧偏刚度有所上升。图 12-11 所示为垂直载荷对侧偏特性的影响。图 12-11 表明垂直载荷增大后,侧偏刚度随垂直载荷的增加而加大;但垂直载荷过大时,轮胎产生很大的径向变形,轮胎与地面接触区的压力变得极不均匀,使轮胎侧偏刚度反而有所减小。

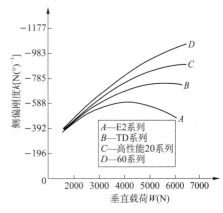

图 12-10 扁平率对侧偏刚度的影响

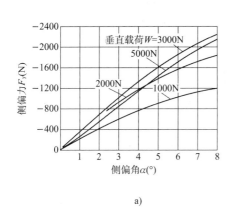

a)

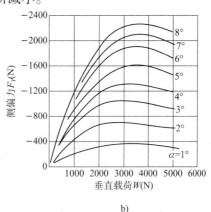

b)

图 12-11 垂直载荷对侧偏特性的影响

注:已知条件:轮胎 6.40—13 速度 $\alpha = 11 m/s$ 胎压 $p_i = 170 kPa$

3. 充气压力的影响

轮胎充气压力对侧偏刚度也有显著影响。图 12-12 所示为轮胎充气压力对侧偏刚度的影响,气压增加,侧偏刚度增大;但气压过高后刚度不再变化。而汽车的行驶速度对侧偏刚度的影响很小。

4. 地面切向反作用力的影响

以上讨论的是没有地面切向反作用力作用时轮胎的侧偏特性。实际上,在轮胎上常同时作用有侧向力与切向力。由试验得到的曲线给出了地面切向反作用力对轮胎侧偏特性的影响(图 12-13)。图 12-13 表明,一定侧偏角下,驱动力增加时,侧偏力逐渐减小,这是因为轮胎侧向弹性有所改变的原因。当驱动力足够大时,侧偏力显著下降,因为此时接近附着极限,切向力已耗去大部分附着力,而

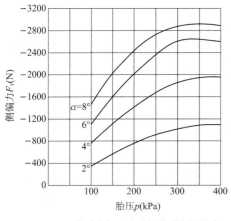

图 12-12 轮胎充气压力对侧偏刚度的影响

侧向能利用的附着力很少。作用有制动力时,侧偏力也有相似的变化。因此,在轮胎上作用有地面切向反作用力(无论是制动力还是驱动力)时,轮胎侧偏力的极限值会因此而下降;同样,当有侧偏力存在时,无论是制动还是驱动,所能获得的切向反作用的极限值(即纵向附着能力)会下降。并且地面切向反作用力越大,侧偏力的极值越小;同样,侧偏力越大,所能产生的切向反作用力的极值越小。由图还可看出,这组曲线的包络线接近于椭圆,一般称为附着椭圆。它确定了在一定附着条件下切向力与侧偏力合力的极限值。

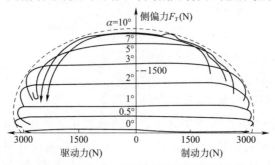

图 12-13　地面切向反作用力对轮胎侧偏特性的影响

5. 路面状况对侧偏特性的影响

路面及其粗糙程度、干湿状况对轮胎侧偏特性,尤其是最大侧偏力影响很大。经试验证明,粗糙的路面使最大侧偏力增加;干路面上的最大侧偏力比湿路面大,当路面上有薄水层时,当车速达到一定值,会出现"滑水"现象而完全丧失侧偏力。

车轮的外倾角对侧偏特性也有一定的影响。一般而言,当车轮外倾角为正时,有助于减小侧偏角;当车轮采用负外倾时,侧偏角会增大。

第四节　弹性车轮的侧向偏离对汽车转向运动的影响

一、刚性车轮转向时的几何关系

汽车在转弯的过程中,在不考虑轮胎侧向偏离的情况下,为减少转弯时轮胎的磨损和提高行驶稳定性,必须保持每个车轮都处于纯滚动状态,应使各轮均绕同一中心 O 做圆周运动,因此,汽车转向时,其内、外转向轮的偏转角是不同的,如图 12-14 所示。

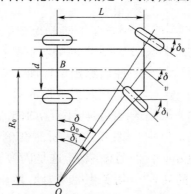

图 12-14　装有刚性车轮的汽车转向运动简图

由图 12-14 的三角关系中可知：

$$\cot\delta_0 = \frac{R_0 + 0.5d}{L}$$

$$\cot\delta_i = \frac{R_0 - 0.5d}{L}$$

两式相减得：

$$\cot\delta_0 - \cot\delta_i = \frac{d}{L} \tag{12-24}$$

式中：δ_0、δ_i——左、右转向轮转角，°；

d——左、右转向节主销中心的距离，m；

L——轴距，m。

上式表示内、外转向轮正确转角关系的理论特性。此关系根据正确选择转向梯形机构参数来保证。如转向梯形臂的长度、梯形臂与汽车前轴的夹角（称底角）以及前轴左、右主销之间的距离，都是转向梯形的重要参数。如果横拉杆的长度改变，就改变了转向梯形的底角，破坏了左、右转向轮正确的转角关系。因此，在使用中应经常进行正确调整。

必须指出实际的汽车转角特性，只在直线行驶位置附近接近理论特性，保证高速行驶时轮胎磨损小。转向角大时，偏差较大，但车速较低，使用次数也少，对轮胎磨损的影响较小。

从瞬时转向中心 O 到汽车纵向对称轴线之间的距离，称为转向半径，以 R_0 表示。

由图 12-14 可得：

$$R_0 = \frac{L}{\tan\delta} \tag{12-25}$$

式中：δ——前轴中点速度方向与汽车纵向对称轴线之间的夹角。

δ 称为前轴转角，取 $\delta = \frac{\delta_0 + \delta_i}{2}$，当转角不大时，以弧度表示 δ，可认为 $\tan\delta \approx \delta$，故转向半径可简化为：$R_0 = \frac{L}{\delta}$

二、弹性车轮转向时的几何关系

弹性车轮的侧向偏离，使汽车的实际转向特性与刚性车轮的转向特性有明显差别。在汽车转向行驶时，离心力等侧向力引起弹性车轮的侧向偏离，汽车的运动轨迹也将偏离转向轮给定的行驶方向。为了进一步分析车轮弹性偏离对汽车轮向运动的影响，暂做如下假设：假设作用于汽车的侧向力仅有转向时的离心力，此力分配于前、后轴上，使前、后车轮产生相应的侧偏角 α_1 和 α_2，并假设同一轴上左、右车轮的侧偏角相等，这时汽车的转向运动关系如图 12-15 所示。

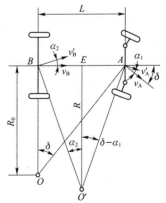

图 12-15 装有弹性车轮的汽车转向运动简图

汽车转向行驶时，由于弹性车轮产生侧向偏离，汽车前轴中点的速度矢量 v'_A 与汽车纵轴线成 $(\delta - \alpha_1)$ 角，而后轴中点的速度矢量 v_B 与汽车纵轴线成 α_2 角。因此，与刚性车轮转向相比，汽车瞬时转向中心的位置相应地移到 O' 点。为分析转向半径的变化，从 O' 点引出汽车纵轴线的垂直线 $O'E$，与纵轴线相交于 E 点，即 $O'E \perp AB$。$O'E$ 即为有侧向偏离时的汽车转向半径，以 R 表示。

分析装有弹性车轮的汽车转向运动简图，存在下面的几何关系：

$$\tan\alpha_2 = \frac{BE}{O'E} \tag{12-26}$$

$$\tan(\delta - \alpha_1) = \frac{AE}{O'E} \tag{12-27}$$

将式（12-26）与式（12-27）相加，并且 $AE + BE = L$，可得：

$$R = O'E = \frac{L}{\tan\alpha_2 + \tan(\delta - \alpha_1)} \tag{12-28}$$

因为，当汽车在高速行驶时，其前轮转角不大；同时侧偏角的数值一般不超过 $6° \sim 8°$，故可认为：

$$R \approx \frac{L}{\delta + \alpha_2 - \alpha_1} \tag{12-29}$$

由上式可知，有侧向偏离时的转向半径 R 与无侧向偏离时的转向半径 R_0（$R_0 = L/\delta$）不同；而且由于 α_1、α_2 之间的关系不同，R 与 R_0 的关系也不同。

三、转向盘角阶跃输入下的汽车稳态转向特性

前面已经述及，驾驶员给汽车某一输入量时（如把转向盘转过某一角度后维持前轮转角不变），必将引起汽车运动状态的变化，这就叫作车辆响应。车辆响应分为稳态响应和瞬态响应两种。对于原来处于等速直线行驶的汽车，如果驾驶员突然将转向盘转过 θ 角保持不动，相应的前轮转角为 δ，经过短暂的时间后，汽车进入等速圆周行驶状态，并且不再随时间而改变，这就是稳态响应。由一种稳定状态到另一种稳定状态，例如从等速直线运动到等速圆周运动的过渡过程称为瞬态，汽车的运动状态随时间而变化就是瞬态，相应的响应称为瞬态响应。

汽车等速行驶时，在前轮角阶跃输入下进入的稳态响应就是等速圆周行驶，汽车的等速圆周行驶在实际行驶中并不经常出现，但长期的实践说明，这种稳态响应是评价汽车操纵稳定性的重要特性之一。一般称它为汽车的稳态转向特性。

稳态横摆角速度 ω_r 是一个常数，它既是汽车绕转向中心转动的角速度，又是汽车绕过重心的竖直轴的横摆角速度。汽车的稳态转向特性常用稳态横摆角速度 ω_r 与前轮转角 δ 之比来评价，称之为稳态横摆角速度增益（又称为转向灵敏度），以符号 $\left.\frac{\omega_r}{\delta}\right|_s$ 来表示，它表征了单位前轮转角的横摆角速度值。

由刚体平面运动分析可知，若汽车的车速为 v（单位为 m/s），稳态转向半径为 R（单位为 m），则稳态横摆角速度 ω_r 可由下式求得：

$$\omega_r = \frac{v}{R} \tag{12-30}$$

根据式(12-29)可得:

$$\delta = \frac{L}{R} + \alpha_1 - \alpha_2 \tag{12-31}$$

设汽车前、后轴的轴荷为 G_1、G_2,前、后轴的侧偏刚度为 K_1、K_2(是车轮侧偏刚度的 2 倍,即 $K_1 = 2k_1$、$K_2 = 2k_2$),则汽车转弯时,前、后轴受到的侧向力为:

$$\left. \begin{array}{l} F_{y1} = \dfrac{G_1}{g} \dfrac{v^2}{R} \\ \\ F_{y2} = \dfrac{G_2}{g} \dfrac{v^2}{R} \end{array} \right\} \tag{12-32}$$

由于侧向力的方向与侧偏力的方向相反,相应的前、后轮侧偏角为:

$$\left. \begin{array}{l} \alpha_1 = -\dfrac{1}{K_1} \dfrac{G_1}{g} \dfrac{v^2}{R} \\ \\ \alpha_2 = -\dfrac{1}{K_2} \dfrac{G_2}{g} \dfrac{v^2}{R} \end{array} \right\} \tag{12-33}$$

由此得到的稳态横摆角速度增益为:

$$\left. \frac{\omega_r}{\delta} \right|_s = \frac{\dfrac{v}{R}}{\dfrac{L}{R} + \left(-\dfrac{G_1}{K_1} + \dfrac{G_2}{K_2} \right)\dfrac{v^2}{gR}} = \frac{\dfrac{v}{L}}{1 + \left(\dfrac{G_2}{K_2} - \dfrac{G_1}{K_1} \right)\dfrac{v^2}{g \cdot L}} \tag{12-34}$$

令 $K = \left(\dfrac{G_2}{K_2} - \dfrac{G_1}{K_1} \right) \dfrac{1}{gL}$,称为稳定性因数。

若汽车的总重为 G,其前、后轴轴距为 L,汽车重心到前轴的距离为 a,到后轴的距离为 b,则汽车前、后轴的轴荷为 G_1、G_2 分别为:

$$\left. \begin{array}{l} G_1 = \dfrac{b}{L} G \\ \\ G_2 = \dfrac{a}{L} G \end{array} \right\} \tag{12-35}$$

将上式代入 $K = \left(\dfrac{G_2}{K_2} - \dfrac{G_1}{K_1} \right) \dfrac{1}{gL}$,则稳定性因数还可表示为:

$$K = \left(\frac{G_2}{K_2} - \frac{G_1}{K_1} \right) \frac{1}{gL} = \frac{m}{L^2} \left(\frac{a}{K_2} - \frac{b}{K_1} \right) \tag{12-36}$$

其中,$m = \dfrac{G}{g}$ 为汽车的质量。

因此汽车的稳态横摆角速度增益为:

$$\left. \frac{\omega_r}{\delta} \right|_s = \frac{\dfrac{v}{L}}{1 + Kv^2} \tag{12-37}$$

根据 K 值的不同,汽车的稳态响应可分为三类:

（1）中性转向。

$K=0$ 时，前、后轮的侧偏角相等，$\alpha_1 = \alpha_2$，$\left.\dfrac{\omega_r}{\delta}\right|_s = \dfrac{v}{L}$，即横摆角速度增益与
车速成线性关系，斜率为 $\dfrac{1}{L}$。这种稳态称为中性转向，如图 12-16 所示。

应指出，此关系式就是汽车以极低的车速行驶而无侧偏角时的转向关系，如图 12-17 所示。在无侧偏角时，前轮转角 $\delta \approx \dfrac{L}{R}$，转向半径 $R \approx \dfrac{L}{\delta}$，横摆角速度 $\omega_r \approx \left(\dfrac{v}{L}\right)\delta$。因此横摆角速度增益为 $\left.\dfrac{\omega_r}{\delta}\right|_s = \dfrac{v}{L}$。

中性转向汽车的行驶特点如下：

① 转向时所需的转向轮偏转角为：$\delta \approx \dfrac{L}{R}$。

图 12-16 汽车的稳态横摆角速度增益曲线

汽车沿给定半径圆周行驶时，所需的转向轮转角与行驶速度无关。

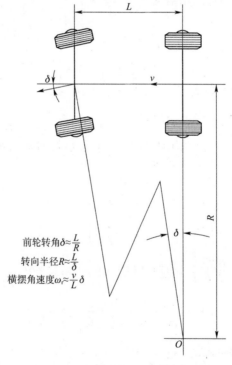

图 12-17 轮胎没有侧偏角时汽车的转向运动

② 中性转向的汽车，当转向盘保持一个固定的转角加速行驶时，汽车的转向半径不变，即转向半径与车速无关，如图 12-18 所示。

③ 中性转向的汽车沿 xx 方向直线行驶时，当有偶然的侧向力 R_Y 作用于重心上时，由于 $\alpha_1 = \alpha_2$，汽车将沿着与 xx 成 $\alpha = \alpha_1$ 角的 mm 线方向直线行驶，如图 12-19 a）所示。若欲维持

原来给定的行驶方向,只需将转向盘转向侧向偏离的相反方向,使汽车的纵轴线与原定行驶方向成 α 角,然后再将转向盘转回中间位置,如图 12-19b)所示。

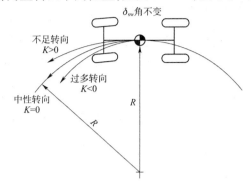

图 12-18 汽车的三种稳态转向特性

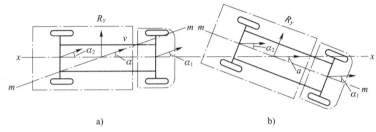

图 12-19 具有中性转向特性的汽车运动简图

(2)不足转向。

当 $K>0$ 时,前轮的侧偏角大于后轮的侧偏角,$\alpha_1>\alpha_2$,横摆角速度增益 $\dfrac{\omega_r}{\delta}\Big|_s$ 比中性转向时要小,稳态横摆角速度增益 $\dfrac{\omega_r}{\delta}\Big|_s$ 不再与车速成线性关系,为一条低于中性转向汽车稳态横摆角速度增益且下弯的曲线,这种稳态称为不足转向,如图 12-16 所示。K 值越大,横摆角速度增益曲线越低,不足转向量越大。

对于不足转向的汽车,存在一个特征车速 v_{ch},不足转向量越大,特征车速越低。特征车速 v_{ch} 对应的是稳态横摆角速度增益 $\dfrac{\omega_r}{\delta}\Big|_s$ 达到最大值时的车速。因此有:

$$\dfrac{\mathrm{d}\left(\dfrac{\omega_r}{\delta}\Big|_s\right)}{\mathrm{d}v}=\dfrac{(1+Kv^2)-\dfrac{1}{L}-\dfrac{V}{L}\cdot 2Kv}{(1+Kv^2)^2}=0 \tag{12-38}$$

$$v_{ch}=\sqrt{\dfrac{1}{K}} \tag{12-39}$$

可以证明,不足转向的汽车在特征车速时的稳态横摆角速度增益为具有相等轴距 L 中性转向汽车稳态横摆角速度增益的一半,如图 12-16 所示。

不足转向汽车的行驶特点如下:

①当转向盘保持一个固定的转角,汽车以不同的固定车速行驶时,其转向半径大于汽车具有中性转向特性、在同样条件下的转向半径,并且随行驶速度的提高,转向半径不断增大,如图 12-18 所示。

②当汽车沿给定半径的圆周加速行驶时，所需的前轮转角 δ 应随车速的提高而增大，即驾驶员应随车速提高不断增加转向盘转角。

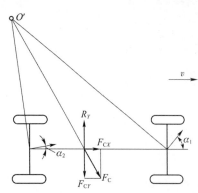

图 12-20　具有不足转向特性的汽车运动简图

③当汽车直线行驶时，如果有偶然侧向力 R_Y 作用于它的重心上，由于 $\alpha_1 > \alpha_2$，汽车将朝侧向力的方向偏转，绕瞬时转向中心 O 做曲线运动。离心力 F_c 的侧向分力 F_{cY} 与 R_Y 方向相反，有削弱 R_Y 的作用。当 R_Y 消失后可使汽车自动恢复直线行驶，如图 12-20 所示。

（3）过多转向。

当 $K < 0$ 时，前轮的侧偏角小于后轮的侧偏角，$\alpha_1 < \alpha_2$，横摆角速度增益 $\left.\dfrac{\omega_r}{\delta}\right|_s$ 比中性转向时要大，稳态横摆角速度增益 $\left.\dfrac{\omega_r}{\delta}\right|_s$ 曲线随车速的增加而向上弯曲，具有这种转向特性的汽车称为过多转向，如图 12-16 所示。K 值越小（即 K 的绝对值越大），横摆角速度增益曲线越高，过多转向量越大。

对于过多转向的汽车，当车速 $v_{cr} = \sqrt{-\dfrac{1}{K}}$ 时，稳态横摆角速度增益 $\left.\dfrac{\omega_r}{\delta}\right|_s$ 趋近于无穷大，v_{cr} 称为临界车速。过多转向量越大，临界车速越低。

具有过多转向特性的汽车的行驶特点：

①当转向盘转角固定不变，汽车以不同的固定车速行驶时，其转向半径小于汽车具有中性转向特性、在同样条件下的转向半径，并且车速增高时转向半径减小。

当转向盘转角固定汽车加速行驶时，随车速的提高，其转向半径将越来越小，最后导致汽车侧滑，如图 12-18 所示。

②为使过多转向的汽车沿给定半径的圆周行驶，其所需转向轮转角 δ 应随车速的提高而减小，即驾驶员应随车速提高不断减小转向盘转角。当行驶速度达到临界车速 v_{cr} 时，其转向盘和转向轮应返回到中间位置。

过多转向的汽车达到临界车速时将失去稳定性。因为此时稳态横摆角速度增益 $\left.\dfrac{\omega_r}{\delta}\right|_s$ 趋近于无穷大，只要有极其微小的前轮转角便会产生极大的横摆角速度（汽车绕转向中心转动的角速度），这将意味着汽车转向半径越来越小，汽车会发生激转而侧滑或侧翻。基于过多转向的汽车有失去稳定性的危险，故汽车都应该具有适度的不足转向特性。

③过多转向的汽车直线行驶时，如果车速低于临界车速，当有偶然侧向力 R_Y 作用于汽车重心时，由于 $\alpha_1 < \alpha_2$，汽车将朝侧向力的相反方向偏转，如图 12-21 所示。离心力 F_c 的侧向分力 F_{cY} 与 R_Y 方向

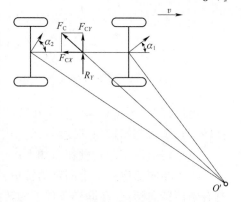

图 12-21　具有过多转向特性的汽车运动简图

相同,使侧向偏离增加,汽车的回转半径减小,导致离心力再增加,回转半径进一步减小。如果车速达到或超过临界车速,这种恶性循环的不断进行将导致汽车侧滑,最后丧失操纵稳定性。

由以上分析可知:具有适度不足转向特性的汽车才有良好的操纵稳定性。目前绝大多数的汽车具有不足转向特性。为了使汽车具有一定的不足转向特性,在总布置设计中应注意重心的位置。重心到前、后轴的距离决定了转弯时离心力在前、后轴上的分配,因而直接影响前、后轮侧偏角 α_1、α_2 的大小。所以,重心位置的选择,应使 $\alpha_1 > \alpha_2$。轮胎气压对侧偏刚度的影响很大,气压低的轮胎侧偏刚度小,产生的侧偏角较大。一般前轮的充气压力较后轮低,以保证 $\alpha_1 > \alpha_2$。对于高速轿车甚至规定了每种乘坐情况下的前、后轮胎气压值,以确保汽车的不足转向性,使高速行驶的安全性有保障。

四、几个表征稳态响应的参数

为了试验与分析的方便,国内、外研究开发部门根据自己的习惯采用其他参数来描述和评价汽车的稳态响应。

1. 前、后轮侧偏角绝对值之差($\alpha_1 - \alpha_2$)

为了测定汽车的稳态响应,可采用固定转向盘转角,令汽车以不同的速度作等速圆周运动,测出前、后轮侧偏角的绝对值 α_1、α_2,并以前、后轮侧偏角绝对值之差($\alpha_1 - \alpha_2$)与侧向加速度 a_y(绝对值)的关系曲线来评价汽车的稳态响应,如图 12-22 所示。

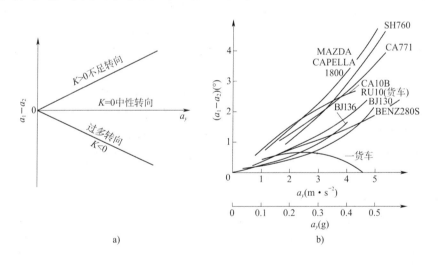

图 12-22 表示汽车稳态响应的($\alpha_1 - \alpha_2$)—a_y 曲线

(1) $\alpha_1 - \alpha_2 = 0$。

当 $\alpha_1 - \alpha_2 = 0$ 时,$\alpha_1 = \alpha_2$,有侧向偏离时的转向半径 R 与无侧向偏离时的转向半径 R_0 相等,$R = R_0 = \dfrac{L}{\delta}$,汽车具有中性转向特性。即当 $K = 0$ 时,$\alpha_1 - \alpha_2 = 0$。

(2) $\alpha_1 > \alpha_2$。

当 $\alpha_1 > \alpha_2$ 时,$R > R_0$,汽车具有不足转向特性。即当 $K > 0$ 时,$\alpha_1 - \alpha_2 > 0$。

(3) $\alpha_1 < \alpha_1$。

当 $\alpha_1 < \alpha_2$ 时，$R < R_0$，汽车具有过多转向特性。即当 $K < 0$ 时，$\alpha_1 - \alpha_2 < 0$。

2. 转向半径的比值 $\dfrac{R}{R_0}$

当汽车转向时有：

$$R = \dfrac{v}{\omega_r}$$

而 $\left.\dfrac{\omega_r}{\delta}\right|_s = \dfrac{\dfrac{v}{L}}{1+Kv^2}$，因此：

$$R = \dfrac{v}{\omega_r} = \dfrac{(1+Kv^2)L}{\delta} = (1+Kv^2)R_0 \qquad (12\text{-}40)$$

故：

$$\dfrac{R}{R_0} = 1 + Kv^2 \qquad (12\text{-}41)$$

(1) 当 $K = 0$ 时，$\dfrac{R}{R_0} = 1$，汽车具有中性转向特性；

(2) 当 $K > 0$ 时，$\dfrac{R}{R_0} > 1$，汽车具有不足转向特性；

(3) 当 $K < 0$ 时，$\dfrac{R}{R_0} < 1$，汽车具有过多转向特性。

因此可以用 $\dfrac{R}{R_0}$ 来表征汽车的稳态转向特性，如图 12-23 所示。

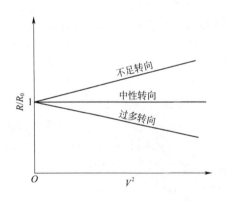

图 12-23　表征汽车稳态响应的 $\dfrac{R}{R_0} - v^2$ 曲线

3. 静态储备系数 S·M

静态储备系数是和处于汽车纵轴上的中性转向点这个概念相联系的。使汽车前后轮产生相同侧偏角的侧向力作用点称为中性转向点。

如图 12-24 所示，当侧向力作用于中性转向点时，前、后轮产生相等的侧偏角 α，此时前、后轮的侧偏力为 $F_{Y1} = K_1\alpha$，$F_{Y2} = K_2\alpha$。因此，由力矩平衡方程可求出中性转向点 c_n 到前轴的距离为：

$$a' = \dfrac{F_{Y2}L}{F_{Y1}+F_{Y2}} = \dfrac{K_2}{K_1+K_2}L \qquad (12\text{-}42)$$

静态储备系数 S·M 是中性转向点至前轴的距离 a' 与汽车质心至前轴的距离 a 之差（$a' - a$）与轴距 L 之比值，即：

$$S \cdot M = \dfrac{a'-a}{L} = \dfrac{K_1}{K_1+K_2} - \dfrac{a}{L} \qquad (12\text{-}43)$$

(1) $S \cdot M = 0$。

当中性转向点与汽车质心重合时,汽车转弯时的离心力作用在质心上,侧向力引起的前、后轮侧偏角相等,汽车具有中性转向特性。

(2) $S \cdot M > 0$。

当汽车质心在中性转向点之前时,即 $a' > a, S \cdot M > 0$,在质心位置上作用的侧向力引起的前轮侧偏角 α_1 大于后轮侧偏角 α_2,汽车具有不足转向特性。

(3) $S \cdot M < 0$。

当汽车质心在中性转向点之后时,即 $a' < a, S \cdot M < 0$,在质心位置上作用的侧向力引起的前轮侧偏角 α_1 小于后轮侧偏角 α_2,汽车具有过多转向特性。

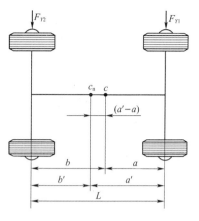

图 12-24 中性转向点位置的确定

第五节 线性二自由度汽车模型及其运动微分方程

为了分析汽车操纵稳定性的基本特性,通常将其简化为线性二自由度的汽车模型。汽车的运动是借固结于运动着的汽车上的动坐标系——车辆坐标系来描述的,车辆坐标系如图 12-25 所示。

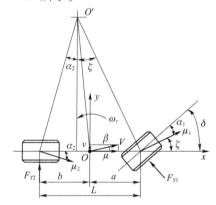

分析中忽略转向系统的影响,直接以前轮转角作为输入;忽略悬架的作用,认为汽车车厢只作平行于地面的平面运动,即汽车沿 z 轴的位移,绕 y 轴的俯仰角与绕 x 轴的侧倾角均为零。并假设汽车沿 x 轴的速度 μ 不变;汽车只有沿 y 轴的侧向运动与绕 z 轴的横摆运动两个自由度;汽车侧向加速度限定在 0.4g 以下,轮胎侧偏特性处于线性范围;驱动力不大,不考虑地面切向力对轮胎侧偏特性的影响;忽略空气动力的作用;忽略由于载荷的变化而引起左、右车轮轮胎特性的变化以及轮胎回正力矩的作用。

图 12-25 车辆坐标系及线性二自由度的汽车模型

这样,就把汽车简化为两轮车模型,线性二自由度的汽车模型如图 12-25 所示。它实际是一个由前后两个有侧向弹性的轮胎支承于地面、具有侧向及横摆运动的二自由度汽车模型。分析时,令车辆坐标系的原点与汽车质心重合。

显然,汽车质量分布参数如转动惯量等,对固结于汽车的这一动坐标系而言为常数。因此,只要将汽车的(绝对)加速度与(绝对)角加速度及外力与外力矩沿车辆坐标系的轴线分解,就可以列出沿这些坐标轴的运动微分方程。

首先确定汽车质心(绝对)加速度在车辆坐标系上的分量。图 12-26 所示为汽车运动分析。

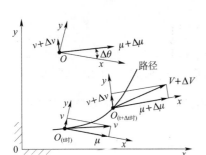

图12-26 汽车运动分析

图12-26中,Ox与Oy为车辆坐标系的纵轴与横轴。质心速度v于t时刻在Ox轴上的分量为μ,在Oy轴上的分量为v。由于汽车转向行驶时伴有平动和转动,在$t+\Delta t$时刻,车辆坐标系中质心速度的大小与方向均发生变化,而车辆坐标系的纵轴与横轴的方向亦发生变化。所以,沿Ox轴速度分量的变化为:

$$\Delta v_x = (\mu + \Delta\mu)\cos\Delta\theta - \mu - (v + \Delta v)\sin\Delta\theta \tag{12-44}$$

由于$\Delta\theta$很小,$\cos\Delta\theta \approx 1$,$\sin\Delta\theta \approx \Delta\theta$,忽略二阶微量,则有:

$$\Delta v_x = (\mu + \Delta\mu)\cos\Delta\theta - \mu - (v + \Delta v)\sin\Delta\theta \approx \mu + \Delta\mu - \mu - v\Delta\theta - \Delta v\Delta\theta \approx \Delta\mu - v\Delta\theta \tag{12-45}$$

对上式除以Δt并取极限,就可求出汽车质心绝对加速度在车辆坐标系Ox轴的分量为:

$$a_x = \frac{d\mu}{dt} - v\frac{d\theta}{dt} = \dot{\mu} - v\omega_r \tag{12-46}$$

同理,汽车质心沿Oy轴速度分量的变化为:

$$\Delta v_y = (\mu + \Delta\mu)\sin\Delta\theta + (v + \Delta v)\cos\Delta\theta - v \approx \mu\Delta\theta + \Delta\mu\Delta\theta + v + \Delta v - v \tag{12-47}$$

整理得:

$$\Delta v_y \approx \mu\Delta\theta + \Delta v \tag{12-48}$$

汽车质心绝对加速度在车辆坐标系Oy轴的分量为:

$$a_y = \mu\frac{d\theta}{dt} + \frac{dv}{dt} = \mu\omega_r + \dot{v} \tag{12-49}$$

由图12-25可知,二自由度汽车受到的外力沿y轴方向的合力与绕质心的力矩和为:

$$\left.\begin{array}{l} \sum F_Y = F_{Y1}\cos\delta + F_{Y2} \\ \sum M_Z = aF_{Y1}\cos\delta + bF_{Y2} \end{array}\right\} \tag{12-50}$$

因此,作平面运动的汽车对车辆坐标系的运动微分方程为:

$$\left.\begin{array}{l} \sum F_Y = F_{Y1}\cos\delta + F_{Y2} = m(\mu\omega_r + \dot{v}) \\ \sum M_Z = aF_{Y1}\cos\delta - bF_{Y2} = I_Z\dot{\omega}_r \end{array}\right\} \tag{12-51}$$

式中:m——汽车质量;

δ——前轮转角;

F_{Y1}、F_{Y2}——为地面对前、后轮的侧向反作用力,即侧偏力;

$\dot{\omega}_r$——汽车横摆角加速度;

I_Z——汽车绕Z轴的转动惯量。

由于δ很小,$\cos\delta \approx 1$,所以上面两式可写成为:

$$\left.\begin{array}{l} F_{Y1} + F_{Y2} = m(\mu\omega_r + \dot{v}) \\ aF_{Y1} - bF_{Y2} = I_Z\dot{\omega}_r \end{array}\right\} \tag{12-52}$$

因为$F_{Y1} = k_1\alpha_1$和$F_{Y2} = k_2\alpha_2$,所以有:

$$\left.\begin{array}{l}F_{Y1}+F_{Y2}=k_1\alpha_1+k_2\alpha_2=m(\mu\omega_r+\dot{v})\\ aF_{Y1}-bF_{Y2}=ak_1\alpha_1-bk_2\alpha_2=I_Z\dot{\omega}_r\end{array}\right\} \quad (12\text{-}53)$$

汽车前、后轮侧偏角与其运动参数有关。如图12-25所示，汽车前、后轴中点的速度为 μ_1、μ_2，侧偏角为 α_1、α_2，质心侧偏角为 β，$\beta=\dfrac{v}{\mu}$。质心侧偏角 ξ 是 μ_1 与 x 轴的夹角，其 ξ 值为：

$$\xi=\frac{v+a\omega_r}{\mu}=\beta+\frac{a\omega_r}{\mu} \quad (12\text{-}54)$$

根据坐标系的规定，前、后轮侧偏角为：

$$\left.\begin{array}{l}\alpha_1=-(\delta-\xi)=\beta+\dfrac{a\omega_r}{\mu}-\delta\\ \alpha_2=\dfrac{v-b\omega_r}{\mu}=\beta-\dfrac{b\omega_r}{\mu}\end{array}\right\} \quad (12\text{-}55)$$

由此，可列出侧向外力及外力矩与汽车运动参数的关系式为：

$$\left.\begin{array}{l}\sum F_Y=k_1\left(\beta+\dfrac{a\omega_r}{\mu}-\delta\right)+k_2\left(\beta-\dfrac{b\omega_r}{\mu}\right)\\ \sum M_Z=ak_1\left(\beta+\dfrac{a\omega_r}{\mu}-\delta\right)+bk_2\left(\beta-\dfrac{b\omega_r}{\mu}\right)\end{array}\right\} \quad (12\text{-}56)$$

列出二自由度汽车运动微分方程式为：

$$\left.\begin{array}{l}k_1\left(\beta+\dfrac{a\omega_r}{\mu}-\delta\right)+k_2\left(\delta-\dfrac{b\omega_r}{\mu}\right)=m(\mu\omega_r+\dot{v})\\ ak_1\left(\beta+\dfrac{a\omega_r}{\mu}-\delta\right)-bk_2\left(\beta-\dfrac{b\omega_r}{\mu}\right)=I_Z\dot{\omega}_r\end{array}\right\} \quad (12\text{-}57)$$

整理后得：

$$\left.\begin{array}{l}(k_1+k_2)\beta+\dfrac{1}{\mu}(ak_1-bk_2)\omega_r-k_1\delta=m(\dot{v}+\mu\omega_r)\\ (ak_1-bk_2)\beta+\dfrac{1}{\mu}(a^2k_1+b^2k_2)\omega_r-ak_1\delta=I_Z\dot{\omega}_r\end{array}\right\} \quad (12\text{-}58)$$

上述方程组虽简单，却包含着非常重要的汽车质量与轮胎侧偏刚度两方面的参数；所以，它能够反映汽车曲线运动最基本的特征。

根据二自由度汽车运动微分方程，可以分析汽车前轮角阶跃输入下的汽车响应，包括稳态响应及瞬态响应。

第十三章 汽车的舒适性

汽车的舒适性是指行驶中的汽车,保证货物不受损坏和对其乘员身心影响程度的评价。舒适性的好坏,主要取决于行驶平顺性、噪声、汽车内部环境等因素,它是汽车的综合使用性能。

第一节 汽车行驶的平顺性

汽车的行驶平顺性是指,汽车在行驶过程中保持乘员所处的振动环境具有一定舒适度的性能,对于载货汽车还具有包括保持货物完好的性能。行驶平顺性既是决定汽车舒适性最主要的方面,它本身也是评价汽车性能的主要指标。

一、汽车的振动及传递途径

汽车是一个复杂的多质量振动系统,其车身通过悬架的弹性元件与车桥连接,而车桥又通过弹性轮胎与道路接触,其他如发动机、驾驶室等也是以橡胶垫固定于车架上。在汽车行驶过程中,振动的发生源主要有路面的凹凸不平、不平衡轮胎的旋转、不平衡传动轴的旋转以及发动机转矩的变化等,在激振力作用(如道路不平而引起的冲击、加速和减速时的惯性力等)以及发动机与传动轴等振动时,都会导致汽车发生复杂的振动。当这种振动达到一定的程度时,将对乘员的生理反应和所运货物的完整性,均产生不利的影响;乘员也会因为必须调整身体姿势,加剧产生疲劳的趋势。汽车的平顺性可用汽车振动系统框图(图13-1)来分析。

图 13-1 汽车振动系统框图

上述诸多"信号"不断地"输入"行驶中的汽车,而汽车又可以看作是由轮胎、悬架、座垫等弹性、阻尼元件和悬架质量及非悬架质量构成的"振动系统"。各种"输入"信号沿不同的路径传至乘员人体,其主要传递路径如图13-2所示。

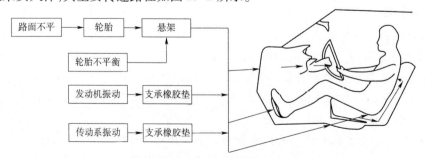

图 13-2 汽车行驶振动传递路径示意图

因路面、轮胎产生的振动,先传到悬架,受悬架自身的振动特性影响后再传给车身,通过车身传到乘员的脚部,同时通过座椅传给乘员的臀部和背部,还通过转向系以转向抖动的形式传到驾驶员手部。

因发动机、传动系产生的振动,通过支承发动机、变速器和传动轴的缓冲橡胶块,经衰减后传给车身,再经上述途径传至人体各个部位。

当振动频率超过40Hz以上,便形成噪声传进人的耳朵。

系统的"输出"是人体或货物受到的振动,其中最重要的是振动的频率和振动加速度。由物理学知识可知,任何一个"振动系统"均有一个"固有频率",当外界激振信号频率接近或等于"固有频率"时,将出现"共振"现象,产生剧烈的振动。研究汽车行驶平顺性实际上要解决两方面的问题,一是如何避免汽车这个"振动系统"的"共振"现象,这既影响到汽车的操纵稳定性,也影响行驶平顺性;二是使"振动系统"输出的振动频率避开人体敏感的范围,振动加速度不超过人体所能承受的强度。

车身振动频率较低,共振区通常在低频范围内。为了保证汽车具有良好的平顺性,应使引起车身共振的行驶速度尽可能远离汽车行驶的常用速度。在坏路上,汽车的允许行驶速度受动力性的影响不大,主要取决于行驶平顺性,而被迫降低汽车行车速度。其次,振动产生的动载荷会加速零件磨损乃至引起损坏。此外,振动还会消耗能量,使燃料经济性变差。因此,减少汽车本身的振动,不仅关系到乘坐的舒适和所运货物的完整,而且关系到汽车的运输生产率、燃料经济性、使用寿命和工作可靠性等。

二、人体对振动的反应

人体是一个复杂的机械振动系统,人体对振动的反应既与振动频率及强度、振动作用方向和暴露时间有关,也与人的心理、生理状态有关。

通过大量的振动试验表明,人体对不同方向的振动反应存在差异,对上下振动忍耐性最强,其次是前后振动,对左右振动最敏感。人体上下振动的共振点大约在 $4 \sim 8Hz$,水平振动的共振点大约在 $1 \sim 2Hz$。如果在共振点上加振,人的抗振能力会严重下降,氧气消耗量剧增,能量代谢加快。

暴露时间是指人体处于振动环境的时间。暴露时间越长,人体所能承受的振动强度越小。

三、行驶平顺性的评价指标

1. 感觉评价

目前对行驶平顺性的评价仍是以人的主观感觉为最终依据,它既要受振动环境特点的影响,又要受人的心理、生理因素的影响,所以这种评价和衡量是非常困难和复杂的。

感觉评价是指根据乘客的主观感觉,对汽车行驶的平顺性进行评价。由于汽车行驶平顺性的好坏最终是反映在人的感觉上,所以平顺性的评价指标与感觉评价结果存在误差,感觉评价是平顺性的最终评价。

2.《人体承受全身振动能力的评价指南》(ISO 2631-1978E)的评价指标

目前,常用汽车车身振动的固有频率和振动加速度评价汽车的行驶平顺性。试验表明,为了保持汽车具有良好的行驶平顺性,车身振动的固有频率应为人体步行时所习惯的身体上、下运动的频率。它约为 60~85 次/min(1~1.4Hz),振动加速度极限值为 0.2~0.3g。为了保证所运输货物的完整性,车身振动加速度也不宜过大。如果车身加速度达到1g,未经固定的货物就有可能离开车厢底板。所以,车身振动加速度的极限值应低于 0.6~0.7g。

20 世纪 70 年代初,国际标准化组织(ISO)在综合大量有关人体全身振动的研究工作和文献的基础上,制订了国际标准《人体承受全身振动能力的评价指南》(ISO 2631—1978E),该标准是人体承受全身振动的评价国际通用标准,但其是以短时间简谐振动的实验研究成果为基础,而汽车的行驶过程,是长时间随机振动,并伴有一些较大的冲击振动。

《人体承受全身振动能力的评价指南》(ISO 2631—1978E)用加速度的均方根值作为描述振动强度的物理量,并给出了振动频率在 1~80Hz 范围内,人体对振动反应的三个不同的感觉界限:舒适—降低界限 T_{CD}、疲劳-工效降低界限 T_{FD} 和暴露极限。

图 13-3 所示为垂直和水平方向,在不同暴露时间(承受振动的持续时间)下的"疲劳-工效降低界限"。另外两个不同反应界限的振动允许值随频率的变化趋势与此完全相同,只是振动加速度均方根允许值不同。"暴露极限"的加速度均方根值为"疲劳-工效降低界限"的2 倍,"舒适降低界限"的加速度均方根值为"疲劳-工效降低界限"的 $\frac{1}{3.15}$。

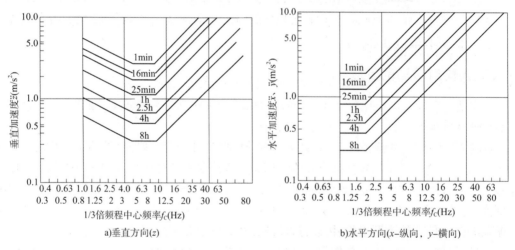

图 13-3 人体对振动反应的疲劳-工效降低界限 T_{FD}

1) 疲劳-工效降低界限 T_{FD}

该界限是一组在不同时间内频率与加速度均方根的界限曲线,该界限与保持工作效能有关。当驾驶员承受的振动强度在此界限之内时,能准确灵敏反应,正常进行驾驶;如果人体承受的振动超过此界限,就会感觉疲劳,影响工作效率。

由图可以看出:暴露时间(承受振动的时间)越长,在同一频率范围内界限容许的加速度均方根值(振动强度)下降。在垂直振动为 4~8Hz、水平振动为 2Hz 以下的振动频率范围内,人体在一定时间内能承受的振动强度最低,是人体最敏感的振动频率范围。

2) 暴露极限

当人体承受的振动强度在暴露极限内,将保持健康或安全。通常把此极限作为人体可以承受振动量的上限,超过该极限,将对人体健康有害。

暴露极限采用与疲劳-工效降低界限相同的曲线形式来表示,只是将相应的加速度均方根值增大一倍。

3)舒适降低界限

此界限主要影响乘坐舒适性,与保持舒适有关,在这个界限之内,人体对所暴露的振动环境主观感觉良好,能顺利地完成吃、读、写等动作。超过此界限,人就会感觉不舒适。

舒适降低界限也采用与疲劳-工效降低界限相同的曲线形式来表示,只是相应的加速度均方根值为疲劳-工效降低界限的 $\frac{1}{3.15}$ 倍。

我国参照《人体承受全身振动能力的评价指南》(ISO 02631-1978E)制定了《汽车平顺性随机输入行驶试验方法》(GB/T 4970—1996)(已废止)用于测定汽车在随机不平的路面上行驶时振动对乘员及货物的影响;以及《汽车平顺性脉冲输入行驶试验方法》(GB/T 5902—1986)(已废止),测定汽车驶过单凸块时的冲击对乘员及货物的影响,以此来评价汽车的平顺性。

第二节 影响汽车行驶平顺性的主要因素

汽车是一个复杂的振动系统,在分析汽车的行驶平顺性时,虽然经过许多简化,但影响因素仍是十分复杂的。影响汽车行驶平顺性的因素很多,可分为结构因素和使用因素。

一、结构因素的影响

影响行驶平顺性的结构因素很多,主要是悬架、轮胎、悬挂质量和非悬挂质量等几个方面。

1. 悬架的影响

弹性元件是悬架的主要组成部分,其刚度和弹性特性是影响平顺性的主要因素。减小悬架刚度是降低车身自振频率的一个有力措施。如用悬架的静挠度来表示其刚度,目前,轿车悬架的静挠度一般为 150~200mm(高级轿车的静挠度有达 300mm 以上的),载货汽车的静挠度一般为 70~120mm 左右。悬架的刚度太小,会增加非悬挂质量的振动位移,大振幅的振动有时会使车轮离开地面,因此,过软的弹性元件也是不可取的。

弹性元件的弹性特性是指作用在悬架上的载荷与其变形之间的关系。如果悬架的刚度是常数,则其变形与所受载荷成正比,其弹性特性可由一直线表示。所以,这种悬架称为线性悬架,一般钢板弹簧、螺旋弹簧悬架均属此类。

采用线性悬架的汽车,往往不能满足行驶平顺性的要求。因为在使用中,汽车的有效载荷,特别是公共汽车和载货汽车的有效载荷变化较大,载荷的变化将导致空载、满载的车身振动偏频发生较大的差异,空载的振动频率过高,使汽车的平顺性变坏。为了改善这种状况,近代汽车的悬架常采用非线性悬架,即其刚度可随载荷的变化而变化。这种悬架亦称为变刚度悬架。这种悬架可以有较大的静挠度,而在载荷较大时,刚度急剧增大,使汽车的侧倾和纵向角振动减轻,限制了悬架和车身碰撞的可能,保证汽车具有较好的行驶平顺性。

悬架的非线性弹性特性可以通过下述办法来实现:
①在线性悬架中加入辅助弹簧、复合弹簧、采用适当的导向装置。

②采用具有非线性特性的弹性元件,如空气弹簧、空气液力弹簧、橡胶弹簧等。

2. 悬架阻尼的影响

悬架的阻尼主要来自减振器、钢板弹簧叶片之间的摩擦,其作用是使车身的振动迅速衰减,减小传递给乘员和货物的振动加速度,缩短振动时间,改善行驶平顺性,还能改善车轮与道路的接触状况,防止车轮跳离地面,提高操纵稳定性。

悬架的干摩擦对汽车的振动产生极不利的影响,干摩擦过于严重时会使悬架"锁住",而使汽车只在轮胎上产生振动,增加了车身的自振频率,路面的冲击也易传给车身。因此,应尽量通过加强维护,及时润滑钢板弹簧的叶片来减少干摩擦。

在悬架中设置减振器,对车身的自振频率影响不大,但却能使车身的振动迅速衰减,缩短振动时间。同时,采用减振器可以改善车轮和道路的接触状况,防止车轮跳离地面,从而改善了转向轮的操纵稳定性,提高了汽车的安全性。

3. 轮胎的影响

轮胎对行驶平顺性的影响主要取决于轮胎的径向刚度。减小轮胎的刚度,可使悬架的换算刚度降低,改善平顺性。试验证明,采用子午线轮胎之后,轮胎的静挠度增加40%以上,使得车身固有频率降低。但是,轮胎的刚度过低,会增加车轮的侧向偏离,影响汽车的操纵稳定性。因此,目前有的轮胎在减小径向刚度的同时,其侧向刚度仍较高。

4. 座椅的布置

座椅的布置对平顺性非常重要。接近车身中部的座位,其振动比较小,两端的座位振动幅度较大,所以轿车座位的布置均在前后轴轴距之内。为了减小水平纵向振动的振幅,载货汽车和公共汽车座位在高度方面应尽量缩小与重心间的距离。

5. 座垫的选择

弹性座垫的刚度选择要适当,并需有一定的阻尼。若汽车的悬架较硬,可采用较软的座垫;若汽车的悬架较软,则可采用较硬的座垫。

6. 非悬挂质量

非悬挂质量对汽车的平顺性有较大的影响。其质量的大小直接影响传递到车身上的冲击力。非悬挂质量越小,冲击力越小,反之将加大。减少非悬挂质量可使车身振动频率降低,而车轮的振动频率升高,这对减少共振、改善汽车的平顺性是有利的。减少非悬挂质量,可减小振动时车身所受的冲击力,从而减小车身垂直振动的加速度,提高汽车行驶的平顺性。由于独立悬架一般比非独立悬架的非悬挂质量小,所以采用独立悬挂的汽车,平顺性较好。非悬挂质量对行驶平顺性影响,常用非悬挂质量和悬挂质量之比进行评价,此比值越小越佳。

二、使用因素的影响

这里主要就道路状况和汽车的技术状况等因素对汽车平顺性的影响加以论述。

道路不平是引起汽车振动的主要原因,对汽车行驶平顺性的影响很大。当汽车在不平路面上行驶时,车身和前后车桥都经常承受来自道路的冲击作用。对一定类型的汽车来说,振动的强烈程度取决于道路状况和行驶速度。

当汽车沿不平度交替变化的路面行驶时,可能引起汽车的强迫振动。道路上相邻不平间的距离越短,汽车行驶速度越高,则强迫振动频率与自由振动频率相等或接近时,便发生共振。

汽车行驶的技术状况,对行驶平顺性也有较大影响。例如,钢板弹簧各片之间的润滑差,会引起很大的摩擦阻力,可能使弹簧元件部分地或全部地锁住,导致车身振动频率增加,当通过不平路面时,车身就会承受更剧烈的冲击。

在悬挂装置中采用减振器,对车身的自振频率影响不大,但能使车身振动位移迅速衰减,缩短振动时间。在使用中要注意减振器的阻力不应太大,如由于减振器中油液黏度过大或油液冻结等原因以致减振器的阻力增大时,也会产生类似悬挂弹性元件摩擦阻力增加的现象。另一方面,要注意减振器油封是否损坏。因为当油封损坏时,减振器中的油液流失,从而导致减振器的减振能力减弱或完全丧失。这样,当汽车经过不平路面后,车身的振动消失缓慢,并且振动持续时间延长。如果道路起伏不平的状况交替出现,当引起冲击的振动频率接近于自由振动频率时,便可能发生共振而使振动大大加剧,车轮开始强烈地跳动和离开路面。这样,除了使汽车的行驶平顺性变差之外,其稳定性和操纵性也随之变差。

第三节 汽车的噪声

噪声指人们不希望听到的声音,噪声不仅能引起人体的生理改变和损伤,而且能对心理、生活和工作产生不利影响。汽车的噪声属于综合噪声,汽车行驶过程中所产生的这种综合声辐射的声源主要包括:发动机的机械噪声、燃烧噪声、进排气噪声和风扇噪声;底盘的机械噪声、传动噪声和轮胎噪声;车厢振动噪声;货物撞击噪声;喇叭噪声和转向、倒车时的蜂鸣声、汽车防盗器的误鸣等。这些噪声源发出的噪声绝大多数都与车辆的使用状况有关。当汽车等速行驶时,各部分产生的噪声测量结果如图13-4所示(发动机全负荷,转速为4300r/min,车速为50km/h)。可见,在汽车发动机节气门全开、中速运行时,排气系统的噪声最大,其次为轮胎的噪声。

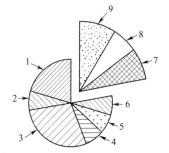

图13-4 汽车车外噪声的构成
1-轮胎;2-排气放射声;3-排气排出声;4-进气放射声;5-进气吸入声;6-传动系;7-其他;8-缸体;9-油底壳

各种调查和测量结果表明,汽车噪声是目前城市环境中最主要的噪声源。因此,控制汽车的噪声污染越来越引起人们的重视。

噪声通常不会立即对人的身体健康产生直接影响,但噪声高于70dB时,会使人心情不安、烦躁、疲倦、工作效率下降和语言、通信困难等,从而严重影响人们的正常学习、工作和生活。长时期处于噪声环境的人,还会引发心脏病、胃病和神经官能症,甚至出现听力下降或损伤等。

一、汽车噪声源及控制

汽车噪声可分为车内噪声和车外噪声,汽车噪声的强弱不仅与汽车的结构类型密切相关,还受使用过程中的技术状况、行驶车速、发动机转速、载荷以及道路条件的影响。汽车噪声主要来源于发动机、传动系、轮胎和车身。此外,汽车噪声还包括制动噪声、储气筒放气声、喇叭声以及各种专用车辆上动力装置噪声等,由于这些噪声不是连续的,因此不是汽车的主要噪声源。

1. 发动机噪声及控制

发动机噪声是汽车的主要噪声源。我国轿车车外加速噪声中,发动机噪声约占55%;在大、中型汽车车外加速噪声中,发动机噪声约占65%。发动机噪声包括燃烧噪声、机械噪声、进气噪声、排气噪声、冷却风扇噪声等。

1)燃烧噪声

燃烧噪声是因可燃混合气在汽缸内燃烧时,缸内压力急剧变化而产生的。

在汽油机正常燃烧时的燃烧噪声比较小,但发生爆震或表面点火不正常燃烧时,就会产生很大的噪声。因此,汽油机燃烧噪声的控制措施主要是:选择合适牌号的汽油、适当推迟点火正时、及时清除燃烧室积炭等,以防止不正常燃烧现象的产生。

燃烧噪声是柴油发动机的主要噪声源。柴油机燃烧噪声比汽油机大,主要原因是燃烧时压力增长率高,而压力增长率取决于着火延迟期内形成的混合气数量。因此,控制柴油机着火延迟期内形成的混合气数量,以降低燃烧时的压力增长率是控制柴油机燃烧噪声的根本措施,具体包括适当延迟喷油正时、提高压缩比、选用十六烷值高的柴油、改进燃烧室结构、采用增压技术和提高废气再循环率等。

2)机械噪声

机械噪声主要是在发动机运转过程中,相对运动零件之间相互摩擦或相互撞击所发出的声响。

机械噪声在很大程度上取决于发动机转速,是汽油发动机的主要噪声源。控制发动机的机械噪声的结构措施主要是:尽量减轻运动件的质量,以减小惯性力,并在满足装配和使用要求的前提下,尽量减少零件间的配合间隙;在使用中,定期维护和及时修理,保证配合零件之间的间隙正常和润滑可靠。

3)进、排气噪声

进、排气噪声是发动机在进、排气过程中,由于气体流动和气体压力波动引起振动而产生的噪声。

进、排气噪声随发动机负荷和转速的不同而变化,是发动机的主要噪声源,也是易于采取降噪措施的对象。控制进气噪声主要有两方面的措施:一是改进空气滤清器结构,尽量加大空气滤清器的长度和断面,以增大空气滤清器的容积,并保持空气滤清器清洁;二是采用进气消声器。发动机排气噪声的控制也可从两方面采取措施:一是改进排气系统的结构,如减少断面突变、弯道处采用较大的过渡圆角、降低管内壁面粗糙度、减小排气门杆直径等;二是采用排气消声器和减小排气歧管传来的结构振动。

4)风扇噪声

风扇噪声主要由于叶片切割空气并使周围空气产生涡流,引起周围空气压力的波动而产生的噪声,此外还有因机械振动引起的噪声。

风扇噪声是汽车的最大噪声源之一,尤其是近年来,由于空调系统和排气净化装置等在汽车上的应用,使发动机罩内温度上升,冷却风扇负荷加大,风扇噪声更为严重。风扇噪声主要与发动机的转速有关。

控制风扇噪声的主要措施有:改进风扇结构,包括叶片形状、角度和材料;合理选择风扇与散热器之间的距离;采用电子风扇或装用风扇离合器,以便在不需要风扇工作时,减少发动机的噪声源。

2. 传动系噪声及控制

传动系噪声可分为变速器噪声、传动轴噪声和驱动桥噪声,各总成的结构形式、汽车的运行工况(如速度和负荷的大小及变化情况)等对传动系噪声有很大影响。变速器噪声是传动系的主要噪声源,约占传动系总噪声的 50%~70%。

1) 变速器噪声

变速器噪声主要包括齿轮传动噪声、轴承运转噪声,此外还有发动机通过离合器传递给变速器壳的振动噪声。

齿轮传动噪声主要是轮齿进入啮合时的撞击声和轮齿脱离啮合时的摩擦声。控制齿轮噪声的主要措施有:合理设计齿轮传动机构,如选择合适的齿轮结构形式、材料和参数等;改进制造工艺,提高齿轮的加工精度;正确安装,以保证啮合间隙正常;选用合适润滑油,保证润滑可靠。

轴承噪声是由于工作中的振动和摩擦而产生的噪声。控制轴承噪声的主要措施有:优先选用球轴承;提高轴承制造精度和座圈刚度,以减小滚体与滚道之间的摩擦和冲击;正确安装,保证合适的轴承间隙和预紧度;改善润滑条件,以减轻摩擦。

控制变速器噪声除上述控制齿轮噪声和轴承噪声的措施外,还应注意对变速器壳体采取隔振、隔声措施,如在结构上保证变速器壳体具有足够的刚度,避免共振;提高变速器壳体的密封性,防止齿轮噪声直接向外传递;变速器壳体选用高内阻材料,或在壳体表面涂阻尼材料,提高变速器壳体的隔声效果。

2) 传动轴噪声

传动轴噪声主要是转速和转矩变化、变速器或驱动桥的振动、传动轴本身的不平衡等引起的传动轴振动噪声。

控制传动轴噪声的措施主要有:提高传动轴的刚度,保证传动轴的平衡;控制万向节最大允许夹角,最好采用等速万向节,消除传动轴工作时转速和转矩的波动;在使用中,保证传动轴各配合间隙正常,保证各润滑点润滑可靠;在中间支承与吊耳间采取隔振措施,阻止传动轴振动通过中间支承向车身的传播。

3) 驱动桥噪声

驱动桥主要组成零件是齿轮和轴承,所以驱动桥噪声与变速器噪声有很多相似之处,也包括齿轮传动噪声、轴承运转噪声和机械振动噪声。

由于驱动桥质量为非悬挂质量,受路面不平、驱动力和制动力的影响,会产生强烈的弯曲振动或扭转振动,所以在驱动桥噪声中,机械振动噪声占的比例比变速器大。为控制驱动桥的振动噪声,在结构上应保证驱动桥有足够的弯曲刚度和扭转刚度。

3. 轮胎噪声及控制

轮胎噪声分为由轮胎直接发射的直接声和轮胎作为直接或间接的激振源向车身传递振动而形成的间接声。

1) 直接声的类型及生成机理

(1) 花纹噪声。轮胎转动时,踏面花纹内的空气在接地时被压缩并有规则的排出的现象称为泵气效应,踏面花纹发生的泵气效应使空气向后排出,结果在空气中生成疏密波而产生的空气噪声称为花纹噪声。实际上,在轮胎前方的滚进部分于花纹单元叩击路面的瞬间,即有一部分压缩了的空气逸出,由此也发出噪声。

(2)弹性振动声。由于轮胎踏面花纹的刚性变动、路面的不规则性和轮胎的不均匀性等原因,行驶中的轮胎受到路面或轮胎本身的激振作用,造成踏面和胎体的固有频率与路形的激振频率相一致而产生共振,造成轮胎与道路的弹性振动声。

(3)振鸣声。汽车在平滑干燥路面上急刹车、起步及急转弯时踏面单元承受水平力,相对路面引起局部自激振动时发出的尖叫声,频率多为500~1000Hz。它取决于花纹的刚度、橡胶和路面的物理特性。

(4)风声。风声是由于轮胎滚进发生的紊流造成的。观察整个轮胎劈开空气行进时,在轮胎的前方空气被扰动分开,在后方空气被吸入造成风声。

2)间接声的发声机理

间接声是由于路面不规则的凹凸使轮胎受到激振,这种干扰能量经悬挂系统、车架传向车身,使车身各部分在声响频率振动而发生道路噪声。

3)轮胎噪声的控制

影响轮胎噪声的因素很多,最大的影响因素是轮胎花纹和路面状况。

控制轮胎噪声的措施主要有:合理设计并合理选用轮胎结构和花纹类型;改善道路条件,多孔隙沥青路面有较好的降噪效果,但后期使用情况不理想;试验表明使用掺有橡胶的骨架结构的沥青路面(改性沥青路面),具有阻尼减振作用,从而使车辆振动产生的噪声减小,达到降低交通噪声的目的,同时这种路面承载能力高,耐久性好,是一种比较理想的低噪声沥青路面;在使用中,使轮胎保持正常气压,并控制汽车行驶速度和加速度。

4. 车身噪声及控制

车身噪声主要由两部分组成:一是车身振动噪声;二是空气与车身之间撞击和摩擦而产生的噪声。

控制车身噪声的措施主要有:提高车身刚度,以降低振动引起的噪声;采用流线型好的车身外形,并保持车身外表光洁,减少车外凸出物的数量和尺寸,以降低空气与车身之间撞击和摩擦而产生的噪声。

二、汽车噪声控制标准

1. 车外最大允许噪声级

《汽车加速行驶车外噪声限值及测量方法》(GB 1495—2002)是机动车辆产品的噪声标准,也是城市机动车辆噪声检测的依据。该标准规定了各类机动车辆车外最大允许噪声级。变型车或改装车(消防车除外)的车外最大允许噪声级应符合基本车型的噪声规定。

2. 车内最大允许噪声级

《机动车运行安全技术条件》(GB 7258—2017)规定,汽车驾驶员耳旁噪声级应不大于90dB(A),测量时,环境噪声应低于被测噪声值至少10dB(A)。其中"A"是指在按规定检测噪声时,声级计应使用挡位:"A"计权、"快"挡。

第四节 汽车的内部环境

驾乘人员的乘坐舒适性可由人对车内环境的感觉和反应来评价,汽车的内部环境是影响汽车舒适性的直接因素,也是重要因素。

舒适性配置更多的是为驾驶者和乘坐者提供一种人性层面的关怀,特别是在汽车进入家庭以后,其作用和舒适性越来越受到消费者的重视。对其进行选择,最后是多了解它的功用,区分出常用和不常用,再结合自身的需要去综合考虑。

汽车内部环境是汽车豪华程度的重要标志之一。改善车内环境,不仅是提高驾乘人员乘坐舒适性的手段,也是提高市场竞争力的重要手段,但也会使汽车的成本和价格升高。

汽车的内部环境主要包括空气环境、噪声环境和车内设施。

一、车内空气环境

保持车内空气适宜的温度、湿度和清新度,是改善汽车内部环境、提高乘坐舒适性重要措施。目前,改善车内空气环境的主要手段就是装用空调系统。

1. 空调系统

空调系统是保证汽车舒适性的装置,汽车内部温度是舒适性的重要指标。车内温度取决于车外温度、空气流量以及太阳辐射的大小。当车外温度超过20℃以上,车内的舒适温度只能靠冷风降温达到。传统空调是人工调控的,在空调控制面板上有一个温度调节旋钮,实际上是一个可变电阻装置,它与蒸发器内的温度感应电阻组成串联电路,当温度改变时,这组电路的阻值发生变化,从而控制压缩机的电磁离合器,当温度低时将离合器分离,空调停止工作;当温度高时将离合器合上,空调继续工作。这样的控制方式比较简单,但温控调节粗糙。自动空调则是自行调控,它能够依据车厢温度自动调节出风温度,具有平滑柔顺性,温控调节精细。另外自动空调有自检装置,可以及早发现故障隐患。

与其他车上自控系统一样,自动空调也要有一个"控制中枢",外加探测仪器等部分。因此,自动空调控制系统由四部分组成:一是传感器部分,专门负责温度信息反馈;二是系统"控制中枢",也就是空调器控制部件ECU;三是控制部件,包括空调系统冷凝器电动机、蒸发器电动机、混合气流电动机、气流方式电动机,用以控制冷暖气组合、开启或关闭正面、侧面和脚部的出风口;四是自检及报警部分。单从上述结构看,目前汽车的自动空调就比传统空调复杂得多。

自动空调控制系统的传感器一般有车厢内温度传感器、车厢外温度传感器、蒸发器温度传感器、太阳能传感器、水温传感器等。其中水温传感器位于发动机出水口,它将冷却液温度反馈至ECU,当水温过高时ECU能够断开压缩机离合器而保护发动机,同时也使ECU依据水温控制冷却液通往加热芯的阀门。各个传感器将温度信息反馈到ECU,ECU通过"混合风挡"的冷暖风比例而控制空气流的温度,例如当温度过低时ECU指令冷气流经加热芯升温,当温度过高时则增大冷气,当车厢内温度达到预定值时,ECU会发出指令停止"混合风挡"伺服电动机运转。同时,ECU还通过"方式风挡"伺服电动机控制气流流向,确定出风口的吹风角度。

有些轿车的自动空调还装有红外温度传感器,专门探测乘员面额部的表面皮肤温度。

当传感器检测到人体皮肤温度时也反馈到ECU。这样,ECU有多种传感器的温度数据输入,就能更精确地控制空调。这样,乘员只要操作旋钮或按键,设置所需温度及风机转速,以后一切事情都由自动空调控制系统办理了。随着集成电路成本降低和人们对舒适性需求的增大,目前,装配自动空调的轿车越来越多。

总之,汽车空调的基本功能就是为改善车内驾乘人员的舒适性,将车内封闭空间的空气环境调整到人体最适宜的状态,具体功能包括:

①利用暖风和冷气装置,使车内保持适宜的温度。
②利用除湿和加湿装置,使车内保持适宜的湿度。
③利用送风装置,使车内保持适宜的气体流动。
④利用通风装置和空气净化装置,保持车内空气的清洁。
⑤利用除霜(除雾)装置,防止车窗玻璃结霜,保证驾乘人员视野清晰。

2. 汽车天窗

汽车天窗的功能包括:

①改变传统换气方式。汽车天窗改变了传统的换气形式,风吹进来形成一股气流,将车厢内的浑浊空气抽出去。汽车高速行驶时,空气分别从车的四周快速流过,当天窗打开时,车的外面就形成一片负压区,由于车内外气压的不同,就能将车内污浊的空气抽出,达到换气的目的,让车厢内始终保持清新的空气。

②迅速除去车内雾气。使用天窗除雾是一种快捷除雾的方法,特别是在夏秋两季,雨水多、湿度大。如果行车过程中将车的侧窗紧闭,就会增大车内外温差,前风窗玻璃容易形成雾气。虽然大多数车都配备了防雾装置,但有的效果并不那么明显。驾驶员只需要打开车顶天窗至后翘通风位置,可轻易消除前风窗玻璃的雾气,保证行车安全。使用天窗换气,既不必担心车外恶劣脏污的环境,也不必担心雨水被吹进车内。

③快速降温节约能源。使用天窗还有节能的功效。在炎热的夏天,车在烈日下暴晒1h,车内温度可轻易达到70℃左右。打开车门,一股热浪就会扑面而来,对许多人来说,都是选择打开车内的空调降低车内温度。其实,对于天窗版汽车来说,打开天窗,利用车辆行驶过程中车顶形成的负压抽出燥热的空气,就可达到快速换气降温的目的,使用这种方法比使用汽车空调降温的速度快2~3倍,而且还节约汽油。

二、车内噪声环境

汽车产生的噪声已成为现代城市主要的噪声源之一。汽车噪声中,人们最关注车内噪声,车内噪声过大会严重影响汽车的舒适性、语言清晰度、听觉损失程度、乘坐安全性、人在车内对各种信号的识别能力及人的心理状态。因此,车内噪声作为汽车舒适性重要指标之一,正受到用户的严格挑选;降低车内噪声水平,已成为各国政府和车辆生产厂家共同关注的问题。

车内噪声是直接影响车内驾乘人员舒适性的重要因素之一。控制车内噪声首先应控制发动机噪声、传动系噪声、轮胎噪声和车身噪声,此外,采取隔振、隔声和密封等措施隔绝噪声传播途径,选用吸声性能好的汽车内部装饰材料,对降低车身内部噪声、改善汽车内部环境也非常重要。

三、车内设施

汽车内部设施主要包括座椅、装饰和日常生活设施。

1. 座椅

驾乘人员的乘坐舒适性很大程度上取决于座椅的布置和结构。座椅的高度、宽度、深度、倾斜度和座间距等应符合人体工程学的要求,采用可调座椅能满足不同驾乘人员的需求,是提高乘坐舒适性的有效措施。

轿车电动座椅以驾驶者的座椅为主。从服务对象出发,电动座椅必须要满足便利性和舒适性两大要求。也就是说驾驶者通过键钮操纵,既可以将座椅调整到最佳位置,使驾驶者获得最好视野,得到易于操纵转向盘、踏板、变速杆等操纵件的便利,还可以获得最舒适和最习惯的乘坐角度。

电动座椅的工作原理:

①电动座椅的整个系统一般由双向电动机、传动装置和座椅调节器等组成。

②电动机大都采用体积小、功率大的永磁型电动机,一般由装在左座侧板上或左门扶手上的开关控制,开关可使某一电动机按不同方向运动。

③开关接通后,电动机的动力通过齿轮、驱动轴使软轴转动,再驱动座椅调节器运动。当调节器到达行程终点时,软轴停止转动,如此时电动机仍在转动,其动力将被橡胶联轴节吸收,以防止座椅万一卡住时电动机过载损坏。当控制开关断电后,回位弹簧能使电磁阀柱塞和爪形接头分离,使其回到原来位置。

④为了防止电动机过载,大多数永磁电动机内装熔断丝。

⑤电动机的数量取决于电动座椅的类型,通常两向移动座椅安装4个电动机,电动座椅使用电动机最多的可达8个。

⑥电动座椅的传动装置包括变速器、联轴装置和电磁阀。座椅调节器是由螺旋千斤顶和齿轮传动机构组成。

⑦电动机和变速器之间装有联轴节,传动装置和座椅调节器之间用软轴联接。

2. 内部装饰

汽车的内部装饰会影响驾乘人员乘车时的心理反应,颜色协调、布置典雅的内部装饰,给人以美感,对改观车内驾乘人员的感觉评价有积极作用。汽车内部装饰的作用:

①美化内饰环境,使人心情愉悦。

②有利于人体健康:汽车内饰中的地毯、座椅、空调风口等经常接触潮湿的空气或水渍,在特定的环境中易滋生细菌,使内饰霉变,不但影响了室内空气环境,还对人体健康造成损害,而汽车内饰美容可有效避免该类现象的发生。

③延长车辆使用寿命:对车室的清洁、杀菌、除臭和使用专门的保护品,可以有效地防止各种污物对地毯、真皮座椅、纤维组物等的腐蚀,对塑料件,真皮及纤维品进行清洁上光保护,可以延长内饰件的使用周期。

3. 日常生活设施

齐备的日常生活设施也是改善汽车内部环境、提高汽车舒适性的重要途径。提高舒适性的日常生活设施主要有:钟表、音响、电视、通讯设备、烟灰盒、点烟器、卧具、餐具和厕所等。

第十四章　汽车的通过性

汽车的通过性是指在一定的载质量条件下,汽车能以足够高的平均车速通过各种坏路及无路地带和克服各种障碍的能力。坏路及无路地带是指松软土壤、沙漠、雪地、沼泽等松软地面及坎坷不平地段;各种障碍是指陡坡、侧坡、壕沟、台阶、灌木丛、水障等。

汽车的通过性可分为几何通过性和支撑牵引通过性。前者是表征车辆通过坎坷不平路段和障碍(如指陡坡、侧坡、壕沟、台阶等)的能力;后者是指车辆能顺利通过松软土壤、沙漠、雪地、沼泽、冰面的能力。

第一节　间隙失效与汽车通过性的几何参数

一、间隙失效

由于汽车与地面间的间隙不足而被地面托住、无法通过的情况,称为间隙失效。间隙失效可分为下列几种情况。

1. 顶起失效

当车辆中间底部的零件碰到地面而被顶住时,称为顶起失效。

2. 触头失效与托尾失效

当车辆前端或尾部触及地面而不能通过时,则分别称为触头失效和托尾失效。显然,这两种情况属同一类失效。

二、汽车通过性的几何参数

各种障碍物的特点不同,表征汽车通过这些障碍物的结构参数也不同,与间隙失效有关的汽车整车几何尺寸,称为汽车通过性的几何参数。这些参数包括最小离地间隙、纵向通过角、接近角、离去角、最小转弯直径等,如图 14-1 所示。

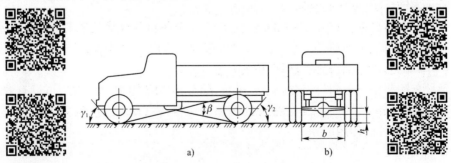

图 14-1　汽车通过性的几何参数

h-最小离地间隙;b-两侧轮胎内缘间距;γ_2-离去角;β-纵向通过角;γ_1-接近角

1. 最小离地间隙 h

最小离地间隙是指汽车满载、静止时,除车轮外,支承平面与汽车上的最低点之间的距离。它反映了汽车无碰撞地通过地面凸起的能力。通常汽车的最小离地间隙在前桥、飞轮壳、变速器壳、消声器或主减速器壳处。在设计越野汽车时,应保证有较大的最小离地间隙。

2. 纵向通过角 β

纵向通过角是指汽车满载、静止时,分别通过前、后车轮外缘作垂直于汽车纵向对称平面的切平面,当两切平面交于车体下部较低部位时所夹的最小锐角。它表示汽车能够无碰撞地通过小丘、拱桥等障碍物的轮廓尺寸。β 越大,顶起失效的可能性越小,汽车的通过性越好。

3. 接近角 γ_1

接近角是指汽车满载、静止时,前端突出点向前轮所引切线与地面间的夹角。γ_1 越小,越容易发生触头失效。

4. 离去角 γ_2

离去角是指汽车满载、静止时,后端突出点向后轮所引切线与地面间的夹角。γ_2 越小,越容易发生托尾失效。

5. 最小转弯直径 d_{min}

最小转弯直径是指当转向盘转到极限位置、汽车以最低稳定车速转向行驶时,外侧转向轮的中心平面在支承平面上滚过的轨迹圆直径。它在很大程度上表征了汽车能够通过狭窄弯曲地带或绕过不可越过的障碍物的能力。d_{min} 越小,汽车的机动性越好。

6. 转弯通道圆

当转向盘转到极限位置、汽车以最低稳定车速转向行驶时,车体上所有点在支承平面上的投影均位于圆周以外的最大内圆,称为转弯通道内圆;车体上所有点在支承平面上的投影均位于圆周以内的最小外圆,称为转弯通道外圆。转弯通道内、外圆半径的差值为汽车极限转弯时所占空间的宽度,图14-2为车辆转弯通道图示意图,两圆之间的通道称为车辆转弯通道圆,其决定了汽车转弯时所需的最小空间。

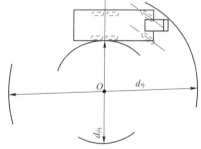

车辆有左转弯和右转弯通道圆。转弯通道圆的最大内圆直径越大,最小外圆直径越小,车辆所需的通道宽度越窄,汽车的通过性越好。

图14-2 车辆转弯通道圆示意图

7. 车轮半径 r

车轮半径影响汽车通过垂直障碍物(如台阶、壕沟等)的能力。汽车能越过的台阶最大高度和壕沟最大宽度,不仅与车轮半径有关,而且与驱动轮上能产生的最大驱动力、行驶车速、障碍物的性质和表面状况等因素有关。

试验表明,对后轴驱动的汽车,能越过的台阶最大高度一般约为 $\frac{2}{3}r$;而对双轴驱动的汽车,能越过的台阶最大高度约等于车轮半径 r。如果壕沟的边沿足够结实,单轴驱动的双轴汽车,在低速条件下能越过的壕沟宽度一般约等于

车轮半径 r;而双轴驱动的汽车,在低速条件下能越过的壕沟宽度约为车轮半径的1.2倍。

第二节　汽车通过性的支承与牵引参数

影响汽车通过性的支承与牵引参数主要有最大动力因数、单位压力、驱动轮附着质量、前后轮迹重合系数。

由汽车动力性的分析可知,汽车要维持正常行驶,必须要满足驱动与附着条件,当汽车在坏路上行驶时,车速 v_a 较低,可略去空气阻力 F_ω 和加速阻力 F_j 的影响,其驱动与附着条件为:

$$F_\psi \leq F_{tmax} \leq F_\varphi$$

代入各力的表达式得:

$$G\psi \leq \left(\frac{M_e i_g i_0 \eta_T}{r}\right)_{max} \leq \sum F_{z\varphi}\varphi \tag{14-1}$$

式中:$\sum F_{z\varphi}$——各驱动轮法向反作用力之和。

当汽车在水平路面上驻车时,$\sum F_{z\varphi}$ 等于汽车的附着重力 G_φ,在水平路面上 $\psi = f$,故:

$$f \leq \left(\frac{M_e i_g i_0 \eta_T}{rG}\right)_{max} \leq \frac{G_\varphi}{G}\varphi \tag{14-2}$$

式中:$\frac{G_\varphi}{G}$——相对附着重力。

则:

$$f \leq D_{max} \leq \frac{G_\varphi}{G}\varphi \tag{14-3}$$

f、φ、$\frac{G_\varphi}{G}$、D_{max} 是汽车的主要支撑与牵引参数,而 f、φ 与车轮对地面的单位压力 p 有关,所以 p 也为支撑与牵引参数。

1. 单位压力 p

单位压力是指轮胎接地印迹单位面积上的垂直负荷。车轮对地面的单位压力为:

$$p = \frac{W}{1000A} \tag{14-4}$$

式中:W——作用于车轮上的径向载荷,N;

A——车轮与路面的接触面积,m^2。

由于轮胎胎体具有一定的刚度,所以单位压力 p 一般与轮胎内部空气压力 p_ω 不相等。承受额定载荷的车轮在坚硬路面上对地面的单位压力为:

$$p = (1.05 - 1.20)p_\omega \tag{14-5}$$

对于胎体较厚、帘布层数较多的轮胎,取较大值。

单位压力直接影响滚动阻力和附着系数的大小。在硬路面上行驶时,滚动阻力以轮胎变形引起的能量损失为主,保持较高的单位压力,也就意味着在轮胎负荷一定的条件下,减小了轮胎接地面积,即减小了轮胎的变形,从而使滚动阻力减小,汽车的通过性提高。在松软路面上行驶时,滚动阻力以路面变形引起的能量损失为主,适当减小单位压力,不仅可减小路面变形引起的滚动阻力,而且也可提高附着系数,从而使汽车的通过性提高。

当汽车在松软路面上行驶时,降低车轮对地面的单位压力,可使车辙深度减小,从而可降低汽车的行驶阻力。同时,由于轮胎与路面之间的接触面积增加,附着系数亦可获得提高。

2. 最大动力因数

汽车以变速器最低挡位行驶时的最大动力因数,标志着汽车的最大爬坡能力和克服最大道路阻力的能力。汽车在无路或坏路条件下行驶时,最大的特点就是行驶阻力大,为保证汽车具有良好的通过性,除了要采取减小行驶阻力的措施外,还必须提高汽车的驱动力或最大动力因数。在越野汽车的传动系中,增设副变速器或具有低挡的分动器,以增大传动系的总传动比,可在驱动轮上获得足够大的驱动力。适当减少汽车的载荷,不仅可降低车轮对地面的单位压力,而且还可提高汽车的动力因数,从而可提高汽车通过松软路面的能力。

3. 驱动轮附着质量

汽车正常行驶不仅要满足驱动条件,而且必须满足附着条件。提高汽车的驱动力和附着力,对提高汽车的通过性都同等重要。驱动轮附着质量越大,附着力越大,汽车的通过性越好。

因此,适当提高汽车重力在驱动轮上的分配比例,采用全轮驱动以充分利用各车轮上的附着质量,可提高汽车的通过性。

4. 前、后轮迹重合系数

前、后轮迹重合系数是指前轮迹宽度与汽车行驶过后形成的车辙宽度之比。前后轮迹重合系数越大,说明汽车行驶时前后轮迹的重合度越高,尤其在松软路面上行驶时,汽车的行驶阻力小,通过性好。

第三节　影响汽车通过性的主要因素

影响汽车通过性的因素很多,但主要是与汽车的结构参数及使用条件有关。

一、结构因素的影响

1. 合理选择汽车的结构参数

在汽车设计时,必须合理选择汽车的结构参数,如汽车的轴距、总高、总宽、车轮半径等,以保证汽车具有足够大的最小离地间隙、接近角、离去角、纵向通过角和足够小的最小转弯半径、最大通道宽度,从而提高汽车的通过性。

2. 提高最大动力因数

在结构上,可采用选用动力性好的发动机、适当增大传动系的传动比等措施,来提高汽车的最大动力因数,以提高汽车克服行驶阻力的能力,从而提高汽车的通过性。

3. 采用液力传动

在汽车上装用液力变矩器或液力耦合器,可以提高汽车在松软路面上的通过能力。与装用机械传动装置相比,在汽车起步时,采用液力传动可使驱动轮的转矩增加缓慢且平稳,驱动轮对路面产生的冲击减轻,可避免因土壤表层被破坏而导致附着系数下降,也可避免因土壤被破坏而导致车轮下陷,从而使附着力提高、滚动阻力减小,汽车的通过性提高。

此外,采用机械传动的汽车在坏路面上行驶时,由于车速低、惯性力小,常因换挡时动力中断而停车,重新起步又因驱动轮对路面冲击大而较困难。采用液力传动的汽车,不需换挡就可自动变速变扭,可在较长时间内以低速稳定行驶,避免上述问题的发生,从而使汽车的通过性提高。

4. 改进差速器结构

汽车转弯行驶时,为保证左右驱动车轮能以不同的角速度旋转,在汽车传动系中安装差速器。由于普通齿轮式差速器具有在驱动轮间平均分配转矩的特性,当某一驱动车轮陷入附着系数较小的路面(如泥泞或冰雪路面)时,为防止该驱动轮滑转,另一侧车轮的驱动力也会受到同样小的附着力限制,因此会大幅降低汽车的通过性。

当左右驱动轮不等速运转时,差速器中机件间的摩擦作用,可使左右驱动轮得到不相等的转矩。差速器的内摩擦使不滑转的车轮得到较大的转矩,对提高汽车的通过性是有益的。但一般齿轮式差速器内摩擦是很小的,为了增加差速器的内摩擦,越野汽车常采用高摩擦式差速器,以提高汽车通过性。

当左右驱动轮上的附着系数相差较大时,采用差速器强制锁止装置,可使附着系数较大一侧的车轮获得更大的转矩,从而提高汽车的通过性。

5. 采用驱动防滑技术

目前,在一些高级轿车上,装用了电脑控制的驱动防滑(以下简称 ASR)系统,或称牵引控制(以下简称 TC)系统。ASR 系统是继 ABS 之后应用于车轮防滑的电子控制系统,其功用是防止汽车在起步、加速时和在滑溜路面上行驶时的驱动轮滑转。

驱动轮的滑转,会使驱动轮上的附着系数下降。纵向附着系数下降,会使最大的地面驱动力减小,导致汽车的起步性能、加速性能和在滑溜路面的通过性能下降。而横向附着系数的下降,又会降低汽车在起步、加速或在滑溜路面上行驶时的操纵稳定性。因此,采用 ASR 系统控制驱动轮滑转,可提高汽车的通过性和操纵稳定性。

二、使用因素的影响

1. 控制行驶车速

行驶车速较高或车速变化时,会加重轮胎对路面的冲击,在松软路面上行驶就存在土壤遭破坏,使附着系数下降、滚动阻力增加的可能。因此,在坏路面上行驶时,以较低的车速匀速行驶,可提高汽车的通过性。

2. 正确选用轮胎

轮胎花纹对附着系数有很大影响。正确地选择轮胎花纹,对提高汽车在一定类型地面上的通过性有很大作用。越野汽车的轮胎具有宽而深的花纹,当汽车在湿路面上行驶时,由于只有花纹的凸起部分与地面接触,使轮胎对地面有较高的单位压力,足以挤出水层;而在松软地面上行驶时,轮胎下陷,嵌入土壤的花纹凸起的数目增加,与地面接触面积及土壤剪切面积都增加,因而,同样能保证有较好的附着性能。

在表面滑溜泥泞而底层坚实的道路上,选用带防滑钉的轮胎或在轮胎上套防滑链,相当于在轮胎上增加了一层高而稀的花纹,可有效提高汽车的通过性。

在松软路面上选用径向刚度较小的轮胎,可减小单位压力,增大接地面积,使汽车的通过性提高。

3. 适当调整轮胎气压

在松软路面上行驶的汽车,应相应降低轮胎的气压,以增大轮胎接地面积,减小轮胎接地压强,有利于提高汽车的通过性。但降低轮胎气压,汽车在硬路面上行驶时,轮胎变形引起的滚动阻力将增大,而且会因轮胎变形过大而降低其使用寿命。

为提高汽车通过松软路面的能力,在硬路面上行驶时又不致引起过大的滚动阻力,影响轮胎寿命,可装用轮胎的中央充气系统,使驾驶员能根据道路情况,随时调节轮胎气压。

4. 正确驾驶

正确的驾驶方法也可提高汽车通过性。在通过沙地、泥泞、雪地等松软地面时,应该用低速挡,以保证车辆有较大的驱动力和较低的行驶速度。在行驶中应尽量避免换挡、加速或制动,并保持直线行驶,因为转弯时将引起前后轮辙不重合,增加滚动阻力。

车轮表面的泥土,会使附着系数降低。遇到这种情况,驾驶员适当提高车速,将车轮上的泥土甩掉。当汽车传动系统装有差速锁时,应在进入可能使车轮滑转的路面前,将差速器锁住。因为车轮一旦滑转后,土壤表面就会被破坏,附着系数下降,车轮也会下陷,此时锁住差速器,其作用也会降低。

此外,为了提高越野汽车的涉水能力,应注意发动机的分电器总成、火花塞、曲轴箱通气口等的密封问题,并尽量提高空气滤清器和排气管口的位置。

第十五章　汽车性能试验

汽车性能试验的目的是考核评定整车的主要技术性能,检测各项主要技术性能指标,如汽车的动力性、燃油经济性、制动性、平顺性等;同时测定整车的基本参数。

本章主要介绍汽车性能试验的分类、试验的条件和方法及试验所用的主要设备;阐述汽车的动力性、燃油经济性、制动性等评价指标的试验检测方法。

第一节　汽车动力性试验

汽车动力性试验包括动力性的评价指标及汽车驱动力、单项行驶阻力、传动系效率、附着力的测量。试验分道路试验和室内试验。道路试验主要是测定汽车的最高车速、加速能力、最大爬坡度等评价指标;室内试验可测量汽车的驱动力和行驶阻力。

一、道路试验

1. 试验条件

根据《汽车道路试验方法通则》(GB/T 12534—1990),对汽车道路试验提出以下条件。

1)装载质量

无特殊规定时,装载质量均为厂定最大装载质量或使试验车处于厂定最大装载质量状态;装载质量均匀分布,装载物应固定牢靠,试验过程中不得晃动和颠离;不应因潮湿散失等条件变化而改变其质量,以保证装载质量的大小、分布不变;客车或轿车乘员的平均质量按 60kg 计算,可用相同质量的重物代替。

2)轮胎气压

试验过程中,轮胎冷充气压力应符合该车技术条件的规定,误差不超过 10kPa。

3)燃料、润滑油(脂)和制动液

试验汽车使用的燃料、润滑油(脂)和制动液的牌号和规格,应符合该车技术条件或现行国家标准的规定。

4)气象

试验时天气应无雨无雾,相对湿度小于 95%,大气温度在 0~40°C 之间,风速不大于 3m/s。

5)试验仪器、设备

试验仪器、设备须经计量检定,在有效期内使用,并在使用前进行调整,确保功能正常,符合精度要求。

当使用汽车上安装的速度表、里程表测定车速和里程时,试验前必须按《汽车速度表、里程表检验校正方法》(GB/T 12548—2016)进行误差校正。

6) 试验道路

除另有规定外,各项性能试验应在清洁、干燥、平坦、用沥青或混凝土铺装的直线道路上进行。道路长度为 2~3km,宽度不小于 8m,纵向坡度在 0.1% 之内。

7) 试验车辆

记录试验样车的生产厂名、牌号、型号、发动机号、底盘号、各主要总成牌号和出厂日期等;检查车辆装备完整性及装配调整情况,使之符合该车装配调整技术条件及《机动车运行技术条件》(GB 7258—2017)的有关规定。根据试验要求对试验车辆进行磨合,除另有规定外,磨合规范按该车使用说明书的规定进行;试验前,试验车辆必须进行预热行驶,使汽车发动机、传动系及其他部分预热到规定的温度状态。

2. 道路试验内容

1) 最高车速

试验条件按《汽车道路试验方法通则》(GB/T 12534—1990)和《汽车最高车速试验方法》(GB/T 12544—2012)的有关规定进行。

在符合条件的直线道路上,选取至少 200m 为测量路段。并用标杆等做好标记。道路加速区与测量区具有相同特性,且足够长,以保证车辆在到达测量区前,能够稳定保持在最高车速。加速区和测量区的纵向坡度应不超过 0.5%,单方向试验中直线道路纵向坡度应不超过 0.1%;测量区和横向坡度应不超过 3%。环形道路也按照《汽车最高车速试验方法》(GB/T 12544—2012)中相关要求进行。即将进行试验前,对试验结果会产生影响的汽车零部件应进行预热以达到制造厂指定的稳定温度条件。调整挡位使汽车能够达到其最高稳定车速。

标准试验规程(双方向试验)如下:

为了减少道路坡度和风向(风速)等因素造成的影响,依次从试验道路的两个方向进行试验,并尽量减少使用到的相同路径。测量试验单程所用时间 t_i。试验中车辆行驶速度变化不应超过 2%。每个方向上的试验不少于 1 次,所用时间"t_i"的变化不超过 3%。

试验速度计算公式:

$$V = \frac{L \times 3.6}{t} \tag{15-1}$$

式中:V——速度,km/h;

t——往返方向试验所测时间 t_i 的算术平均值,s;

L——测量道路长度,m。

其中,《汽车最高车速试验方法》(GB/T 12544—2012)对单方向试验规程和环形试验规程也做了相关要求。

2) 加速能力

试验条件按《汽车道路试验方法通则》(GB/T 12534—1990)和《汽车加速性能试验方法》(GB/T 12543—2009)的有关规定进行。

(1) 全油门起步加速性能试验。

车辆由静止状态全油门加速到 100km/h(如果最高车速的 90% 达不到 100km/h,应取最高车速的 90% 向下圆整到 5 的整数倍的车速作为试验终了车速)。车辆由静止状态全油门加速通过 400m 的记录。记录以上项目的时间。

对于手动变速器,车辆起步加速,应在车轮滑转最小的情况下使车辆达到最大加速性能。离合器的操纵及换挡时刻的选择应使加速性能发挥最大但不超过发动机的额定转速。当车辆运动时触发记录装置。

对于自动变速器,在发动机怠速情况下(若有必要可踩下制动器),将变速器置于"D"挡,车辆起步加速,应在车轮滑转最小的情况下使车辆达到最大加速性能,当车辆运动时触发记录装置。

(2)全油门超越加速性能试验。

车辆由 60km/h 全油门加速到 100km/h(如果最高车速的 90% 达不到 100km/h,应取最高车速的 90% 向下圆整到 5 的整数倍的车速作为试验终了车速)记录行驶时间。

对于手动变速器,车速应控制在 58~60km/h,当车速达到 60km/h 时触发记录装置。变速器在试验过程中不应换挡。

对于自动变速器,变速器置于"D"挡,允许在汽车变速控制器的控制下换挡。试验前,车辆加速到 58~60km/h 内保持匀速行驶至少 2s。当车速达到 60km/h 时触发记录装置。

两类试验均应往返进行,每个方向至少进行 3 次。若以此试验发生问题,则该往返试验均应重做。

3)最大爬坡度

最大爬坡度试验根据《汽车道路试验方法通则》(GB/T 12534—1990)和《汽车爬陡坡试验方法》(GB/T 12539—2018)的有关规定进行。

试验坡道应有一系列不同坡度,应接近试验车的最大爬坡度。坡道长度应不小于 20m,坡前应有 8m 的平直路段,坡度大于或等于 30% 的路面应用水泥铺装,小于 30% 的路面用沥青铺装,在坡道的中部设置 10m 的测速路段。为了保证爬陡坡过程中的安全,大于 40% 的坡道应设置安全装置。

试验时,汽车变速器置于最低挡,若有副变速器也置于最低挡,使汽车以最低速度行驶至接近坡道的平直路段上;然后迅速将加速踏板踩到底,汽车驶上坡道。汽车所能爬上的最陡坡道的坡度,就是汽车的最大爬坡度。如果没有合适的坡度,可以采用增、减载荷或变换排挡的方法,换算出汽车的最大爬坡度,即

$$\alpha_0 = \arcsin\left(\frac{G_a i_{gI}}{G i_{ga}}\sin\alpha_a\right) \tag{15-2}$$

式中:α_0——换算后的最大爬坡度,°;

α_a——试验时的实际坡度,°;

G——汽车最大总质量的重力,N;

G_a——试验时的汽车重力,N;

i_{gI}——变速器 I 挡传动比;

i_{ga}——试验时变速器所用挡位的传动比。

二、室内试验

汽车动力性的室内试验主要是驱动力的测量、传动系机械效率、轮胎滚动阻力系数及汽

车空气阻力系数的测定等;而燃油经济性的室内试验主要是多工况燃油消耗量试验,我国采用的是 15 工况试验标准。图 15-1 所示为汽车底盘测功器-转鼓试验台。

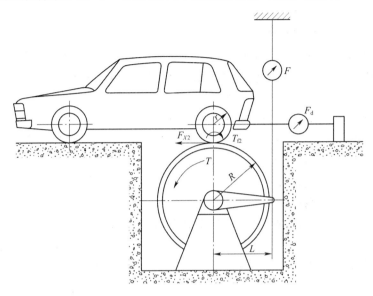

图 15-1　汽车底盘测功器-转鼓试验台

试验时,被测试汽车固定于转鼓试验台上,从动轮置于固定台面,驱动轮置于转鼓上,驱动轮的中心应与转鼓的中心在同一垂直平面内。起动发动机挂挡后,汽车便驱动转鼓旋转,转鼓轴端部装有液力测功器或电力测功器,测功器能产生一定的阻力矩并能调节汽车的车速。

在转鼓试验台上进行测试试验之前,测试汽车应先到路上进行滑行试验,以确定其行驶阻力功率,即 $P_f + P_\omega$,然后将滑行试验结果与汽车质量参数输入到转鼓试验台的操作系统。汽车驱动转鼓时将会遇到与道路上完全一样的阻力,包括整车的滚动阻力、空气阻力与加速阻力等。

因此,固定于转鼓试验台上的汽车可以在室内进行多工况燃油消耗试验、等速行驶百公里油耗试验、排放试验及动力性的各种试验。

在室内试验中,还可进行一些汽车结构参数的测定。传动系的机械效率可在专门的传动系效率试验台上进行;滚动阻力系数与空气阻力系数可在轮胎试验台与风洞中测出。

第二节　汽车燃油经济性试验

对汽车燃油经济性的评价,一般是通过汽车燃油经济性试验来确定,它是用以评价在用汽车技术状况与维修质量的综合性参数,也是诊断和分析汽车故障的重要参考。

汽车燃油经济性试验包括直接挡全节气门加速燃料消耗量试验、等速燃料消耗量试验、多工况燃料消耗量试验及限定条件下的平均使用燃料消耗量试验等内容。汽车燃油经济性试验分汽车道路试验和在底盘测功试验台上模拟道路状况来检测其燃油消耗量的室内试验两类。

一、道路试验

1. 试验条件

汽车燃油消耗量与发动机类型、制造工艺状况、道路条件、气候情况、海拔高度、驾驶技术等多种因素有关。因此其主要试验方法必须有完整的规范。根据《轻型汽车燃料消耗量试验方法》(GB/T 19233—2008)规定,汽车燃料消耗量的道路试验条件应满足以下条件。

1) 载荷条件

除有特殊规定外,轿车为规定载荷的一半(取整数);城市客车为总质量的65%;其他车辆为满载,乘客质量及其装载要求按《汽车道路试验方法通则》(GB/T 12534—1990)规定。

2) 车辆条件

试验车辆必须清洁,车辆的机械状态应良好;试验前车辆至少应行驶3000km,且少于15000km;应按制造厂的规定调整发动机和车辆操纵机构。

试验前,车辆应置于温度保持为293~303K(20~30℃)的室内进行处理。此处理期至少为6h,直至发动机的润滑油和冷却液温度达到室温的±2K范围内。在制造厂的要求下,车辆可在正常温度下行驶后30h内进行试验。

试验期间,关闭车窗和驾驶室通风口,只允许开动驱动车辆的必须性设备,使用车辆的功能性设备。一般来说,车辆正常行驶所需的辅助设备必须处于工作状态。

若为温控水箱风扇,应按其在车辆上的正常状况工作,乘客舱的暖气系统和空调系统都应关闭,而压缩机应正常工作。若装有增压装置,则应在试验状态下正常工作。

3) 试验仪器

车速测定仪和汽车燃油消耗仪的精度应达到0.5%;计时器的最小读数为0.1s。

4) 润滑条件

润滑油应使用车辆制造厂规定的润滑油,并在试验结果报告中注明。

5) 轮胎气压

轮胎应是车辆制造厂作为车辆原始装备所规定的类型之一,按车辆制造厂根据试验负荷和车速所推荐的压力进行充气(如有必要,按试验台架的试验条件进行调整)。所用充气压力应在试验结果报告中注明。

6) 气象条件

试验时天气应无雨无雾,相对湿度小于95%,大气温度在0~40℃之间,风速不大于3m/s。

7) 试验道路

除另有规定外,各项性能试验应在清洁、干燥、平坦、用沥青或混凝土铺装的直线道路上进行。道路长度为2~3km,宽度不小于8m,纵向坡度在0.1%之内。

2. 试验内容

1) 直接挡全节气门加速燃料消耗量试验

在符合试验条件的道路上选取500m长的试验测试路段。将汽车变速器挂直接挡(没有直接挡可用最高挡),以30±1km/h的初速度,稳定通过50m的预备路段,在测试路段的起点开始,节气门全开,加速通过测试路段。测量并记录通过测试路段的加速时间、燃料消耗量及汽车在测试路段终点时的速度。试验往返各进行两次,测得同方向加速时间的相对误差不大于5%。

采用测得的4次加速时间试验结果的算术平均值作为测定值,且要符合该车技术条件的规定。经本项试验后,做其他燃料消耗量试验时,汽车发动机不得调整。

2) 等速行驶燃料消耗量试验

在符合试验条件的道路上选取500m长的试验测试路段,汽车用常用挡位,等速行驶,通过500m的测试路段,测量通过该路段的时间及燃料消耗量。

汽车在常用挡位(直接挡),试验车速从20km/h(当最低稳定车速高于20km/h时,从30km/h开始)开始,以间隔10km/h的整数倍的预选车速,通过500m的测量路段,测定燃油消耗量Δ(ml)和通过时间t(s),每种车速试验往返各进行两次,直到该挡最高车速的90%以上(至少不少于5种预选车速)。两次试验时间间隔(包括达到预定车速所需要的助跑时间)应尽量缩短,以保持稳定的热状态。

根据试验结果,以车速为横坐标,燃料消耗量为纵坐标,绘制等速行驶燃料消耗量散点图,根据散点图绘制等速行驶燃料消耗量的特性曲线。

二、室内试验

采用道路试验方法进行燃油经济性试验受到很多条件限制,基于汽车燃油消耗量在底盘测功机上进行台架试验暂无国家标准,可参照《轻型汽车燃料消耗量试验方法》(GB/T 19233—2008)的要求,通过台架试验方法模拟道路试验,即在底盘测功试验台上模拟道路等速行驶油耗测试方法,以便快速、准确地评价汽车燃油经济性。

1. 室内试验条件

测试距离不得小于500m;发动机冷却液温度应在80~90℃范围内,冷却液温度过高时应用鼓风机(冷却风扇)降温,使冷却液温度达到上述要求;在车辆技术等级评定油耗工位测试时采用直接挡,无直接挡的用最高挡,若无特殊规定或说明,车速通常采用50km/h,车速控制误差应在±0.5km/h内;被测车辆底盘温度应随着室温变化而需严格控制,当室温小于10℃时,底盘温度应控制在25℃以上(用温度计测量减速器外壳温度),因为汽车底盘温度的高低决定了汽车行驶阻力,而行驶阻力的大小对油耗检测数据影响较大(通常应做出各典型车型主减速器外壳温度与油耗的关系曲线,将油耗数据均修正到外壳温度25℃以上的值);柴油车还应考虑回油问题;轮胎气压(冷压)应符合该车技术条件的规定,误差不超过±0.01MPa,且左右轮胎花纹一致。

2. 室内试验注意事项

为确保室内试验时的安全性,被测车辆必须配备性能良好的灭火器;油耗传感器用的油管应透明、耐油、耐压,油管接头必须用合格的环形夹箍,不得用铅丝缠绕,确保无任何渗漏;拆卸油管时必须用沙盘接油,不允许用棉纱或其他易燃物,不允许燃油流到发动机排气管上;测试时需打开发动机舱盖,以便观察是否有渗漏现象,测试完毕,安装好原管路后起动发动机,在确保无任何渗漏时方可盖上发动机舱盖。

在室内试验连接油路时,油耗传感器底板需处于水平状态,并注意进出口方向;不使用时,进出油口必须加套保护,以防异物进入卡死传感器活塞;传感器的滤清器在脏物堵塞后可拆下,用压力小于500kPa的压缩空气吹除脏物。

3. 室内试验油耗检测方法

一种为质量法,即在底盘测功试验台上采用质量式油耗传感器进行油耗检测。另一种为容积法,即在底盘测功试验台上采用行星活塞油耗传感器进行油耗检测。当汽车驶上底盘测功试验台,拆卸燃油管路,接上油耗传感器,排除油路中的空气泡,然后在底盘测功试验台上进行加载,使加载量符合该车在路试状态下的各种阻力,进行油耗检测。

4. 室内试验中模拟加载量的确定

按照中华人民共和国交通部行业标准《汽车技术等级评定的检测方法》规定,应测量汽车"等速"百公里燃油消耗量。根据《轻型汽车燃料消耗量试验方法》(GB/T 19233—2008)、《汽车道路试验方法通则》(GB/T 12534—1990)规定,以及部分汽车出厂检验标准,在限制条件下的平均使用燃料量试验的试验车速,轿车为60±2km/h,铰接客车为35±2km/h,其他采用50±2km/h,载荷按照不同车型加载至限定条件,测试距离应保证不少于500m。由于加载量是模拟汽车在道路上行驶时受到的滚动阻力、空气阻力等行驶阻力,因此应根据各个车型的实际情况不同(包括迎风面积、汽车总质量、汽车轮胎的个数等),确定不同车型在底盘测功试验台上不同的加载量。

模拟加载量的确定方法为:首先,经过走合期的新车或接近新车的在用车在额定总质量状态下,以直接挡从20km/h开始做燃油消耗量试验,往返采样各三次,得出20km/h的该车平均等速油耗;然后,每间隔10km/h一直到该车最高车速的90%,重复与上述同样的试验,依次得出20km/h到最高车速90%的等速平均百公里油耗;其次汽车在整备质量状态下,在底盘测功试验台上从20km/h开始对底盘测功试验机加载模拟该车满载时,在20km/h路试状态下所受的外界阻力,直至加上某一荷载后20km/h等速百公里油耗值与车速为20km/h路试所得的平均百公里油耗值相同,则对底盘测功机的加载量即为车速20km/h时的模拟加载量;最后,按照上述方法依次可得出各个车速下的加载量。

第三节 汽车制动性试验

汽车的制动性试验主要是通过汽车的道路试验和室内试验来进行。制动性试验的主要检测项目包括冷制动及高温下制动汽车的制动距离、制动的平均减速度、制动时间;同时还要测定汽车在转弯或变更车道时汽车的制动方向稳定性。

一、道路试验

1. 试验条件

测试路段为干燥和清洁的水泥或沥青路面的平坦(坡度不超过1%)路段,轮胎与路面之间的附着系数不小于0.7。试验时,风速应小于5m/s,气温在0~35℃之间。在试验路面上应画出标准中规定的制动稳定性要求相应宽度试车道的边线。试验前,汽车应充分预热,以最高车速的80%~90%行驶1h以上。

2. 试验设备

路面试验的主要仪器为第五轮仪、制动减速度仪和压力传感器。第五轮仪采用光电传感器、电磁感应传感器与数字显示装置,能准确地测出起始车速、制动距离、制动时间和横向偏移,明显地提高了试验的准确性。

3. 道路试验方法

在进行冷车制动试验时,制动器温度不能超过100℃。令被测车辆沿着试验车道的中线加速行驶至超过制动起始车速 $3\sim5$km/h 后,将变速器置于空挡滑行,当车速降至规定的起始制动初速度时,紧急制动直至停车。用速度计、第五轮仪或用其他测试方法测量车辆制动距离、制动减速度等各项评定指标。为了保证试验结果的可靠性,一般都应以 3.5m/s^2 的制动减速度进行200次的制动器的磨合制动试验,试验中,若汽车航向角变动大于8°或超过试验路段宽度3.5m的界限时,应重新调整被试汽车的制动系,再进行试验。

高温工况试验包含两个阶段:加热制动器与测定制动性指标。连续制动是一种常用的加热方法,即令汽车加速到最高车速的80%时,以 3m/s^2 的制动减速度制动减速到最高车速的40%,再加速,而后制动减速。每次制动的时间间隔根据不同类型的车辆为 $45\sim60$s,共制动 $15\sim20$ 次。最后轿车制动器温度可升至 $250\sim270$℃,中型货车达 $140\sim150$℃,重型货车达 $170\sim200$℃。也可令汽车以40km/h的车速驶下1.7km、7%的坡道来加热制动器。加热前后及中间应进行数次制动性指标测定,以评定制动系的热衰退性能。

另一种高温工况是下长坡连续制动。汽车转弯制动试验在平坦的干路面上进行。试验时汽车沿一定半径做圆周行驶,当汽车达到如下的稳定状态:转弯半径为40m或50m,侧向加速度为 5 ± 0.5m/s^2,相应车速为51km/h或57km/h;或者转弯半径为100m,侧向加速度为 4 ± 0.4m/s^2,相应车速为72km/h时;保持转向盘转角不变,关闭节气门,迅速踩下制动踏板,离合器处于接合或非接合状态,使汽车以不同的等制动减速度制动。记录制动减速度、汽车航向角变动量、汽车横摆角速度、制动时侧向路径偏离量等参数。根据试验结果绘制最大横摆角速度、汽车航向角变动量、制动时侧向路径偏离量等参数与制动减速度的关系曲线,利用这些曲线来评价汽车转弯制动的方向稳定性。

由于湿路面的附着系数降低很多,转弯制动试验也常在湿路面上进行。

二、室内试验

道路试验虽然能全面反映汽车的制动性,但试验需要特定的场地,而且也比较浪费时间。因此,很多汽车企业及一般车辆检测单位,常用室内试验装置测试汽车制动器的摩擦力矩、制动力、制动协调时间等内容,以检查汽车的制动性。

1. 制动试验台

1)单轴反力式滚筒制动试验台

单轴反力式滚筒制动试验台的结构简图如图15-2所示。它由结构完全相同的左右两套车轮制动力测试单元和一套指示控制装置组成。每一套车轮制动力测试单元由框架(有的试验台将左右测试单元由框架制成一体)、驱动装置、滚筒组、举升装置、测量装置等构成。

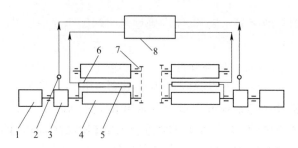

图 15-2 单轴反力式滚筒制动试验台
1-电动机;2-压力传感器;3-减速器;4-滚筒;5-第三滚筒;6-电磁传感器;7-链传动;8-测量指示仪表

驱动装置由电动机、减速器和链传动组成。电动机通过减速器两级减速后驱动主动滚筒,主动滚筒通过链传动带动从动滚筒旋转。减速器输出轴与主动滚筒共用一轴,减速器壳体为浮动连接,即可绕主动滚筒轴自由摆动。

每一车轮制动力测试单元设置一对主、从动滚筒。每个滚筒的两端分别用滚动轴承与轴承座支承在框架上,且保持两滚筒轴线平行,滚筒相当于一个活动的路面,用来支承被检测车辆的车轮,并承受和传递制动力。汽车轮胎与滚筒间的附着系数将直接影响制动试验台所能测得的制动力大小,为了增大滚筒与轮胎间的附着系数,滚筒表面都进行了相应加工与处理,如矩形槽滚筒、表面黏砂滚筒、表面烧结滚筒等。这些滚筒表面附着系数均能达到0.7以上。

滚筒直径与两滚筒间中心距对试验台有较大影响。增大滚筒直径有利于改善与车轮之间的附着情况,增加测试速度,使检测过程更接近实际制动情况;但必须相应增加驱动电机的功率,而且随着滚筒直径增大,两滚筒中心距也增大,才能保证合适的安置角。这样使试验台结构尺寸相应增大,制造要求提高。

制动力测量装置主要由测力杠杆和传感器组成。测力杠杆一端与传感器连接,另一端与减速器壳体连接,被测车轮制动时测力杠杆与减速器壳体将一起绕主动滚筒(或绕减速器输出轴、电动机枢轴)轴线摆动,传感器将测力杠杆传来的、与制动力成比例的力(或位移)转变成电信号输送到指示、控制装置,传感器有应变测力式、电位计式、差动变压器式等多种类型。

为了便于汽车出入制动试验台,在主动与从动两滚筒之间设置有举升装置。该装置通常由举升器、举升平板和控制开关等组成,举升器常用的有气压式、电动螺旋式、液压式三种形式。

制动力指示装置有指针式和数字显示式两种。指针式指示仪表有单针式和双针式两种形式,制动试验台控制装置一般采用电子式。为提高自动化与智能化程度,有的控制装置中配置计算机,带计算机的控制装置多配置数字显示器,但也有配置指针式指示仪表的。带计算机的指示与控制装置主要由计算机、放大器、A/D 转换器、数字显示器和打印机等组成。目前指示装置向大型点阵显示屏或大表盘、大刻度方向发展。以使检测人员在较远距离处也能清晰易读。

2)平板式制动试验台

平板式制动试验台是凭借汽车在测试平板上的实际紧急制动过程来测定前、后轴制动力,因此能比较客观地反映汽车制动器产生的制动力的大小,正确评价汽车的制动性能。

平板式制动试验台如图 15-3 所示,它是由 4 块表面轧花的测试平板、控制柜和踏板压力计等组成。

测试平板是制动力和垂直力的承受与传递装置。面板为一长方形钢板,其下面 4 个角上安装 4 个压力传感器,压力传感器底部加工成可以放置钢珠的纵向 V 形沟槽,底板与压力传感器底部的纵向沟槽对应处也加工有 4 条可以放置钢珠的纵向沟槽。这样,面板既可以通过钢珠在底板上沿纵向移动,又可以通过钢珠将作用于面板上的垂直力传递到底板上。此外,面板还经过一根装有拉力传感器的纵向拉杆扇结在底板上。当汽车行驶到 4 块测试平板上进行制动时,这些压力传感器和拉力传感器就能同时测出每个车轮作用于测试平板上的制动力与垂直力。

控制柜包括数据采集系统、计算机、键盘打印机、显示器及遥控接收模块等。

踏板压力传感器是用来测量制动时制动踏板力的装置,除常见的有线式以外,还有红外线式和无线式等。测量时,将其固定在汽车制动踏板上方。

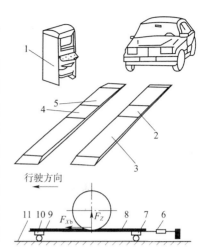

图 15-3 平板式制动试验台
1-控制台;2-侧滑测试平板;3、5-制动-轮荷测试平板;4-空板;6-拉力传感器;7、10-压力传感器;8-面板;9-钢球;11-底板

试验时,检测台应处于开机状态,被检测汽车以 5～10km/h 的速度驶上平板,引车员根据显示器上提示的信息及时、迅速地踩下装有踏板压力计的制动踏板,使车辆在测试平板上制动直至停车。与此同时,数据采集系统通过各传感器采集制动过程中的全部数据,并经计算机分析处理,在显示器上以数字、图形、曲线形式显示检测结果,最后可用打印机将检测结果打印出来。如果检测台是两块测试板的组合型式,应采用逐桥检测的方式进行,即先检测前桥,接着检测后桥。逐桥检测和四轮同时检测在原理上是一样的,但后者能够测出汽车前、后轮制动器制动力的分配比例,并且能获得制动过程变化曲线。

平板式试验台结构简单、安装方便、检测速度快、工作可靠性高。由于被测车辆采用紧急制动方式,基本反映制动过程的实际情况,尤其能反映由于车辆制动引起的动态轴荷变化,从而防止了附着性能对制动力检测的影响,完全可以检测轿车高速制动时车身重心向前转移引起的前轴最大制动器制动力的变化。由于平板式制动试验台可对汽车前、后桥制动力同时进行检测,而且在检测台上的测试条件和实际车辆制动时的情况基本一致,因此试验结果能反映前、后桥制动时的同步情况和前、后轮制动器制动力的分配,对装有比例阀的车辆制动性能测试更为有利。

2. 两种试验方法的比较

道路试验法检验汽车制动性能的优点是直观、简便,能真实的反映实际工作过程中汽车动态的制动性能,并能综合反映汽车其他系统的结构性能对汽车制动性能的影响,如转向机构、悬架系统的结构和形式对制动方向稳定性的影响,且不需要大型设备与厂房。但是采用道路试验,只能反映整车制动性能的好坏,而对于各轮的制动状况及制动力的分配,虽能从拖、压印作出定性分析,但不易取得定量的数值;而且不易诊断故障发生的部位;重复性较差,制动距离的长短和制动减速度的大小,往往因驾驶员操作方法、路面状况和交通状况而异,只有在专用试验仪器的情况下才能获得重复性较好的检验结果;除道路条件外,道路试验还将受到气候条件等的限制,并有发生事故的危险;同时消耗燃料,磨损轮胎,紧急制动时的冲击载荷对汽车各部件都有不良的影响。

室内试验法检验制动性能的优点在于:迅速、准确、安全,不受外界条件的限制,重复性较好,并能测得各车轮的制动全过程(制动力随时间增长的过程);有利于分析汽车前、后轴制动器制动力的分配及每轴制动力的平衡状态、制动协调时间等参数,给故障诊断提供可靠依据。室内试验的不足之处在于:通常室内试验法被检测车辆处于空载状态,且制动时没有因惯性作用而引起的轴荷前移作用,故前轴车轮容易抱死而不易测得前轴制动器可能提供的最大制动力;同一试验台对于不同型号的车辆(主要是轮胎直径不同的车辆),因其轮胎在试验台滚筒间的安装角度不同而影响其制动测定能力(即最大制动力的测定)。

第十六章 新能源汽车的动力性能

汽车的动力性是指汽车在良好路面上直线行驶时,由受到的纵向外力决定的,汽车所能达到的平均行驶速度。无论是普通燃油汽车还是新能源汽车,动力性都是其性能中最基本、最重要的性能。

第一节 新能源汽车的能量传递与能量损耗

一、能量传递

随着新能源汽车的发展,新能源汽车的种类也在不断增加。新能源汽车主要包含:纯电动汽车(EV)、油电混合动力汽车(HEV)、燃料电池电动汽车(FCEV)。而对于不同种类的汽车其驱动系统、动力和能量来源都有所不同(表16-1)。

新能源汽车类型　　　　　　　　　　　　　　　　　　　　　　　　表16-1

新能源汽车类型		驱动系统	动力		能量来源		
			内燃机	电动机	内燃机	插电	燃料电池
纯电动汽车	EV	只用电动机驱动车辆,以插电方式为电池充电		✓		✓	
油电混合动力车	HEV	使用发动机和(或)电动机驱动车辆,以能量回收方式为电池充电	✓	✓	✓		
燃料电池电动车	FCEV	只用电动机驱动车辆,以氢燃料经化学反应产生的电能为动力源		✓		✓	✓

1. 纯电动汽车(EV)的能量传递

纯电动汽车的电动机相当于传统汽车的发动机,蓄电池相当于原来的油箱。纯电动汽车根据动力源数目的不同,可分为单一动力源的纯电动汽车(图16-1)和装有辅助动力源的纯电动汽车(图16-2),类别不同其动力传输装置也不同。

图16-1 单一动力源的纯电动汽车的电力和动力传输系统

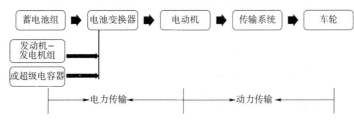

图16-2 装有辅助动力源的纯电动汽车的电力和动力传输系统

EV按照动力驱动控制模式的不同又可分为:传统驱动模式电动汽车、电动机驱动桥组合式电动汽车、电动机驱动桥整体式电动汽车和轮毂电动机式电动汽车,由于驱动模式的不同,其能量传递的方式也存在不同。

传统驱动模式即在传统内燃机的基础上将电动机代替发动机,同时还是采用内燃机汽车的传动系统,包括离合器、变速器、传动轴和驱动桥等。如图16-3所示,这种形式的电动汽车也可以将电机做出前置、后置等驱动模式。它的工作原理和传统的汽车类似,主要由离合器来控制动力的传递,变速器的主要作用是按照驾驶员的意愿改变传动比来获得不同的速度或者转矩,不同的只是将电动机换成了内燃机,早期的电动汽车制造中由于这种模式设计简单而备受青睐。

电动机驱动桥组合式就是使电动机输出轴直接与减速齿轮以及差速器相连,也就是使电机、驱动桥、减速器的轴平行,如图16-4所示。可以看出这种结构省去了离合器,也没有可以选择的挡位。

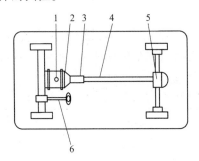

图16-3 传统驱动模式

1-电动机;2-离合器;3-变速器;4-传动轴;5-驱动桥;6-转向器

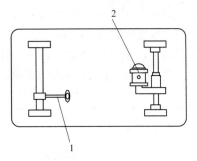

图16-4 电动机驱动桥组合式

1-转向器;2-电动机驱动桥组合式驱动系统

电动机驱动桥整体式(图16-5)和电动机驱动桥组合式的区别是其可分为同轴式和双联式两种。同轴式是电机有一个特制的空心轴,电机的动力输出轴处联结减速齿轮和差速器,再由差速器带动左半轴和通过电机空心轴的右半轴来达到驱动车轮的目的。双联式驱动系统则是由左右两个电动机直接通过半轴联结驱动轮,两台电动机之间则通过差速器来控制。

轮毂电动机式电动汽车(图16-6)就是把驱动电机放在汽车车轮内,这种模式分为几种不同的布置方式,如两前轮驱动、两后轮驱动,或者四轮全驱动等。

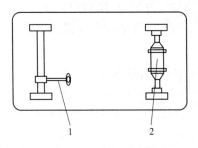

图16-5 电动机驱动桥整体式

1-转向器;2-电动机驱动桥整体式驱动系统

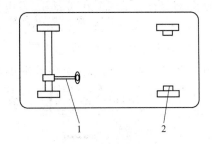

图16-6 轮毂电动机式

1-转向器;2-轮毂电机

2.混合动力电动汽车(HEV)的能量传递

混合动力电动汽车至少能从两类车载储能装置获取动力。

HEV 的动力传动系是汽车上用于存储、转化和传递能量并使汽车获得运动能力的所有部件的总称,包括车载能量源、动力装置、传动系和其他辅助系统四部分。其中车载能量源是在汽车动力传动系中用于能量存储或进行能量的初始转化以向动力装置直接供能的所有部件的总称,由能量直接存储装置或能量存储、调节和转化装置组成。动力装置是在汽车动力传动系中用于把其他形式的能量转化为机械动能(旋转动能)的装置,并直接作为传动系的输入,如燃油汽车上的内燃机、纯电动汽车上的电机等。传动系是在汽车动力传动系中用于调节和传递动力装置输出的动力,使之与汽车行驶时驱动轮处要求的理想动力达到较好匹配的所有部件的总称,具有减速、变速、倒车、中断动力、轮间差速和轴间差速等功能。辅助系统是指在汽车动力传动系中,用于从动力装置中获取动力,区别于直接驱动车辆,主要用于维持汽车良好的操控特性、舒适性等的所有部件的总称,如转向助力系统、制动助力系统、空调系统(动力装置直接拖动)、辅助电气系统(12V 及 24V 发电机系统)等。

HEV 按照动力系统结构类型的不同可分为:串联式混合动力汽车、并联式混合动力汽车、混联式混合动力汽车(图 16-7)。

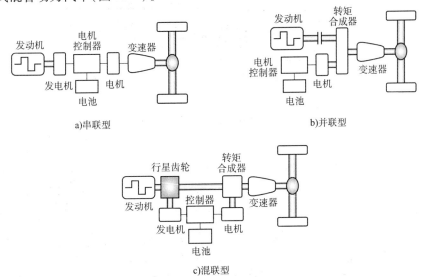

图 16-7 混合动力汽车的类型

串联型混合动力汽车由发动机、发电机、电动机、电池组、控制器以及汽车的传动系串联组成。该型式结构中发动机驱动电机发电,为电池充电或驱动电动机,最终通过电动机驱动车辆行驶,结构如图 16-7a)所示。

并联型混合动力汽车,由发动机和电动机以机械动力合成的方式来驱动汽车,如图 16-7b)所示。主要包括发动机、整车控制器、变速器、电池组、电动机、电机控制器、动力合成装置以及汽车其他传动系统等部件。电动机还可以作发电机使用。发动机和电动机可以单独驱动车轮,也可以共同驱动。

混联型混合动力汽车如图 16-7c)所示。它在结构上综合了串联型和并联型混合动力汽车的特点,具有较理想的综合性能,发电机和电动机均可取较小的功率;但系统组成庞大,传动系布置困难,其传动效率虽然高于串联式结构,但仍存在机械功率与电功率之间的反复转换问题,特别是车辆在中高速行驶时,传动速率比传统燃油汽车传动系低,而且对能量管理控制策略的设计也提出了更高的要求。

3. 燃料电池电动汽车(FCEV)的能量传递

燃料电池电动汽车是指以氢气、甲醇等为燃料,通过化学反应产生电流,依靠电机驱动的汽车。其电池的能量是通过氧气和氢气的化学作用,而不经过燃烧,直接变成电能。燃料电池的化学反应过程不会产生有害产物,因此燃料电池车辆是无污染汽车,燃料电池的能量转换效率比内燃机要高2~3倍,因此从能源的利用和环境保护方面,燃料电池汽车是一种理想的车辆。其燃料电池动力汽车结构原理图如图16-8所示,燃料电池汽车电池能量传递原理图如图16-9所示。

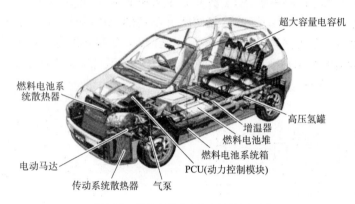

图16-8 燃料电池动力汽车结构原理图

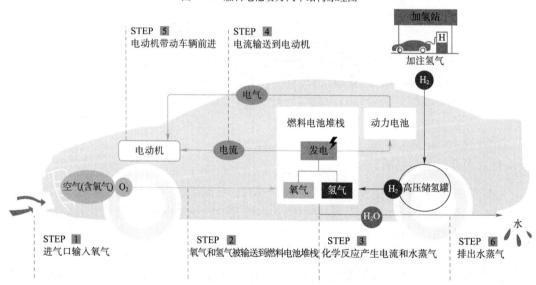

图16-9 燃料电池汽车电池能量传递原理图

燃料电池汽车的形式多种多样,按主要燃料种类可分为:以纯氢气为燃料的FCEV和以经过重整后产生的氢气为燃料的FCEV;按"多电源"的配置不同可分为以下四类:纯燃料电池驱动的FCEV、燃料电池与辅助蓄电池联合驱动的FCEV、燃料电池与超级电容联合驱动的FCEV、燃料电池与辅助蓄电池和超级电容器联合驱动的FCEV。

纯燃料电池驱动的FCEV系统机构简单,便于实现系统控制和整体布置;系统部件少,有利于整车的轻量化；较少的部件使得整体的能量传递效率较高，提高了整车的燃料经济性；同时也存在燃料电池功率大、成本高，对燃料电池系统的动态性能和可靠性提出了很高的要求，不能进行能量回收的缺点。

二、能量消耗

对于传统汽车而言，燃料能量有大部分是被消耗的，以汽油机为例，由热能转化为机械能的只有15%~20%，然而却有70%因为冷却系统散热而损失，又有一部分因为燃料燃烧不完全而损失，还有一部分因为排气系统而使大量热量被带走，再有机件摩擦阻力造成能量损失。对于发动机外部，变速器存在机件磨损，离合器接合时存在打滑带来的摩擦损失，车轴存在摩擦阻力带来能量消耗，车身存在风阻带来的能量消耗，还存在因汽车行驶时由于橡胶轮胎发生形变而带来的能量消耗。而对于电动汽车，由电能转换为机械能的比例要远大于热能转换为机械能的比例，并且应用产热相对较少的化学反应（图16-10）代替了产热多的燃烧反应，从而减少了因冷却散热消耗的能量。但是，电动汽车本身发电机的能量转换效率、电池充放电效率都不可能达到100%，再加上车辆运行中必定存在的风阻、滚阻及机械损耗，以及电路中的电阻，叠加起来能量的有效利用最高可达50%。与此同时，电动汽车也能够对能量回收利用，实现能量的最大化利用。制动能量回收问题对于提高EV的能量利用率具有重要意义。电动汽车采用电制动时，驱动电机运行在发电状态，将汽车的部分动能回馈给蓄电池以对其充电，这对延长电动汽车的行驶距离是至关重要的。电动汽车的制动系统与传统汽车的有所不同，它们的制动力矩分为两部分：由电动机提供的能量回收制动力矩和由传统的制动器提供的制动力矩，两者之和为总的制动力矩。国外有关研究表明，在存在较频繁的制动与启动的城市工况运行条件下，有效的回收制动能量，可使电动汽车的行驶距离延长10%~30%。同时制动能量的回收要综合考虑汽车的动力学特性、电机发电特性、电池安全保证与充电特性等多方面的问题。

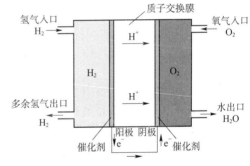

图16-10 燃料电池工作原理图

第二节 新能源汽车的动力性能计算

一、纯电动汽车（EV）动力性能的计算

1. 动力特性分析

车载电动机在低速运转情况下，由电子变换器向电动机提供的电压随着转速的增大而逐渐增高，此时电动机具有恒转矩特性；当转速逐渐增大至某一值时电动机端电压达到电源电压，这一转速值即为电动机基速。超过基速后，电动机端电压保持不变而磁通随着转速增加呈双曲线形衰减，因此转矩也随着转速增加呈双曲线形下降，此时电动机具有恒功率特性。综上，电动机输出转速与转矩之间的关系：

$$T = \begin{cases} T_{max} & (n \leqslant n_b) \\ \dfrac{9549 P_{max}}{n} & (n > n_b) \end{cases} \tag{16-1}$$

式中：n——电机转速，r/min；

T——电机转矩，N·m；

n_b——电机基速，r/min；

T_{max}——电机额定转矩，N·m；

P_{max}——电机额定功率，kW。

结合汽车牵引力与电动机输出转矩之间关系以及汽车车速与电动机转速之间关系可以得出纯电动汽车牵引力和车速之间关系：

$$F_t = \begin{cases} \dfrac{T_{max} i \eta_i}{r} & (v \leqslant v_b) \\ \dfrac{1145.9 \pi P_{max} \eta_t}{v} & (v > v_b) \end{cases} \tag{16-2}$$

式中：F_t——牵引力，N；

v——车速，km/h；

v_b——一挡时对应于电机基速的车速，km/h；

η_i——传动系效率。

汽车行驶时，为了使驱动轮不打滑，必须使驱动力小于或等于地面附着力。因此对于前轮驱动汽车的牵引力还应当满足：

$$F_{tmax} \leqslant mg\varphi \dfrac{L-a}{L} \tag{16-3}$$

式中：F_{tmax}——汽车最大牵引力，N；

φ——路面附着系数；

L——汽车轴距，m；

a——质心至前轴距，m。

2. 动力性能计算模型

汽车的动力性是汽车各种性能中最基本、最重要的性能，主要由汽车的最高车速、汽车的加速性能和汽车的爬坡能力三方面的指标来评定。

当纯电动汽车达到最高车速时，电动机处于恒功率段运行，汽车在牵引力、滚动阻力以及空气阻力作用下处于平衡状态。此时汽车行驶方程式如下所示，由此式即可求得纯电动汽车的最高车速。

$$\dfrac{1145.9 \pi P_{max} \eta_t}{v_{max}} = mgf_r + \dfrac{C_D A v_{max}^2}{21.15} \tag{16-4}$$

式中：v_{max}——最高车速，km/h；

f_r——滚阻系数；

C_D——空气阻力系数；

A——汽车迎风面积，m^2。

汽车的加速性能通常由汽车从 0 加速到某一车速 v_f 所用时间来衡量,参考传统汽车计算方法结合电动机特性分析可以发现,纯电动汽车加速时间的计算分为两种情况。当最终车速 v_f 小于 v_b 时采用下式计算:

$$t = \int_0^{v_f} \frac{\delta m}{F_t - F_f - F_w} dv = \int_0^{v_f} \frac{\delta m}{F_{t1} - f_t mg - \frac{C_D A (3.6v)^2}{21.15}} dv \qquad (16\text{-}5)$$

当最终车速 v_f 大于 v_b 时:

$$t = \int_0^{v_b} \frac{\delta m}{F_{t2} - f_r mg - \frac{C_D A (3.6v)^2}{21.15}} dv + \int_0^{v_f} \frac{\delta m}{F_{t2} - f_t mg - \frac{C_D A (3.6v)^2}{21.15}} dv \qquad (16\text{-}6)$$

式中:δ——旋转质量换算系数;

v——车速,m/s。

式中的 F_{t1} 和 F_{t2} 由此求得:

$$\left. \begin{array}{l} F_{t1} = \min\left\{ \dfrac{T_{\max} i_1 \eta_t}{r}, mg\varphi \dfrac{L-a}{L} \right\} \\[2mm] F_{t2} = \min\left\{ \dfrac{318.3\pi P_{\max} \eta_t}{v}, mg\varphi \dfrac{L-a}{L} \right\} \end{array} \right\} \qquad (16\text{-}7)$$

爬坡能力可由车辆的静牵引力求得,汽车以任一车速 v 行驶可以爬上的最大坡度可以联立公式求得:

$$\alpha = \arcsin\left[\frac{\dfrac{F_t - F_w}{mg} - f_r \sqrt{1 - \left(\dfrac{F_t - F_w}{mg}\right)^2 + f_r^2}}{1 + f_r^2} \right] \qquad (16\text{-}8)$$

二、油电混合动力汽车(HEV)动力性能计算

1. 动力系统模型建立及分析

动力系统包括发动机、电机以及电池组,因此动力系统的建模主要围绕上述三个子系统进行。

1) 发动机模型

在计算整车动力性时,必须知道节气门全开时,发动机任意转速对应的转矩(或功率)值。在计算整车燃油经济性和排放性能时,必须知道发动机在一定工况下的比油耗和比排放值才可进行耗油量和排放量的计算。而发动机外特性试验、油耗特性试验的结果只是一些特征点上的数据,汽车行驶状态所对应的发动机工况并不一定恰好落在这些特征点上(事实上,落在这些特征点上的可能性是相当小的),因此本小节采用线性回归拟合的方法建立 E06110HEV 混合动力城市客车动力总成系统的康明斯 ISB 的柴油发动机数学模型。发动机数学模型是 PHEV 整车动力性、经济性和排放性能模拟计算的重要依据,包括外特性模型、万有特性模型。

发动机外特性下的转矩可以看成发动机转速的一维函数,如下式所示:

$$T_e = \sum_{i=0}^{k} A_i n_e^i \qquad (16\text{-}9)$$

式中：n_e——发动机转速，r/min；
　　　A_i——多项式各项系数；
　　　k——多项式阶数。

利用已知的 N 组发动机外特性试验数据 (T_e, T_{ej})，其中 $j=1,2,\cdots,N$。应用最小二乘法，令 $s=\sum_{j=1}^{N}(T_e-T_{ej})^2$，即：

$$s=\sum_{j=1}^{N}[(A_0+A_1n_e+A_2n_e^2+\cdots+A_kn_e^k)-T_{ej}]^2 \tag{16-10}$$

求取满足 $\frac{\partial s}{\partial A_i}=0(i=0,1,2,\cdots,K)$ 的各个 A_i 值，然后将求得 A_i 值代入，便可得到发动机外特性数学模型。根据这一思路编制曲线拟合程序进行计算，就可以得到外特性下转矩关于转速的数学表达式。利用这种方法建立的发动机外特性模型的精度足以满足整车性能模拟计算的需要。

2．发动机万有特性模型

本文模型以转矩表征整车负荷，整车负荷经过 PHEV 动力总成控制系统进行能量分配，并通过节气门信号来控制发动机。由于发动机的燃油消耗率是发动机转矩（或功率）和转速的二维函数，因此它比外特性模型要复杂一些。燃油消耗率可用空间曲面的等值线（即特性场曲线）来表示，该曲面函数是在发动机试验台上，当发动机处于热力和动力平衡的运行状态（即稳态工况）下，对若干工况点的燃油消耗率进行试验测量，再通过二维插值的方法求得所有工况点的燃油消耗率。这样，当发动机的工况一定时，就可以由此得到该工况的燃油消耗率。下面给出发动机万有特性数学模型：

$$f=\sum_{j=0}^{s}\sum_{i=0}^{j}A_{[\frac{1}{2}(j+1)(j+2)-j+i-1]}\cdot T_e^i n_e^{j-1} \tag{16-11}$$

式中：f——发动机的燃油消耗率，g/kw·h；
　　　T_e——发动机有效转矩，N·m；
　　　n_e——发动机转速 r/min；
　　　A_k——模型中多项式各项的系数；
　　　s——模型的阶数。

发动机的燃油消耗率通常以等值线的形式出现，为了得到任意工况下的燃油消耗率，必须模拟出燃油消耗率与发动机转速和转矩间的函数关系式，具体方法是，对所给出的发动机万有特性场进行分格，获得 N 组数据 (T_{ej}, n_{ej}, f_j)。

其中 $j=1,2,\cdots,N$。应用最小二乘法，令 $s=\sum(f-f_i)^2$，求取满足 $\frac{\partial s}{\partial A_i}=0[i=0,1,2,\cdots,\frac{1}{2}(s+1)(s+2)-1]$ 的各个模型参数，然后将求得的值代入，便可得到发动机燃油消耗率数学模型。编制最小二乘法拟合程序进行计算，即可构造出所需的万有特性数学模型。

3．开关磁阻电机（SR）模型

HEV 动力总成的布置结构以及运行模式都比纯电动汽车的运行模式复杂，因此 HEV 动力总成对牵引电机的要求也与纯电动汽车驱动系统不同。由于在一般的 HEV 中，电机通常被用作"削峰填谷"的辅助动力源，需要在 PCU 的控制下以较高的切换频率分别工作在电动

和发电两种模式下,并且起、停的次数也较纯电动汽车大为增加,因此,HEV 的牵引电机必须具有以下特点:

(1) 动态响应速度高、再生制动效率较高、便于控制。
(2) 起动性能好,具有较大的起动转矩。
(3) 功率体积比和功率质量比较小。
(4) 结构简单、牢固和可靠性高。

目前牵引电机主要有四种:有刷直流电机、交流感应电机、永磁同步电机、开关磁阻电机。

表 16-2 所示为不同种类的牵引电机的综合比较。直流电机体积、质量相对较大且维护成本高;感应电机由于需要励磁电流,起动性能差,且机械特性较硬。所以这两种电机都不是 HEV 理想的选择。

不同种类牵引电机比较 表 16-2

特性	种类			
	有刷直流电机	交流感应电机	永磁同步电机	开关磁阻电机
体积、质量	大	较小	小	较小
维护性	电刷、换向器维护成本高	基本免维护	基本免维护	基本免维护
调速性能	平滑、好	较差	好	好
存在的问题	电刷寿命、高速运转困难	起动转矩小、起动电流过大	减小永磁体成本	电磁噪音、专用 IGBT

4. 开关磁阻电机的基本方程式

开关磁阻电机(SRM)是 20 世纪 70 年代以后逐步发展起来的一种新型驱动装置,当时就是以电动车辆为目标,开发开关磁阻电机调速系统,它综合了交流感应电机和直流电机的许多优点,具有结构简单、鲁棒性好、价格便宜、效率高和响应快的优良性能,被广泛地认为是极具潜力的电动汽车驱动源。

图 16-11 所示为开关磁阻电机工作原理与结构。虽然开关磁阻电机的工作原理和结构都比较简单,但是其双凸极的结构以及磁路、电路的非线性、开关性使 SR 电

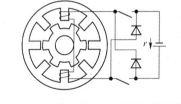

图 16-11 开关磁阻电机工作原理与结构

机的各个物理量随转子位置做周期性的变化,定子绕组电流与磁通波形十分不规则,传统电机性能分析方法难以简单用于 SR 电机计算,但就 SR 电机内部的电磁工作过程,其仍然建立在电磁感应定律、全电流定律、能量守恒定律等基本的平衡关系上,根据这些关系可以得出 SR 电机的基本平衡方程式。

假设 SR 各相结构和电磁参数对称,根据电路定律,可以写出 SR 电机第 k 相的电动势平衡方程式:

$$u_k = R_k i_k + \frac{d\psi_k}{dt} \tag{16-12}$$

式中:u_k——第 k 相端的电压;
i_k——第 k 相的电流;

R_k——第 k 相的电阻；

ψ_k——第 k 相的磁链。

在 SR 电机中，各相绕组的磁链是转子位移角和各相绕组电流的函数，故磁链 ψ_k 为：

$$\psi_k = \psi(i_1, i_2, \cdots, i_q; \theta) \tag{16-13}$$

如果忽略电阻压降，并假设磁路为线性，则可写为：

$$u_k = \frac{\mathrm{d}\psi_k}{\mathrm{d}t} = L_k \frac{\mathrm{d}i_k}{\mathrm{d}t} + i_k \frac{\mathrm{d}L_k}{\mathrm{d}\theta}\Omega \tag{16-14}$$

式中：Ω——（机械）角速度，$\Omega = \dfrac{\mathrm{d}\theta}{\mathrm{d}t}$。

根据力学定律可得到 SR 电机转矩平衡方程为：

$$T_e = J \frac{\mathrm{d}^2\theta}{\mathrm{d}t^2} + D \frac{\mathrm{d}\theta}{\mathrm{d}t} + T_L \tag{16-15}$$

式中：T_e——电机的电磁转矩；

T_L——负载转矩；

J——电机转子和负载的转动惯量；

D——黏性摩擦系数。

SR 电机的瞬时电磁转矩 T_e 可由磁共能 W_c 的表达式导出，即：

$$T_e \frac{\partial W_c(i,\theta)}{\partial \theta} \tag{16-16}$$

其中，磁共能 W_c 的表达式为：

$$W_c = \int_0^j \psi(i,\theta)\mathrm{d}t$$

以上方程描述出了关于开关磁阻电机的简化数学模型。而电机作为动力装置，其工作特点在某些方面与发动机具有相似之处，因此根据实际建模数据流的需要，可以采用与发动机相似的建模方法。发动机的动力源为柴油，发动机的工作状态可以由发动机转速和节气门唯一确定，而电机的动力源为电流，如果把电流经过一定关系的转换假想为电机节气门，那么电机的工作状态也可以由电机转速和电机节气门唯一确定。因此获取了电机外特性曲线既可获取电机的模型。

参 考 文 献

[1] 余志生. 汽车理论[M]. 6版. 北京:机械工业出版社,2018.
[2] 史文库,姚为民. 汽车构造[M]. 6版. 北京:人民交通出版社,2013.
[3] 张志沛. 汽车发动机原理[M]. 4版. 北京:人民交通出版社股份有限公司,2017.
[4] 黄辉镀,胡军钢. 新能源汽车维护[M]. 北京:人民交通出版社股份有限公司,2019.
[5] 周舟. 电动汽车工程手册[M]. 北京:机械工业出版社,2019.
[6] 宋强. 电动汽车电机系统原理与测试技术[M]. 北京:机械工业出版社,2016.
[7] 傅立敏. 汽车空气动力学[M]. 北京:机械工业出版社,2006.
[8] 吴建华. 汽车发动机原理[M]. 北京:机械工业出版社,2012.
[9] 侯树梅,冯健璋. 汽车发动机原理与汽车理论[M]. 北京:机械工业出版社,2016.
[10] 董敬. 汽车拖拉机发动机[M]. 北京:机械工业出版社,2011.
[11] 许洪国. 汽车运用工程[M]. 5版. 北京:人民交通出版社股份有限公司,2015.
[12] 付百学. 汽车电子控制技术[M]. 北京:机械工业出版社,2010.
[13] 李杰民. 汽车拖拉机试验学[M]. 北京:机械工业出版社,2006.
[14] 王望予. 汽车设计[M]. 北京:机械工业出版社,2016.
[15] 王建,周煜,单颖春,等. 汽车测试技术[M]. 北京:清华大学出版社,2019.